CHRONIQUE

DES QUATRE PREMIERS

VALOIS

(1327-1393)

PARIS. — IMPRIMERIE DE CH. LAHURE ET C¹ᵉ
Rues de Fleurus, 9, et de l'Ouest, 21

CHRONIQUE
DES QUATRE PREMIERS
VALOIS.

(1327-1393)

PUBLIÉE POUR LA PREMIÈRE FOIS

POUR LA SOCIÉTÉ DE L'HISTOIRE DE FRANCE

PAR M. SIMÉON LUCE

Auxiliaire de l'Institut, docteur ès lettres, ancien élève pensionnaire de l'École
des Chartes, ancien archiviste du département des Deux-Sèvres

A PARIS

CHEZ MME V^E^ JULES RENOUARD
LIBRAIRE DE LA SOCIÉTÉ DE L'HISTOIRE DE FRANCE
RUE DE TOURNON, N° 6

M DCCC LXII

EXTRAIT DU RÈGLEMENT.

Art. 14. Le Conseil désigne les ouvrages à publier, et choisi les personnes les plus capables d'en préparer et d'en suivre la publication.

Il nomme, pour chaque ouvrage à publier, un Commissaire responsable, chargé d'en surveiller l'exécution.

Le nom de l'Éditeur sera placé à la tête de chaque volume.

Aucun ouvrage ne pourra paraître sous le nom de la Société sans l'autorisation du Conseil, et s'il n'est accompagné d'une déclaration du Commissaire responsable, portant que le travail lui a paru mériter d'être publié.

Le Commissaire responsable soussigné déclare que l'Édition de la Chronique des quatre premiers Valois, *préparée par* M. Siméon Luce, *lui a paru digne d'être publiée par la* Société de l'Histoire de France.

Fait à Paris, le 15 septembre 1861.

Signé Léopold DELISLE.

Certifié,
Le Secrétaire de la Société de l'Histoire de France,

J. DESNOYERS.

PRÉFACE.

CHAPITRE I.

Date de la composition de la *Chronique des quatre premiers Valois*. — Lieu de naissance, condition sociale de l'auteur de cette chronique.

La chronique que l'on offre ici pour la première fois au public commence en 1327 et s'arrête en 1393, c'est-à-dire qu'elle embrasse l'histoire de notre pays depuis l'avénement de Philippe de Valois environ jusqu'à la démence de Charles VI. C'est donc un espace de soixante-six ans qu'elle comprend; mais elle est partout fort succincte et ne devient un peu détaillée et vraiment originale qu'à partir de l'avénement du roi Jean.

Elle est conservée au département des manuscrits de la Bibliothèque impériale sous le n° 107 du *Supplément français;* elle est inédite; et même tous les savants qui, dans le dernier siècle ou de nos jours, ont étudié l'époque dont elle retrace l'histoire paraissent en avoir ignoré l'existence.

L'auteur, quel qu'il soit, de cette chronique ne

nous a fait connaître ni son nom, ni le temps où il vivait et où il a rédigé son ouvrage, ni son pays, ni la classe de la société à laquelle il appartenait.

Sur le premier point, nous ne sommes pas en mesure de soulever le voile dont il semble s'être enveloppé; sur les trois autres, il n'est peut-être pas impossible d'arriver à une solution et même assez précise.

I

L'examen le plus superficiel de notre chronique prouve qu'elle n'a pu être composée que pendant la seconde moitié du quatorzième siècle. La sécheresse, les graves et nombreuses lacunes, le laconisme du récit pour les années antérieures à 1350, tout paraît accuser dans cette partie de la narration une œuvre de seconde main. D'un autre côté, deux phrases dignes d'attention semblent indiquer que cette compilation historique a été rédigée alors que Philippe d'Alençon, précédemment archevêque de Rouen, était archevêque d'Auch et sous le règne de Richard II, roi d'Angleterre. Voici ces deux passages :

« En cel an fut le pape cause de la transmutacion de l'archeveschié de Rouen en l'archeveschié d'Aux pour monseigneur Philippe d'Alençon. Et *est* en Gascoingne et avec ce patriarche[1]. »

1. Page 256.

« Et prist (Richard II), comme son ayeul avoit fait, le tiltre du roy de France. Dont il fut mal conseillé. Car tant comme il *portera* le tiltre de France, paix ne acord ne sera entre les deux royaumes de France et d'Angleterre[1]. »

Philippe d'Alençon fut archevêque d'Auch et patriarche d'Aquilée de 1375 à 1397. Richard II occupa le trône d'Angleterre de 1377 à 1399. Il y a tout lieu de croire, par conséquent, que la chronique conservée sous le n° 107 a été composée durant les vingt dernières années du quatorzième siècle.

II

Nous ajoutons qu'elle a été composée par un Rouennais. Comment expliquer autrement la part énorme faite à l'histoire de Rouen dans cette chronique? Pourquoi l'auteur interrompt-il presque à chaque instant le récit des événements généraux pour noter au passage le plus mince incident dont la capitale de la Normandie a été le théâtre? Pourquoi les événements qui se sont passés dans cette ville sont-ils les seuls qui soient racontés avec des détails aussi particuliers et d'une précision, pour ainsi dire, aussi minutieusement locale?

Est-il question des trois fils de Robert d'Artois? L'auteur, après avoir nommé les deux premiers, Jean

[1]. Page 262.

et Charles, ajoute que le troisième, Louis « git aux Jacobins, à Rouen[1]. »

En 1346, Édouard III, roi d'Angleterre, conduit par Godefroi de Harcourt, fit une descente en France. On nous fait remarquer qu'il arriva sous les murs de Rouen « vers la Quesnoye, le sixiesme jour d'aoust[2]. »

Charles, duc de Normandie, tint un parlement à Rouen en 1356. On nous apprend que le bourgeois qui, cette année là, était maire de Rouen, s'appelait Jean Mustel[3]; que, deux ans plus tard, en 1358, ce magistrat avait nom Jacques Le Lieur[4]. Il suffit de jeter les yeux sur la précieuse liste des maires de Rouen, publiée par M. Chéruel dans son excellente *Histoire de Rouen pendant l'époque communale*[5], pour se convaincre que ces renseignements sont de la plus grande exactitude.

Au siége de Breteuil, un assaut meurtrier coûta la vie à beaucoup de Français; mais on ne nous en fait pas connaître le nombre. On nous dit seulement qu'il y eut vingt arbalétriers de Rouen tués ou blessés[6]. Au siége de Boutancourt, on a soin de faire observer que les gens d'armes de Rouen commencèrent l'assaut[7].

Tous les historiens ont parlé de la prise et de l'occupation du château de Rouen par les bourgeois de cette ville en 1358. Mais ce qu'un Rouennais seul pou-

---

1. Page 2. — 2. Page 15. — 3. Page 35. — 4. Page 90. — 5. Tome I, page 372. — 6. Page 44. — 7. Page 102.

PRÉFACE.

vait dire, c'est que les gentilshommes qui, sous la conduite de Jean Sonnain, accoururent pour châtier les coupables et reprendre cette forteresse, « vindrent à ung vendredi assaillir Rouen *par la plus loingtaine porte de la ville nommée la porte Saint-Hylaire*[1].

Une grande mortalité sévit en Angleterre peu de temps après le retour du roi Jean dans son royaume. L'auteur de la chronique nous apprend que beaucoup de nobles et de bourgeois de France, otages de ce prince, qui avaient passé le détroit, périrent victimes du fléau. Mais les deux bourgeois de Rouen qui succombèrent dans cette occasion sont les seuls dont il nous donne les noms : « Et des bourgois des bonnes villes de France moururent d'icelle mortalité grant partie des hostages. Et par especial y moururent les bourgoiz de Paris et ceulx de Rouen, sire *Amaury Filleul* et sire *Jehan Mustel* qui estoient pour le roy de France en hostage[2]. »

Les démêlés qui surgirent en 1373 entre Philippe d'Alençon, archevêque de Rouen, et Oudart d'Atainville, bailli de cette ville, eurent du retentissement hors de l'enceinte de la capitale de la Normandie et même hors des limites de cette province. Par conséquent, il n'était pas besoin d'avoir vécu sur le théâtre de ces différends pour en faire mention. Mais comment savoir, à moins d'être Rouennais, que ce fut « ung vendredi environ la Toussains » que *dix* commissaires armés se saisirent des sergents de la cour de l'official

---

1. Page 79. — 2. Page 131.

et les mirent en prison au château de Rouen ; que ces commissaires appartenaient à la population du port auprès de laquelle le bailli était très-populaire et qu'ils tuèrent un chapelain de l'église Notre-Dame[1] ; enfin, qu'Oudart d'Atainville fut démis de ses fonctions de bailli en 1375[2] ?

Quel autre qu'un chroniqueur rouennais aurait éprouvé le besoin de nous faire savoir qu'un capitaine au service du roi de Navarre, nommé Ferrando, d'abord mis en prison à Caen, fut ensuite transféré « eu chastel de Rouen, *en la grosse Tour*[3]. »

Un autre qu'un Rouennais aurait pu savoir que le cœur du roi Charles V fut déposé à Rouen. Cependant voici des détails qui semblent dus à des souvenirs personnels : « En cel an, *le jour de la Saint Denis*, fut fait le service du dit cueur du roy à Rouen. Et fut mis le dit cueur en tres noble sepulture *eu milieu du cueur de la dicte eglise de Nostre-Dame de Rouen*. Et furent au dit service l'archevesque de Rouen et autres prelas, abbés, monseigneur de Blainville, mareschal de France, monseigneur de La Riviere et les autres executeurs et officiers du roy. *Et n'y oult nul des fleurs de lis*. A tres grant reverence fut mis le dit cueur en sepulture[4]. »

Nous en dirons autant du récit de l'émeute, si connue sous le nom de Harelle, qui éclata à Rouen en 1382. Chaque ligne de la narration trahit, pour ainsi dire, la main d'un témoin oculaire[5].

---

1. Page 243. — 2. Page 256. — 3. Page 278. — 4. Page 289. — 5. Pages 298-301.

De toutes les remarques qui précèdent et qu'il nous serait aisé de multiplier[1], ne sommes-nous pas autorisé à conclure, avec une probabilité qui équivaut presque à la certitude, que notre chronique doit être l'œuvre d'un habitant de Rouen ?

III

A quelle classe de la société appartenait ce Rouennais ? Il est probable qu'il n'était pas noble, car les gens des communes obtiennent dans maint passage de sa chronique une justice qui, pour être méritée, n'en était pas moins rare à cette époque. Autrefois, le lieu commun des historiens était le culte de la noblesse comme aujourd'hui c'est l'adoration du peuple. Froissart est le plus célèbre et le plus brillant représentant de l'ancienne école, tandis que la chronique écrite au quatorzième siècle par le second continuateur de Nangis est peut-être la première où nous voyons le vieil esprit faire place au nouveau. Sans rompre aussi hardiment que le moine Jean de Venette avec toutes les traditions du moyen âge féodal et chevaleresque, l'auteur de notre chronique en porte le joug avec des allures plus libres et plus dégagées que les autres annalistes de cette époque et surtout que le chroniqueur

---

1. Pages 33, 36, 37, 39, 40, 41, 62, 63, 65, 77, 78, 80, 87, 88, 89, 90, 103, 106, 107, 108, 110, 112, 114, 118, 121, 123, 128, etc.

de Valenciennes. Il fait taxer ou plutôt taxe lui-même indirectement de folie le roi Jean, lorsque ce prince renvoie les gens des communes à la veille de la bataille de Poitiers : « Puis fit donner congié le roy Jehan à ses communes de ses bonnes villes. *Dont ce fut folie à lui et à ceulx qui conseil lui en donnerent, se disoient plusieurs*[1]. »

A l'occasion d'une victoire remportée en Égypte par le roi de Chypre contre les Sarrasins, il ne manque pas de faire remarquer que l'on fut redevable de cet avantage « à la menue gent. » Dieu voulut, ajoute-t-il, qu'il en fût ainsi, afin que les nobles ne s'enorgueillissent point à l'excès de leurs exploits : « Ce fut par la grace et voulenté de Nostre Seigneur Jhesucrist que ce fait ainsi advint, car Dieu ne voulloit pas que sa noble chevalerie des Crestiens fust perie entre les mains des mescreans, et aussi pour donner exemple aux nobles, aux puissans et bonnes gens d'armes qui se travailloient à confundre et grever les ennemis de la foy. Car Nostre Seigneur Jhesucrist ne veult point de boban ne de vanité. Pour ce veult il que les petiz feissent ou par eulx fut faicte la victoire affin que les grans n'y prenissent vaine gloire[2]. »

A propos de la prise de Soubise et de la défaite du captal de Buch, notre chroniqueur laisse voir plus naïvement le fond de sa pensée, et sa prédilection pour les gens du peuple apparaît dans tout son jour. Après avoir fait vivement ressortir l'importance de ce

---

1. Page 46. — 2. Page 187.

succès et avoir insisté avec force sur le courage qu'il avait fallu déployer pour l'obtenir, il ajoute aussitôt, avec une satisfaction visible, que tout l'honneur en revient, non point à de hauts et puissants seigneurs, mais à de pauvres vilains et à de petites gens; puis il tire d'un tel exemple une leçon de modestie à l'adresse des nobles : « Iceste victoire eurent les Françoiz sur le captal et les Gascons et Angloiz que l'en tient à des meilleurs guerroiers du monde. Laquelle ne fut pas faicte par les haulz et nobles hommes, maiz elle fut faicte par petite gent et povres hommes. Et pour ce ne doit on pas avoir povre homme d'onneur en despit ne le vil tenir[1]. »

Évidemment, un écrivain qui éprouvait ainsi le besoin d'interrompre plus d'une fois le cours de sa narration pour faire de telles réflexions, ne devait pas appartenir au corps de la noblesse. Il n'appartenait pas davantage à la bourgeoisie marchande et industrielle, car alors il y aurait, soit dans l'ensemble, soit dans les détails de sa composition, trace d'une semblable origine. Or, s'il est un fait qui doive frapper tout lecteur attentif, c'est que, dans cette œuvre d'un Rouennais du quatorzième siècle, on ne trouve pas un mot sur le commerce, très-florissant à cette époque, de la capitale normande.

Il ne reste donc plus qu'à voir dans l'auteur de notre chronique un membre du clergé de Rouen. C'est surtout, on le voit, par l'élimination des autres données

1. Page 242.

que nous sommes amené à cette conclusion; mais nous trouvons naturel et facile de nous y arrêter et de nous y confirmer.

Ce n'est pas que certains passages qui portent l'empreinte de croyances religieuses naïves et fortes nous paraissent accuser nécessairement un clerc. Ainsi, que la révolution qui sauva Paris le 31 juillet 1358 soit attribuée aux prières et oraisons qui, de cette ville plus que d'aucun autre lieu du monde, selon notre chroniqueur, s'élèvent vers Jésus-Christ, la Vierge et les saints[1]; que l'horrible tempête qui détruisit dans le pays chartrain une grande partie de l'armée d'Édouard soit regardée comme un fléau envoyé par Notre-Dame de Chartres dont le roi d'Angleterre dévastait le territoire et comme une marque de sa vengeance protectrice[2], il n'y a rien dans ces idées qui soit d'un clerc plutôt que d'un laïque, cela est simplement d'un croyant, et l'on sait qu'au moyen âge tout le monde était croyant.

Mais la préoccupation intéressée du clerc et aussi peut-être la reconnaissance de l'obligé ne se marquent-elles pas d'une manière plus significative dans les lignes suivantes : « Cestui pape Urbain fist moult de bien aux clers et leur donna les benefices de Saincte Eglise. A aucuns clers mal lettrés qui par faveur des grans princes avoient plusieurs et grans benefices le pape Urbain leur recouppa leurs grans provendes et en donna aux bons clers qui en avoient pou[3]. »

1. Page 86. — 2. Pages 114 et 115. — 3. Page 134.

PRÉFACE.

Les habitants de Viterbe s'étaient révoltés contre ce même pape Urbain. Celui-ci fit occuper cette ville par son maréchal et par des forces imposantes. Une grande partie des coupables furent mis à mort; les meneurs principaux furent pendus à leurs maisons, et leurs complices décapités. Sur quoi notre chroniqueur se contente de faire tranquillement cette réflexion : « Bien leur monstra riguereusement le meffait qu'ilz avoient fait contre la dignité papal. Bien y doit prendre chacun exemple[1]. »

Nous n'ignorons pas que l'autorité temporelle des papes n'était pas matière à discussion au moyen âge comme de nos jours. Toutefois, ou nous nous trompons fort, ou c'est un clerc qui n'a vu dans une répression aussi cruelle infligée par un pape à ses sujets qu'une leçon dont chacun devait faire son profit.

Manifestement, c'est un clerc qui a dû tracer le récit des démêlés de Philippe d'Alençon, archevêque de Rouen, avec le bailli Oudart d'Atainville. Soit prudence, soit toute autre cause, notre chroniqueur se montre ici fort réservé. Cependant, il n'est pas difficile de voir que la cause des immunités ecclésiastiques compte en lui un déterminé partisan. Il présente constamment la conduite du bailli de Charles V sous les couleurs les plus défavorables, tandis qu'il n'a pas une parole de blâme pour Philippe d'Alençon[2]. Par le même motif, Hugue Aubriot est traité d'homme cruel lorsque, à l'occasion de l'enterrement de Charles V,

.1 Page 183. — 2. Pages 243 et 244.

PRÉFACE.

il intervient à main armée dans un débat de préséance entre l'Université de Paris et les chapitres de Notre-Dame et de la Sainte-Chapelle : « Là sourdi ung grant debat dont le prevost de Paris, Hugues Aubriot, *ung homs crueux;* lui et ses sergens armés coururent sus aux clers et en navrerent plusieurs, et bien plus de trente-six en mistrent en prison. *Les clers n'estoient pas armés, si furent pour ce jour les plus fiebles*[1]. »

Cette dernière phrase, où l'auteur semble tenir à excuser les clercs d'avoir eu le dessous dans une rencontre avec leurs adversaires, n'a-t-elle pas tout l'air d'avoir été écrite par un ancien habitué de la rue du Fouarre? N'y sent-on pas, pour ainsi dire, la main, n'y saisit-on pas l'accent d'un clerc qui se souvient peut-être, non sans un certain orgueil, d'avoir eu, lorsqu'il était écolier de l'Université, maille à partir avec les gens d'armes du prévôt de Paris et de les avoir rossés ou vu rosser dans le quartier d'outre Petit-Pont?

1. Page 288.

CHAPITRE II.

De l'importance et de la valeur historique de la *Chronique des quatre premiers Valois*. — Des tendances personnelles, religieuses, provinciales, politiques, internationales qui ont présidé à sa rédaction. — De sa valeur littéraire. — Des lumières nouvelles qu'elle apporte à l'histoire.

I

Ce qui fait la valeur historique d'une chronique anonyme, c'est seulement son exactitude intrinsèque et l'esprit de critique et de justice dont elle peut témoigner. Malheureusement, ces qualités font presque toujours défaut aux annalistes du moyen âge, et l'écrivain inconnu du quatorzième siècle dont nous publions le travail aurait pu lui-même, nous en conviendrons sans peine, les posséder à un degré plus remarquable. Les erreurs que l'on peut relever dans sa narration sont certainement très-nombreuses, rien n'est plus aisé que de s'en convaincre. Cependant, si on le compare à quelques autres chroniqueurs de la même époque, la comparaison est loin de lui être défavorable.

Sans doute, il accueille les légendes les plus fabuleuses avec une crédulité excessive; mais serait-il juste de lui reprocher trop durement un travers auquel n'échappaient pas de son temps les meilleurs esprits? Cette légende étymologique du mont Tombelaine[1], par exemple, qui nous paraît avec raison si invraisemblable, ne la trouve-t-on pas dans presque tous les ouvrages, antérieurs ou postérieurs à notre chronique, qui ont été publiés au moyen âge sur la Normandie? Ne pardonnerons-nous pas à notre auteur la faiblesse qu'il a eue de la reproduire? Et cette autre légende du voyage d'un chevalier au purgatoire de saint Patrice et en enfer[2], n'était-ce pas aussi un lieu commun accepté par tous les esprits aux treizième et quatorzième siècles? Qui n'y reconnaît le moule populaire où Dante venait jeter ses souvenirs et ses rêves, ses amours et ses haines, ses vengeances et ses rancunes, en un mot toutes les ardeurs, tous les bouillonnements de son fier génie?

Il y a, il est vrai, une troisième légende, qui, si nous ne nous trompons, n'a été rapportée que par notre chroniqueur et dont par conséquent force nous est de le faire seul responsable. Mais, bien que nous n'y ajoutions guère plus foi qu'aux deux précédentes, nous regretterions vivement qu'elle ne nous eût pas été conservée, tant le merveilleux nous en paraît touchant, tant il nous semble trahir d'une manière aussi forte que naïve la protestation de l'honneur français essayant en quelque sorte de regimber contre un des plus grands désastres de notre histoire. Voici le fonds de cette légende. Un ange apparaît à un brave homme qui habitait du côté de la Champagne, lui annonce

1. Pages 226-229. — 2. Page 22.

PRÉFACE.

que le roi Jean sera défait, s'il livre bataille à Poitiers, et le charge d'aller dire à ce prince de ne pas combattre ses ennemis. L'honnête campagnard accomplit sa mission ; mais le roi de France refuse de l'entendre et d'avoir égard aux avis du Ciel; aussi est-il vaincu par les Anglais. Tel est le résumé fort sec d'un récit dont il faut savourer dans notre texte même l'expressive naïveté[1]. Évidemment, nous le répétons, le sentiment national, qui fut toujours si chatouilleux en France, se voyant humilié par la défaite de Poitiers, voulut prendre sa revanche dans cette légende populaire. Il se persuada naturellement que, si Jean fut vaincu, ce fut moins par les Anglais que par le Ciel dont ce prince était accusé d'avoir négligé les avis et méconnu les ordres.

Si notre chroniqueur admet avec la même complaisance que ses contemporains ces légendes populaires, cela ne l'empêche pas de faire souvent de judicieuses réserves lorsqu'un fait lui paraît invraisemblable. Ainsi, racontant quelque part certaine anecdote relative à la naissance de Pierre le Cruel, il ne manque pas de nous dire qu'il a peine à y croire : « Mais c'est dure chose à croire, car la royne, celle qui l'appelloit filz, fut tres saincte et bonne et moult religieuse dame; et n'eust jamaiz fait ung tel fol hardement envers le bon roy Alphons son seigneur[2]. » Ailleurs, après avoir rapporté que l'on accusait le roi de Navarre d'avoir empoisonné sa femme, il a soin de

1. Pages 46-48. — 2. Page 168.

faire remarquer que ce n'est pas lui qui dirige cette imputation contre Charles le Mauvais, car ce prince aimait beaucoup la reine, sa femme : « Mais je ne dy pas que ce eust fait faire le roy de Navarre, car il l'amoit moult[1]. »

Un détail qui n'atteste pas moins chez cet écrivain le souci de l'exactitude, c'est qu'en quatre endroits de sa chronique[2] il lui est arrivé de laisser en blanc des noms de lieu, des dates, des chiffres, que sans doute il n'avait pas présents à l'esprit au moment de la rédaction. Des circonstances que nous ignorons l'empêchèrent sans doute de remplir par la suite ces blancs, car ils subsistent dans le manuscrit unique qui est parvenu jusqu'à nous. Il est permis de trouver regrettables ces lacunes, mais il n'en faut pas moins savoir gré à notre chroniqueur du scrupule dont elles nous administrent la preuve.

II

Si l'on peut juger du caractère d'un homme par ce qu'il a écrit, l'auteur de notre chronique devait être ce qu'on appelle un modéré. Il avait au moins assurément une intelligence amie de la mesure, sensée et judicieuse. A une époque où la France était déchirée en partis contraires et en proie aux luttes intestines les plus violentes, nous le voyons se tenir à égale distance

---

1. Page 274 — 2. Pages 79, 143, 256, 294.

PRÉFACE. xxv

de toutes les opinions extrêmes. Nous le félicitons d'autant plus volontiers d'un tel esprit de réserve, qu'il y sait joindre le sentiment le plus énergique du droit et de la justice. Il a des opinions modérées, mais il ne craint pas de faire entendre la vérité, même lorsque cette vérité est un reproche sanglant à l'adresse de quelque puissant de la terre.

On sait que Raoul, comte d'Eu et de Guines, connétable de France, fut décapité par l'ordre du roi Jean. Notre chroniqueur fait suivre la mention de cette exécution des détails suivants : « De laquelle mort ce fut douleur, car c'estoit ung des plus courtois, des plus gracieux chevaliers de France et des plus larges. Nul n'osa parler de la cause de sa mort. De laquelle furent troublés grant partie des nobles de France, ne oncques ne fut sceu du peuple la cause de sa mort, jasoit ce que plusieurs en parloient et murmuroient[1]. »

A propos de l'exécution du comte de Harcourt, de Jean de Graville, de Maubué de Mainemare et de Colinet Doublet, décapités à Rouen par l'ordre du roi Jean, ce même prince reçoit un blâme qui, pour être adressé sous forme indirecte et en nom collectif, n'a que plus de gravité et de force. « Moult fut blamé le roy Jehan de l'occision des diz seigneurs, et moult en fut en la malivolence des nobles et de son peuple et par especial de ceulx de Normandie[2]. »

On pourrait croire que le blâme est simplement

1. Pages 19 et 20. — 2. Page 37.

chez notre chroniqueur une arme de parti, ce serait une erreur; il le déverse à l'occasion sur les personnages qu'il paraît affectionner le plus. Philippe de Navarre est sans contredit un de ces derniers. Charles d'Espagne, au contraire, semble n'avoir eu nullement les sympathies de l'annaliste rouennais. Et cependant lorsque, dans un récit très-neuf, celui-ci nous montre le favori du roi Jean surpris à Laigle par ses ennemis, puis aussitôt assassiné par les ordres et sous les yeux de Philippe de Navarre, il cherche évidemment à exciter la pitié en faveur de la victime, et l'indignation contre ses bourreaux qui « tant angoisseusement, villainement et abhominablement l'apareillerent qu'ilz lui firent quatre vingt plaies[1]. »

La même franchise courageuse a inspiré les jugements que porte notre chroniqueur sur les faits et les événements politiques. Nul n'a blâmé avec plus de force que lui le traité de Brétigny ; nul n'en a fait ressortir l'inopportunité par des raisons mieux motivées : « Trop fut ce traictié legierement accordé en grant grief et prejudice du royaume de France. Car l'ost du roy d'Angleterre n'avoit que mengier, et si n'avoit nulz vivres sur le plat pais. Car tout s'estoit retrait es forteresses, chasteaux et bonnes villes qui n'estoient pas legieres à conquerir. Par quoy il falloit que le dit roy d'Angleterre et son host par force vuidassent et partissent du royaume de France, car ilz ne trouvoient que mengier, et si estoient ja demi affamez. Et si pre-

1. Page 28.

judicia trop ce dit traittié à la couronne de France. Car depuis qu'il fut tout passé et accordé, le dit roy Jehan ne vesqui que ung pou apres. Dont ce fut grant domaige pour le royaume de France. »

Il est vrai que notre chroniqueur, comme effrayé de sa hardiesse, ajoute aussitôt le correctif suivant, dicté évidemment par la prudence : « Il est à supposer que ceulx qui firent ce dit traittié le firent à bonne entencion à leur adviz au bien du royaume et pour la delivrance du roy Jehan de France[1]. »

Pierre de Sacquenville, fait prisonnier à Cocherel dans les rangs navarrais où il combattait contre son suzerain, est-il décapité à Rouen par l'ordre de Charles V? Notre chroniqueur ne manque pas de faire l'éloge de ce chevalier, en l'accompagnant, il est vrai, d'un blâme : « Lequel fut en son temps ung bon homme d'armes et grant sages homs, maiz à la fois sage foloié[2]. »

En revanche, il ne mêle aucune restriction à l'hommage si flatteur qu'il rend à l'avocat Jean Desmares, décapité en 1380 par l'ordre des conseillers de Charles VI, et il proteste noblement contre la condamnation et l'exécution de ce recommandable citoyen : « Desquelz fut l'un monseigneur Jehan Des Mares, chevalier, conseillier du roy en son parlement, et en ses jours le plus solennel advocat du royaume. Lequel fut merveilleusement plaint de tout le peuple tant à Paris que aillieurs pour le bien de sa personne.

---

1. Page 117. — 2. Page 149.

Lequel fut condampné en son absence, et ne fut oncques ouy en ses excusacions[1]. »

Cette sympathie si noble et si généreuse pour toutes les victimes, à quelque parti qu'elles appartiennent, ne fait-elle pas honneur au caractère de notre annaliste? Ne doit-elle pas inspirer plus de confiance dans son témoignage, et la valeur historique de son œuvre n'en est-elle pas augmentée?

Au reste, cette fermeté juste et modérée de caractère n'apparaît pas moins dans des questions où le chroniqueur est sans doute plus directement intéressé, je veux dire dans les matières religieuses et dans les questions qui ont trait à la province de Normandie. Le grand événement religieux de cette époque, c'est le schisme qui divisa l'Église entre le pape Urbain et le pape Clément. Notre auteur ne dit nulle part en termes bien explicites de quel côté il se range. Toutefois, il n'est pas difficile de s'apercevoir qu'il a pris parti dans ce débat solennel, et que pour lui Clément n'est qu'un antipape, tandis que le vrai pape est Urbain. Si les cardinaux élurent Clément après avoir donné leurs suffrages à Urbain, c'est que ce dernier voulait réformer leurs mœurs et diminuer le nombre de leurs bénéfices : « Et pour ce qu'il les voult corriger et leurs benefices apeticier, les diz cardinaulx se partirent de Romme[2]. » Charles V se déclare pour Clément, parce que cet antipape est de son lignage, et un certain nombre de prélats courtisans

---

1. Page 310. — 2. Page 268.

imitent l'exemple du roi dans la crainte de perdre leurs bénéfices : « En l'an de grace mil trois cens soixante dix neuf, dit-il, vindrent à Paris trois cardinaulx de par le pape Clement. Et prescherent et firent preschier devant le roy de France et devant le peuple que le pape Clement estoit vray pape et que le pape Urbain n'estoit pas pape. Le roy de France fut de leur accord, *car le dit pape Clement estoit de son lignage.* Maiz les clercs de l'Université de Paris ne le furent pas ne le peuple. *Les prelas tindrent l'opinion du roy affin qu'ilz ne perdissent leurs benefices*[1]. »

Notre chroniqueur éprouve un plaisir évident à citer tout au long la lettre si modérée, si spirituellement railleuse et si digne que le pape Urbain écrivit aux cardinaux dissidents pour répondre à leurs injures. Cette belle épître nous fait voir dans Urbain un de ces prélats, hommes d'esprit, qui ont été à toutes les époques l'honneur de la pourpre romaine[2].

A Rouen, patrie présumée de notre annaliste, se trouvait un autre partisan dévoué d'Urbain, l'archevêque Philippe d'Alençon, qui fut fait cardinal par ce pape. Cette conformité de vues sur un point aussi capital, jointe à d'autres indices, nous donne lieu de penser que la meilleure entente régnait entre ce prélat et notre chroniqueur. Celui-ci, comme nous l'avons fait remarquer plus haut, donne constamment raison à Philippe dans sa lutte contre le bailli Oudart d'Atainville ; et s'il ne nous entretient pas des démêlés

---

[1]. Page 280. — [2]. Pages 270 et 271.

du fier et tenace archevêque avec Charles V lui-même, peut-être ne faut-il voir dans cette discrétion que l'effet d'une nécessaire prudence. En effet, sans être précisément hostile au pouvoir royal et à Charles le Sage, l'auteur de la *Chronique des quatre premiers Valois* se montre partout très-jaloux des immunités ecclésiastiques, des priviléges locaux et surtout des vieilles libertés provinciales de la Normandie. Le célèbre Godefroi de Harcourt fut sous le roi Jean le principal représentant de ces tendances d'opposition et de cet esprit de résistance. Aussi notre chroniqueur parle-t-il toujours de ce chevalier avec une complaisance et une faveur marquées. On n'a qu'à jeter les yeux sur le récit si curieux et si neuf, dans ses détails, du mauvais tour joué sous couleur d'hommage par l'audacieux gentilhomme au jeune duc de Normandie[1]; on n'a qu'à lire la narration si dramatique et si éloquente de la mort de ce chevalier[2], et l'on se convaincra qu'aux yeux un peu éblouis de l'annaliste rouennais, son compatriote Godefroi de Harcourt est vraiment un héros.

On retrouve dans les tendances politiques de notre chroniqueur le même caractère de fermeté et de prudente mesure que nous venons de signaler dans ses jugements sur les personnes, dans son attitude au point de vue religieux et au point de vue provincial. Comme le moine Jean de Venette, autrement dit le second continuateur de Nangis, avec lequel il a plus

---

1. Page 34. — 2. Pages 66 et 67.

d'un trait de ressemblance, l'auteur de la *Chronique des quatre premiers Valois* donne une entière approbation aux commencements de la carrière politique de Marcel ; comme lui, il loue sans réserve la conduite et les résolutions des états généraux à leurs débuts ; mais comme lui aussi, il condamne les actes de despotisme et de violence, les compromis où ces états se laissèrent entraîner vers la fin au mépris du patriotisme ; comme lui, il inflige le blâme aux derniers actes du prévôt : « *Bon commencement ourent*, dit-il quelque part en parlant des états de 1356, *mais mal finerent*[1]. » Il rend grâces au Ciel de la révolution du 31 juillet 1358 qui mit Paris à l'abri d'un affreux coup de main : « *Par la voulenté de Nostre Seigneur Jesus Christ et par droicte inspiracion divine*, aucuns bons preudommes notables bourgoiz de Paris ourent regret et recours à leur droit seigneur, monseigneur le regent le royaume de France, Charles duc de Normandie et dalphin de Vienne, ainsné filz de Jehan le roy de France[2]. » Notre annaliste n'en prête pas moins, selon sa loyale et généreuse habitude, l'attitude la plus noble et la plus digne à Marcel et à quelques-uns de ses principaux complices au moment où ils périrent victimes de la réaction dirigée par la bourgeoisie royaliste : « Et pour plus l'en faire certain, le dit Jehan Maillart et le dit Pepin des Essars vindrent o grant quantité de bourgoiz et de peuple à la bastide Saint Anthoine,

---

1. Page 59. — 2. Page 83.

et là coururent au prevost les marchans de Paris sus et à cinq bourgois qui o lui estoient. Pierres Guiffart et Jehan de Lisle se deffendirent, car ilz estoient de grant courage. Et comme on assailloit le prevost, il disoit : « Pour quoy me voullez vous faire mal ? Ce « que je faisoye, je faisoye pour vostre bien comme « pour le myen. Et ains que j'enprinse riens, vous me « feistes jurer que l'ordonnance que les trois estas « avoient ordonnée je maintendroye de mon povoir. » Ainsi fina ledit prevost[1]. » Notre chroniqueur flétrit les excès commis par les Jacques; mais quel bel éloge il ose faire de leur chef, Guillaume Cale : « Entre eulx estoit ung homme bien sachant et bien parlant, de belle figure et fourme. Cestui avoit nom Guillaume Charles. Les Jacquez en firent leur chief. Maiz il vit bien que c'estoient gens de petit fait, pour quoy il fit reffuz d'en avoir le gouvernement. Maiz de fait les Jacquez le prindrent et en firent leur gouverneur[2]. »

Rien ne serait plus curieux qu'une histoire de cette haine si regrettable qui, pendant trop longtemps, a animé l'une contre l'autre la France et l'Angleterre. On se tromperait gravement en faisant remonter cette haine au commencement de la guerre dite de cent ans : elle ne fut que le résultat, et même assez tardif, de cette lutte séculaire. Sans doute, bien avant cette époque, il y avait eu entre les deux pays des guerres terribles et nombreuses; mais l'âme de ces guerres,

1. Pages 84 et 85. — 2. Page 71.

c'était une sorte d'émulation chevaleresque, courtoise et généreuse, ce n'était pas la haine, une haine acharnée et implacable. Le premier monument où l'on voit percer la violence sombre de cette passion, est la chronique dite du second continuateur de Guillaume de Nangis, composée dans la seconde moitié du quatorzième siècle. L'auteur de cette chronique, le moine Jean de Venette, habitait le couvent du mont Carmel à Paris, et l'on sait que cette ville fut l'un des foyers d'où la haine violente des Anglais se répandit bientôt par tout le royaume. L'hostilité contre l'Angleterre est certainement beaucoup moins marquée dans notre chronique. Il y a même un passage que l'on pourrait citer comme un exemple et un témoignage de cette courtoisie chevaleresque qui présida dans le principe aux relations des deux peuples.

Au temps où Ivain de Galles était en Espagne auprès du roi Henri de Transtamare, les Espagnols amenèrent prisonniers les Anglais qu'ils avaient défaits dans un combat naval livré en vue de La Rochelle. Les vainqueurs avaient attaché leurs captifs par couples avec des cordes, comme des chiens qu'on mène en laisse : « En ceste maniere, dit le chroniqueur, menerent les Espaingnolz les Angloiz devant leur roy. Et comme les Angloiz veoient les François, ilz leur disoient : « Noble « gent de France et doulce, se nous fussions voz « prisonniers, nous ne feussons si villainement menez « ne si durement traictiez comme nous sommez[1]. »

1. Page 235.

Toutefois, à l'époque où nous sommes parvenus, c'est-à-dire vers le milieu de la guerre de cent ans, la lutte s'était déjà envenimée, et les dispositions mutuelles des deux peuples avaient singulièrement changé. Aussi voyons-nous quelque part notre chroniqueur exprimer le regret que les Français, au lieu de faire prisonniers les Anglais qui leur tombaient entre les mains à la guerre, n'eussent pas pris l'habitude de les tuer, parce que c'eût été le seul moyen d'en finir avec eux et de délivrer le royaume de leur présence : « Et donc commencerent à traire parmy eulx, et les communes leur coururent sus, si que en pou d'eures furent tous occiz, et furent là occiz plus de trois cens Angloiz. Ainsi fut l'en delivré d'eulx, et *qui eust ainsi fait le temps passe, les guerres n'eussent pas tant longuement duré comme ilz ont*[1]. »

Certes, un tel souhait part d'un sentiment qui n'a rien de commun avec la bienveillance. Toutefois, il accuse peut-être encore plus d'impatience de guerres trop prolongées que d'animosité proprement dite. Il faut arriver à l'époque de Charles VII et de Jeanne d'Arc pour voir éclater, dans toute sa force, cette haine meurtrière dont les luttes du commencement de ce siècle devaient malheureusement raviver les sanguinaires ardeurs.

1. Pages 169 et 170.

III

Envisagée au point de vue littéraire, la *Chronique des quatre premiers Valois* n'a ni la précision étudiée de la partie des *Grandes Chroniques de France*, rédigée par Pierre d'Orgemont, ni le pittoresque et l'éclatante couleur des récits de Froissart. Le style n'en est pas moins presque partout d'une lucidité remarquable. On peut regretter seulement cette habitude de commencer presque toutes les phrases par la conjonction *et*; une telle manie communique à la diction une pesante uniformité et finit par impatienter le lecteur. Ces *et* répétés sont comme autant de clous grossiers et lourds qui, enfoncés en tête de chaque phrase, lui ôtent toute liberté de mouvement et d'allure et l'empêchent, pour ainsi dire, d'essayer son vol et de prendre son essor. Les récits de bataille ont en général porté bonheur à notre annaliste. Sans doute, il ne faut lui demander ni les développements ni les détails épisodiques qui abondent dans Froissart; une chronique aussi abrégée que la sienne ne les comporte pas. Mais l'entrain belliqueux, mais la verve guerrière, mais le souffle ardent des combats, il ne les possède pas à un degré moindre que le chroniqueur de Valenciennes. Le combat naval de l'Écluse[1], la bataille de Poitiers[2], la rencontre des

---

1. Pages 9-11. — 2. Pages 48-57.

Jacques avec les gentilshommes[1], l'affaire de Cocherel[2], celle d'Aurai[3], celle de Navarrette[4], ont été pour notre écrivain, comme pour Froissart, l'occasion d'autant de triomphes littéraires.

Les narrations de tous les événements qui ont un caractère plus ou moins tragique, sont aussi merveilleusement réussies. Nous citerons notamment les récits de l'assassinat de Charles d'Espagne[5], des derniers moments de Godefroi d'Harcourt[6], de l'exécution de Marcel et de ses principaux complices[7]. Ces pages si naturelles, si éloquentes dans leur naïveté, peuvent soutenir la comparaison avec les tableaux les plus vantés de Froissart.

On doit vivement regretter que notre auteur n'ait pas donné la même attention que le chroniqueur de Valenciennes aux sujets de la vie familière et intime ; on ne rencontre dans sa chronique qu'un récit emprunté à cet ordre d'idées, et ce récit est un vrai chef-d'œuvre. Nous voulons parler des amours du prince de Galles et de la veuve de messire Thomas Holland, digne pendant du célèbre épisode des amours d'Édouard et de la comtesse de Salisbury dans Froissart. Qu'on nous permette d'égayer un peu la fin de cette trop longue préface en citant ce badinage exquis : « Icestui monseigneur Thomas de Hollande avoit espousée une des plus belles dames du monde et moult noble. Apres le trespassement

---

1. Pages 72-76. — 2. Pages 144-147. — 3. Pages 159-162. — 4. Pages 178-181. — 5. Pages 26-28. — 6. Pages 66 et 67. — 7. Pages 84-85.

de son dit seigneur, moult de nobles chevaliers qui moult avoient servi le roy d'Angleterre et le prince son filz en leurs guerres, vindrent requerre au prince qu'il lui pleust à parler à la contesse de Hollande. En especial ung des haulz hommes et nobles d'Angleterre nommé monseigneur de Broacs, tres bon chevalier, qui moult grandement avoit servi le prince et pour lui tant en ses guerres que autrement avoit moult travaillié, requist le dit prince qu'il lui pleust tant faire qu'il eust la dicte dame et contesse pour lui à femme et qu'il en parlast à la dicte dame.

« Le prince pour le dit chevalier parla à la dicte dame de Hollande par plusieurs foiz. Car moult voulentiers aloit pour soy deduire veoir la dicte dame qui estoit sa cousine et souventeffoiz regardoit sa tres grant beauté et son tres gracieux contenement qui merveilleusement lui plaisoit. Et comme une foiz le prince parloit à la dicte contesse pour le dit chevalier, la contesse lui respondi que jamaiz espoux n'auroit. Et elle, qui moult estoit soubtille et sage, par plusieurs foiz le dit au prince. « Ha! A! se dit le prince, « belle cousine, en cas que vous ne voulez marier à « mez amis, mal fut vostre grant beauté dont tant « estes plaine. Et se vous et moy ne nous appartenis- « sons de lignage, il n'est dame soubz le ciel que « j'eusse tant chiere comme vous. » Et alors fut le prince moult soupprins de l'amour à la contesse. Et lors prinst la contesse à plourer comme femme soubtille et plaine d'aguet. Et donc le prince la prinst à conforter et la prinst à baisier moult souvent en pre-

nant ses lermes à grant doulceur et lui dit : « Belle
« cousine, j'ay à vous parler pour ung des preux
« chevaliers d'Angleterre, et avec ce il est moult
« gentilz homs. » Ma dame la contesse respondi
« en plourant au prince : « Ha! sire, pour Dieu
« vueilliez vous souffrir de me parler de telles paroles.
« Car c'est mon entente que je n'aye jamaiz espoux.
« Car je me suys du tout donnée au plus preux de
« dessoubz le firmament. Et pour l'amour d'icellui,
« jamaiz espoux fors Dieu n'auray tant que je vivray.
« Car c'est chose impossible que je l'aye; et pour
« la sienne amour me vueil garder de compaignie
« d'omme, ne jamaiz n'est m'entencion de moy
« marier. »

« Le prince fut moult en grant desir de scavoir cil
qui estoit le plus preux du monde, et moult requist
la contesse qu'elle lui deist. Maiz la dicte contesse,
plus l'en veoit eschauffé, plus lui prioit qu'il n'en
cerchast plus avant, et lui disoit : « Pour Dieu, tres
« chier seigneur, en soy agenouillant, pour la tres
« douce vierge mere, vueilliez vous en souffrir
« atant. » A brief raconter, le prince lui dist que,
s'elle ne lui disoit qui estoit le plus preux du monde,
qu'il seroit son mortel ennemy. Et lors lui dit la
contesse : « Tres chier et redoubté seigneur, c'est
« vous, et pour l'amour de vous jamaiz à mon costé
« chevalier ne gerra. » Le prince qui moult fut
adonc embrasé de l'amour à la contesse lui dit :
« Dame, et je « voue à Dieu que jamaiz autre femme
que vous, tant « que vous vivres, n'auroy. » Et

presentement la fiança, puis apres assez briefment il l'espousa[1]. »

IV

Trois monuments d'une importance capitale, les *Grandes Chroniques de France*, celles de Froissart et la seconde continuation de Nangis, éclairent depuis longtemps l'époque dont la chronique, jusqu'à présent inédite et inconnue, que nous publions ici, retrace aussi l'histoire. C'est pourquoi, personne, croyons-nous, ne sera surpris d'apprendre que cette publication ajoute surtout des faits de détail à la somme de nos connaissances sur ces soixante-six années du quatorzième siècle, dont elle embrasse succinctement le récit.

Les renseignements tout à fait neufs, les révélations proprement dites n'y font pourtant point entièrement défaut. Il y a notamment sur les derniers incidents de la Jacquerie[2], sur les causes et certains détails de la révolution du 31 juillet 1358[3], sur une curieuse expédition des Picards en Angleterre[4], et sur la revanche prise par les Anglais[5] et sur nombre d'événements dont la liste serait trop longue, des pages précieuses qui comblent heureusement de véritables lacunes historiques. Les développements donnés plus

---

1. Pages 123-125. — 2. Pages 71-77. — 3. Pages 83-86. — 4. Pages 111-113. — 5. Pages 117-119.

haut dans cette préface nous ont déjà, sur d'autres points essentiels, fourni l'occasion de prouver cette vérité. Toutefois, je le répète, les détails nouveaux que cette chronique nous apporte presque sur chaque événement de quelque importance, voilà ce qui fait surtout, à nos yeux du moins, sa valeur historique. Nous avons cru devoir noter ce qu'il y a de plus intéressant dans ces additions, ces rectifications ou simplement ces divergences; mais nous avons cru aussi que la place de ces notes était au bas du texte auquel elles se rapportent.

CHAPITRE III.

Description et histoire du manuscrit de la *Chronique des quatre premiers Valois*.

La chronique que nous publions est conservée dans le manuscrit inscrit sous le n° 107 du *Supplément français*, au département des manuscrits de la Bibliothèque impériale. Elle occupe 78 folios, du folio 113 au folio 190. L'écriture est du milieu du quinzième siècle. Voici la description très-fidèle de ce manuscrit et des divers ouvrages qui y sont contenus telle que nous l'empruntons au catalogue de la Bibliothèque du collége de Clermont dont il faisait partie à la fin du dernier siècle, époque où il est entré à la Bibliothèque du roi.

DCCCXXII.

Un volume in-fol., de 317 feuillets, en vélin, couverture de velours rouge ornée de cloux, equerres et fermoirs de cuivre doré, écriture du quinzième siècle, contenant :

1° La Chronique de Normandie, par *Guillaume le Taleur*, commençant à Aubert, premier duc (prétendu) de Normandie, et finissant à Henry III, roi d'Angleterre, ou depuis 1208 jusqu'à 1216. Cette copie diffère peu de l'imprimé.

2° Chronique de France, traduite en français du latin de Guillaume de Nangis, par le même *Nangis*, commençant à Pharamond, fils du duc Marcomire en 420, et finissant à la mort de Charles VI en 1322.

3° De origine et antiqua divisione regni Angliæ.

4° Les Sermens que doivent faire le Chancelier et autres Grands Officiers de France.

5° *Les Chroniques et accidents depuis le roi Philippe de Valois en 1327 jusqu'à Charles VI le Bien-aimé en 1393, sans nom d'auteur.*

6° Histoire d'Alexandre le Grand, roi de Macédoine, sans nom d'auteur.

7° Le livre des mœurs et du gouvernement des seigneurs, appellé *Les Secrets des Secrets d'Aristote*.

8° La proposition faite de par l'Université de Paris devant nos Seigneurs de France et tout le Conseil assemblés, pour la réformation du royaume, l'an 1405, par maître Jean Gerson, solennel maître en théologie et Chancelier en l'église Notre-Dame de Paris.

9° Charta Normannorum a Ludovico X°, Francorum rege, confirmata apud Vicenas (Vincennes) an. 1314.

10° Pactum Trecense contra Carolum VII, tunc temporis Delphinum, in cujus fine legitur : « Datum Parisius in Parlamento nostro die quarta augusti anno Domini M° CCCC° vicesimo quarto et regni nostri secundo. » Et infra : « Collatio facta est. »

11° Requeste pour remonstrer en brief que les habitants du duché de Normandie ne doivent être traduits en France pour fait de justice ; et Déclaration de Charles VI donnée à Troyes en 1420, qui accorde et assure ce droit aux Normands.

12° Arrêt de 1318 qui décide qu'un prélat ou églisier peut acquérir en ses fiefs.

13° Aliquæ ordinationes tangentes jurisdictionem et libertatem ecclesiæ. Actum apud Vicenas anno Domini M° CCC° et XV°.

14° Privilegium Universitatis Cadomensis per Henricum VI, Angliæ regem. Datum Rothomagi anno Domini M° CCCC° trigesimo primo. Sequitur confirmatio Eugenii IV papæ.

15° Confirmatio Chartæ Normannorum per Ludovicum X Franciæ regem data apud Castrum novum anno Domini M° CCC° et vicesimo tertio.

16° Decretum unionis orientalis ecclesiæ cum occidentali publicatum in sacrosancto œcumenico concilio Florentino anno Domini M° CCCC° XXXIX°[1].

On voit par cette liste que la *Chronique des quatre premiers Valois* est le cinquième des ouvrages contenus dans le manuscrit n° 107. Elle est précédée immédiatement de notions géographiques sur l'Angleterre, en latin, et des formules du serment que doivent prêter au roi de France les grands officiers de la Couronne. La main qui a tracé ces formules les a fait suivre de cette mention significative : *Nota quod civitas Parisiensis fuit* PERDITA *decima tertia die aprilis*

---

[1]. *Catalogus manuscriptorum codicum collegii Claromontani*, Parisiis in palatio, apud Leclerc, 1764, p. 310-313.

post Pascha anno Domini millesimo quadringentesimo tricesimo sexto. Paris fut, en effet, repris sur les Anglais en 1436. Cette curieuse note donne lieu de supposer que le manuscrit qui contient notre chronique a été entre les mains de quelque secrétaire au service de Henri VI, roi d'Angleterre.

Ce manuscrit a été relié sous le premier Empire aux armes de l'empereur Napoléon Ier. Trois feuillets de garde ont été placés à tort par le relieur, la tête en bas, à la fin du manuscrit. Sur le second de ces feuillets de garde, on trouve ces lignes dont l'écriture est du milieu du seizième siècle :

*Legentem si quis repperiat hunc forte libellum,
sunt possessoris cognita signa sui.*

Signé :
Raymond Forget.

Nous apprenons par une quittance, conservée au cabinet des titres de la Bibliothèque impériale, au mot Forget, qu'un sieur Raimond Forget, qualifié de « conseiller du roy, secrétaire de ses finances » avait reçu de Mgr de Baillon, trésorier de la maison du roi, la somme de cinquante livres pour ses gages de secrétaire de la chambre, des quartiers de juillet et octobre 1561. La signature et l'endos de cette quittance sont de la même écriture et paraissent être de la même main que la signature et les vers inscrits sur le feuillet de garde du manuscrit n° 107. Nous sommes

PRÉFACE. XLV

donc fondés à croire que ce manuscrit était, vers le milieu du seizième siècle, la propriété du secrétaire du roi Raimond Forget.

Il passa ensuite entre les mains de messire Joachim de Dinteville, qui lui-même en fit cadeau au mois de février 1578 à un troisième personnage dont le nom nous est inconnu. Ces détails nous sont révélés par les lignes suivantes placées sur le feuillet de garde en question au-dessous de le signature de Raimond Forget, mais dont l'écriture est d'une autre main et un peu plus moderne :

« Messire Joachim de Dinteville, chevalier de l'ordre du roy et gentilhomme de sa chambre, m'a donné ce livre à Troyes en febvrier 1578. »

SOMMAIRE CHRONOLOGIQUE.

ANNÉE 1328.

Philippe VI, dit de Valois, sacré à Reims, p. 1. — Élection de l'antipape Nicolas V (mai), p. 1 et 2.

ANNÉE 1329.

Naissance de Philippe, fils de Philippe le Long et de Jeanne de Bourgogne, p. 3.

ANNÉE 1330.

Maître Pierre Roger est promu à l'archevêché de Rouen, *ibid.*

ANNÉE 1332.

Jean, fils aîné de Philippe de Valois, est fait chevalier et reçoit en apanage le duché de Normandie, *ibid.* — Robert d'Artois est condamné par contumace (8 avril), p. 2.

ANNÉE 1333.

Succès du roi Édouard d'Angleterre sur les Écossais, p. 4. — Philippe de Valois prend la croix (1er octobre), p. 5 et 6.

ANNÉE 1334.

Mort de Jean XXII. Élection de Benoît XII (20 décembre), p. 6.

SOMMAIRE CHRONOLOGIQUE.

ANNÉE 1337.

Convocation d'États à Pont-Audemer (juillet), p. 8 et 9.

ANNÉE 1338.

Descente d'Édouard, roi d'Angleterre, en Flandres (22 juillet), p. 7 et 9.

ANNÉE 1340.

Combat naval de l'Écluse (24 juin), p. 9, 10 et 11.

ANNÉE 1341.

Mort de Jean III, duc de Bretagne (30 avril). Le duché de Bretagne est adjugé, par arrêt du Parlement, à Jeanne de Penthièvre et à Charles de Blois (7 septembre), p. 6 et 7. Siége et prise de Saint-Jean d'Angely par le duc Henri de Lancastre, p. 12 et 13.

ANNÉE 1342.

Mort de Benoît XII. Élection de Clément VI (25 avril), *ibid.*

ANNÉE 1343.

Altération des monnaies, p. 14.

ANNÉE 1346.

Descente d'Édouard en Normandie (juillet). Bataille de Créci (26 août), p. 14-17.

ANNÉE 1347.

Prise de Calais (29 août), p. 17 et 18.

ANNÉES 1348 et 1349.

Peste et très-grande mortalité, p. 18. — Mort de la reine Jeanne de Bourgogne (septembre 1349), *ibid.*

SOMMAIRE CHRONOLOGIQUE. XLIX

ANNÉE 1350.

Philippe de Valois épouse en secondes noces Blanche de Navarre (19 janvier), *ibid.* — Mort de ce prince (22 août), p. 19. — Couronnement de Jean, son fils aîné (25 septembre), *ibid.* — Exécution de Raoul, comte d'Eu et de Guines, connétable de France (19 novembre), p. 19 et 20.

ANNÉE 1351.

Siége et prise de Saint-Jean d'Angely par le roi Jean (août), p. 20 et 21. — Institution de la chevalerie de l'Étoile, p. 23 et 24.

ANNÉE 1352.

Combat dit des Trente, p. 20. — Mort du sire de Beaujeu devant Calais, p. 21. Résumé de la vie et des exploits de ce chevalier, p. 22 et 23. — Mort de Clément VI (5 décembre). Élection d'Innocent VI (28 décembre), p. 23. Un combat singulier qui devait avoir lieu à Paris entre le duc Henri de Lancastre et Othon, duc de Brunswick, aboutit par l'entremise du roi Jean à un arrangement, p. 24 et 25.

ANNÉE 1353.

Guerre en Bretagne entre Français et Anglais. Mort de sire Robert Bertran le Jeune. Prise du château de Guines par les Anglais, p. 23 et 24.

ANNÉE 1354.

Assassinat de Charles d'Espagne, connétable de France, à Laigle (6 janvier), p. 25-28. — Accord entre le roi de France et le roi de Navarre (22 février), p. 29.

ANNÉE 1355.

Le roi Jean donne à son fils aîné Charles le duché de Normandie (avril), p. 33 et 34. — Échec des Français devant Calais par la perfidie d'un traître nommé Aymeri. Prise et punition de cet aventurier, p. 29 et 30. — Campagne du roi de France contre le roi d'Angleterre qui refuse le combat, p. 31. — Succès d'Édouard et du prince de Galles, son fils aîné, sur Douglas et les Écossais, p. 31 et 32. — Tentative d'assassinat contre les enfants de Navarre, p. 32 et 33.

ANNÉE 1356.

Exécution du comte d'Harcourt et de trois autres chevaliers normands à Rouen (avril), p. 34-37. — Emprisonnement du roi de Navarre. — Bataille de Poitiers (19 septembre), p. 40-57. — Convocation d'États généraux de la langue d'oïl à Paris (17 octobre), p. 58-61. — Prise et pillage de Pont-Audemer et de Honfleur par les Anglais, p. 61-63. Mort de Godefroy d'Harcourt (11 novembre), p. 66 et 67. Conférence du dauphin avec l'empereur d'Allemagne, son oncle, à Metz (décembre), p. 65 et 66.

ANNÉE 1357.

Nouvelle convocation d'États généraux à Paris (5 février), p. 68. Conclusion d'une trêve de deux ans avec l'Angleterre (23 mars), p. 65. — Délivrance du roi de Navarre (8 novembre), *ibid.*

ANNÉE 1358.

Assassinat de Jean Baillet, trésorier du roi, et exécution de Perrin Marc, son meurtrier (janvier), p. 67 et 68. — Voyage du roi de Navarre à Rouen (janvier), p. 65. — Assassinat des maréchaux Jean de Conflans et Robert de Clermont (22 février), p. 68 et 69. — Le duc de Normandie prend le titre de régent (14 mars) et quitte Paris, p. 69. — Jacquerie, p. 70-77. — Prise du château de Rouen par les bourgeois de cette ville, p. 77-80. — Siége de Paris par le régent, p. 80-83. — Exécution de Marcel et de ses principaux complices (31 juillet) et rentrée du dauphin dans Paris, p. 83-86. — Ravages des Navarrais et des Anglais, p. 86-88.

ANNÉE 1359.

Siége et prise de Saint-Valery par les Picards sous les ordres du connétable Moreau de Fiennes, p. 89-93. — Prise et pillage du bourg d'Amiens par Philippe de Navarre, p. 94-96. — Siége de Melun par le régent (juin), p. 96 et 97. — Accord entre le régent et le roi de Navarre (août), p. 99 et 100. — Édouard débarque à Calais (28 octobre) et porte le ravage dans plusieurs provinces; il échoue devant Reims, p. 100, 101, 103, 106, 114. — Conspiration et exécution de Martin Pisdoë, p. 101.

ANNÉE 1360.

Siége de Boutancourt et de Blangi par les Anglais, p. 101-104. — Combat entre les Normands commandés par Louis d'Harcourt et les Anglais. Défaite et prise du sire d'Harcourt, p. 107-110. — Expédition des Picards en Angleterre, p. 110-113. — Expédition des Anglais commandés par Henri le Picart en France, p. 117-119. — Traité de Brétigni (8 mai), p. 115-117. — Réconciliation du roi d'Angleterre avec le comte de Flandres et du roi de France avec Philippe de Navarre, p. 119-121. Mise en liberté et retour du roi Jean à Paris (13 décembre), p. 121 et 122.

ANNÉE 1361.

Amours et mariage du prince de Galles avec sa cousine, veuve de Thomas de Hollande, p. 123-125.

ANNÉE 1362.

Mort d'Innocent VI; élection d'Urbain V (septembre et octobre), p. 133 et 134. — Voyage du roi Jean à Avignon, p. 125 et 126.

ANNÉE 1363.

Le roi de France, le roi de Chypre et Philippe de Navarre, comte de Longueville, prennent la croix, p. 127-129. — Le duc d'Anjou, otage, s'échappe d'Angleterre; chagrin qu'en ressent le roi, son père, p. 129 et 130. — Grande mortalité en Angleterre, p. 130 et 131. — La guerre recommence en Normandie entre les Anglais commandés par Jean Jouel et les Français aux ordres de Philippe de Navarre, p. 131 et 132. — Mort de ce prince, p. 132 et 133. — Le château de Rolleboise est pris par les Anglais et repris par les Français, p. 135 et 136.

SOMMAIRE CHRONOLOGIQUE.

ANNÉE 1364.

Le roi Jean repasse en Angleterre (3 janvier), p. 134 et 135. — Prise et pillage de Mante et de Meulan par des chevaliers bretons, normands et picards aux ordres de Bertrand Du Guesclin, p. 137-142. — Mort du roi Jean (8 avril), p. 143 et 144. — Bataille de Cocherel (16 mai), p. 144-148. — Sacre de Charles V à Reims (19 mai), p. 148 et 149. — Voyage de ce prince à Rouen, p. 149. — La guerre recommence en Bretagne entre Charles de Blois et Jean de Montfort; Charles de Blois appelle à son secours Bertrand Du Guesclin, p. 150, 158 et 159. — Succès des Français commandés par Philippe, duc de Bourgogne, à Cameroles, à Connoy et à Échauffou-Marbeuf, p. 150-154. — Succès des Navarrais sous les ordres de Louis de Navarre à Moulineaux et à la Charité-sur-Loire, p. 155-158. — Bataille d'Aurai (29 septembre), p. 159-162. — Du Guesclin fait prisonnier est racheté en grande partie par le roi de France, p. 162 et 163.

ANNÉE 1365.

Accord entre le roi de France et le roi de Navarre (6 mars), p. 163. — Par les soins de Charles V, du pape et de Henri de Transtamare, les Compagnies vont en Espagne sous les ordres de Du Guesclin faire la guerre à Pierre le Cruel, p. 163 et 164. — Prise et pillage d'Alexandrie par le roi de Chypre (4 octobre), p. 164-166.

ANNÉE 1366.

Entrée de Du Guesclin en Catalogne; il est rejoint par le frère du roi d'Aragon et par Henri de Transtamare (janvier), p. 166 et 167. — Henri de Transtamare couronné à Burgos; fuite de Pierre le Cruel (5 avril), p. 167. — Légende sur la naissance de ce dernier prince, p. 168. — Le fort du Homme, en basse Normandie, pris par les Anglais, est repris par les Français, p. 169 et 170.

ANNÉE 1367.

Sur les instances de Pierre le Cruel et grâce à la connivence du roi de Navarre, le prince de Galles marche en Espagne contre

Henri de Transtamare et Bertrand Du Guesclin, p. 170-175. Louis de Navarre épouse la fille de la reine de Sicile et prend possession de la terre de Labour, p. 175-177. — Bataille de Navarette (3 avril), p. 178-181. — Du Guesclin fait prisonnier est racheté en grande partie par le roi de France, p. 181. — Départ d'Urbain V de Marseille (20 mai) et entrée dans Rome (juillet), p. 182 et 183. — Exécution de Richard de Beaumont à Paris, p. 183-185. — Jean de Montfort vient à Paris faire hommage du duché de Bretagne au roi de France (13 décembre), p. 183-185. — Croisade prêchée par Urbain V ; succès du roi de Chypre, chef de cette croisade, sur les Sarrasins, p. 185-191. — Urbain V excommunie les Compagnies, p. 192.

ANNÉE 1368.

Le duc d'Anjou et Du Guesclin attaquent la Provence (février), p. 193 et 194. — Le prince de Galles veut lever un subside sur les Aquitains qui s'y refusent, p. 195. — Mariage de Lyon de Gand, fils d'Édouard III, avec la fille de Barnabo de Milan, p. 195 et 196. — Siége de Louviers, puis de Vire par les Compagnies, p. 196. — Voyage de Charles V en Flandre, p. 197. — Cahors fait retour à la France, p. 197. — Succès de Henri de Transtamare en Castille, p. 198. — Naissance du dauphin, depuis Charles VI (3 décembre), p. 199 et 200.

ANNÉE 1369.

Mort de Pierre Ier, roi de Chypre (16 janvier), p. 200. — Le roi de France fait défier le roi d'Angleterre en même temps qu'il surprend le Ponthieu (avril), p. 200 et 201. — Bataille de Montiel entre Pierre le Cruel et Henri de Transtamare (14 mars); Pierre fait prisonnier est mis à mort par Henri (23 mars), p. 199. — États généraux à Paris (9 mai) ; États provinciaux à Rouen qui votent des subsides pour la guerre contre l'Angleterre, p. 201 et 202. — Mariage de Philippe le Hardi, duc de Bourgogne, avec l'héritière de Flandre (19 juin), p. 201. — Campagne du duc de Bourgogne en Normandie contre le duc de Lancastre, p. 202-206.

SOMMAIRE CHRONOLOGIQUE.

ANNÉE 1370.

Campagne des Français en Guyenne contre les Anglais, p. 206 et 207. — Guerre maritime, p. 207. — Descente de Robert Knolles à Calais; il s'avance jusque sous les murs de Paris (juillet), *ibid.* — Du Guesclin nommé connétable (20 octobre) bat l'arrière-garde de Robert Knolles forcé de se retirer en Bretagne et fait prisonnier Thomas de Grantson, p. 207 et 208. — Siége et prise de Château-Paon par les Anglais du duc de Lancastre, p. 208 et 209. — Siége et prise de Limoges par les mêmes (septembre et octobre), p. 209 et 210. — Retour d'Urbain V à Avignon (24 septembre); sa mort (19 décembre); élection de Grégoire XI (30 décembre), p. 211 et 212.

ANNÉE 1371.

Paix de Vernon entre Charles V et le roi de Navarre (25 mars), p. 210 et 211. — Reddition de la forteresse de Thury, p. 212 et 213. — Siége de Conches, p. 213 et 215. — Voyage et efforts infructueux des légats du pape auprès du roi d'Angleterre pour le réconcilier avec le roi de France, p. 214. — Guerre dans les Pays-Bas entre le duc de Brabant et le duc de Gueldre; ils se livrent une sanglante bataille (22 août); le duc de Brabant est vaincu et pris, mais le duc de Gueldre est tué, p. 215-220. — Siége et prise de Montcontour par le duc de Lancastre et les Anglais, p. 220 et 221. — Accord entre le roi de Navarre et Robert d'Alençon, comte du Perche; fiançailles de ce dernier avec Jeanne de Navarre; le roi de France s'oppose au mariage, p. 221 et 222. — Montpellier cédé au roi de Navarre en compensation de Mantes et de Meulan, p. 222 et 223. — Siége et prise de Rochefort par Bertrand Du Guesclin et Olivier de Clisson, p. 223 et 224.

ANNÉE 1372.

Négociations infructueuses à Calais entre les envoyés d'Édouard III et ceux de Charles V, p. 224-226. — Naissance d'un second fils de Charles V, nommé Louis, p. 226. — Occupation par les Anglais du mont de Notre-Dame de Tombelaine, p. 226. — Étymologie légendaire de ce nom de Tombelaine, p. 226-229. — Siége de Bricquebec par les Anglais, p. 229. — Prise de Montmorillon par Du Guesclin et entrée du duc de Berry en

SOMMAIRE CHRONOLOGIQUE.   LV

Guyenne, p. 229 et 230. — Expédition maritime d'Yvain de
Galles contre les Anglais des îles de Jersey et de Guernesey,
p. 230-232. — Flotte anglaise sous les ordres du comte de Pembroke défaite devant la Rochelle par les Espagnols (23 et
24 juin), p. 232-234. — Arrivée d'Yvain de Galles en Espagne ;
on lui refuse les secours promis, p. 234 et 235. — Incursions
des Génois sous les ordres de Regnier de Grimande contre les
côtes d'Angleterre, p. 235 et 236. — Siége et prise du château
de Chauvigny par les ducs de Berry et de Bourgogne et Bertrand Du Guesclin, p. 237. — Reddition de Poitiers, p. 237 et
238. — Siége et prise de Soubise par Yvain de Galles et les
Français ; le captal de Buch est fait prisonnier, p. 238-241. —
Reddition de la Rochelle (15 août), p. 241 et 242.

ANNÉE 1373.

Lutte à Rouen entre l'archevêque Philippe d'Alençon et le bailli
Oudart d'Atainville, p. 243 et 244. — Reddition de quatre cents
forteresses tant en Poitou qu'en Saintonge ; expulsion des Anglais de ces deux provinces ; retour des ducs de Berry et de
Bourgogne à Paris ; réconciliation de Charles V et de Louis d'Harcourt, p. 244 et 245. — Entrée de Du Guesclin en Bretagne ;
le duc Jean de Montfort s'enfuit en Angleterre (28 avril) ; soumission de toute la Bretagne à l'exception de Derval et de Brest,
p. 245. — Le duc de Lancastre débarque à Calais (fin de juillet), traverse toute la France en la ravageant et se rend à Bordeaux, p. 246-248. — Mort de Jeanne, reine de Navarre (3 décembre), p. 244. — Occupation de Chypre par les Génois,
p. 251.

ANNÉE 1374.

Continuation de la lutte entre l'archevêque et le bailli de Rouen,
p. 248 et 249. — Échec des Français près d'Ardres ; le comte
de Saint-Pol est fait prisonnier, p. 249 et 250. — Siége de
Saint-Sauveur le Vicomte par l'amiral Jean de Vienne, p. 250.
— Destruction d'une bande de brigands par Du Guesclin et
Hugue Aubryot, p. 250 et 251. — Siége et prise de Montreuil-
Bonnin et de Cognac par le duc de Berry et Bertrand Du Guesclin, p. 251-253.

ANNÉE 1375.

Reddition à la France de la forteresse de Saint-Sauveur le Vicomte, p. 253 et 254. — Trêve d'une année entre les deux rois de France et d'Angleterre, signée à Bruges (27 juin), p. 254 et 255. — Descente en Bretagne du duc Jean de Montfort qui s'empare de plusieurs villes et forteresses, p. 254. — Prise et pillage de quatre-vingt-quatre navires anglais surpris près de la Rochelle par l'amiral d'Espagne (août), p. 255. — Procès de Du Guesclin contre les habitants de Bruges au sujet du payement de la rançon du comte de Pembroke, p. 255 et 256. — L'archevêque de Rouen Philippe d'Alençon est transféré sur le siége d'Auch, et Oudart d'Atainville échange le bailliage de Rouen contre celui de Mâcon, p. 256. — Pierre II, roi de Chypre, fait assassiner Jean d'Antioche, son oncle, p. 260 et 261.

ANNÉE 1376.

La trêve à Bruges est prorogée d'une année, p. 257. — Mort du prince de Galles (8 juin), p. 227. — Aventures d'un jeune homme qui prétendait être fils du roi de France, p. 257 et 258. — Révolte des Romains et des Florentins contre le pape qui les excommunie et se rend d'Avignon à Rome pour les faire rentrer sous son obéissance, p. 258 et 259. — Mort du captal de Buch au Louvre, p. 259. — Impopularité du duc de Lancastre en Angleterre, p. 259 et 260. — Négociations infructueuses entre plusieurs conseillers du roi de France et ceux du roi d'Angleterre, p. 260.

ANNÉE 1377.

Mort d'Édouard III, roi d'Angleterre (21 juin); couronnement de Richard II, son successeur (16 juillet), p. 261 et 262. — Prise d'Aurai en Bretagne, par Olivier de Clisson, p. 262. — Incursions des Français sur les côtes d'Angleterre, p. 262 et 363. — Descente de Jean de Montfort à Brest, p. 264.

ANNÉE 1378.

Voyage de Charles IV, empereur d'Allemagne, oncle du roi de France, à Paris; fêtes données à cette occasion (4 janvier), p. 264 et 265.— Mort de la reine de France (6 février), p. 265. — Mort du pape Grégoire XI (27 mars), p. 265. — Charles de Navarre, fils aîné de Charles le Mauvais, fait livrer au roi de France, son oncle, toutes les forteresses occupées par les Navarrais en Normandie, excepté Cherbourg et Mortain, p. 265-268. Élection du pape Urbain VI (8 avril); grand schisme d'Occident, p. 268. — Lutte entre Urbain VI et les cardinaux partisans de Clément VII, p. 269-272. — Siége de Harfleur par les Anglais, p. 272 et 273. — Jugement, condamnation et exécution de Pierre Dutertre et de Jacques de Rue, familiers du roi de Navarre, p. 273 et 274. — Siége de Saint-Malo par le duc de Lancastre, p. 274 et 275. — Prise de Mortain par les Français, p. 275. — Siége de Cherbourg par Bertrand Du Guesclin, p. 275-278. — Mort de Charles IV, empereur d'Allemagne (29 novembre), p. 278. — L'évêque de Paris envoyé en légation auprès de Wenceslas, fils et successeur de Charles IV, reçoit le plus mauvais accueil, p. 278-280.

ANNÉE 1379.

Arrivée à Paris de trois cardinaux, légats de Clément VII, p. 208 et 281. — Curieuse scène à la cour du roi de France entre le dauphin et le cardinal d'Amiens, légat de Clément VII, p. 283. — Exécution d'un partisan nommé Sevestre Bude, à Mâcon, par le bailli Oudart d'Atainville, p. 282. — Le comte de Saint-Pol s'étant donné au roi d'Angleterre, Charles V confisque tout ce que ce seigneur possédait en France, p. 281. — Soulèvement de Montpellier contre le duc d'Anjou (25 octobre), p. 281 et 282. — Lutte entre les Flamands et le comte Louis de Flandre, p. 284. — Incursions des Espagnols unis aux Écossais en Angleterre, *ibid.* — Emprisonnement des enfants du comte de Foix, coupables d'avoir voulu emprisonner leur père, *ibid.* — Descente du duc Jean de Montfort en Bretagne, p. 287.

SOMMAIRE CHRONOLOGIQUE.

ANNÉE 1380.

Incursions et ravages des Anglais à Étaples et sur toute la côte de Picardie, p. 285. — Clément VII fait la guerre aux Romains, *ibid*. — Mort de Du Guesclin (13 juillet), p. 285 et 286. — Descente des Anglais à Calais ; ils pénètrent jusqu'en Bretagne et en Guyenne, p. 286 et 289. — Guerre civile en Flandre ; lutte entre Gand et Bruges, p. 286 et 287. — Mort et funérailles de Charles V, roi de France (16 septembre), p. 287-289. Siége de Gand par le comte Louis de Flandre (29 août-11 novembre), p. 289 et 290. — Sacre de Charles VI à Reims (4 novembre), p. 290 et 291. — Soulèvement des Parisiens qui obtiennent la révocation des nouveaux impôts (15 novembre), p. 291 et 292. — États de Normandie à Rouen ; vote d'une aide ou subside sous forme de fouage par les États assemblés à Paris (décembre), p. 292-294. — Siége de Nantes par les Anglais, p. 294.

ANNÉE 1381.

Le duc de Bretagne fait hommage de son duché à Charles VI (15 janvier), p. 296. — Défaite des Gantois (13 mai), et siége de Gand par le comte de Flandre et les habitants de Bruges, p. 294. — Jugement, condamnation et emprisonnement de Hugue Aubryot, prévôt de Paris, à la requête de l'Université, p. 294 et 295. — Lutte entre l'Université de Paris, favorable au pape Urbain VI, et le duc d'Anjou, partisan de Clément VII, p. 295 et 296. — Conquête du royaume de Naples par Charles de Durazzo dit de la Paix sur la reine Jeanne qui fait abandon de ses droits au duc d'Anjou, p. 296 et 297. — Soulèvement à Rouen contre de nouveaux impôts que veulent lever les ducs, oncles du roi (octobre 1381), p. 297-299.

ANNÉE 1382.

Révolte dite des Maillotins à Paris (1er mars), p. 299 et 300. — Charles VI entre par la brèche à Rouen et abolit la commune, p. 300 et 301. — Il fait la paix avec les Parisiens (fin d'avril), p. 302. — Défaite des habitants de Bruges (3 mai), et prise de cette ville par les Gantois, p. 302 et 303. — Entrée de Charles VI à Paris, p. 303. — Le duc d'Anjou est sacré par Clément VII roi de Naples et de Sicile à Avignon, puis il quitte cette ville et marche contre Charles de la Paix (30 mai), p. 304. — Nouvelle sédition à Rouen contre l'impôt sur les draps et les boissons (1er août), *ibid.* — Charles VI marche sur les Flamands (18 août), les bat à Rosebecque (27 novembre), fait lever le siége d'Oudenarde et entre dans Bruges, p. 305-308.

ANNÉE 1383.

Rentrée du roi à Paris, en abattant les portes et arrachant les chaînes (11 février); exécution des principaux meneurs; rétablissement des impôts et subsides; rémission générale (1er mars), p. 308-311. — Descente des Anglais en Flandre (23 avril); ils battent les Flamands à Dunkerque (25 mai), p. 311. — Charles VI accourt en Flandre contre les Anglais (7 septembre) et se fait livrer Bruckbourg au moment même où Oudenarde tombe au pouvoir des Gantois (17 septembre), p. 311 et 312.

ANNÉE 1384.

Mort du comte de Flandre (6 janvier), p. 313. — Mort du duc Louis d'Anjou en Sicile (10 octobre), *ibid.*

ANNÉE 1385.

Double mariage des enfants de Bourgogne avec ceux de Bavière (12 avril), p. 313. — Mariage de Charles VI avec Isabeau de Bavière (17 juillet), *ibid.* — Prise de Damme par Charles VI (27 août); rupture des écluses par les Gantois; le roi de France licencie son armée (12 septembre), p. 312. — Le pape Urbain VI, assiégé par Charles de la Paix, est délivré par les Génois et se rend à Gênes, puis de là à Rome, p. 313.

ANNÉE 1386.

Charles de la Paix périt en Hongrie de mort violente (6 juin), *ibid.*

ANNÉE 1388.

Guerre entre les ducs de Gueldre et de Bourgogne; campagne de Charles VI contre le duc de Gueldre qui fait sa soumission

(7 septembre et 8 octobre), *ibid*. — Grands préparatifs d'une expédition projetée en Angleterre que le mauvais temps empêche de réaliser ; retour du roi en France, p. 313 et 314. — Charles VI prend en main le gouvernement et congédie ses oncles, les ducs de Berry et de Bourgogne (novembre), p. 314.

ANNÉE 1389.

Trêve entre la France et l'Angleterre (18 juin), *ibid*. — Voyage de Charles VI à Avignon (30 octobre), *ibid*. — Mort du pape Urbain VI (15 octobre) ; élection de Boniface IX (2 novembre), *ibid*.

ANNÉE 1390.

Croisade du duc de Bourbon contre Tunis (fin de juin), p. 314 et 315. — Boniface IX sacre roi de Naples le fils de Charles de la Paix, p. 315. — Trois chevaliers français provoquent pendant un mois en combat singulier tous les chevaliers anglais, *ibid*. — Grandes joutes à Londres ; le damoiseau de Hainaut, en acceptant les dons du roi d'Angleterre, indispose contre lui le roi de France, p. 315 et 316. — Mort de Jean, fils de Henri de Transtamare, p. 316. — Démarches des Allemands à la cour de France et près de l'Université de Paris pour mettre fin au schisme, *ibid*. Démarches des Anglais auprès de Charles VI, partisan de Clément VII en faveur de Boniface IX, *ibid*.

ANNÉE 1391.

Guerre entre le comte d'Armagnac et Galeas Visconti de Milan, comte de Vertus ; défaite et mort du comte d'Armagnac à Alexandrie (25 juillet), p. 317 et 318. — Mort du comte de Foix (12 août), p. 318 et 319. — Guerre en Espagne entre les juifs et les chrétiens, p. 319. — Guerre entre Bajazet Ier sultan des Ottomans, et Sigismond, roi de Hongrie, p. 319 et 320. — Conférence du duc de Bretagne avec Charles VI à Tours (fin de décembre), p. 320.

ANNÉE 1392.

Naissance du dauphin Charles, depuis Charles VII (6 février), p. 321. — Guerre civile à Gand entre les partisans du pape Bo-

niface IX et ceux de Clément VII, *ibid*. — Trêve prolongée à
Amiens d'une année (mars), *ibid*. — Mort du comte de Savoie,
ibid. — Tentative d'assassinat dirigée contre Olivier de Clisson
par Pierre de Craon (13 juin), p. 322. — Le duc de Bretagne
refusant de livrer le meurtrier de son connétable, Charles VI
marche contre cette province (juillet) ; il est atteint de folie au
moment où il traverse la forêt du Mans (5 août) ; prières pour
son rétablissement ; le duc de Bourgogne s'empare du gouvernement, p. 323-325. — Éclipse de lune (1er septembre),
p. 325. — Les ducs de Berry et de Bourgogne font arrêter les
principaux conseillers de Charles VI et en général tous les officiers des finances, receveurs des aides et greneliers, p. 325
et 326. — Défaite des Turcs sous les ordres de Bajazet par les
chrétiens ayant à leur tête le roi de Hongrie, p. 326. — Guerre
entre Louis II d'Anjou et Ladislas de Naples ; défaite de ce
dernier et d'Othon de Brunswick, son allié, p. 326 et 327. —
Ambassade envoyée à Paris par Boniface IX et prières par tout
le royaume de France pour la cessation du schisme, p. 327. —
Jugement, condamnation et destitution d'Olivier de Clisson,
connétable de France, p. 329.

ANNÉE 1393.

Mascarade à la cour ; plusieurs compagnons du roi périssent dans
les flammes (29 janvier), p. 327-329. — Philippe d'Artois,
comte d'Eu, est fait connétable, p. 329. — Trêve entre la
France et l'Angleterre prolongée d'une année (avril), p. 329. —
Conférence des Français avec les envoyés du roi d'Angleterre
(27 mai), p. 331. — Nouvel accès de folie du roi (mi-juin),
p. 335. — Guerre entre le duc de Bretagne, Pierre de Craon,
d'une part, Olivier de Clisson, le comte de Penthièvre, le sire
de Beaumanoir, de l'autre, p. 329-335. — Guerre entre Raymond de Touraine et Clément VII, p. 335 et 336. — Guillaume de Vienne est confirmé dans l'archevêché de Rouen,
p. 336. — Un médecin ramené d'Italie par le duc de Bourbon
rend la santé au roi, *ibid*.

CHRONIQUE

DES

QUATRE PREMIERS VALOIS

(1327-1393)

CHRONIQUE

DES

QUATRE PREMIERS VALOIS.

(1327-1393.)

Ce sont les croniques et accidens depuis le roy Philippe de Vallois jusques à Charles le Bienamé.

Philyppe de Vallois se saizi du royaume de France de l'acord et voulenté des princes du dit royaume. Il ala à Rains et fut sacré et couronné roy en l'an mil trois cens vingt sept. Cestui roy Philippe donna au conte d'Evreux son cousin l'eresse de Navarre à femme. Laquelle oult de son dit seigneur trois filz et deux filles. L'aisné des filz ot nom Charles, le second Philippes, le tiers Louys. L'aisnée fille ot nom Blanche qui puis fust femme du dit roy Philippe et fut nommée la royne Blanche.

En l'an mil trois cens vingt huit, Louis de Baviere manda au pape qu'il l'alast couronner à empereur à Romme. Et le pape lui manda qu'il luy envoieroit ung legat pour le couronner. Louis de Baviere fut si oultrecuidié et si mal conseillié qu'il fit ung autre pape et se fit couronner par icelluy à empereur. Et fut celui pape Cordelier de l'ordre des Freres Myneurs et fut appellé Nichole. Icestui antipape crea d'autres cardinaulx. Et depuis, celui antipape vint à mercy au pape et fut mis en prison. Et Louis de Baviere qui estoit excommenié requist au vray pape à estre absoulz. Mais il ne le fut pas pour ce qu'il ne le requist en fourme deue. Et aussi le roy Philippe lui estoit en nuisance[1].

..... du roy Philippe tint à surreptice et, par ce que l'en donna jugement ou arrest contre le dit Robert d'Artois, il s'en ala en Angleterre au roy Edouart et lui donna à entendre que le roy Philippe le desheritoit de la couronne de France. Quant le roy Charles son oncle mourut, il estoit le plus prochain hoir masle de la couronne. Les Anglois se tindrent à ceste opinion, car Anglois ce que ilz pensent ilz veullent qu'il soit fait. Et à une assamblée qui pour ce fait fut faicte crierent : « Par saincte Mare, nous ferons nostre roy roy de France ! » Et des lors print Edouart le tiltre de roy de France et d'Angleterre. Et adonc envoya le roy Edouart, par l'acort et voulenté de ses barons nobles et des gens de ses bonnes villes, deffier Philippe de Valloiz roy de France. Et lui manda le roy Edouart que il ne le tenoit à roy et que à tort et à desraison il s'estoit fait couronner. Adonc, quant le roy Philippe sout que par son serourge Robert d'Artois la chose fu ainsi comme vous avez ouy raconter, il fit bannir Robert d'Artois. Et trois filz qu'il avoit de la seur du roy Philippe furent mis en prison eu Chastel Gaillart. Dont l'un ot nom Jehan et l'autre Charles, le tiers Louis qui gist aux Jacobins à Rouen.

1. Lacune d'une ligne dans le ms.

En l'an mil trois cens vingt neuf, Philippe de Vallois roy de France fit faire et fut faitte tres bonne monnoye de fin or et de fin argent du poids et aloy de son besael le roy saint Louis. La royne Jehenne de Bourgoingne ot ung filz qui ot nom Philippe, et fut né au bois de Vincennez ; et comme elle gesoit il vint une tempeste au dit bois où il avoit malignes esperis. Icestui filz ot à femme la fille du roy Charles et fut depuis duc d'Orleans. En l'an mil trois cens et trente, fut maistre Pierres Rogier archevesque de Rouen, qui puis fut cardinal, et depuis fut fait pape et fut nommé pape Clement sixte. En l'an mil trois cens trente et deux, le dimenche apres la Saint Michiel, Philippe de Valloiz, roy de France, fist Jehan son aisné filz chevallier. Et le dit Jehan fist quatre cens et plus de jeunez hommez nobles nouveaulx chevalliers. Et en fut faitte tres solennel feste à Paris ou pres. Et y furent Jehan roy de Boesme et Philippe roy de Navarre, avec grant quantité de princes, comme ducs, contes et barons et autres nobles sans nombre. Et en celle sepmaine mesmez, les prelas, ducs, contes et barons pour ce assemblés jurerent tous d'une voulenté et acort au roy Philippe et au dit Jehan, son ainsné filz, que quant le cas escherroit que le dit roy Philippe yroit de vie à trespassement, ilz recevroient le dit Jehan ainsné filz du dit roy Philippe, comme dit est, à roy de France et lors à leur prince. Le dit roy Philippe donna au dit Jehan son filz la duchié de Normendie avec la conté d'Anjou et de Maine par ainsi que, se le dit Jehan aloit de vie à trespassement aincoiz qu'il parvenist à la couronne du royaume de France, tantost toutes icelles terres retourneroient à la couronne de France.

4 CHRONIQUE

Et fut le dit duc Jehan tres joieusement receu des prelas, contes, barons, nobles, bourgois de toute la duchié de Normendie. En ce temps, le roy Edouart d'Angleterre et Henry le duc de Lenclastre et Robert d'Artois o les Angloiz entrerent en Escosse. Le roy David o les Escos leur vindrent à l'encontre. Là out moult forte bataille et furent les Escos desconfiz et le roy Edouart out victoire et prinst Brucs et plusieurs chasteaulx. Et le roy David s'enfuy lui et sa femme qui estoit seur du roy Edouart. Et s'en vindrent en France devers le roy Philippe qui moult honnourablement les receut et leur trouva estat et vivre tel comme à eulx appartenoit tout le temps qu'ilz furent en France.

Apres ce, le roy Edouart d'Engleterre fist une tres grant armée et passa mer et descendi en la marche de Flandres et courut devant Tournay et mist siege devant la cité. Et estoient avec le dit roy Edouart au dit siege à son aide l'empereur Louis de Baviere, le roy de Craco[1], le roy de Poulaine[2], le duc de Baviere, le duc d'Austeriche, le viel duc de Lencastre, le prince de Gallez, le conte d'Arondel, le conte de Glocestre, le conte de Vincestre, le marquis de La Lehumbre[3], le conte de Olenest[4], le duc Jehan de Braban, le preux conte Guillaume de Henaut, le conte Jehan de Beaumont, le conte de Naso[5], le duc de Julliers, le duc de Guelles[6], le conte de

1. Craco, Cracovie.
2. Poulaine, Pologne.
3. La Lehumbre, le Humber?
4. Olenest, Ulster, comté du nord de l'Irlande?
5. Naso, Nassau.
6. Guelles, Gueldres.

Grant[1], o leurs barons, chevaliers et escuiers et Robert d'Artois et Jehain le conte de Montfort et Jacques d'Ardevelle o les Flamens.

Le roy Philippe semonst ses hostz pour venir contre ses ennemis. Et fut en son ayde le roy de Boesme, le roy de Navarre, le roy de Malogres[2], le bon duc Jehan de Bretaingne, Jehan son filz, le duc de Normendie, le duc de Bourgoingne, le duc de Bourbon, le conte d'Alençon, le conte de Harecourt, le dalphin de Vienne, le conte d'Eu, le conte de Flandres, le conte d'Aucerre, le conte de Foiz et infini nombre tant de chevaliers, escuiers comme de gens de bonnes villes et de commun peuple. Et vint le dit roy Philippe o sa noble chevalerie et compaignie droit à Tournoy contre ses ennemis. Maiz comme le roy Edouart et sa compaignie sourent que le roy Philippe venoit si efforceement, il leva le siege, lui et les siens, qui estoient plus de cinquante mile bacinés sans les Flamens, et entrerent en l'Empire, et le roy Philippe n'out pas conseil de les parsuir.

Aprez ce, le pape tramist deux legatz aux deux roys de France et d'Angleterre, et out trevez entre les deux roys.

En l'an mil trois cens trente et trois, le pape Jehan introdit tous roys et princes crestiens generalment à faire voiage et passage en saint voiage d'oultremer, conquerir la Saincte Terre sur les Sarrazins, et establi et ordonna sur tous roys et princes crestiens Philippe de Valloiz roy de France estre en icellui voiage chief

---

1. Grant, Gand.
2. Malogres, Mayorques.

et cappitaine de tous les crestiens. Lequel roy Philippe landemain de la Saint Michiel prist la crois ; avec lui la pristrent grant quantité de prelas, de princes, de barons et de nobles et autres en pré de Saint Germain jouxte Paris[1].

En l'an mil trois cens trente et quatre, trespassa le pape Jehan, et fut esleus et suceda pape Jacques du Four de l'ordre de Citeaulx, prestre cardinal, qui fut appellé Benoit XII.

En l'an mil trois cens trente et six, Louis de Baviere, soy portant pour empereur, requist à Benoit pape absolucion des sentences données contre lui par pape Jehan ; maiz sa requeste ne fut pas essaucée, pour ce qu'il ne requeroit pas en forme deue.

En cest temps, le bon duc Jehan de Bretaingne fut malade. Icestui duc avoit ung filz qui avoit nom monseigneur Henry et trespassa ains que son pere ; de cestui filz demoura une fille. Ceste fille fut donnée à mariage à monseigneur Charles de Bloix. Or advint que le bon duc Jehan de Bretaingne mourut. Le conte de Montfort, qui estoit frere du dit duc, disoit qu'il devoit estre duc et qu'il estoit le plus prouchain hoir que la fille du filz au duc, lui qui estoit frere du duc. Et en vindrent desrener pour avoir droit en la court du roy Philippe. Et fu jugié en son parlement que la femme à Charles de Blois devoit estre duchesse et que la duchié appartenoit à elle qui estoit fille du filz. Et se parti le conte de Montfort de court et se alia à Edouart, roy d'Angleterre, et passa

---

1. Cf. *Les Grandes chroniques de France*, édit. de M. P. Paris, in-8, t. V, p. 350, 351 et 352.

le roy Edouart en Bretaingne en l'aide du conte de Montfort. Et se tindrent en l'aide du conte de Montfort les Bretons bretonnans. Et le roy Philippe de France ordonna et charga à son nepveu Charles de Bloiz grant chevalerie qu'il mena en Bretaingne, et là out moult fort guerroyé. Et se tourna monseigneur Olivier de Clichon contre le duc Charles de Bloiz couvertement et maistre Henry de Malestrait et mandoient la convine des François au conte de Montfort. Dont l'en s'aperceut et pour ce en fu monseigneur Olivier de Clichon decapité à Paris ; et le dit clerc fut mené parmi les rues de Paris et fu si lapidé de boe et d'ordure qu'il en mourust.

Le roy Edouart se parti de Bretaingne et ala en Angleterre, et d'Angleterre passa le roy Edouart en Flandres, et vint à Jacques d'Ardevelle, ung Flamenc godalier[1], que les Flamens, apres ce qu'ilz eurent debouté et cachié leur droit seigneur, esleurent à seigneur et à conte. Et lui dit le dit Edouart et aux Flamens aussi qu'il estoit droit hoir de France et que la couronne et le regne lui appartenoit. Et pour ce estoit il venu à eulx pour se complaindre du tort que Philippe de Valloiz lui en faisoit. Adonc, dit Jacques d'Ardevelle aux Flamens : « Puisqu'il est droit hoir de France, faisons lui obeissance. » Et lors firent aliances les Flamens au roy d'Angleterre contre leur souverain seigneur le roy de France. Pour quoy le pape les excommenia, et par ceste aliance se fist et esmeut

1. *Les Grandes chroniques de France* disent que Jacques d'Arteveld avoit épousé une brasseresse de miel. Édit. de M. P. Paris, in-8, t. V, p. 372.

une tres forte guerre en la coste de Flandres, de Picardie, de Normendie et de Bretaingne.

En l'an mil trois cens trente et sept, Philippe de Valloiz roy de France assembla par plusieurs fois au Pont Audemer les prelas, les barons, nobles et gens des bonnes villes pour imposer et mettre sus une aide general par tout son royaume pour le fait de sa guerre. Pour laquelle chose les prelas et barons, nobles et bourgois des bonnes villes de Normendie se assemblerent par plusieurs foiz pour les libertés et franchises du pais garder. Et y furent Raoul le conte d'Eu connestable de France, le conte de Harecourt, monseigneur Godefroy de Harecourt, le mareschal Bertran, le sire de Graville et les autres barons, prelas, nobles et bourgois. Et composerent au roy Philippe et au duc Jehan son filz par telle fourme qu'ilz donnerent au dit roy et duc une grant somme de pecune, par ainsi que le roy et le duc les maintendroient en leurs libertés et franchises, selon ce que la chartre des Normans le contient. La somme fut levée et le roy et le duc jurerent ce tenir et garder fermement. Maiz apres assez brief temps, le roy et le duc ordonnerent estre mis sus par tout le royaume imposicions ou maletoutes et gabelles pour soustenir le fait de leur guerre. Dont les Normans furent moult dolens de ce qu'ilz avoient fait quant on ne leur tenoit convenant. Et encores avec ce fist le roy Philippe courir fieble monnoye. Car ung gros tournoiz de fin argent couroit pour cinq soulz, qu'il avoit accordé aux Normans avoir cours, selon ce qu'il est contenu en leurs dittes libertés et franchises en la ditte duchié de Normendie, pour le pris qu'il couroit eu temps du regne monseigneur saint

Louis son besael jadis roy de France, c'est assavoir pour douze deniers tournois la piece, et d'autre monnoye à l'equipolent, pris pour pris. Les collecteurs ordonnez et deputez pour le roy cueillirent en Normendie les dictez imposicions et males toutes. Si avint que monseigneur Godefroy de Harecourt, le sire de la Roche Tesson et Rogier Bascon dirent, tant pour eulx que pour leurs enfans de Navarre, qu'il ne courroit nulles males toutes en leurs terres. Pour quoy ilz furent adjournés à Paris. Monseigneur Raoul Tesson et Rogier Baston chevalier y alerent et là ourent les testes couppées. Mais monseigneur Godefroy de Harecourt n'y ala point, ains s'en ala à refuge au roy Edouart en Angleterre. Pour quoy il fut banny du royaume de France.

En l'an mil trois cens trente et huit, le roy Edouart d'Angleterre repassa mer à tout son host et descendi en Breban pour entrer en royaume de France. Et tantost le roy Philippe de France o son host chevaucha jusques à Amiens affin que se il estoit besoing d'aler oultre qu'ilz fussent plus prez. Maiz pour celle foiz n'osa encores le roy Edouart entrer en royaume de France et s'en ala à Louis de Baviere pour recueillir par luy force et aide. Lequel Louis de Baviere l'establi son lieutenant de l'empire. En cet an, les collecteurs de l'empire s'en alerent avec Louis de Baviere et firent conspiracion contre l'Eglise de Romme. En cel an fist pape Benoit maistre Pierre Rogier archevesque de Rouen cardinal avec cinq autres nouveaulx cardinaux.

En l'an mil trois cens quarante, le roy Philippe fist une armée par mer sur les Flamens. Dont estoient et furent chiefz Charles de La Gouvande, Hue Kerest et Beuchet, noble homme de la duchié de Jennes, et monseigneur Pierres d'Estelant[1], Normant, aussi fors comme geans. Avecquez iceulx out bien mil hommes de la coste de la mer de Normendie et de Picardie avec les gens d'armes et arbalestriers. Ilz singlerent par la mer tant qu'ilz vindrent à l'Escluze en Flandres et là se tindrent devant l'Escluze et se antrerent. Les Flamens vindrent sur la terre jusques au nombre de bien dix-huit mil. Les Francoiz leur requistrent place à combatre. Et jour maiz entretant vint le roy Edouart par mer, le conte de Hantonne, le conte de Glocestre, le conte de Warwich, le conte de Linchole, le conte d'Arondel et le conte de Lousciere o grant navire chargié de gens d'armes. A icelui jour estoit la vegille de la Nativité Saint Jehan Baptiste que la bataille fut. Et comme vint à l'asembler, les Genenois s'en fuirent. Monseigneur Pierre d'Estelant, Hue Kerest et Beuchet alerent de bon cueur et de bon courage contre les Angloix. Et se tirerent ung pou vers la terre, dont ilz firent que folz. Et là commença merveilleuse bataille et dure. Maiz à brief raconter les Françoiz furent desconfiz, maiz moult tres chier ilz se vendirent. Car ilz occirent plus de dix mil Angloiz, et y perdi le roy Edouart quatre contes et plus de vingt quatre barons et plus de cent chevaliers. Monseigneur Pierres d'Estelant tint tout le derrain en ung chastel d'une barge où nul n'osoit ne ne povoit de lui aprocher, ne devant lui, tant fust hardi, n'osoit nul arrester. Tout

---

1. Notre chroniqueur est le seul qui fasse mention de ce Pierre d'Estelant.

entour de lui estoit la barge couverte de gens mors ; bien occist de sa main plus de cent Angloiz. Maiz par force par derriere il fut mort et occiz. Hue Keret et Beuchet ourent les testes couppées devant le roy Edouart roy d'Angleterre[1]. De ceste desconfiture eurent Angloiz et Flamens grant joye et Françoiz dueil. En cest temps fut né Lyon de Gant, filz Edouart, roy d'Angleterre. En Bretaingne, monseigneur Charles de Bloiz, comme il chevaucoit d'ung syen chastel pour aler à Renes, les Angloiz et Thomas Dagure lui firent une embuche et le souprinstrent, et là out moult fort pongneys. Maiz le duc monseigneur Charles de Bloiz fut prins des Angloiz et mené en Angleterre ; car il ne fut pas rescous des François. Mais depuis fut delivré et s'en retourna en Bretaingne.

En cest temps, avint une bonne aventure en crestienté. Car le bon roy Alphons d'Espaingne et de Castelle et le roy de Portingal et le roy de Navarre mistrent siege en la Guerzille[2]. Maiz maladie prinst au roy de Navarre, dont il mourut. Et pour lever le siege, le roy de Belemarine[3], le roy de Grenace et ung grant admiral du Soudent, qui avoit nom Melhedinch et estoit descendu de la lignie de Salhadinc, iceulx haulz princes sarrazins vindrent en Grenade pour lever le siege. Et là out trop merveilleusement grant bataille et s'i porta comme tres vaillant et preux chevalier le bon roy Alfons d'Espaingne. Et par la voulenté de

---

1. Cf. *Grandes chroniques de France,*, t. V, p. 385-387, et Froissart, éd. du *Panthéon littéraire*, t. I, p. 106 et 107, liv. I, part. r.
2. La Guerzille, Grezille, Algésiras.
3. Le roy de Belemarine, le roi de Fez et de Maroc, de la dynastie des Beni-Merini.

Dieu, les Sarrazins furent desconfiz et Melhedinc occiz. Et le roy de Grenade et le roy de Bellemarine s'en fuirent, maiz l'en prist ung des filz du roy de Bellemarine. Apres la bataille, les crestiens alerent aux tentes des Sarrazins où ilz trouverent merveilleusez richesses. Et si trouverent ou tref du roy de Bellemarine vingt femmes avec trop grant avoir d'or et de joyaulx et de riches cameulx. Et de tout le tresor et le gaing le bon roy Alfons d'Espaingne donna tout aux bons chevaliers crestiens par lesquelz avec la grace de Dieu ilz avoient eu victoire. Car ilz estoient plus de quatre Sarrazins contre ung crestien. Apres ceste victoire, le bon roy Alfons ala au chastel de Grezille, lequel lui fut rendu, qui estoit inprenable, se n'estoit par affamement.

L'an mil trois cens quarante ung, Henry le duc de Lenclastre, conte d'Albic[1], ala en Guienne et ala mettre le siege à Saint Jehan d'Angeli, et mout efforcéement y tint le siege. Et en cest temps qu'il y fu, Raoul de Caours vint à un point du jour assaillir l'ost et moult y porta grant domaige; mais tost falut qu'il s'en retournast. Car le duc de Lenclastre avoit grant gent; car grant foison de Gascoins s'estoient tournez Angloiz. Le duc de Lencastre fit bien enforcier son host, lui qui estoit ung des meillieurs guerroiers du monde, moult destraint ceulx de Saint Jehan d'Angeli. Et ains que le duc vensist devant la ville, il y avoit une partie de la ville où les murs ne valloient riens. Ceulx de la ville avoient requis aux riches hommes qu'ilz prestassent du leur à faire fermer et enforchier celle par-

---

1. D'Albic; de Derby.

tie ; maiz ilz n'en vouldrent riens baillier. Dont il avint
que le duc Henry de Lencastre fist tant donner d'assaulx vers celle partie qu'il falut qu'ilz se rendeissent.
Et comme la dicte ville de Saint Jehan d'Angeli fut
rendue, le duc de Lencastre sceut que, par la defaulte
des riches hommes, celle partie des murs estoit de-
mourée à enforchier. Pour quoy le dit duc de Lencastre fit faire aux riches hommes celle partie de mur
de la dicte ville. Et en oultre à iceulx riches hommes
il fit comme à chevaulx charier la pierre, le mortier et
toute la matiere pour parclorre la ville.

En cest temps, out fait une armée en France de Hue
Kerest le jeune et Charles Dyscondore de Marant[1] et
de ceulx de l'Eure[2] et de Dyepe et tournerent la marine et ardirent Hantonne[3], Bourc et Blame et prinstrent des nefz d'Angleterre.

Apres ce, le roy Philippe envoia Jehan son filz duc
de Normendie et le duc de Bourgoingne en Guienne
et alerent mettre le siege devant le chastel d'Aguilon[4] ;
maiz pou y firent de leur preu et honneur. Le dit
Jehan de Normendie et le duc de Bourgoingne y firent donner plusieurs assaulx où moult de bons chevaliers moururent. Et y mourut le sire de Baqueville.
Durant le siege mourut le duc de Bourgoingne de
maladie naturelle. En ce temps estoit le bon duc Henry
de Lencastre en Prusse. Et comme il fut à Estonevergne, les crestiens en firent leur chief. Et là estoient

1. Sans doute Marant, Pas-de-Calais, arrond. de Montreuil, canton de Campagne.
2. La Fosse de l'Eure, près Harfleur.
3. Hantonne, Southampton.
4. Sans doute Aiguillon, Lot-et-Garonne, arr. d'Agen, canton de Port-Sainte-Marie.

moult de grans seigneurs et barons d'Alemaigne. Les crestiens firent leur reze sur le roy de l'Estone[1] et le roi de Graco[2], lesquelz s'estoient aliés à grant nombre de mescreans pour desconfire les crestiens. Les crestiens assemblerent aux mescreans qui estoient infini nombre et avoient grant chevalerie. Les Alemans se commencerent si à desconfire que l'estandart des crestiens chey à terre. Et quant ce vit le bon duc Henry de Lencastre, il point celle part et o sa force et chevalerie redrecha la baniere des crestiens. Dont par ce fait s'esvertuerent tant les crestiens que par la voulenté nostre Seigneur Jhesu Crist les mescreans furent tous desconfis et les crestiens ourent victoire.

En l'an mil trois cens quarante trois, fit Philippe de Valloiz quinze deniers venir à trois.

L'an mil trois cens quarante six, Edouart le roy d'Angleterre, avec monseigneur Godefroy de Harecourt qui estoit bany de France, comme dessus est dit, o tout grant armée d'Angloiz, descendirent à La Hogue en Normendie. Le roy Philippe de France envoya en frontiere Raoul, conte d'Eu et de Guines et connestable, filz de Raoul de Foukarmont, conte d'Eu, qui fut tué aux jouxtes à Paris. Et aussi ala avec lui le conte de Tanquarville, le mareschal Bertran et grant baronnie de Normendie. Edouart le roy d'Angleterre, comme il fu descendu en Normendie, il chevauca à Caen. Et là out moult forte bataille. Mais Angloiz si furent le plus et furent les Francois desconfiz. Là fut prins Raoul d'Eu connestable de France, le conte de Tancarville

1. Estone, Esthonie.
2. Graco, Krakovie.

et moult de bons chevaliers. Et moult y ot mors des gens de la ville, si que les rues estoient couvertes de gens mors. L'evesque de Baieux et le mareschal Bertran son frere se retraistrent en chastel de Caen, car pour lors la ville de Caen n'estoit point fermée.

Comme le roy Edouart oult desconfit ceulx de Caen, il chevaucha jusquez à Rouen et vint devant la ville vers la Quesnoye, le sixiesme jour d'aoust. Et estoit monseigneur Godefroy de Harecourt guideur, conduiseur et gouverneur de l'ost du dit roy Edouart. A Rouen estoit ja venu le roy Philippe de France le deuxiesme jour d'aoust. Et devant la ville oult ung pongneys, et alors n'avoit point encoires assemblé le roy Philippe ses hostz. Le roy Edouart se parti o son host de devant Rouen et chevaucha vers Paris et vint au pont de Poissi. Et là le sire d'Aufremont, le sire de Revel et autres chevaliers et la commune d'Aurliens et autres qui gardoient le pont estoient. Maiz Anglois firent ung pont qu'ilz jetterent sur le pont rompu et passerent oultre. Là furent mors ceulx d'Orleans.

Le roy Philippe estoit lors à Paris où il avoit moult grant chevalerie, le roy de Boesme, le roy de Malogres, le duc d'Athenez, le conte d'Alençon son frere, le conte de Flandres, le conte de Harecourt, le duc de Bourbon, le conte [de] Dampmartin, le conte d'Aucerre et trop d'autres, tant barons que chevaliers et escuiers, que c'estoit merveilles de la belle, noble et grant bachelerie qui fu là assemblée.

Le roy Philippe estoit bien hastif homs. Et pour ce que par aucuns seigneurs que la royne avoit introduiz à parler au roy, car elle ne voulloit que le roy issist ne qu'il se combatist, le roy ala troiz foiz parmi Paris, disant et criant qu'il estoit trahi, puis parti de Paris. Et ala parsuir le roy d'Angleterre qui s'en aloit en Picardie et passa à la Blanche Taque. Et le roy Philippe le parsuivy et ataint à la valée de Cressi. Là fu le roy Philippe trop hastif et ne voult croire conseil; ains couru sus au roy d'Angleterre qui avoit ordonné par monseigneur Godefroy de Harecourt trois batailles, dont Edouart, ainsné filz du roy d'Angleterre, qui estoit prince de Galles, out la premiere bataille, le conte de Lincole et le conte de Glocestre ourent la seconde, et la tierce oult Edouart, roy d'Angleterre.

Le roy Philippe commanda que les Genenois assemblassent, maiz ilz furent tantost desconfis et prinstrent à fuire vers les François qui ochirent les Genenois. Et lors le roy Philippe assembla aux Angloiz et là out tres fort estour et merveilleuse bataille. Les Anglois archiers furent du premier embuschiés de les les haies et par leur trait occistrent moult de chevaulx et de gens. Et en ce jour fut l'occision des gens par les chevaulx. Car comme les François se cuidoient rengier, leurs chevaulx cheoient mors. Que vous yroie la matiere prolongant ? Par hastiveté et desarroy furent les François desconfiz. Le roy Philippe en sa hastiveté se porta celui jour comme tres bon chevalier et y fit merveilles d'armes, mais fortune tourna contre lui.

En ceste bataille mourut le roy de Boesme, pere de l'empereur, le duc de Lorraine, le conte de Blois, le conte de Sancerre, le conte d'Alençon, le conte de Flandres, le conte de Harecourt et moult grant quantité de grans seigneurs. Et du peuple y mourut une tres grant multitude. Mais le roy Philippe se combati jusques à la nuit, ne oncques celui jour ne perdi le roy Philippe le champ. Et quant vint sur la nuit, par conseil il se retraist à Amiens. Et le roy Edouart se retraist ou champ ou il gaigna la despouille comme vainqueur.

Le roy Edouart se partit de Cressi et chevauca droit à Kalais, et là mist le siege moult efforciement par la terre et puis par la mer. Et furent les Flamens en son aide. Et adonc out monseigneur Godefroy de Harecourt sa paix et vint au roy Philippe. Car quant monseigneur Godefroy vit son frere occis, il ne voult plus demourer avec le roy Edouart, et le roy Philippe le retraist et mist en sa garde.

Le roy Edouart maintint le siege devant Calais plus de dix mois et tant destraint ceulx de la ville qu'ilz n'avoient que mengier. Et à brief raconter ilz mengoient toutes ordures par droicte famine.

Le roy Philippe assembla ses hostz et semont ses barons et chevauca vers Calais. Mais la male royne boiteuse Jehenne de Bourgoingne, sa femme, qui estoit comme roy et faisoit destruire ceulx qui contre son plaisir aloient, ou du moins elle les exilloit ou leur toulloit le leur, iceste royne manda aux grans barons qui estoient avec le roy que, comment qu'il fust, qu'ilz ne souffrissent que le roy son seigneur se combatist[1]; à Monseigneur Godefroy de Harecourt et au conte

---

1. Dans une note de sa précieuse édition des *Grandes Chroniques de France*, M. P. Paris essaye d'expliquer ces aliées et venues de Philippe de Valois. « On peut croire, fait remarquer ce savant, que la grande raison de toutes les irrésolutions du roi de France venoit de la crainte qu'il avoit de laisser Paris à la merci des Anglois. Il ne vouloit pas la quitter

d'Aucerre, à Flacon de Revel, à ceulx le manda sur la hart, et puis en escript aux prelas. Et oultre tant avoit de paour de son mary le roy qu'elle en escript au duc Jehan son filz.

Le roy Philippe vint jusques à une lieue pres de Kalais. Mais par les lettres de la roine le roy out conseil de retourner, qui ne fut bon. Et donc quant le roy Philippe se fut mis en chemin de retourner, les Anglois pristrent Calais et se rendirent à la mercy du roy Edouart. Et quant le roy Edouart out prins Calais, il repassa mer et s'en retourna en son royaume d'Angleterre. Et le siege estant devant Calais, les Flamens vouldrent que leur jeune conte preist à femme la fille au roy Edouart d'Angleterre. Mais il se eschapa et s'en vint tout droit au roy de France. Apres ce, l'an mil trois cens quarante huit, mourut la male royne boiteuse de Bourgoingne, femme du dit roy Philippe. Et apres ce prinst le dit roy Philippe à fame madame Blanche, seur du roy de Navarre. Et le dit roy de Navarre depuis prist à femme la fille du roy Jehan, filz de cestui roy Philippe.

En ce temps, l'an quarante huit et quarante neuf, fu la tres grant mortalité.

En l'an mil trois cens cinquante, fut le plain pardon à Romme et tenoit le siege de Romme pape Clement VIeme. Et en cel an trespassa de cest siecle

tant qu'Édouard ne s'en éloignoit pas. » On voit pour la première fois par notre chronique que la funeste influence et les timides conseils de la reine Jeanne de Bourgogne, épouse de Philippe, causèrent en grande partie les lenteurs, les ajournements, l'inconstance de résolutions et de conduite de ce prince dans tout le cours de cette désastreuse campagne.

tres excellent prince et puissant Philippe de Vallois roy de France et mourut à Nogent le Roy; et fut mis en sepulture à Saint-Denis en France, le jour de la vigille de la decolacion Saint Jehan Baptiste.

Après la mort de Philippe de Valloiz roy de France regna Jehan son filz ainsné duc de Normendie et fut couronné à Rains ou dit an mil trois cens cinquante le jour de la Saint Michiel. En cest temps, estoit empereur de Romme et d'Alemaigne Charles de Boesme; et Edouart filz de l'aisnée fille de France, fille du roy Philippe le Bel, estoit roy d'Angleterre. Apres le tres noble sacre et couronnement du roy Jehan, vint à Paris à tres grant noble compaignie de princes, de barons et de toutes nobles gens qui avoient esté à son sacre. C'est assavoir premierement Charles le roy de Navarre son gendre, monseigneur Philippe de Navarre, conte de Longueville, son frere, monseigneur Philippe duc d'Orliens, frere du dit roy Jehan, monseigneur Louis conte de Flandres et plusieurs autres grans seigneurs et barons. Et à la joieuse venue du roy oult à Paris unes tres nobles joustes de trente chevaliers parés des armes du duc de Bretaingne, lequel estoit encoires prisonnier en Angleterre. Et apres le departement de la feste, fist le roy Jehan decapiter ung tres noble et courtois prince Raoul, conte d'Eu et de Guines et connestable de France. Et fut decapité à Paris en l'ostèl de Neelle. De laquelle mort ce fut douleur, car c'estoit ung des plus courtois, des plus gracieux chevaliers de France et des plus larges. Nul n'osa parler de la cause de sa mort. De laquelle furent troublés grant partie des nobles de France ne oncques ne fut sceu du peuple la cause de sa mort, jasoit ce que plusieurs en parloient et murmuroient.

En cest temps conquist le roy d'Arragon le royaume de Malogres et fit au roy qu'il prist coupper la teste.

En cest temps vint en Bretaingne monseigneur Thomas de Holande[1] o grant nombre de gens d'armes d'Angleterre. Et contre lui fut envoyé de par le roy Jehan monseigneur Guy de Neelle. Et comme il fut arrivé en Bretaingne, il chevauca sur les Angloiz et out devant Saint Malo ung dur paleteys. Et là oult grant bataille, car moult avoient les deux parties de bonnes gens. Ce temps durant, ot une emprinse faicte de trente Francois contre trente Anglois, et furent les Angloiz desconfiz. Cy est le commencement de Bertran de Clasquin.

En l'an ensievant, monseigneur Charles d'Espaingne, qui estoit nouvelement fait connestable de France, ala en Poitou et mist siege devant Saint Jehan d'Angeli et fist viguereusement la ville assaillir. Les Anglois le manderent à Edouart le roy d'Angleterre, lequel le plus hastivement qu'il pout fist son appareil et passa la mer pour lever le siege. Charles d'Espaingne le manda au roy Jehan de France qui hastivement et hardiement ala secourre Charles d'Espaingne son connestable. Et chevauca le roy Jehan contre le roy Edouart, lequel ne l'attendi pas à combatre et s'en retourna en Angleterre. Et lors le roy Jehan retourna à Saint Jehan d'Angeli et fist viguereusement la ville assaillir, laquelle les Anglois lui rendirent. Et avoit

---

1. Thomas Holland.

esté prinse la dicte ville par Henry de Leucastre au temps du roy Philippe, pere du dit roy Jehan.

Et apres s'en retourna le roy Jehan à Paris, et au printemps ensuivant monseigneur de Beaugeu ala de par le roy à Saint Osmer pour porter guerre à ceulx de Kalais. Et leur porta si aspre guerre et si dure qu'ilz ne povoient riens conquester sur la terre de France. Les Anglois le manderent au roy Edouart qui leur envoya grant secours d'Angleterre. Monseigneur de Beaugeu fist une chevauchée devant Kalais. Les Anglois firent contre lui deux embusches de gens d'armes. Des lors que monseigneur de Beaugeu vit les Anglois, il leur couru sus, et furent desconfis et commencerent à fuire vers Calais. Adonc les parsuirent les François et se desrouterent. Lors saillirent les deux embusches et vindrent courre sur les François. Et là out trop dur estour et dure bataille depuis l'eure de prime jusques apres nonne. Et là fit monseigneur de Beaugeu merveilles. Car non obstant que ses gens fussent desroutés, si furent par lui les Anglois des embusches desconfis, et se ralierent les Francois et chassoient les Anglois. Et lors issirent de Kalais bien deux cens hommes d'armes et trois cens archers, lesquelz estoient pour la garde de la ville. Ilz coururent freschement, efforciement et hardiement sus à monseigneur de Beaugeu et sa gent, et lui occistrent son cheval soubz lui, et là fut tué et occis le bon chevalier[1]. Ung varlet piéton mirencolieux qui suivoit les Francois vit la bataille et tantost le courut dire à Bou-

---

[1]. Cet engagement est raconté dans Froissart avec des circonstances toutes différentes et des détails beaucoup plus précis. Cf. liv. I, part. II, ch. viii ; édit. du Panthéon, t. I, p. 295-297.

loingne et à Saint Osmer. Et alors y estoit le mareschal d'Andrehen qui o ceulx de sa route vint brochant à esperon à la bataille, et se tenoient encorres les François. Lors qu'ilz furent venus, les Anglois furent tantost desconfis. Et y ot bien de mors quatorze cens et des François neuf cens. Et apres la bataille fist le mareschal emporter le corps de monseigneur de Beaugeu pour faire sepulture.

Le sire de Beaugeu fut extrait du lignage aux contes de Flandres et du sang royal de France. Comme il fut fait chevalier, il voua que ja ne fuiroit pour mourir. Item, monseigneur de Beaugeu fut en Escosse à la bataille monseigneur Guillaume Duglas, et si leva le siege de Bezinc que monseigneur Lyon de Gant filz de Edouart roy d'Angleterre out assiegée. Et là fit de belles chevaleries tant que les Anglois se deslogerent. Monseigneur de Beaugeu par son tres grant hardement fut en l'espurgatoire saint Patrice où il vit les tourmens infernaux, comme le raconte Heronnet son escuier qui en dit moult de merveilles. Dit Heronnet qu'il vit Burgibus, le portier d'enfer, qui tournoit une roe par cent fois cent mille tours en l'espace d'ung jour et y avoit cent mille ames. Il vit le pont qu'il fault passer aussi trenchant comme ung raseur à l'entrée. Il vit les ames en lis plains de feu et y en recongnut. Il vit le gibet d'enfer. Il vit le puis d'enfer. Il vit le gouffre d'enfer. Apres vindrent en paradis terrestre. En celle maniere le raconte messire Jehan de Mandeville[1], chevalier anglois, qui fut par le loing du monde

---

1. *Voyage en Terre Sainte*, par Jehan de Mandeville, l'an 1322. Le département des ms. à la Bibliothèque Impériale possède un exemplaire de cet ouvrage inscrit sous le n° 5586 du *fonds français*.

en terre habitable. Monseigneur de Beaugeu si fut avec le conte Guillaume de Henault, frere à la royne d'Angleterre et nepveu du roy Philippe de France, à la gaengne de La Grezille, et fut à l'avangarde où le roy de Bellemarine fut desconfit et le roy de Grenace par le bon roy Alfons d'Espaigne et le roy de Navarre. Le sire de Beaugeu si fut à lever le siege de Montauben que Angloiz avoient assis. Dont monseigneur Regnault de Caours, le viel conte de Lisle avec le vieil Mouton de Blainville si desconfirent les Anglois par la prouesse du sire de Beaugeu. Le sire de Beaugeu fut en la bataille contre les Sarrazins et fut aussi à recouvrer la cité de Constantinoble que les Sarrazins avoient assise. Le sire de Beaugeu fut en Prusse et y porta la baniere Notre-Dame et « onc ne fuy » tel fut son cry. Il fut occiz devant Calais, comme dit est.

En l'an mil trois cens cinquante trois, monseigneur Guy de Neelle et monseigneur Robert Bertran le Jeune se combatirent en Bretaingne encontre les Angloiz, et là out une grosse besoingne; furent occis en iceste bataille les dessus diz nobles hommes. Enquel Bertran failli la lignie du nom des seigneurs surnommez Bertran en Normendie. Et portoient ceulx d'icelle ligne en leurs armes ung escu d'or à ung lyon de sinople rampant couronné d'argent.

Jehan, roy de France, ordonna et fit une feste en l'onneur de Nostre Dame, laquelle il fit à Saint Ouen jouxte Paris. Laquelle feste fut appellée la feste de l'Estoelle et fut faitte le jour de la Tiphanie. A laquelle feste les plus hauls barons de son royaume furent et porterent tous par la devise du roy une estoille. Et en celle feste par l'ordonnance du roy furent ceulx de la feste vestus de vermeil dessus et de blanc dessoubz. Et si furent à celle feste esleus neuf chevalliers preux dont Charles de Blois duc de Bretaingne fu nommé par le pais.

Et quelque le bernage, les princes et les barons de France estoient en ceste feste, le roy Edouart, qui tant estoit sage et soutif à la guerre, vint à Kalais, et son ainsné filz le prince de Galles, et firent escheller par le conte de Glos et le sire d'Ancelle et monseigneur Jehan de Chendos le chastel de Guines, lequel fut prins des Anglois.

Puis chevauca le roy Edouart d'Angleterre et Edouart son ainsné filz, prince de Galles, devant Bouloingne et ardirent la basse Bouloingne. Puis s'en ala le roy Edouart o tout son host à Kalais et repassa la mer pour cause de ceulx d'Yrlande et de ceulx d'Ecosse qui lui murent guerre. Et envoya son filz le prince de Galles contre les Yrois[1], lequel se combati à eulx et les desconfit par le grant secours que lui fit Henry le Bon, duc de Lencastre, à quinze mil hommes.

Apres ce out descort entre Henry le duc de Lencastre et le duc de Bezinc[2] et s'entre appellerent de bataille et promistrent à comparoir ung jour devant le plus noble roy des crestiens l'ung contre l'autre. Le duc de Lencastre disoit que c'estoit le roy d'Angleterre. Et non obstant ce si se consenti il que ce fust devant le roy de France que la bataille se feroit, par ce qu'il fut dit que le roy de France estoit le plus noble roy des crestiens et que c'est chose notoire par toute cres-

---

1. Yrois, Irlandais.
2. Bezinc, Berwick (Buchon).

tienté. Et par ce fut la bataille termée par l'acort du duc de Lencastre, conte d'Albic et du dit duc de Bezinc. Et vindrent à Paris et là s'apresterent et ordonnerent pour combatre en Pré aux Clers jouxte Paris par devant tres excellent prince Jehan, roy de France. Et fut amené le duc de Bezinc en champ par les enfans du roy de France auxquelz le duc de Bezinc appartenoit de lignage à cause de leur mere, fille du roy de Boesme et seur de l'empereur.

Apres vint en champ le duc Henry de Lencastre et fut amené en champ par noble prince Charles roy de Navarre, conte d'Evreux, et monseigneur Philippe de Navarre son frere, auxquelz le susdit duc appartenoit. Et comme ilz furent tous deux en champ, par leurs amis acort fu fait entre eulx et ne se combatirent point et se partirent du champ en la fourme et maniere qu'ilz y estoient venus et alerent tous deux soupper avecquez le roy Jehan. Et à brief temps s'en retourna le duc de Lencastre à Kalais et le duc de Bezinc sejourna avec le roy de France. — Alors vint en France le cardinal de Bouloingne pour traictier de la paix entre le roy de France et le roy d'Angleterre.

En cest temps, trespassa pape Clement Sixte et fut fait pape Innocent.

En cest temps, meust discension à la court du roy de France entre le roy de Navarre, monseigneur Philippe de Navarre son frere contre Charles d'Espaingne connestable de France ; et y out grosses parolles dictes en la presence du roy Jehan, entre lesquelles Charles d'Espaingne desmenti monseigneur Philippe de Navarre. Et quant le dit messire Philippe ouy soy desmentir, lors il sacha son coustel et en voult ferir Charles d'Espaingne. Et comme le roy Jehan vit ce, il vint à monseigneur Philippe et le tint et si lui dit : « Comment ! beau cousin, vous fault il sacher armes en ma chambre ? » Et lors se parti de la court Charles d'Espaingne. Et comme il se partoit, monseigneur Philippe Navarre lui dit que oncques filz de roy ne fu desmenti qui fust si chierement comparé et que bien se gardast des enfans de Navarre. Et Charles d'Espaingne respondi qu'il ne doubtoit eulx ne leur povoir. Par tant se partirent de la court du roy de France le roy de Navarre et monseigneur Philippe son frere et alerent en leur terre qu'ilz avoient en Normendie. Et alerent avec eulx aucuns des nobles comme le conte de Harecourt, monseigneur Godefroy et monseigneur Louis de Harecourt et le sire de Clere, car à iceulx avoit mauvaise voulenté le dit connestable. Et si avoit avec iceulx en la dite aliance le conte de Namur, monseigneur de Guerarville, monseigneur de La Ferté, monseigneur Guillaume de Melle, le sire de Preaulx et monseigneur Jehan de Preaulx son filz, monseigneur Robert et Guillaume Le Noir de Grainville, le sire d'Araines, Amaurry sire de Rony, le sire de Friquans, monseigneur Regnault de Braquemont, monseigneur Pierres de Sauqueville, et grant quantité d'autres chevaliers et escuiers dont les noms ne sont pas icy retrais. Charles d'Espaingne se fia tant en son avoir et eu roy de France qu'il ne prisa en riens les menaces de monseigneur Philippe de Navarre et chevaucoit desgarny de gens d'armes et vint en la ville de Laigle en Normendie. Le roy de Navarre et monseigneur Philippe son frere sceurent par leur endictes que le connestable de France Charles d'Espaingne estoit à Laigle, lors chevaucerent tant que par nuit vindrent devant la dicte ville. Et adonc monseigneur Philippe de Navarre, le conte de Harecourt, monseigneur Jehan Mallet sire de Graville, le sire de Clere, monseigneur de Friquans, monseigneur Guillaume Carbonnier et monseigneur Ligier d'Aurichi, Colin Doublet, Gillet de Panthelu, Le Bascon de Mareul et Radigo avec trente hommes armés ou environ vindrent en l'ostel où estoit le connestable monseigneur Charles d'Espaingne. Monseigneur Philippe de Navarre lors vint à l'uis de la chambre où estoit logié le dit connestable et commença à hurter à l'uis. Adonc veilloit le dit connestable, car cueur sent aucunes fois ce que avenir lui est. Et quant il ouyt la frainte, il se mucha soubz son lit, car l'ostel tout entour vit avironné de gens d'armes. Lors fut ouvert l'uis par ung de ceulx de la chambre du dit connestable. Adonc entrerent ses ennemis en la chambre et alumerent les torches et vindrent premierement au lit de monseigneur Jehan de Meleun et puis au lit du dit connestable, où il fut trouvé. Dont lui dit monseigneur Philippe de Navarre : « Charles d'Espaingne, mal desmentis Philippe filz de roy. » Et lors s'agenouilla le connestable les mains jointes devant monseigneur Philippe de Navarre en lui priant qu'il eust mercy de lui et qu'il seroit son serf racheté et que de son pesant d'or il se raenconneroit et oultre sa terre quitte lui clamoit et que outre mer s'en yroit sans jamais retourner. Alors dit le conte de Harecourt : « Sire, se de ce vous veult baillier bons hostages, ayes pitié de lui. » Mais monseigneur Philippe estoit tant yré et enflammé que en rien ne le voulloit ouir ne escouter. Et aussi vint monseigneur Pierres de Sauqueville au dit monseigneur Philippe de par le roy de Navarre son frere qui l'attendoit, lequel lui mandoit que hastivement il se delivrast. Lors le Bascon de Mareul et Radigo et quatre servans occistrent le dit Charles d'Espaingne connestable de France. Et l'occist de sa main et de son espée le dit Bascon de Mareul. Car il lui lança et bouta tout oultre parmi le corps ; et tant engoisseusement, villainnement et abhominablement l'apareillerent qu'ilz lui firent quatre vingt plaies[1]. Dont aucuns d'iceulx qui furent en la place distrent que ledit monseigneur Philippe fut bien dolent qu'il n'avoit esté prins vif. Tantost que le fait fut accompli, ilz s'en retournerent devers le roy de Navarre qui les attendoit et alerent à Evreux, et s'apareillerent comme pour avoir la guerre.

La contesse d'Alençon, quant elle en sceut les nouvelles, fit enterrer le corps, et ses gens retournerent à Paris et conterent au roy Jehan le fait ainsi comme advenu estoit. Dont il fut merveilleusement courcbié, car moult affectueusement l'amoit. Et jura moult grant serement que jamais en son cueur joye n'auroit jusques à ce qu'il en fust vengié.

Apres la mort de Charles d'Espaingne, monseigneur Philippe de Navarre, avec lui monseigneur Godefroy de Harecourt alerent en Costentin et là assemblerent

1. L'assassinat de Charles d'Espagne est raconté ici autrement que dans toutes les autres chroniques contemporaines. Le récit de notre chroniqueur est le plus détaillé, le plus dramatique et vraisemblablement le plus exact. Cf. Froissart, liv. I, partie II, ch. XIII ; édit. du Panthéon, t. I, p. 301 et 302. — Les Grandes chroniques de France, édit. in-8, t. VI, p. 7 et 8. — Le second continuateur de G. de Nangis, éd. de Géraud, t. II, p. 227 et 228.

moult grant nombre de gens d'armes. Et monseigneur
Godefroy fit emforchier les pas du clos de Costentin.
Et pour ce fut donné en conseil au roy Jehan que
c'estoit bon et pour le meillieur qu'il s'acordast au roy
de Navarre. Car s'il lui mouvoit guerre, il s'alieroit au
roy d'Angleterre et ainsi yroit de mal en pis. Et donc
le cardinal de Bouloingne traicta de l'acort et fit tant
qu'il mist paix entre le roy Jehan de France et le roy
de Navarre. Et eurent plaine remission tous ceulx
qui avoient tenu le parti du roy de Navarre. Et
pour cause de la conté d'Angoulesme, le roy Jehan
livra au roy de Navarre la conté de Beaumont le
Rogier, et ainsi pour ceste fois fut faicte fin de ceste
discorde, et pour parfournir lui le mariage qu'il lui
avoit donné avec sa fille.

Apres la prinse de Guines, monseigneur Guieffroy
de Charny et le marescal d'Andrehen, au-devant de
la mort monseigneur Charles d'Espaingne, furent envoiés en frontiere contre ceulx de Kalaiz et assemblerent la chevalerie de Picardie, le conte de Bouloingne,
monseigneur de Fiennes, monseigneur de Roye, monseigneur d'Aubegny et plusieurs autres, et alerent par
nuit devant Kalaiz et la cuida escheler le conte de
Saint Pol. Mais ilz furent apperceus, et fut l'eschielle
prinse des Anglois. Et lors s'en retournerent à Saint
Osmer et à Bouloingne.

Ung faulx traistre que l'en appelloit Aymeri, lequel
avoit esté françois, se traist par devers le mareschal
d'Andrehen et lui promist par finance qu'il lui livreroit le chastel de Kalaiz à certain terme qu'il lui dist.
Le mareschal le dit à monsseigneur Guieffroy de
Charny, et lors alerent o plusieurs autres nobles au

terme que Aymeri leur avoit dit et entrerent dedans le chastel. Et lors sailli le roy d'Angleterre en guise d'ung simple chevalier o grant quantité d'Anglois qui là estoient muchiez. Et leur coururent sus et là oult bataille grant et fort. Mais les François furent les plus fiebles et furent tous prins, le mareschal et ledit monseigneur Guieffroy et grant foison de bons chevaliers et escuiers, lesquelz furent tous delivrés par raençon de deniers qu'ilz paierent aux Anglois.

Ne demoura pas long temps apres que le mareschal d'Andrehen fut quicte de sa raençon que il chevauca sur les Anglois et encontra une route de bien quatre cens Angloiz et les desconfîtes. Et en celle desconfiture fut prins le dit Aymery nommé devant, lequel fut amené à Saint Osmer. Et là le fit le mareschal si tourmenter que à grans tenailles de fer l'en luy ostoit et evrachoit la char et ainsi mourut de dure mort. Edouart le roy d'Angleterre et le prince de Gales son filz firent leur semonce en Angleterre le plus efforciement qu'ilz peurent et passerent la mer et vindrent à Kalaiz o grant armée et allerent assaillir une bastide que les Françoiz avoient faicte où estoit monseigneur Thomas de La Marche, monseigneur de Pommereul, monseigneur Dennequin et le bastart de Renti.

Le prince de Galles qui avoit l'avangarde de l'ost son pere fist la dicte bastide merveilleusement assaillir. Et les François tres bien se deffendirent. Maiz la force du prince fut si grant que par force il falut qu'ilz se rendissent ou ilz eussent esté prins, car ilz ne se povoient plus tenir. Les nouvelles en vindrent au roy Jehan qui hastivement manda nobles et non nobles et chevauca contre le roy Edouart à tres grant foison de gens d'armes, premierement le roy de Navarre, le duc d'Orliens, le duc de Bourbon, monseigneur Jehan d'Artois conte d'Eu, le conte de Harecourt, le conte de Tancarville, le conte de Rony et tres grant foison de chevaliers, barons et escuiers et d'autres. Edouart roy d'Angleterre, qui moult estoit sages de la guerre, aperçut que ce n'estoit pas son avantage de combatre au roy de France et retourna à Kalais. Et lors lui manda le roy Jehan de France qu'il ne faisoit pas que bon guerroier ne comme gentilz homs, quant il n'atendoit la bataille. Sur ce le roy d'Angleterre lui remanda que gentilz homs estoit et que de bataille ne lui fauldroit, car en toutes les marches de son pais il lui livreroit bataille assez et tant qu'il en seroit tout encombrés.

Comme le roy Edouart fut à Calais, lui vindrent nouvelles de son pais que le gouverneur d'Escosse messire Guillaume Duglas avoit mis siege devant la cité de Bezinc[1] et avoit bien couru trois journées en Angleterre. Adonc se partist le roy Edouart de Calais et s'en ala en Angleterre et envoia son ainsné filz le prince de Gales, le conte de Richemont son frere pour lever les Escos. Lesquelz eurent nouvelles de leur venue. Et fist messire Guillaume Duglas faire une embusche es bois. Et comme les Anglois entrerent en bois, les Escos leur coururent sus. Là oult grant estor et fort. Et lors messire Jehan d'Anşelée et Edmond de Glos firent leurs gens tous mettre à pié. Et coururent sus les Anglois aux Escos et les mistrent à deconfiture. Et s'en fuirent ceulx qui pourent eschapper en la

1. Bezinc, Berwick.

route de monseigneur Duglas et lui conterent la force que le prince avoit. Adonc se deslogerent les Escoz et se mistrent en la frontiere d'Escosse sur les destrois et les entrées de leurs pais. Et le prince de Galles vint à Bezinc, laquelle cité il fist garnir de vitailles et rafreschir de gens d'armes, et puis s'en retourna en sa terre.

En cest temps, le roy de Hongrie ala contre les Coimins lesquelz estoient entrés en Grece et degastoient le pais, et n'y mettoient les Grecz nul remede. Icelui roy de Hongrie se combati contre iceulx mescreans Coimins oultre le fleuve du bras Saint George et les desconfist, si que lui et sa gent en occistrent bien soixante cinq mil. Puis s'en retourna le dit roy de Hongrye en son pais, et lui faillirent les Grecz de convenant qui lui avoient promis à rendre la cité de Costentinoble.

Jehan le roy de France fist une grant feste faire à son palais à Paris et une grant assemblée de nobles. Et à ceste feste devoient estre les trois freres de Navarre. Et fut le roy à conseil au devant du disner. Auquel conseil fut le cardinal de Bouloingne, Pierres de La Forest archevesque de Rouen et chancellier de France, messire Jehan d'Artois conte d'Eu et le conte de Tancarville et monseigneur Jacques de Bourbon. En icellui conseil fut ordonné que en icellui jour au disner seroient occis les trois freres de Navarre[1]. Et

---

1. Notre chroniqueur est le seul qui parle de cet attentat projeté par trahison; il n'en est nullement question soit dans Froissart, soit dans les Grandes chroniques de France. Cf. Froissart, liv. I, part. II, ch. xx, p. 322. — Grandes chroniques, t. VI de l'éd. in-8, p. 8-12 et p. 26 et 27. — Chronique latine de Guillaume de Nangis, éd. de Géraud, t. II, p. 228 et 229.

comme le conseil fut departi, par ung de ceulx qui fut au conseil fut dit secretement aux enfans de Navarre qu'ilz ne venissent au disner si chier comme ilz amoient leurs vies. Lors s'en retournerent hastivement en leur hostel et firent armer leurs gens et s'en vouloient aller. Et lors fut dit en la court du roy Jehan comme le roy de Navarre et ses freres s'en estoient retournés et faisoient leurs gens armer. Donc envoia le roy Jehan devers le roy de Navarre et ses freres monseigneur Jaques de Bourbon. Et comme le roy de Navarre le vist, si lui dit : « Cousin, je ne vous cuidoie pas mortel ennemi. Et se vous ne venissies comme messagier, vous sceussies comme sont gentilz hommes les enfans de Navarre. » Lors se partirent et alerent à Evreux où là se departirent les trois freres, ne onc puis ne furent ensembles. Le roy de Navarre se tint garni à Evreux, et monseigneur Philippe ala en Costentin pour assembler gens d'armes, et monseigneur Louis de Navarre ala en Navarre.

Apres ce, donna le roy Jehan à Charles son ainsné filz la duchié de Normendie. Et alors furent à acort le roy de Navarre et monseigneur Philippe de Navarre son frere au roy Jehan, et jurerent paix l'un à l'autre sur le corps de Nostre Seigneur Jhesu Crist consacré, lequel fut parti en trois parties dont chacun ot sa part et l'usa corporelment. Et lors vint le roy Jehan à Rouen, et là vint à lui le roy de Navarre auquel le roy de France Jehan fist tres grant feste.

Apres ce, vint Charles duc de Normendie, ainsné filz de Jehan roy de France, à Rouen, où il fut receu à duc et à seigneur. Et avec lui vint le roy de Navarre, le conte de Harecourt et des plus grans barons de

34   CHRONIQUE

Normendie. Et là par le duc fut mandé à monseigneur Godefroy de Harecourt et à autres nobles qu'ilz venissent à Rouen pour lui faire hommaige de la terre qu'ilz tenoient de lui en Normendie. Lequel Godefroy manda au duc qu'il lui envoiast saufconduit et seurté de sauf aler et sauf venir et le garantir de tous arrestz et encombriers. Et ainsi le fit le duc. Et lors vint à Rouen monseigneur Godefroy de Harecourt pour faire hommaige au duc. Et apporta de l'Eglise Nostre Dame de Rouen la chartre aux Normans où sont contenus les privileges de Normendie. Laquelle chartre il apporta sur sa teste pardevant le duc et dit oyant tous : « Mon seigneur naturel, vecy la chartre des Normans. En la fourme qu'il est contenu dedens s'il le vous plaist à jurer et tenir, je suy tout prest de vous faire hommaige. » Sur ces paroles, le conseil du duc de Normendie voulust veoir et avoir la dicte chartre. Et monseigneur Godefroy respondi que la dicte chartre il avoit promis rendre et restablir presentement en la dicte eglise et qu'il lui porteroit. Mais se copie ou vidimus en voulloient, bien le pourroient avoir. Ainsi se parti monseigneur Godefroy de Harecourt, sans faire hommaige, de la court du duc et prinst congié du duc, disant qu'il lui convenoit estre brief en sa terre. Moult voulentiers l'escoutoit le duc parler et grant plaisir eust eu qu'il fust demouré de sa retenue de son conseil pour le tres grant sens de lui [1].

L'an de l'incarnacion Nostre Seigneur Jhesu Crist mil trois cens cinquante six, tint son parlement Charles

1. Tous ces curieux détails, qui retracent d'une manière si saisissante la lutte de la grande féodalité, de l'esprit aristocratique et provincial personnifié par Godefroi de Harcourt contre le pouvoir royal représenté

duc de Normendie à Rouen. Et à ce parlement fu le roy de Navarre, le conte de Harecourt, le sire de Graville, le sire de Clere, le sire de Preaulx, monseigneur du Bec Thomas, le sire de Tournebu, le sire de La Ferté, le sire de Berreville, monseigneur de Buiville le bon chevalier qui fit le beau coup d'armes en Turquie. Car il fendi ou couppa et trencha ung Turq tout au long parmy devant le roy de Cypre. Et aussi furent à cest parlement le sire de Friquans, le sire de Braquemont, le sire de Blainville, le sire de Saincte Beuve, monseigneur de Houdetot, maistre des arbalestriers, et la greigneur partie des chevaliers de nom de Normendie, et le maire de Rouen qui avoit nom sire Jehan Mustel et plusieurs des plus suffisans et notables bourgois de la dicte cité de Rouen.

Monseigneur Godefroy vint assez pres de Rouen pour estre à icellui parlement; mais onc n'y voult venir sans le sauf conduit du roy Jehan et du duc Charles son filz, car moult se doubtoit d'encombrier. Et par icellui par qui il mandoit le sauf conduit il mandoit à son nepveu le conte de Harecourt que, toutes choses laissies, il venist parler à lui. Ainsi comme l'escuier de monseigneur Godefroy vint au chastel de Rouen, le conseil estoit continué à l'endemain. Lors vint l'escuier de monseigneur Godefroy au conte et lui dist ce que son oncle lui mandoit. Adonc demanda le conte de Harecourt ses chevaulx pour partir du chastel. Et lors vint à lui Robert de Lorris, lequel lui dist : « Sire, monseigneur le duc n'atent fors que vous à disner. »

par Charles, duc de Normandie, ces détails ne se trouvent que dans notre chronique. Cf. *Histoire de Rouen pendant l'époque communale*, par M. Chéruel, t. II, p. 173, 174 et 175.

Et brief il lui osta son mantel et donc renvoia le devant dit escuier[1]. Et lors assistrent à disner monseigneur le duc, le roy de Navarre, le conte d'Estampes, le conte de Harecourt, le sire de Graville en une table, et par les autres tables les autres barons, chevaliers et bourgois. Et comme ilz furent en my le disner, le roy Jehan entra eu chastel de Rouen par la porte des champs et vint au disner, avec lui le conte Jehan d'Artois et Jehan de Meleun, conte de Tancarville, et le mereschal d'Andrehen o plusieurs gens d'armes. Et lors ouy la frainte le chancellier de Navarre, lequel s'en yssy hors de Rouen et trouva ledit escuier de monseigneur Godefroy. Et donc ala à lui et lui compta comme le roy Jehan estoit soudainement venu et entré eu chastel de Rouen. Lors dist monseigneur Godefroy : « J'en pensoye bien autant. » Et donc s'en partirent errant et s'en allerent en Costentin.

Le roy Jehan entra en la salle du chastel de Rouen et vinst en la table de son filz et là prinst de sa main le conte de Harecourt, et le roy de Navarre fist prendre et mettre en prison et le dit conte de Harecourt, le sire de Graville et ung chevalier nommé Maubue de Menesmares et ung escuier nommé Colinet Doublet, et à yces quatre fist trencher les testes dehors le chastel de Rouen. Et puis furent penduz au gibet l'an mil trois cens cinquante six, le jour de la saint Ambroise. Et ainçois qu'ilz fussent mis hors du chastel pour les decappiter, le roy Jehan se saizy de toutes les clefz des portes de la cité et les fist toutes fermer. Et avec tout

---

1. Ces intéressants préliminaires de l'attentat du 5 avril 1356 ne nous sont révélés que par notre chronique.

ce fit dire par les rues que chacun fermast son huis et
que nul ne yssist hors de son hostel.

Apres ce fait, se parti le roy Jehan de Rouen et ala au
Pont de l'Arche. Et là vint à lui le prevost des marchans de Paris à cinq cens hommes d'armes. Puis ala
le roy Jehan à Paris, et le roy de Navarre fut mené en
prison à Paris et puis au chastel de Gaillart jouxte Andeli et puis à Crevecuer. Moult fut blamé le roy Jehan
de l'occision des diz seigneurs et moult en fut en la
malivolence des nobles et de son peuple et par especial de ceulx de Normendie.

Apres ce fait, le roy Jehan fit banir monseigneur
Godefroy de Harecourt en Costentin et aillieurs de
tout le royaume de France comme murdrier en fausseté. Et lors monseigneur Philippe de Navarre et le
dit monseigneur Godefroy de Harecourt envoierent
deffier le roy Jehan et lui rendirent leurs hommaiges. La terre du conte de Harecourt fut toute prinse
en la main du roy Jehan et fut moult requise au roy.
Et donc conseilla le duc de Bourbon au roy Jehan que
la terre dudit conte ne fut par lui à aucun donnée ne
des autres par semblable maniere. Car il sembleroit
que pour cause de leurs terres les eust fait mourir. Et
donc par le conseil du duc de Bourbon ne fu pas la
terre du conte donnée; maiz la terre du sire de Graville donna à monseigneur Jehan Martel qui puis la
rendi à l'oir de Graville.

Jehan roy de France fit mettre siege devant la cité
d'Evreux par monseigneur Jehan Martel, monseigneur
le Baudrain de la Heuse, amiral de France, monseigneur Jehan Sonnain avec le Besgue de Villainnes.
Lesquelz prindrent le bourc, et là oult grant assault et

grant escarmuche de Françoiz et de Navarrois, et furent là longuement assiegés.

Les Navarrois du chastel bouterent le feu en la cité es maisons devant le chastel, et sailli le feu en la mere eglise de Nostre Dame. Et adonc entrerent les François en la cité et la pillerent. Ung souldoier que l'en appelloit Jehan de Courourdain pilla l'eglise de Nostre Dame d'Evreux, car onc François n'y voult faire violence. Et en la fin en oult tel merite qu'il en fut pendu à un gibet en Bourgoingne.

Par le commandement du roy Jehan, alerent au Ponteaudemer monseigneur Robert de Houdetot, maistre des arbalestriers du royaume de France, le seneschal d'Eu, le sire de Villequier, monseigneur de Plennes et grant foison de gens d'armes et d'arbalestriers et pavoisiens. Et y firent les François moult d'escarmuches. Et fit le dit monseigneur de Houdetot asseoir myne eu dit chastel.

Et ce durant, monseigneur Philippe de Navarre, qui tant fut en son vivant amé de gens d'armes, apres ce qu'il oult rendu son hommaige et deffié le roy de France comme gentilz homs doibt, il passa en Angleterre. Et là fu moult joyeusement receu de Edouart roy d'Angleterre et de Edouart son filz prince de Galles. Et là prinst le dit monseigneur Philippe l'aliance du dit roy et de son dit filz et du duc Henry de Lenquastre qui en sa propre personne vint en l'aide du dit monseigneur Philippe de Navarre.

Quant monseigneur Philippe de Navarre oult l'aliance et la bonne amour du roy Edouart qui lui aida de grant nombre de gens d'armes à son congié, le dict monseigneur Philippe et Henry duc de Lencastre se departirent o leurs gens et arriverent en Costentin où là assemblerent les garnisons englesches tant de Bretaingne que de Normendie, comme monseigneur Godefroy de Harecourt, monseigneur Robert Canolle, chief des Anglois de Bretaingne, et grant foison de bons chevaliers et escuiers et de bons servans. Et fit scavoir monseigneur Philippe de Navarre à tous les cappitaines des fors du roy de Navarre son frere que bien et hardiement se deffendissent, car il les venoit secourre à vingt mille combatans.

Au Ponteaudemer en vint ung messagier qui estoit maistre de nef de mer et estoit Costentinois. Et s'en vint entre les arbalestriers et demanda se ceulx de Rouen estoient là pour plus couvertement faire son fait. Car il avoit plusieurs fois en sa nef admené marchandise à Rouen. Ceulx de l'ost lui distrent qu'ilz n'estoient pas à ce siege et qu'ilz estoient à Evreux. Et fut prins par souppeçon et enquis, et trouva l'en sur lui les lettres qu'il portoit de par monseigneur Philippe de Navarre. Pour quoy le dit messagier fut decappité et escartelé, puis fut pendu devant le chastel.

Le siege durant, furent envoiés par le roy de France pour enforchier le siege au Ponteaudemer monseigneur Louis de Harecourt, monseigneur Robert de Cleremont, le Baudrain de la Heuse, amiral de France, monseigneur d'Angerville et grant routes de gens d'armes. Mais ains qu'ilz fussent venus au Ponteaudemer, s'estoit parti du siege le maistre des arbalestriers, lequel raconta aus dicts seigneurs la venue et l'effors de monseigneur Philippe de Navarre qui venoit pour lever le siege des François. Et lors retournerent tous à Rouen et conterent au duc de Normendie la venue de ses ennemis.

Et brief temps apres le deslogement du dit siege, vindrent monseigneur Philippe de Navarre et le dit duc de Lencastre au Ponteaudemer et garnirent le chastel de gens d'armes et de vivres et de ce que mestier estoit à guerre souffrir. Et aussi firent ilz les autres chasteaulx. Puis chevaucherent le dit duc de Lencastre et le dit monseigneur Philippe de Navarre o leur ost en Perche, et là prindrent la ville de Vernueil. Laquelle fut prinse par force d'assault. Et là se contint tres vassaument Philippe de Navarre, car il estoit eu premier front de la bataille eu lieu par lequel la ville fut prinse. Et se combatoit main à main à ceulx de la ville. Et par le cueur qu'il donna aux gens d'armes prindrent ilz par force la ville et pillerent. Là out maint proudons occiz et detrenchié. Grant douleur et grant pitié estoit de veoir les femmes de la ville de la douleur qu'ilz menoient. Et pour ce firent commander le duc de Lencastre et monseigneur Philippe de Navarre que nul ne leur meffaist. Trop grant tresor et trop grant richesses gaingnerent en la tour de Vernueil quant ilz la pristrent.

Jehan roy de France fut moult en grant[1] de combatre et desconfire ses ennemis et assembla tres grant host, Charles son ainsné filz, duc de Normendie et daufin de Vienne, le duc de Bourbon, le duc d'Athenes, le conte de Saint Pol, monseigneur Jehan d'Artois, conte d'Eu, monseigneur Charles d'Artois son frere, à qui le dit roy Jehan avoit donnée la conté de

---

1. Sous-ent. : désir.

Longueville, le conte de Tancarville, le conte Dampmartin, le conte de Rony, monseigneur Louis de Harecourt, monseigneur le mareschal de Cleremont, monseigneur Robert de Cleremont, monseigneur Adam de Meullent, monseigneur de Berreville, monseigneur Jehan de Graville seigneur de Plennes, monseigneur Jehan Martel, monseigneur Guillaume Martel, monseigneur de La Ferté, monseigneur Amaury de Meullent, monseigneur de Montmorensi, monseigneur le Baudrain de la Heuze, amiral de France, monseigneur Robert de Houdetot, maistre des arbalestriers, et grant quantité de autres chevaliers de Normendie.

Et en la bataille de monseigneur Moreau de Fiennes, connestable de France, estoient les barons de Picardie, le mareschal d'Andrehen, monseigneur de Charny, monseigneur de Roye, monseigneur d'Aubegny, monseigneur Mahieu de Roye, monseigneur Raoul de Reneval, monseigneur Hue de Chasteillon, le sire de Piquegny, le baron de Coucy, monseigneur Enguerren de Hedinc, monseigneur de Saneuze, monseigneur Amory, ung chevalier de Cypre lors cappitaine de Beauvaiz et moult d'autres vaillans chevaliers et escuiers. Et encoires avec ce estoient o le roy Jehan des bonnes villes de Paris, de Rouen, d'Amiens et d'autres cités du royaume de France des bourgois o grant nombre de gens d'armes. De tres grant hardement et de tres grant voulenté poursuy Jehan le roy de France ses ennemis tant qu'il vint à Tuebeuf[1]. Dont l'en veoit le feu que faisoient les dessus diz ennemis. Et là cria l'en alarme en l'ost du roy de France, en

1. Tubœuf, Orne, ar. Mortagne, c. Laigle.

disant que monseigneur Philippe de Navarre et le duc de Lencastre venoient o leur host sur le roy. Là furent les communes mises en ordonnance.

Monseigneur Godefroy de Harecourt, qui à merveilles estoit sages de la guerre, envoia par coureurs veoir l'estat du roy. Et quant il le sceut, il conseilla au duc de Lencastre et à monseigneur Philippe de Navarre qu'ilz retournassent en Costentin et qu'ilz ne porroient contre le roy, consideré le grant nombre de bonnes gens qu'il avoit. Et donc se deslogerent les Anglois et s'en alerent en Costentin.

Le roy Jehan envoia ses coureurs à Laigle, lesquelz lui rapporterent que ses ennemis s'en estoient partis. Et lors le roy Jehan et son host vint assegier Breteul. Et quant le siege fut mis à Bretueil par le roy Jehan, le Baudrain de la Heuse, amiral de France, monseigneur Robert de Houdetot, maistre des arbalestriers, monseigneur le seneschal d'Eu, monseigneur Martin de la Heuse, monseigneur Jehan Sonnain à bien mil combatans alerent mettre siege à Conches et y livrerent de grans assaulx et de fors. Et s'i porterent si bien et tellement que le chastel leur fut rendu. Et le roy Jehan le fit bien garnir de gens et de vivres.

En cest temps, vint une tres grant guerre entre le conte de Flandres et le frere de l'empereur, monseigneur Vitelaux[1], duc de Braban et de Luxembourg, à cause de la ville de Malines. Et s'esmurent les Flamens à si tres grant nombre que l'en les estimoit et nombroit à bien deux cens mille pietons et quatre mille hommes armés à cheval. Et vindrent les diz Flamens

1. Vitelaux, Wenceslas.

o leur conte en Breban et vindrent devant la dicte ville de Malines pour y mettre siege. Monseigneur Vitelaux, frere de l'empereur, qui tant estoit gentilz homs, oult avec lui grant foison de gens d'armes et de gentilz hommes, le duc Aubert duc de Baviere, le conte de Henault, Guillaume filz Louis de Baviere, monseigneur Jacques de Bourbon, le prince de Julliers, le conte de Mons, le conte de Guelles, le conte de Vendemons, le conte de Sallebrusse[1] et bien vingt mille hommes armés. Donné fut en conseil au frere de l'empereur qu'il se retraist, car les Flamens estoient quinze contre ung et que c'estoit trop fort de combatre contre tant de peuple, Et donc se parti monseigneur Vitelaux de devant Malines. Et lors les Flamens prindrent la ville et Anvers et autres villes en Breban. Maiz depuis monseigneur Vitelaux retourna en Breban et recouvra la gregnieur partie de sa terre.

Cy retourne la matiere du roy Jehan qui estoit devant Breteul. Lequel tenant son siege fit faire engins et tres asprement faisoit assaillir le chastel de Breteul. Et merveilleusement se deffendoient bien ceulx du chastel et en ourent grant los et grant pris. Car oncquez pour le tres grant povoir du roy de France ne firent ne moustrerent nul failli semblant ; mais faisoient souvent en l'ost du roy mainte saillie.

Les maistres de faire engins firent ung chat de fust pour combatre à ceulx du chastel main à main par dessus les murs. Mais les Navarrois, comme le dit engin fut acosté aux murs de leur chastel, gettoient gresses et feu encontre les Françoiz qui estoient de-

---

1. Sallebrusse, Saarbruck.

dens, et moult asprement assailloient ceulx du chastel. Et tant firent par leur force que l'engin fut acosté aux murs du dit chastel. En icellui estoient moult grant foison de bonnes gens. Donc quelque les Françoiz entendoient à entrer par le dit engin eu chastel de Breteul, par les gresses et par la force du feu chey le pont du dit engin et ung des estages. Et là oult moult des Françoiz blechiés et mors qui cheirent de l'engin. Entre lesquelz il y oult bien vingt des arbalestriers de Rouen que blechiés que navrés et que mors et moult d'autres.

Et apres ce le roy Jehan, tenant encorres le siege devant Breteul, fit venir son gendre Charles le roy de Navarre, conte d'Evreux, pour ce que par lui fussent rendus les chasteaux qu'il tenoit en Normendie. Le dit Charles, roy de Navarre, quant il fut là venu, fit commandement que de ses chasteaulx vuidassent les cappitaines et que ses diz chasteaux lui rendissent comme à leur droit seigneur roy de Navarre, conte d'Evreux. Les cappitaines lui respondirent que, quant à present, il n'estoit point roy de Navarre, quant il n'estoit en son povoir et en sa dominacion; mais à tres excellent et noble prince monseigneur Philippe de Navarre rendroient ilz les chasteaux, quant ilz le verroient en son estat, car ainsi de lui les tenoient et non autrement. Par ceste fourme respondirent tous les cappitaines des chasteaux du roy de Navarre. Et lors par le commandement du roy Jehan fut remené le dit roy de Navarre plourant en prison à Paris, avecques lui monseigneur Friquet de Friquans et Gillet de Panthellu. Apres ce, de par le roy Jehan de France furent envoiés au Ponteaudemer mettre le siege monseigneur le Baudrain de La Heuse, amiral de France, et monseigneur Robert de Houdetot, maistre des arbalestriers, à tout mille combatans. Et firent roydement assaillir et miner le chastel. Mais traictié fut fait des Navarrois aus diz Francois que par argent fut rendu le fort chastel du Ponteaudemer en la main du roy de France. Et les Navarrois o le leur, par le sauf conduit du roy de France, s'en alerent en Costentin où estoit monseigneur Philippe de Navarre.

En celle saison, Edouart roy d'Angleterre fit guerre aux Escoz, et chevauca par Escosse son filz le prince de Galles. Mais monseigneur Guillaume Duglas lui garda les passages. Et là furent prinses les treves entre les Anglois et les Escos, et furent jurées par les parties.

Puis apres ces treves, le roy Edouart d'Angleterre envoia son ainsné filz le prince de Galles en Gascoingne, lequel par mer vint à Bordeaux sur Gironde. Là assembla grant foison de nobles hommes de Guienne, les enfans de Larbret, monseigneur Edmond de Pommiers, le captal de Bucz, le conte de Montfort, monseigneur Guillaume d'Anselée, monseigneur Jehan de Pipes, monseigneur Jehan de Chendos, monseigneur Hue de Carvelley, monseigneur de Lusse et Emond de Varvic. Adonc quant le prince oult assemblé iceulx de Guienne qui tenoient son parti, il courut sur la terre du roy de France, gastant le pais. Et vint le prince courant le royaume jusques à Poitiers et par deça. Le duc de Lencastre, monseigneur Philippe de Navarre, monseigneur Martin de Navarre dit Requis et Robin Canolle partirent de Costentin pour adjouster leur host à celui du prince et chevaucerent amont la

riviere de Loire. Maiz oncquez ne pourent passer, car tous les ponts furent rompus et bien gardez des François, si qu'il les fallut retourner.

Quant le roy Jehan de France, qui encorres estoit au siege devant Breteul, sceut que le prince de Galles couroit sa terre, il traicta au cappitaine de Breteul et aux Navarrois par une somme d'argent qu'il leur donna. Et si les fit conduire en Costentin, et ilz lui rendirent le chastel de Breteul. Puis fit donner congié le roy Jehan à ses communes de ses bonnes villes. Dont ce fut folie à lui et à ceulx qui conseil lui en donnerent, se disoient plusieurs.

Le pape Innocent fut trop couroucié de la guerre qui estoit entre les deux rois de France et d'Angleterre; et pour mettre paix ou acord ou treves en esperance d'acort, il envoia en France deux cardinaulx en legacion, c'est assavoir le cardinal de Pierregort et le cardinal d'Ugel. Yces deux cardinaulx vindrent au roy Jehan de France pour traictier de la paix premierement entre lui et le roy de Navarre. Maiz le roy Jehan fut lors moult troublé pour le prince de Galles qui couroit et ardoit son royaume, et de grant voulenté ala en l'encontre du prince pour le combatre et assembla son host à Chartres.

Et une aventure vous conteray d'une demonstrance qui avint de la prinse du roy Jehan. Ung vavasseur estoit des parties de Champaingne ou environ riches souffisaument, et tres preudons et devot envers Dieu estoit. Ung jour ce proudomme en ses champs estoit. Une voix horrible et espuantable lui dist qu'il alast denonchier au roy de France Jehan qu'il ne se combatit point contre nul de ses ennemis. De ceste aventure fut le preudomme en grant doubte et raconta sa vision à son curé qui estoit preudons et de bonne vie. Son curé lui dist qu'il jeunast par trois jours et qu'il feist penitance et puis ralast au lieu où la voix avoit parlé à lui. Ainsi le fist le preudoms. Et de rechief la voix lui dist : « Va au roy Jehan de France et lui di qu'il ne combate ses ennemis. Et se tu n'y vas et fais ce que je te denonce, en douleur et en peine sera le corps de toy. » — Le preudomme raconta à son curé comme la voix lui oult dit de rechief. Le dit curé l'examina sur ce moult fort, puis lui dist : « Mon frere, moy et toy ferons astinence et jeunerons encorres par trois jours et si prieray nostre Seigneur Jhesu Crist pour toy. » Ainsi le firent. Puis apres le tiers jour, ala le dit preudomme où la voix lui avoit aparu. Et lors qu'il vint là, il vit une tres grant clarté cheoir ou descendre du ciel merveilleusement espuantable. Et la voix lui dist de rechief : « Se tu ne fais sans dilacion ce que je te denonce par la voulenté du filz de Dieu pour le prouffit du commun peuple, soudainnement et diversement mourras. » Et donc le preudomme dit appertement à son curé parrochial comme il lui estoit advenu. Lequel lui conseilla qu'il alast tantost son advision denonchier, puis que c'estoit par la voulenté de Dieu. Le preudomme ala à la court du roy et mena avec lui ung syen filz et demanda lequel l'en tenoit le plus preudomme à la court du roy. Les gens de la court l'escharnirent et moquerent de lui aucuns entre les autres. Ung preudomme qui servoit en la court vit le dit bon homme et apercust bien que c'estoit ung bon preudomme simple et sans malice et lui dit que, s'il avoit mestier de conseil, qu'il se traist par devers l'omosnier du roy. Le dit bon homme vint à l'omosnier du roy Jehan et lui dist qu'il le feist parler au roy et qu'il lui avoit à dire tel chose qu'il ne diroit fors au roy. L'omosnier l'enquist fort qu'il lui deist ce qu'il vouloit dire au roy. Mais le preudoms lui dist que ce qu'il vouloit denonchier, il ne le diroit fors au roy et que c'estoit pour son bien et prouffit. Lors quant l'omosnier vit que le preudomme ne voulloit dire ce pour quoy il estoit venu à court, il ala au roy et lui dit : « Sire, il a ung preudomme ceans qui me semble proudons à sa maniere et vous veult dire une chose laquelle il ne diroit fors à vous. » Le roy dit adonc à l'omosnier et à son confesseur que de par lui ilz ouissent le preudomme auquel ilz dirent que le roy les avoit commis à ouir le de ce qu'il voulloit dire au roy. Et lui dit et monstra l'omosnier et le confesseur que parler au roy il ne povoit, et que ce qu'il avoit à dire au roy il leur povoit bien dire et que souventeffoiz oyent le roy de confession. Donc quant le preudomme aperçut qu'il ne povoit parler au roy et qu'il vit et congnut la discreccion de l'omosnier et du confesseur, il leur dist son advision devant dicte. Et donc l'omosnier et le confesseur le noncerent au roy. Et le roy, qui estoit homs de tres grant courage plain, n'en tint conte et dit que l'en donnast de l'argent au devant dit preudomme. L'omosnier et le confesseur offrirent au preudomme de l'argent, mais il ne voult riens prendre. Et donc l'omosnier et le confesseur en furent merveilliés et bien congnurent que le preudomme estoit de bon affaire et juste et bon envers Dieu. Et ainsi s'en partit le bon preudomme.

Jehan le roy de France fut moult en grant desir de

combatre et confondre ses ennemis et chevauca tant contre le prince que parvint à la cité d'Europe ainsi nommée et appellée de tres ancien temps et à present est nommée et appellée Poitiers. Et furent les Françoiz ordonnez de bataille, premierement les mareschaulx, les gueldons et puis les gens dont le roy de France avoit o lui grant foison et grant nombre.

Le prince de Galles, par le conseil des seigneurs barons et chevalliers qui o lui estoient, print une forte place à venir combatre et se hourda de son caroy. Et fit trois batailles dont la premiere fut d'archiers et y mist monseigneur Hue de Karvellé, monseigneur Emond de Warvych, monseigneur de Lusse, Nicole Dagorne, monseigneur Jehan de Pippes et monseigneur Jehan Jouel.

En la seconde bataille du prince furent les Gascoings. Et en furent chiefz monseigneur de Larbret et ses freres, monseigneur de Pommiers et monseigneur Emond de Pommiers, le captal de Bucz et ceulx de Bordeaux.

En la tierce bataille oult le prince de Galles Edouart, ainsné filz du roy Edouart d'Angleterre, prince de Galles, comme dit est, seigneur d'Yrlande et d'Aquitaine, duc de Cornouaille, conte d'Exestre, avec lui monseigneur Jehan de Montfort, monseigneur Guillaume d'Anselles et monseigneur Jehan de Chendos.

Le roy de France par ses mareschaux et son connestable, pour lors le duc d'Athenez, fit de sa gent quatre batailles dont la premiere eurent ses diz mareschaux, le mareschal de Cleremont et le mareschal d'Andrehen et monseigneur Guieffroy de Charny o leurs gens.

Et la seconde bataille oult le duc d'Orleans, le conte de Bloiz, l'evesque de Chalons, monseigneur Guillaume de Harecourt et moult tres grant nombre de chevaliers et escuiers.

La tierce bataille conduit Charles ainsné filz du roy Jehan de France, lequel Charles estoit duc de Normendie et daulphin de Vienne, avec lui la plus grant partie des contes, barons, chevaliers et escuiers de Normendie.

La quarte bataille mena Jehan le roy de France, avec lui monseigneur Philippe son filz duc de Bourgoingne, le duc de Bourbon, le duc d'Athenez, monseigneur Jehan d'Artois conte d'Eu, le conte de Tancarville, monseigneur Adam de Meleun, Pierres de La Forest archevesque de Rouen, Guillaume de Meleun, archevesque de Sens, le conte de Longueville, le conte de Ponthieu, le conte de Rogny, le conte d'Aucerre, le conte de Sancerre, le conte Dampmartin, le conte de Vendome, le conte de Ventadour, le conte de Sallebrusse, le sire de Montmorency, le sire de Craon, le sire de Chasteillon, le sire de Hangest et plusieurs autres tant contes, barons comme chevaliers et escuiers à tres grant multitude.

Les cardinaulx vindrent là pour mettre paix et acort entre le roy Jehan et le dit prince et alerent de l'un host à l'autre. Et virent bien comme les Anglois estoient en forte place. Aussi monseigneur Guillaume Duglas qui tenoit treves aux Anglois fut avecques les cardinaulx et dit au roy Jehan de France que ce sera son domaige s'il combat le prince en la place qu'il a prinse.

Mais Jehan le roi de France fut si plain de grant

courage et de hastive voulenté qu'il dist qu'il ne lairoit pas fuire les ennemis puis qu'il les avoit atains. Adonc furent les coureurs du roy de France mis sus les champs, et furent les coureurs le mareschal de Clermont et le mareschal d'Andrehen. Et monseigneur Guieffroy de Charny chevauca en une bataille pour les secourre, se besoing en estoit. Les dessus diz mareschaux de France coururent par devant les batailles du prince et adviserent l'estat, l'ordonnance et la convinne des Angloiz, puis retournerent devers le roy Jehan de France. Et dist le mareschal de Clermont au roy que ce sera folie d'assaillir les Anglois où ilz sont et que l'en se logast pres d'eulx si que ilz ne se peussent avitailler ; et lors quant ilz n'aroient vivres, ilz partiroient de la place. Et donc lui dist le mareschal d'Andrehen : « Mareschal de Cleremont, vous estes espeiné de les veoir. » Alors dist le mareschal de Cleremont à celui d'Andrehen : « Vous ne seres huy si hardi que vous mettez le musel de vostre cheval au cul du myen [1]. » Ices parolles s'entredistrent les deux mareschaux devant le roy.

En ces entrefaittes, ralerent les cardinaulx par devers le prince pour scavoir s'ilz pourroient traictier d'accord. Et dist le cardinal de Pierregort au dit prince que le roy de France avoit si grant quantité de gens qu'il seroit impossible chose que il ne les syens peussent arrester à lui. Donc fist ces offres le prince de Galles au roy de France que, se il l'en voulloit laissier retourner à Bordeaux paisiblement sans le combatre,

---

1. Froissart, dans son récit d'ailleurs si complet et si pittoresque, n'a pas mentionné cet incident.

il lui rendroit Kalaiz et Guinnes et tous les chasteaulx qui en son temps avoient esté conquis en Gascoingne et autres choses. Ceste offre raporterent les cardinaux au roy de France. Et n'en voult le roy riens escouter, maiz dist aux cardinaux qu'ilz s'en alassent à Poitiers.

Adonc sonnerent les araines en l'ost du roy de France pour aler combatre. Et alerent les batailles des mareschaux premierement assaillir les Angloiz en la partie où estoient les Gascoings. Et là oult tres grant bataille aspre et dure, car les Françoiz assailloient tres aigrement. Adonc le prince de Galles fist yessir ses archiers et vindrent hardiant les Françoiz et leur occistrent leur chevaulx. Et là fut grant l'occision sur les chevaulx et sur les hommes, car les mareschaux de France furent appressés en ung trespas. Et là prindrent les gens des mareschaux à eulx retraire. Mais le mareschal de Cleremont, qui fut courcié des paroles dictes devant le roy, tint estat contre les Angloiz. Et donc le captal de Buch o toute sa route et monseigneur Hue de Karvelley lui coururent sus. Et là fut occiz le bon mareschal de Cleremont, car onc ne se voult rendre. Et en ceste bataille oult moult de vaillans hommes occiz et prins. Le mareschal d'Andrehen s'i porta moult bien et hardiement, mais retraire l'estuet. Et donc quant le roy Jehan sceut la mort du mareschal de Cleremont, il commanda la seconde bataille pour combattre, laquelle avoit son frere le duc d'Orliens et vindrent combatre contre les Angloiz, lesquelz s'estoient retrais en leur place. Adonc les Aurliennois les prindrent à assaillir moult hardiement, maiz à les assaillir se desrouterent. Donc monseigneur Hue de Karvelley et monseigneur de Chendos et bien huit cens hommes d'armes et deux mille archiers leur coururent sus soudainement d'une part, et monseigneur de Larbret et monseigneur Emond de l'autre. Et à brief raconter les Françoiz ou Aurliennoiz furent desconfiz, et s'en vint le duc en la bataille de son nepveu le duc de Normendie.

Adonc ala combatre la bataille au duc de Normendie aux Anglois, et la vindrent assaillir les Anglois en la dessus dicte place et les Gascons. Et là oult la plus merveilleuse bataille, la plus dure et la plus mortel des autres, et grant occision oult d'une part et d'autre. Et fit aler le prince sa bataille sur la bataille au dit duc de Normendie, et de sa bataille mist le dit prince sept cens archiers armez derriere ses gens d'armes qui tiroient enmy le viz des Normans, qui moult fort les grevoit. Monseigneur Guillaume Duglas s'en vint au roi Jehan et lui dit : « Sire, vous perdes les gens aujour d'huy. Car sachiez pour certain que la journée est contre vous et pour voz ennemis. Se vous me voulles croire, vous laisseres la bataille et vous logeres devant voz ennemis. Et je vueil perdre la vie, se ainsi le faictes, ilz se rendront à vostre mercy. Car ilz n'ont que mengier et vostre host est planlureux de vivres et si vous croistront voz gens. Et je vous dy ce pour vostre prouffit et non pour aultre chose. Car vous et les haulz princes, contes et barons que voy peuvent bien scavoir que je ne le dy pas pour peur. Car je ne me peus armer contre les Angloiz, si en prenes conseil. »

Adonc respondi le roy Jehan au gouverneur d'Escosse, puis qu'il avoit ses ennemis au visaige et qu'il les veoit si pres de lui, que, se Dieu plaisoit, ja ne leur refuseroit de bataille. Et commanda lors à ceulx de sa bataille gaingnier les destrois sur ses ennemis. Et donc passerent une partie de ceulx de sa bataille les diz destrois. Mais alors fut la bataille au duc de Normendie prez de la bataille du prince et de toutes ses deux autres batailles, lesquelles estoient toutes ensembles sur la bataille au dit duc de Normendie et des Normans tant qu'ilz la firent reculer et qu'ilz s'en retrairent en la bataille du roy. Moult estoit merveilleuse chose et espuantable à ouir la frainte des chevaulx, les criz des blechiés, le son des araynes, des clerons et des criz des enseingnes. La frainte et la noise estoit ouye de plus de trois lieues loing. Et moult estoit grant douleur à veoir et regarder que la fleur de toute noblesse et chevalerie du monde se mettoit ainsi à destruccion, à mort et à martire tant d'une part que d'autre. Jehan roy de France qui moult estoit plain de grant hardement et de tres grant courage, adrecha alors sa bataille à celle du prince de Galles. Mais ainçoiz commanda à Charles son filz duc de Normendie qu'il se meist en sa personne en l'arrieregarde avec la personne du duc d'Orleans o une partie de leurs gens avecques ceulx de l'arrieregarde, et tout ce fut ordonné par conseil. Puis chevauca le roy Jehan sur ses ennemis. Et lors se retraistrent les Angloiz tous en leur place et se mistrent en leur premiere ordonnance, car ilz cuidoient avoir eu victoire. Et lors les François assaillirent les Angloiz en leur place, et là fut merveilleuse bataille et aspre. Le prince fist yessir par unes vignes monseigneur Hue de Karvelley et monseigneur Jehan de Chendos o mille archiers et cinq cens combatans. Donc les archers prinstrent de travers les Françoiz à traire, et par de costé fut la bataille à ceulx de Gascoingne où les enfans de Larbret et le captal de Buch et monseigneur Emond de Pommiers estoient. Iceulx cy o leurs gens Gascons assaillirent la bataille du roy en front devant, et le prince o toute sa bataille assembla à celle du roy. Et entre une carriere et unes vignes en forclostrent le roy o toute sa bataille.

Là fut merveilleuse, horrible et espoventable la bataille et mortel. Là se combatoient Françoiz tres vassaument; Anglois et Gascons s'i portoient bien à merveilles. Le roy Jehan fut en front de ses ennemis où il se combatoit trop hardiement, de coste lui le duc d'Athenes et le duc de Bourbon, lesquelz devant le roy furent occiz. Et donc vint ung Angloiz frere à l'evesque de Nicolle [1], lequel prinst le roy Jehan par le frain. Lors monseigneur Guieffroy de Charny, qui de ce oult grant yre que au plus noble roy du monde il avoit mis la main, si feri le dit Anglois d'une hasche de tel vertu que il par devant le roy l'abati mort aux piez du roy. Et en celle empainte furent mors et occiz devant le roy le dit monseigneur Guieffroy de Charny, monseigneur Haubert de Hangest, monseigneur Jehan Martel et grant foison de tres grans seigneurs et nobles hommes.

Et lors à celle tres grande empainte que les Anglois et Gascons firent, s'en fuirent moult de gens de la bataille au roy Jehan. Et donc conseillerent au roy monseigneur Jehan d'Artoiz conte d'Eu et le conte de Tancarville qu'il partist de la bataille, et ilz maintendroient l'estour et la bataille tant qu'il fust eslongnié

1. Nichole, Lincoln.

de ses ennemis. Et le roy Jehan leur respondi que jà ne s'en fuiroit, mais tendroit place tant qu'il pourroit contre ses ennemis et adversaires.

Le prince de Galles aperçut bien comme les Françoiz tournoient à desconfiture; si commanda ses grelles à sonner ses clerons ou ses araines pour sa gent resbaudir. Et lors ferirent tous ceulx des batailles au prince sur la bataille au roy de France. Et le captal de Buch adreça sa bataille droit au roy et fit tant par armes qu'ilz abatirent les banieres au roy de France. Adonc quant les Françoiz qui n'avoient mais nulles enseingnes virent que leurs banieres estoient abatues, moult s'en prindrent à fuire. Mais le bon roy demoura en champ viguereusement combatant et fut de coup d'epée navré en viaire. Maiz la bataille lui fut si contraire que par force fut prins le dit roy Jehan de France, monseigneur Philippe de France son filz, le conte d'Eu, le conte de Longueville, le conte de Tancarville, le conte de Ponthieu, le conte de Rony, le conte d'Aucerre, le conte de Sancerre, le conte Dampmartin, le conte de Vantadour, le conte de Sallebrusse, le conte de Vendosme, le sire de Craon, le mareschal d'Andrehen, le sire de Derval, le sire d'Aubegny et plusieurs autres. Et merveilleuse quantité tant ducs, contes, barons, chevaliers, escuiers et bons servans furent mors en la dicte bataille. Dont ce fut grant douleur, grant pitié et grant domaige irreparable.

Ains que le roy fut prins, quant il aperçut que la bataille estoit doubteuse, il manda à son ainsné filz Charles duc de Normendie que, sur quanque il amoit et doubtoit, il se retraist à Poitiers, combien que moult envys le feist. Mais il convinst qu'il obeist à son pere, comme raison estoit.

Bien merveilleuse chose fut de ceste bataille, car le roi Jehan de France avoit o lui, comme aucuns dient, bien cinquante mille hommes d'armes, dont il y avoit vingt quatre, que ducz, que contes et bien plus de trois cens banieres. Et en l'ost de Edouart, ainsné filz de Edouart roy d'Angleterre, prince de Galles, seigneur d'Irlande et d'Aquitaine, duc de Cornouaille et conte d'Excestre, estoient deux mille hommes d'armes à cheval, six mille archiers et quatre mille hommes de pié. Et fut ceste bataille le xix° jour de septembre, l'an mil trois cens cinquante six.

Quant le roy Jehan fut prins, qui poult eschapper si eschappa. Entre ceulx qui fuioient l'evesque Samnau s'en fuioit. Ung charetier l'aperçust et au passer ung fossé il le tua pour ce qu'il ne lui avait voulu passer une lettre pour les preneurs du roy. Les Anglois et Gascons ne firent long enchaux, car le prince fit retourner sa gent et restraindre, puis vint au roy Jehan de France et le fit desarmer, puis le mena en son pavillon et lui fit tres grant honneur. Les gens du prince venoient au roy et lui faisoient la reverence, maiz pou de conte il en faisoit et tenoit. Et quelque le roy estoit avecques le prince, coururent les Anglois et les Gascons es tentez du roy de France où ilz conquesterent tant grans richesses que c'est chose innombrable avec grant foison de prisonniers.

Le prince, apres sa tres grande et noble victoire, icelle propre nuyt se loga au propre lieu où la bataille oult esté, et souppa avec lui le roy Jehan de France. Et lui dit le prince ces paroles : « Beau cousin, se vous m'eussiez prins comme la mercy Dieu j'ay vous, que feissiez vous de moy? » A ce ne respondi riens le roy. Et donc ne lui en parla plus le prince, car pas ne voulloit son cousin plus courchier qu'il estoit.

Apres le deuxiesme jour que le prince oult eu victoire, il se desloga et vint à tout son host en ordonnance de bataille devant Poitiers. Maiz il eust conseil qu'il retournast et s'en ralast à Bordeaulx. Et il si fist et en emmena o lui le roy Jehan de France. Et là fit l'en au dit roy Jehan grant reverence en la dicte ville de Bordeaulx, maiz il n'en tenoit pas grant compte.

On raconte cy du duc de Lencastre que, quant il ne poult adjouster son host avec celui du prince, il ala mettre le siege devant Renes en Bretaingne. Et là vint à lui le conte de Montfort pour qui il avoit empris le siege et y tint le siege l'espace d'ung an ou environ.

Charles ainsné filz du roy Jehan de France, duc de Normendie et daulphin de Vienne, apres la fortunée prinse du roy de France son pere, vint à Paris. Et là manda tous les prelas, les nobles, ce qu'il en poult finer, et des notables bourgois des bonnes villes de France, pour remedier en l'affaire de la prinse du roy son pere. Et à icellui parlement furent pour lors les plus puissans du royaume. Et là monstra le conseil du roy et de son filz le duc de Normendie aus dessus diz prelas, nobles et bourgois qu'ilz se avisassent sur le fait de la negoce du royaume. Les diz prelas, nobles et bourgois distrent qu'ilz se conseilleroient, et ce qu'ilz trouveroient à faire au prouffit du roy et de sa delivrance ilz rapporteroient. Et lors furent commenchiés les trois estas.

Les diz trois estas furent à conseil pour le fait du royaume, et eurent les diz trois estas une mesmez consideracion chacun par soy, laquelle ilz s'entredistrent. Et puis parla de par les diz trois estas maistre Jehan le Coq evesque de Laon et dist au duc de Normendie : « Tres redoubté seigneur, les trois estas du royaume, l'estat de l'eglise, l'estat des nobles et l'estat des bourgoiz ont eu adviz sur l'estat du bien commun et de la delivrance du roy vostre pere, nostre droit et souverain seigneur. Sur quoy ilz ont deliberé que c'est le prouffit du royaume que toutes imposicions choient et toutes nouvelles subvencions. Car par les maleiçons qui en sont encourues a esté une cause en partie de la prinse du roy.

Item, les desus diz estas ont deliberé qu'il coure forte monnoye en vostre pais de Normendie et Dalphiné et eu royaume du roy vostre pere. Item, ce fait et accompli, ilz vous feront trente mille hommes d'armes à delivrer le roy nostre seigneur. Item, les diz trois estas ont deliberé que tous les officiers du roy vostre pere rendent compte de ce qu'ilz ont reçeu et gouverné ; et s'aucun a mal fait, qu'il en soit pugny. » Bon commencement ourent, mais mal finerent.

La voye que les diz trois estas avoient ordonnée desplut moult au conseil du roy et du duc; mais les diz trois estas vouldrent acomplir ce qu'ilz avoient empris. De leur auctorité firent faire monnoye, laquelle fut bonne et de bon aloy. Pour lors vint Charles de Blois à Paris pour avoir secours à lever le siege de Renes. Mais il failli pour la discordance qui fu entre le conseil du roy et du duc et des trois estas. Et pour la cause des subvencions abatre par especial, les bonnes villes vouldrent maintenir et soustenir l'ordonnance des trois estas de ce qu'ilz avoient mis sus. Et fut le souverain d'icellui fait le prevost des marchans de Paris et par consequent aucuns prelas, aucuns nobles et bourgoiz aussi. Et firent maint consille à Paris et approcherent les officiers de rendre compte, et par paour d'eulx s'en fuirent aucuns qui estoient moult puissans hors du royaume.

En cest temps que les trois estas avoient emprins le gouvernement du royaume, monseigneur Philippe de Navarre fit une armée tres grant et vint jusquez devant Paris. Et pour lors estoit son frere le roy de Navarre en prison eu chastel de Crevecueur en Picardie. Monseigneur Philippe de Navarre, qui avoit grant nombre de gens d'armes prez de Paris, manda au duc de Normendie bataille et qu'il l'attendroit là où il estoit. Puis aprez il escript aux trois estas lettres aimables et doulces paroles [1], et qu'il estoit en leur commandement et obeissance et que, toutes fois qu'ilz auroient besoin, ils les aideroit et secourroit envers tous ceulx qui leur seroient en nuysance, et si leur prioit qu'ilz voulsissent mettre peine à la delivrance de son frere le roy de Navarre. Moult plust aux principaulx des trois estas le mandement de monseigneur Philippe de Navarre, et lui rescrirent que à leur povoir aideroient à acomplir ce que il leur requeroit. Et atant s'en parti monseigneur Philippe de Navarre et s'en retourna o ses gens en Costentin.

1. Cette lettre, adressée aux États par Philippe de Navarre, ces avances qu'il leur fit sont autant de renseignements précieux qui ont échappé à tous les historiens tant que notre chronique est restée inconnue.

Par l'ordonnance des souverains des trois estas, l'evesque de Laon et le prevost des marchans de Paris, furent envoyés certainnes gens par les dessus diz, lesquelz delivrerent le roi de Navarre et vindrent au chastel de Crevecueur [1]. Et là estoit Pierres Gilles bourgois de Paris o plusieurs autres qui par force rompirent les portes et huys du dit chastel et en mistrent hors le roy de Navarre, lequel ilz amenoient jusques à Amyens. Et là vindrent le sire de Piquegny et Charles Troussac de Paris et moult d'autres. En la cité d'Amiens fut le dit roy de Navarre joyeusement receu, et là prescha au peuple le dit roy de Navarre de tres douces paroles en se complaingnant à eulx des adversités qu'il avait eues es prisons. Et moult l'eurent agreable moult de gens tant prelas, nobles et citoiens des bonnes villes, et estoit acompaignié de moult haulz hommes.

En la nuit que le dit roy de Navarre fut delivré et mis hors de prison, il avoit au Pontheaudemer grant garnison de gens d'armes françoiz. Icelle nuit les Anglois entrerent en la ville et y bouterent le feu de plusieurs pars. Là oult grant bataille par devers la ville et moult viguereusement se deffendirent les Françoiz. Les mareschaux du duc de Normendie, monseigneur Jehan Le Bigot, monseigneur Nicole Marcdargent, monseigneur Martin de la Heuse, filz du Baudrain, monseigneur Mathieu de Pommereul et moult de bons chevaliers et escuiers se retraistrent en une maison en la ville. Et iceulx nobles hommes moult grande-

1. Il y a ici une erreur. Au moment de sa délivrance, le roi de Navarre n'était plus à Crèvecœur; il avait été transféré à Arleux.

ment se deffendirent contre les Angloiz. Monseigneur Jehan Jouel, Poulehay et Pippes, qui estoient chiefz des Angloiz, livrerent trop grans assaulx aus diz Françoiz, et firent bouter le feu en la maison de toutes pars tant qu'ilz la firent embraser en plusieurs lieux. Si que les Françoiz ne pourrent la fumée souffrir, et convint qu'ilz se rendissent aux Angloiz par certaine somme d'argent qui fut nombrée.

Quant les Angloiz eurent pillié le Ponteaudemer, ilz bouterent le feu en la ville et puis s'en partirent, et firent une grande course par Normendie, et prindrent moult de prisonniers eu dit pais. Les Angloiz qui estoient partis de Mgr Philippe de Navarre, lequel ne vouloit pas alors personnelment guerroier, iceulx Angloiz à une route où ilz estoient bien six cens combatans, s'en vindrent à Honnefleu en la fin de Seyne et prindrent la ville et la pillerent. Et si prindrent ceulx de la ville excepté ung pou qui eschapperent en nefz et vaisseaulx qui s'en fuirent à Harefleu et moult s'en noierent. Moult fut le pais troublé de la prinse de Honnefleu pour l'empeschement de la riviere de Seyne qui gouverne le royaume en la plus noble et puissant partie.

Les nouvelles en furent tantost espanduez, et envoierent ceulx de Rouen au duc pour avoir secours et aide. Adonc fut trop grant discordance entre le duc de Normendie et son conseil contre les trois estas. Car pour lors n'avoit le duc point de finance, car les diz trois estas avoient la gouvernance des bonnes villes et du peuple. Et lors monseigneur Robert de Cleremont, de par le duc, et monseigneur Louis de Harecourt, de par le pais de Normendie, alerent à

Rouen, et là assemblerent les gens d'armes, et firent là deux armées. La premiere fut par la riviere en laquelle furent les arbalestriers de Rouen, de Harefleu, de l'Eure, de Moustiervilliers et de la coste de la mer depuis le chief de Caux jusques à Dyepe. Et avecquez iceulx envoia le prevost des marchans souldoiers. Ceulx qui alerent par la riviere de Seyne vindrent devant Honnefleu, et là garderent la riviere contre les Angloiz. Monseigneur Louis de Harecourt et monseigneur Robert de Cleremont, o grant nombre de gens d'armes, et avec eulx des bourgois de Rouen deux cens glaives fournis, vindrent et chevaucerent devant Honnefleu par la terre. Et comme ceulx qui estoient en la riviere virent l'ost de la terre, ilz vindrent assaillir par leur navire viguereusement les Angloiz, et cuidoient que ceulx de la terre feissent ainsi. Et assaillirent ceulx des vaisseaulx tant longuement que la mer se retraist. Et en demoura aucuns de leurs vaisseaulx assec qui par les Anglois furent ars, et ceulx de dedens mis à mort par les diz Angloiz, voiant ceux de la terre.

Par le commandement de Mgr Robert de Cleremont se logerent ceulx de la terre devant Honnefleu, et y livrerent ung grant assault, et alerent les gens d'armes par les fossez combatre aux Angloiz. Par son hardement fut là occiz Mgr de Pommiers. Tout le jour dura l'assault, et lors furent sonnées les retraictes, et se retrairent ceulx de la terre en leurs logeis.

Icelle nuit aussi comme au premier somme, issirent les Anglois de Honnefleu et vindrent bouter le feu es logeiz de l'ost. Dont les François furent moult effraiés, et aussi unes nouvellez vindrent en leur host que Mgr Philippe de Navarre venoit secourre Honnefleu. Et lors se parti le sire de Preaulx de l'ost, lequel s'en vint devers Mgr le duc de Normendie, et en murmura l'en grandement sur luy. Puis tantost se desloga l'ost de la terre de devant Honnefleu, et apres ceulx de la riviere exceptés ceulx de Harefleu et de l'Eure qui y demourerent pour garder la riviere. Moult faisoient grans huées les Angloiz de Honnefleu sur les Françoiz au deslogier et crioient : « Alez vous en, Jacques Bonhomme, reposer, ou, se vous n'y alez, tost nous vous y ferons aler. »

Cy apres raconte comme, aprez ce que le roy de Navarre fut delivré de prison, il s'en vint à Paris moult grandement accompagnié de nobles hommes comme monseigneur de Coussi, monseigneur l'eritier de Harecourt, monseigneur de Piquegny, monseigneur Amaury de Meullent, monseigneur du Melle, monseigneur de Preaux, l'eritier de Graville, le vicomte de Kesnes, monseigneur de Saquanville, monseigneur de Rony, monseigneur d'Araines, monseigneur de Tournebut, monseigneur de Clere, monseigneur Robert et monseigneur Guillaume de Graville, et monseigneur Regnault de Braquemont et moult d'autres nobles hommes clers et bourgois. Le prevost des marchans de Paris o grant quantité de bourgoiz ala au devant de lui à sa venue. Et fut receu le dit roy de Navarre à Paris comme s'il feust seigneur de la cité et y delivra les prisonniers à sa bien venue. Et puis il prescha au peuple au Pré aux Clers et se complainst à eulx de sa prinse et comme en prison il avoit esté villainement tenu, lui qui estoit roy couronné et si tres noble comme de la droite lignée royal de France. Et là se adjousterent à lui les gouverneurs des trois estas et firent ensemble aliances jurées.

Aprez ce, ala le roy de Navarre à Rouen et fit despendre du gibet de Rouen le conte de Harecourt, le sire de Graville, Maubue de Menesmares et Colin Doublet. Et furent en bieres portés à tres grant reverence en la mere eglise de Nostre Dame de Rouen où ilz furent mis en sepulture tres honnourablement et haultement en la chappelle des Innocens de celle eglise, ainsi comme à si nobles hommes appartenoit. Et comme à Amiens et à Paris, prescha le dit roy de Navarre en l'ettre de Saint Ouen à Rouen, et n'y sejourna que bien pou, maiz tantost s'en retourna à Paris. Et fist rendre au filz ainsné du conte de Harecourt toute sa terre. Et pour demourer à tous jours amy du duc, fu pour lors donnée à mariage au dit hoir de Harecourt la seur de la ducesse de Normendie, fille du duc de Bourbon, laquelle estoit la plus belle creature de femme que l'en sceut en France, excepté madame Jehanne de Navarre.

Jehan le noble roy de France, tant qu'il fut à Bordeaux, print treves au prince de Galles jusquez à trois ans, et se fit fort le prince à les faire tenir pour le roy d'Angleterre son pere. Et donc fut mené apres ce le roy Jehan à Londres en Angleterre où le roy Edouart fit grant honneur au dit roy Jehan tousjours, ne onc, tant qu'il fut prisonnier en Angleterre, il ne fut destrain en prison.

Charles, l'ainsné filz du roy Jehan de France, duc de Normendie et dalphin de Vienne, pour ce que par les gouverneurs des troiz estas il ne povoit jouir du royaume ne de son pays à son plaisir, il ala par devers

5

son oncle l'empereur d'Alemaingne, et y ala tres grandement et noblement accompaigné. L'empereur son oncle le reçut tres reveramment et vint contre son nepveu au dehors de la cité de Mez en Lorraine. Puis vindrent l'oncle et le nepveu en la dicte cité de Mez en Lorraine. Et le jour de Noel tint l'empereur estat imperial et tint court planiere aux Françoiz. Et l'endemain, le duc de Normendie festoia son oncle l'empereur et les haulz princes et barons d'Alemaingne. Et leur donna de beaux dons, et puis s'en retourna le duc à Paris par le conseil de l'empereur son oncle.

Pour resister contre les Navarrois furent en frontiere messire Robert de Cleremont, le Baudrain de la Heuse, amiral de France, o quinze cents hommes d'armes et six vingt archiers, et se tindrent à Saint Lo en Costentin et es fors Françoiz. Mgr Godefroy de Harecourt, Mgr Pierres de Saquanville, maistre Robert Porte, evesque d'Avrenches, firent une chevauchée sur la terre du roy de France, puis retournerent en clos de Costentin. Mgr Robert, Mgr le Baudrain de La Heuze et Mgr du Melle passerent les guez de Saint Clement[1] et entrerent en clos de Costentin et parsuirent les Navarrois. Adonc Mgr Godefroy de Harecourt fit sonner ses araines pour combatre les Françoiz et mist pié à terre et cuida que ceulx qui estoient o lui feissent comme lui. Maiz quant Mgr Pierres de Saquainville et maistre Robert Porte aperçurent la force et la puissance des François, ilz s'en fuirent. Quant Mgr Godefroy vit de toutes pars ceulx de son parti fuire, il fit le signe de la croix et dist : « Au jour d'uy

1. Saint-Clément, Calvados, arr. de Bayeux, c. d'Isigny.

en suaire d'armes sera mon corps ensevely. Doulx Dieu Jhesu Crist, je tent à mourir en deffendant et en vengant la cruelle mort dont à tort et sans raison on a fait mourir mon sang villainement. » Puis se affeutra contre une ente et prist son glaive et dit : « A! Dieu Jhesu Crist, je te mercye de l'onnourable mort que tu m'envoyez. » Le Baudrain, Cleremont et les autres nobles hommes estoient rengiés en bataille devant lui et luy disoient qu'il se rendeist. Et donc leur dist Mgr Godefroy de Harecourt : « Par l'ame de Aelis ma mere, jà le duc ne me tendra vif. » Donc luy coururent sus huit hommes et ne sçay quans archiers. Maiz tres efforcéement et viguereusement se deffendi tant que de son glaive en navra tres fort les aucuns, maiz en la fin fut mort et occiz le dit monseigneur Godefroy de Harecourt[1].

Monseigneur Philippe de Navarre ce jour estoit venu en Costentin, o lui bien sept cens Angloiz et cinq cens archiers, et vint tres bastivement pour combatre les François, et encontra les fuians qui lui distrent que monseigneur Godefroy estoit mort. Il parsuy les Françoiz, maiz ilz estoient ja passez les guez, fors que environ de sept à huit vingt qui furent tous que mors, que noyés, que prins. Monseigneur Philippe de Navarre fit emporter le corps de monseigneur Godefroy de Harecourt en l'abbaye de Saint Sauveur le Vicomte en Costentin où il fut mis en sepulture bien et deuement.

Puis que monseigneur Godefroy de Harecourt fut

---

1. Ce récit de la mort de Harcourt, pour n'être pas aussi détaillé que la narration de Froissart, n'est pas moins dramatique. Cf. Froissart, t. I, part. II, ch. LIV.

mort et occiz, monseigneur Robert de Cleremont, mareschal de France, vint à Paris par devers le duc de Normendie et le mareschal de Champaingne. Et lors advint à Paris que Jehan Baillet, tresorier du roy de France, fut tué d'ung homme à qui il devoit argent, et s'en fuy icelui en l'eglise de Saint Marry à Paris. En laquelle eglise le dit mareschal de Cleremont le print de fait et de force; et fut icellui homme tout droit mené pendre au gibet et pendu. Et si comme l'en le menoit, le dit monseigneur Robert de Cleremont disoit que ainsi feroit on des plus grans et des plus suffisans de Paris, et moult foulloit les diz bourgoiz de sa parole et menaçoit.

Le prevost des marchans de Paris et l'evesque de Laon et Charles Troussac et ceulx qui s'entremettoient de la gouvernance de par les trois estas si firent a Paris une assemblée de ceulx de la ville de la plus grant partie des plus puissans, tant de corps que d'avoir, et vindrent tous armés au palais du roy. Et là en la presence du duc de Normendie et en sa propre chambre occirent et mistrent à mort monseigneur Robert de Cleremont, mareschal de France, et le mareschal de Champaingne et ung avocat que l'en appelloit maistre d'Arcy. Icestui avocat souventeffoiz es conseulx parloit contre les estas.

Adonc oult grant doubte le duc de Normendie et dist au prevost des marchans : « Prevost, sont cil mes ennemis; ay je garde d'eulx. » Et donc lui dist le prevost : « Sire, ilz sont voz bien vueillans, car ilz ne sont cy venuz fors que pour vostre proffit. » Et lors lui bailla le prevost son chapperon rouge party d'assure. Et lors les dessus diz bourgoiz de Paris trainerent les diz mareschaux, cil de Cleremont et cil de Chanpaingne, en la court du palais, puis s'en partirent. Et alors cuiderent les gouverneurs des trois estas avoir paisiblement le gouvernement du royaume de France. Et lors en l'assemblée d'eulx convint que le duc de Normendie, ainsné filz du roi Jehan de France, jurast à tenir ce qu'ilz feroient. Quelques les trois estas estoient en leur puissance, le sire de Friquans, lequel avoit esté prins avec le roy de Navarre, s'eschappa de Chastellet par l'acointance et promesse qu'il fit à ung varlet du geaulier. Et fut par le dit varlet mise et appliquée une corde d'une des tours des prisons, comme se par là fut eschappé. Maiz comme qu'il en avenist, delivré fut de Chastellet et s'en vint devers monseigneur Philippe de Navarre.

Charles, duc de Normendie et dalphin de Vienne, ainsné filz du roy de France, ne poult veoir, souffrir ne accorder que les gouverneurs des troiz estas eussent le gouvernement ne l'administracion du royaume de France. Et pour ce aussi qu'il ne se tenoit pour asseur de son corps, il se parti de Paris par maltalent et mal content des superintendens des trois estas et de ceulx de Paris. Quant il fust parti, il s'en vint droit au marché de Meaulx qui est tres forte place, et là fit venir la duchesse et assembla des nobles o lui en la dicte place. Les gens de Meaulx cuiderent prendre ledit marché et s'en mistrent en fait et y donnerent assault, maiz riens n'y firent. Et yssirent aucuns des gens du duc qui pristrent aucuns des gens de la ville qu'ilz firent mourir. Le duc bailla adonc la duchesse à garder au conte de Foiz.

Apres ce que le duc se fut parti de Paris, le prevost

des marchans et ceulx de Paris prindrent le Louvre en leur main et y mistrent ung cappitaine. Et alors Pierres Troussac [1], Pierres Gilles et Pierres Guiffart [2], Jossien de Mascon [3], o moult de gens d'armes, tous de Paris, alerent de Paris à Meaulx et cuiderent prendre la forteresse du dit marché de Meaulx. Maiz le conte de Foiz, qui le gardoit pour le duc, yssi contre ceulx de Paris et se combaty à eulx sur le pont de Meaulx. Là dist Pierre Gilles villanies de madame la duchesse, dont il fit que faulx et mauvaiz. Et quant ceulx de Paris virent qu'ilz avoient failli à prendre le dit marché de Meaulx, ilz s'en retournerent à Paris. Alors se prindrent à doubter les generaulx des trois estas, et firent à Paris une maniere d'aliance, et firent aux puissans de Paris porter fermailletz d'argent, et estoient iceulx sermentés aus diz generaux des trois estas.

Cependant par les trois estas le roy de Navarre assist une forteresse d'Angloiz nommée Fresne, et lui envoierent gens de bonnes villes arméz par lesquelz les Angloiz furent destruis, car leur forteresse et eulx furent prins. Apres ce, Charles le roy de Navarre et conte d'Evreux, o lui le jeune conte de Harecourt, le sire de Piquegny, le viconte des Kesnes, le sire de Bas-

---

1. Pierres Troussac. Lisez : Charles Toussac. Cet échevin de Paris, qui paraît avoir été un personnage fort éloquent pour son temps, dirigea avec Marcel la commune de Paris de 1355 à 1358. Il fut décapité en place de Grève, ainsi que Joceran de Macon, le 2 août 1358.

2. Pierres Guiffart. Lisez : Philippe Giffart. Échevin de Paris comme Toussac, Giffart fut tué aux côtés de Marcel dans la journée du 31 juillet 1358.

3. Jossien de Macon. Lisez : Joceran de Macon. Échevin de Paris, comme les deux précédents.

queville, monseigneur Ferry de Piquegny, le sire d'Estouteville, le sire de Friquans, monseigneur Regnault de Braquemont et moult d'autres nobles hommes de Normendie et Picardie alerent mettre siege devant le chastel de Longueville en Caux, que tenoit monseigneur Charles d'Artoiz o la conté par le don du roy Jehan à lui fait apres le banissement de monseigneur Philippe de Navarre. Et tint tant le roy de Navarre le siege devant le dit chastel qu'il le prist.

En cest temps [1], s'esmurent les Jacques parmy Beauvoisin, et commencerent vers Saint Leu de Cerens [2] et vers Cleremont en Beauvoisin. Entre eulx estoit ung homme bien sachant et bien parlant, de belle figure et fourme. Cestui avoit nom Guillaume Charles. Les Jacquez en firent leur chief. Maiz il vit bien que c'estoient gens de petit fait, pourquoy il fit reffuz d'en avoir le gouvernement. Maiz de fait les Jacques le prindrent et en firent leur gouverneur avecques ung homme qui estoit hospitalier, qui avoit veu des guerres. Aussi en avoit veu Guillaume Charles qui leur disoit qu'ilz se tenissent ensemble. Et quant les Jacques se virent grant assemblée, si coururent sus aux nobles hommes et en occistrent plusieurs et encores firent ilz pis comme gens desvez et forcenez et de petit ensient. Car femmes et enfans nobles mistrent plusieurs à mort, dont Guillaume Charles leur

1. Cette partie de notre chronique relative à la Jacquerie a été déjà publiée dans l'ouvrage intitulé : *Histoire de la Jacquerie d'après des documents inédits*, par Siméon Luce. In-8, Paris, 1859, chez Durand, p. 226-231.

2. Saint-Leu de Cerens, Saint-Leu d'Esserent, Oise, arr. de Senlis, c. de Creil.

dist souventeffoiz qu'ilz excedoient trop grandement, maiz onc pour ce rien n'en laisserent.

Lors Guillaume Charles vit bien que la chose ne povoit ainsi remaindre ; car s'ilz se departoient, les gentilz hommes leur courroient sus. Donc envoya des plus sages et des plus notables devers le prevost des marchans de Paris et lui escript qu'il estoit en son aide et aussi qu'il lui fut aidant et secourant, se besoing estoit. De ce furent les generaulx des trois estas joyeulx, et escriprent à Guillaume Charles qu'ilz estoient du tout prestz à luy faire secours. Iceulx Jacques vindrent jusques à Gaillefontaines[1]. La contesse de Valloiz qui là estoit se doubta d'eulx et leur fit beau semblant et leur fit donner des vivres. Car ilz avoient acoustumé par les villes [et] places où ilz passoient que les gens, femmes ou hommes, mettoient les tables es rues, et là mengoient les Jacques et puis passoient oultre, ardans les maisons aux gentilz hommes.

Adonc les gentilz hommes vindrent devers le roy de Navarre à refuge et lui requirent comme il vousist mettre remede et peine que ces Jacques fussent rués jus, desconfiz et mis à mort et lui distrent : « Sire, vous estes le plus gentil homme du monde. Ne souffrés pas que gentillesse soit mise à neant. Se ceste gent qui se dient Jacques durent longuement et les bonnes villes soient de leur aide, ilz mettront gentillesse au neant et du tout destruiront. » Lors s'acorda Charles roy de Navarre qu'il leur aideroit contre les Jacques. Et là lui promistrent les gentilz

---

1. Gaillefontaine, Seine-Inférieure, arr. de Neufchâtel, c. de Forges.

hommes que contre luy jà ne seroient et en prist leur foy.

Quant le roy de Navarre oult la foi prinse des gentilz hommes que ja en ses affaires ilz ne seroient contre lui, il se parti de Longueville avec les gentilz hommes et Angloiz environ bien quatre cens combatans. Et vint chevaucant sur les Jacques en Beauvoisin et vint devant les Jacques prez de Cleremont en Beauvoisin. Et là fit des gentilz hommes de France deux batailles dont il conduit l'une et le sire de Piquegny et le viconte des Kesnes l'autre, et Robert Sercot conduit celle des Angloiz.

Les Jacques sceurent bien que le roy de Navarre et les gentilz hommes venoient sur eulx. Lors leur dist Guillaume Charles : « Beaux seigneurs, vous scavez comme les gentilz hommes viennent sur nous, et sont grant gent et duiz de la guerre. Se vous me croyes, nous yrons empres Paris et là prendron aucune place et si auron le confort et l'aide de ceulx de la ville. » Et lors crierent les Jacques que jà ne fuiront et qu'ilz sont assez fors pour combatre les gentilz hommes. Ilz se fioient trop en eulx pour ce qu'ilz se veoient grant nombre. Guillaume Charles et l'ospitallier rengerent les Jacquez et firent deux batailles et en chacune mistrent deux mille hommes. Et ceulx qui avoient arcz et arbalestes mistrent en front devant, et par devant eulx mistrent leur charroy. Une autre bataille firent de leurs gens à cheval où il mistrent bien six cens hommes dont le plus estoient armés, et furent par deux jours ainsi là rengiez.

Le roy de Navarre et les gentilz hommes dont d'aucuns sont retraiz cy les nomz, c'est assavoir monseigneur Louis de Harecourt, monseigneur de Piquegny, monseigneur d'Aubegny, le baron de Coussi, monseigneur Hue de Chasteillon, monseigneur de Roye, monseigneur Mathieu de Roye, monseigneur Raoul de Reneval, monseigneur de Preaulx, monseigneur Mouton sire de Blainville, le preux chevalier monseigneur de Buyville, monseigneur Guillaume du Melle, le viconte des Kesnes, monseigneur d'Ennequin, monseigneur de La Ferté, monseigneur de Basqueville, monseigneur Friquet de Friquans, monseigneur Regnault de Braquemont, monseigneur Ferry de Piquegny, monseigneur de Montmorency, monseigneur de Chantemelle, monseigneur Hue de Villers, monseigneur d'Ivry, monseigneur de Saquainville, monseigneur de Clere, monseigneur de Tournebut, monseigneur de Fontaines, monseigneur Lohier de Trye, monseigneur de Berreville, sire Pierres de Gisors, Le Noir de Graville, monseigneur Guillaume Le Bigot, monseigneur Guillaume aux Espaules, monseigneur Jehan de Bellengues, monseigneur Nichole Paennel, dit Hutin, le seneschal d'Eu nommé Malesmains, Jacquemars de Fiennes o plusieurs autres nobles et Robert Sercot qui guidoit les Angloiz; tous yces nobles, avec moult d'autres dont les noms ne sont pas icy retraiz, tant qu'ilz estoient bien mille hommes d'armes, vindrent en la compagnie du roy de Navarre par devant les Jacques, lesquelz de grant visaige et maniere se tenoient en ordonnance et cornoient et businoient et haultement cryoient Mont Joye, et portoient moult d'enseingues paintes à fleur de liz.

Le roy de Navarre manda à trevez au chief d'eulx qu'il veusist parler à lui. Guillaume Charles y ala simplement, car il ne demanda nulz hostages. Et quelque il vint au roy de Navarre, pour ce que les Jacques furent sans chief, Robert Sercot o toute sa bataille prist les Jacques en travers et leur rompi une de leurs batailles à force de glaives. Et à la radeur des chevaulx en celle venue rompoient et abatoient les Jacquez par devant eulx. Adonc furent les Jacques tous esperduz pour leur cappitaine qui n'estoit point avecquez eulx, et furent d'eulx mesmes tous desconfiz. Et en mistrent les Angloiz moult à mort. Puis vint l'autre bataille des gentilz hommes qui vindrent courre sus à l'autre bataille, et la rompirent aux glaives et à la force de leurs chevaulx. Et les barons et seigneurs dessus nommez moult yréement pristrent à occire les Jacques. Ceulx qui estoient de cheval du costé des Jacques, quant ilz virent ceulx de leur costé qui tournoient à desconfiture, ilz s'en fuirent, et s'en sauva la greigneur partie. Monseigneur Friquet de Friquans et monseigneur Regnault de Braquemont les parsuirent à tout cent glaives et en occistrent bien ung cent.

Charles le roy de Navarre, o toute sa bataille qui estoit moult grande, se fery sur les Jacques de pié et les mistrent tous à mort, excepté ung pou qui se tappirent en ung champ de blé qui par nuyt s'en fuirent. Si en occist on moult en ce blé, maiz le champ estoit bien grant. Aprez ce que les Jacques furent desconfis, le roy de Navarre ala à Cleremont en Beauvoisin, et là fit decapiter le cappitaine des Jacques. Une route de gentilz hommes où estoit le Baudrain de la Heuse, monseigneur Guillaume Martel, monseigneur Jehan Sonnain, monseigneur Jehan Le Bigot et le bailli de Caux, en leur route bien trois cens glaives, lesquelz aloient en l'aide du roy de Navarre contre les Jacques, et ilz ourent ouyez nouvelles que les Jacques estoient desconfiz, si s'en devallerent en la fin de Beauvoisin où avoit aucunez routes des Jacques. Et assemblerent les diz gentilz hommes Normans o ceulx d'Amiois et de Bray. Et trouverent emprez Poiz[1] une route de Jacques, lesquelz aloient à la grant route que Guillaume Charles gouvernoit. Par les gentilz hommes dessus diz furent mis tous à mort sans mercy plus de treize cens. Puis chevaucerent les diz gentilz hommes à Gerberray[2] monseigneur de Beausaut avecquez eulx, monseigneur le chastellain de Beauvaiz et monseigneur de Boulainvilliers qui là adjousterent avecquez eulx o bien sept cens glaives et quatre vingt et diz archiers. Quant ilz furent assemblés, si se combatirent entre Ray[3] et Gerberray une autre route de Jacques et là en occistrent bien huit cens, et en ung monstier en ardirent bien trois cens. Puis vindrent à Gaillefontaines où madame de Valloiz estoit et luy firent moult d'ennuy pour ce qu'elle avoit donné des vivres aux Jacquez, comme ilz disoient, et là occistrent bien mille paisans. Ainsi furent les Jacquez desconfiz et destruiz en Beauvoisin et es marches d'environ. En Brie, le conte de Roussi en occist grant foison et fit pendre à leurs huis. Ainsi furent tous destruiz.

Cy raconte que, apres la desconfiture des Jacques, une route de gentilz hommes cuiderent prendre la cité de Senliz et gaingnerent une des portes de la ville et

---

1. Poix, Somme, arr. d'Amiens, chef-lieu de canton.
2. Gerberoy, Oise, arr. de Beauvais, c. de Songeons.
3. Roye, Somme, arr. de Montdidier, chef-lieu de canton.

entrerent dedans. Maiz ceulx de la ville se combatirent à eulx tant efforciement qu'ilz gettoient dessus les gentilz hommes eaue bouillant. Et des plus aidables et mieulx deffensables de la ville vindrent hardiement à tout charettes par devant eulx et les bouterent sur les gentilz hommes de telle force et vertu qu'ilz les chasserent hors de la ville [1].

Aprez celle mesmes destruction des Jacquez, comme les gentilz hommes s'en retournoient, une tres grosse route s'en vint à Buchy [2] à ung jour de marchié où là se rafreschirent et burent et mengerent et de plusieurs choses parlerent. Entre lesquelles parlerent de la cité de Rouen et tant que nouvelles en vindrent à Rouen. Dont le peuple murmura tres fort et furent les bourgoiz en grant soupechon de monseigneur Jehan Sonnain qui estoit pour lors cappitaine du chastel de la dicte ville. Car l'en disoit que par le dit chastel devoient les gentilz hommes par nuyt venir pour pillier la ville. Et lors pour celle cause Jacques Le Lieur et les bourgoiz de Rouen alerent armés vers le dit chastel pour y mettre des gens de la ville affin d'estre en greigneur seurté. Ceulx qui estoient eu dit chastel ne vouldrent souffrir que nul de la ville y entrast ne fut avecquez eulx en fort [3].

Adonc assaillirent ceulx de Rouen le chastel et moult efforcéement tous jours tant de jour en jour et plus fort de nuit, depuis le lundi jusques au mercredi

---

1. Cf. *Chronique latine de G. de Nangis*, éd. de Géraud, t. II, p. 267 et 268.
2. Buchy, Seine-Inférieure, arr. de Rouen, chef-lieu de canton.
3. Cf. Chéruel, *Histoire de Rouen pendant l'époque communale*, t II, p. 198-207.

que le chastel leur fut rendu, en disant qu'ilz le prenoient en le gardant eu nom de leur souverain seigneur le duc de Normendie. Mgr Jehan Sonnain porta guerre à ceulx de Rouen, et fut en son aide l'amiral de France, le Baudrain de la Heuze, monseigneur Guillaume Martel et moult grant foison de gentilz hommes. Lesquelz à ung dimenche aussi que apres mynuyt vindrent assaillir ung petit forbourc que l'en appelle Martainville, ceulx de dedens ce forbourc se deffendirent vertueusement tant qu'ilz eurent secours de ceulx de Rouen qui issirent et poursuirent les gentilz hommes environ de cinq à six cens hommes armés de la ville. Et les parsuirent en ordonnance bien une lieue loing, puis s'en retournerent tous par ordonnance ensemble ainsi comme ilz y estoient alez. Car les gentilz hommes chevaucoient tres fort et estoient bien montés. Et l'andemain, le dit Baudrain, amiral de France, et monseigneur Guillaume Martel, à grant route de gentilz hommes, revindrent assaillir Rouen par le costé du pont de Seyne. Ceulx de Rouen yssirent contre eulx et vindrent à Saint Sever, et moult vertueusement se deffendirent, et escarmoucerent moult longuement les ungs contre les autres, tant que les gentilz hommes se retraistrent. Et ceulx qui estoient yssus de Rouen contre eulx s'en retournerent. Pour la dicte prinse du chastel, fut moult aspre la guerre entre les gentilz hommes et les citoyens de Rouen. Et moult domagerent les gentilz hommes les heritages du plat pais à ceulx de Rouen, et ardirent leurs manoirs, et par semblable autresi leur firent ceulx de Rouen.

Les bourgoiz de Rouen envoierent par devers le

duc leur seigneur deux freres prescheurs pour scavoir si c'estoit par son voulloir que les gentilz hommes les guerroient, et que son chastel n'avoient pas prins pour lui nuyre, mais pour ce qu'ilz se doubtoient du chastellain qui estoit estrange homme, et qu'ilz sont prestz de mettre le chastel en sa main et qu'il y mette ung chevalier du pais. Car tous jours, depuis qu'il fut rendu, l'ont gardé et gardent en son nom comme le syen et sa ville.

A ce les reçut le duc, et, par le contenu es lettres qu'ilz lui envoierent, tint leurs raisons justes et pour causes moult evidentes. Car pas ne l'avoient fait comme ennemis, maiz seulement pour eschiver aux perilz. Et aussi que la garde du chastel fut transportée de la main monseigneur Jehan Sonnain. Tandis que ceulx de Rouen avoient envoyé au duc leur seigneur, monseigneur le Baudrain de La Heuze et monseigneur Guillaume Martel, monseigneur Jehan Sonnain, o plusieurs gentilz hommes, vindrent à ung vendredi assaillir Rouen par la plus loingtaine porte de la ville, nommée la porte Saint Hylaire, et là occistrent aucuns de la ville qui estoient en la barriere. Tantost ceulx de Rouen, avec leur maire et cappitaine, yessirent aux champs, et en yessi bien plus de six mille de pié et sept cens de cheval armés et en ordonnance comme de combatre. Et parsuirent les gentilz hommes qui s'en fuioient jusques au[1]   qu'ilz ardirent et puis s'en retournerent à Rouen.

Puis ne demoura gaires que les deux freres mineurs apporterent les lettres du duc comme il voulloit que

---

1. Il y a ici une lacune d'un mot dans le ms.

paix fut faicte entre les gentilz hommes et ceulx de Rouen, et que monseigneur de Tonneville fut cappitaine du chastel de Rouen.

Charles, ainsné filz de Jehan le roi de France, duc de Normendie et dalphin de Vienne, pour porter guerre aux bourgois de Paris, assembla tant de gens d'armes comme il poult finer tant par prieres que par soldées, c'est assavoir le conte duc de Braban, son oncle, le conte de Foiz, le conte de Sallebrusse, le conte de Roucy, le conte de Vendemons, le conte de Rony, le conte des Mons et le conte d'Aucerre, monseigneur Louis de Harecourt, monseigneur d'Estouteville, monseigneur de Blainville, monseigneur de Berreville, monseigneur d'Aubegny, monseigneur Guillaume Martel, Le Besgue de Villaines, l'Archeprestre, monseigneur Jehan et Bureau de la Riviere et moult tres grant foison de autres nobles hommes dont les noms ne sont pas icy retrais. A iceulx nobles hommes pour plus les atraire à son aliance leur octroya le duc le pillage de Paris. Pour quoy les nobles hommes et les gens d'armes furent plus enclins de servir et aidier à monseigneur le duc. Et esploita tant qu'ils vindrent devant Paris et vindrent paleter à la bastide à ceulx de Paris.

Ceux de Paris, pour la doubte qu'ilz avoient du duc de Normendie, ainsné filz de leur droit seigneur, avoient mandé à secours le roy de Navarre, lequel à leur besoing les vint secourre. Puis prindrent à souldoiers ceux de Paris les purs ennemis de leur droit seigneur le roy de France, les Angloiz, lesquelz au mandement d'eulx vindrent à Paris en leur aide. Et furent aucuns d'eulx logiez au palaiz du roy de

France, comme monseigneur Jamez Pippez, Jacques Sandon, Jacques Plantin, monseigneur Jehan Jouel, Thomas Kain et monseigneur Zilles.

Monseigneur le duc de Normendie fit son host approchier de Paris, et vint devant Saint Anthoine. Les Angloiz et les gens du roy de Navarre et les archiers yssirent contre l'ost au duc de Normendie, et là oult paleteiz. Apres midi les Angloiz yessirent de Paris et alerent au pont de Charenton que gardoit Le Besgue de Villaines. Et là oult une forte escarmuche et aspre, et vint de Paris bateaux d'armée. Et furent ceulx du pont si fort assailliz qu'ilz recullerent contre ceulx de Paris. Apres ceste besoingne, les Angloiz grant partie estoient yessus hors de Paris pour faire une chevaucie. Et par une commocion qui fut par entre ceulx de Paris, ilz tuerent tous les Angloiz qui estoient demourés en la ville, dont plusieurs avoient esté bleciez pour les deffendre. Et en eurent tort ceulx de Paris de les occire, en cas qu'ilz estoient venuz à leur mandement et pour eulx aidier.

Le roy de Navarre, pour apaisier ceulx de Paris, parla au commun de la ville et leur dist qu'il faisoit venir ung grand secours et qu'il les delivreroit de leurs ennemis. Et leur monstra par belles paroles et doulces comme le prevost et ses bourgoiz voulloient leur bien parfait, et que à deffendre la noble cité de Paris d'estre pillie et robée de gens estranges mettoient grant labour. Maiz depuis que ceulx de Paris occistrent les Angloiz en la ville, ne s'i tint le dit roy de Navarre se pou non. Et se tenoit et estoit en la ville de Saint Denis, en attendant le bon chevalier son frere monseigneur Philippe de Navarre, conte de

Longueville et de Beaumont, qui assembloit en Costentin les garnisons d'Angloiz et de Navarrois de Bretaingne et de Normendie.

Le duc Charles de Normendie, o ses gens d'armes, estant devant Paris pour porter guerre à ceulx de la ville, le maistre du pont de Paris deut faire provision de bateaux au duc pour avoir entrée en la cité de Paris. Et pour celle cause firent les bourgoiz de Paris decapiter icellui maistre du pont. Et comme le bourrel voulloit coupper la teste, il lui vint une maladie soudaine. Alors les Angloiz, pour la cause que ceulx de Paris avoient de leurs compaignons occiz sans forfait qui estoient venuz en leur mandement, comme devant est dit, en leur aidance, guerroierent ceulx de Paris, et à bonne et juste cause, au dit des gens d'armez. Car raison est, soit à droit ou à tort, se gens d'armes aventureulx sont d'une partie et à sa requeste, icelle partie doit par loiauté d'armes ses souldoiers aventureulx encontre tous et de tout mal garantir et deffendre et de tous perilz comme soy mesmes garder. Pour ceste cause, fut prins le pont de Saint Cloud des Angloiz; par quoy domagerent moult le pais d'entour Paris. Et par le prevost des marchans et à sa requeste, le roy de Navarre et aucuns de ses gens vindrent avec ceulx de Paris, lesquels estoient yssuz pour combatre les Angloiz. Et donc dit le roy de Navarre au prevost qu'il feist sa gent tenir en ordonnance. Moult bien le firent ceulx de cheval, maiz ceulx de pié ne firent pas le commandement, et s'espandirent par les courtilz, mengans par les arbres les fruitages.

Les Angloiz, qui estoient rusez de la guerre, apperçurent la male ordonnance de ceulx de pié de Paris et leur coururent sus radement. Ceulx qui n'estoient en ordonnance estoient legiers à desconfire. Moult en occidrent les Angloiz et moult s'en noierent en Seyne. Et ceulx qui estoient de cheval s'en retournerent à Paris. Et Charles le roy de Navarre o toute sa bataille vint à Saint Denis. Et à Saint Denis se tint le roy de Navarre pour attendre son frere monseigneur Philippe de Navarre, qui tres grant nombre de gens d'armes amenoit avec luy, c'est assavoir monseigneur Robert Kanole, monseigneur Hue de Karvelley, monseigneur d'Ansellée, monseigneur Martin Requis, avec eulx est garnisons d'Angloiz de Bretaingne et de Normendie.

Par la voulenté de Nostre Seigneur Jhesu Crist et par droicte inspiracion divine, aucuns bons preudommes notables bourgoiz de Paris ourent regret et recours à leur droit seigneur, monseigneur le regent le royaume de France, Charles, duc de Normendie et dalphin de Vienne, ainsné filz de Jehan roi de France, c'est assavoir, sire Jehan Maillart et sire Pepin des Essarts. Yceulx assemblerent aucuns des plus puissans et preudes hommes bourgoiz de Paris et leur monstrerent le peril en quoy la ville estoit pour la guerre qu'elle faisoit à son droit seigneur, et comme monseigneur Philippe de Navarre, qui tant estoit entreprenant et bon guerrier par sus tous chevaliers, et des gens d'armes qu'il amenoit o lui par le mandement de son frere le roy de Navarre plus de dix mille hommes d'armes; et comme, s'il venoit à Paris o le dit roy de Navarre et ses gens d'armes aussi, la cité de Paris seroit destruicte, pillée et gastée. Et encorres avoient d'autre part leurs ennemis par leur fait mesmez, monseigneur Jamez de Pippes qui estoit à Chevreuse[1] à bien huit cens combatans, lesquelz se mettroient avec la route du dit monseigneur Philippe de Navarre. Dont il vendroit tel inconvenient que Paris en seroit desert et destruit du tout « et nous morz occiz et decouppez. Si vault mieulx et si est raison et droit que nous recevons et appellons avec nous en suppliant nostre dit seigneur le duc de Normendie. Lequel comme nostre chief nous gardera comme ses membres et sa cité deffendra de ses ennemis et les noz comme son propre heritaige. » Pour icestes raisons et autres, se osterent, desisterent et partirent ceulx de Paris d'avec le prevost de Paris et ses adherens, et se tournerent avec le dit Maillart et Essars.

Une principal cause qu'il plus tost fit tourner le commun de Paris contre le prevost de Paris, si fut pour la deffaulte de vivres qu'ilz avoient en la dicte cité et par especial de pain. Car nulz vivres ne leur povoient venir ne ne povoient avoir pour la tres grant quantité de gens d'armes qui estoient autour d'eulx tout entour la ville, tant de l'ost monseigneur le duc de Normendie comme de l'ost au roy de Navarre et des Angloiz aussi qui prenoient vivres sur le pais d'entour.

Adonc, quant le dit Jehan Maillart et Pepin des Essars apperçurent que ceulx à qui ilz avoient parlé se traioient à leur opinion, si firent scavoir à monseigneur le duc de Normendie que à son bon plaisir, quant il vouldroit, ilz le mettroient dedens Paris. Et

---

1. Chevreuse, Seine-et-Oise, arr. de Rambouillet, chef-lieu de canton.

pour plus l'en faire certain, le dit Jehan Maillart et le dit Pepin des Essars vindrent o grant quantité de bourgoiz et de peuple à la bastide Saint Anthoine, et là coururent au prevost des marchans de Paris sus et à cinq bourgois qui o lui estoient. Pierres[1] Guiffart et Jean de Lisle se deffendirent, car ilz estoient de grant courage. Et comme on assailloit le prevost, il disoit : « Pour quoy me voullez vous faire mal? Ce que je faisoye, je faisoye pour vostre bien comme pour le myen. Et ains que j'enprinse riens, vous me feistes jurer que l'ordonnance que les trois estas avoient ordonnée je maintendroye de mon povoir. » Ainsi fina le dit prevost. Et fut là à la dicte bastide occiz lui et les bourgoiz dessus diz qui gardoient la bastide à l'encontre de monseigneur le duc de Normendie et son host. Et apres ce qu'ilz furent occiz, ilz furent devant Saincte Katherine du Val des Escolliers. Aucuns des bourgeoiz, qui estoient conseillers du dit prevost des marchans de Paris, s'en fuirent et se retrairent hors de la ville. Et Charles Troussac, qui estoit tres advenable homme et bien parlant, et Joseran de Mascon, Pierres Gilles et le cappitaine du Louvre, iceulx furent decapités en Greve à Paris. Le cappitaine du Louvre et Pierre Gilles ourent les langues tranchées, pour ce qu'ilz avoient dit villaines paroles de monseigneur le duc de Normendie, de madame la duchesse aussi.

Apres ces choses ainsi faictes, vint monseigneur le duc de Normendie, dalphin de Vienne, ainsné filz du roy de France, à Paris, et fut receu tres haultement

---

1. Pierres. Lisez : Philippe.

et joyeusement. Et crioient ceulx de Paris à sa venue : « Mont Joye Saint Denis au duc de Normendie nostre droit seigneur ! » Et aincoiz qu'il entrast en Paris, il donna congié à son host pour ce qu'il ne voulloit pas mettre les estranges souldoiers à Paris.

Monseigneur Philippe de Navarre vint pour lors à Saint Denis à son frere le roy de Navarre, maiz à l'emprinse de son frere vint trop tart. Et vindrent chevaucant à tout leur host par devant Paris, maiz nul ne yessi de Paris contre eulx. Et pour ce qu'ilz virent qu'ilz ne pourroient riens faire et qu'ilz avoient failli à leur emprinse, ilz s'en retournerent, le roy de Navarre à Mante, et monseigneur Philippe de Navarre o son grant host retourna en Costentin.

Nostre seigneur Jhesu Crist et sa benoicte doulce mere garantirent la noble cité de Paris d'estre desolée, pour les sainctes prieres et oroisons qui en icelle leur sont données. Car selon tout humain regart, consideré l'estat en quoy ilz estoient et la tres grant puissance des gens d'armes qui entour eulx avoient esté, et la voulenté des princes et de leurs gens, tant de l'une partie que d'autre, ilz ne povoient, se ne fust par inspiracion divine et la misericorde de Dieu, que la dicte cité ne fust ou eust esté pillie, destruicte et degastée, et les gens occiz, que Dieu ne voult, la syenne grace et mercy.

Lors, le chancellier de Navarre fut prins à Paris, et fut mis en garde au palaiz, et fut requis de l'evesque. Et comme l'en le vouloit livrer à son ordinaire, et qu'il fut yessu du palais, aucuns de ceulx de Paris le mistrent à mort et l'occistrent.

En Caux, quant la guerre fut ouverte contre le roy

de Navarre, le Baudrain de la Heuse, amiral de France, et les gentilz hommes du pais et ceulx de Rouen firent une chevaucie à Longueville et coururent la terre des Navarrois; la ville de Longueville pillerent, et les Navarrois qu'ilz trouverent dehors le fort pristrent et aucuns occistrent. Moult fut grieve au pais de France et cruelle la guerre d'entre le roy de Navarre et monseigneur le duc de Normendie. Car moult de gens en furent mis à mort, mainte pucelle corrumpue, mainte preude femme violée, mainte bonne personne destruicte et gastée, mainte eglise, mainte ville et mainte maison arse et bruie, et maint enfant en devindrent orphelins et povres mendians.

Les Angloiz qui estoient venus avec monseigneur Philippe de Navarre, pour ce qu'ilz avoient failli à leur proye de Paris, pour eulx recouvrer, ilz s'espandirent par deça Seyne vers la coste de Seyne et de la riviere d'Aize, et prindrent plusieurs forteresses qu'ilz obtindrent longuement, la ville de Crael[1] et le Chastel Chaumont[2] en Veuguessin, Lataimville[3], Joy[4]. Robert Canolle remena une grant route d'Angloiz en Bourgoingne, et prindrent et pillerent la cité d'Aucerre et le pais. Monseigneur Regnault de Braquemont et Robert Sercot, à tout une autre route d'Angloiz et de Navarrois, chevaucerent vers Picardie, et prindrent le chastel de Poix et obtindrent. Puis furent en segrete chevaucie et alerent à Saint Valery sur Somme, et le eschelerent et le prindrent et obtindrent.

1. Creil, Oise, arr. de Senlis, chef-lieu de canton.
2. Chaumont, Oise, arr. de Beauvais, chef-lieu de canton.
3. Lattainville, Oise, arr. de Beauvais, c. de Chaumont.
4. Jouy-sous-Telle, Oise, arr. de Beauvais, c. d'Auneuil.

Monseigneur Philippe de Navarre out la plus grant route et guerroya en la Basse Normendie. Il prist la ville et l'abbaye de Bernay et la fit emparer, et y mist bonne garnison de gens bien deffensables. Il prist Tuesbuef[1] et Eschauffou[2], Marbeuf[3] et le fort d'Auvillier. A brief parler, nul n'osoit pour lors en plains champs arrester contre luy. Une route de Navarrois vindrent courre emprez Rouen et enforcerent saint Denis de Thibout[4]. Mais ceulx de Rouen n'eurent cure de telz voisins et alerent assaillir le dit fort moult hardiement, puis s'en retournerent pour autres affaires pour celle foiz. Et les Navarroiz laisserent le fort et s'en alerent par nuyt.

Charles le duc de Normendie, regent le royaume de France, fut moult desirant d'avoir Meleun que tenoit en douaire la royne Blanche, seur du roy de Navarre et de monseigneur Philippe son frere, pour ce que par l'empeschement de Melun ne venoient aucuns vivres à Paris par la riviere de Seyne du pais d'amont. Et lors d'une route d'Angloiz fut prins Beczoisel[5]. Si manda monseigneur le duc sa bachelerie de Caux et ceulx de Rouen pour y mettre le siege. Maiz il oult conseil qu'il ne povoit bonnement de ça l'esté; pourquoy il envoya les nobles de Caux et ceulx de Rouen. Et alors qu'ilz estoient à Paris, vint monseigneur Philippe de Navarre, le jeune conte de Hare-

---

1. Tubœuf, Orne, arr. de Mortagne, c. de Laigle.
2. Echauffour, Orne, arr. d'Argentan.
3. Marbeuf, Eure, arr. de Louviers, c. du Neubourg.
4. Saint-Denis-le-Thiboult, Seine-Inférieure, arr. de Rouen, canton de Darnetal.
5. Becoiseau, château près Mortcerf, Seine-et-Marne, canton de Rozoy.

court, monseigneur Martin de Navarre dit Requiz, monseigneur Friquet de Friquans, monseigneur Regnault de Braquemont, monseigneur Jehan Jouel à bien trois mille combatans par devant Rouen. Et prindrent aucuns de la ville de ceulx qui estoient yssus pour escarmuchier contre eulx, puis s'en retournerent à Mante. Et de une¹ que firent les gens de monseigneur Philippe de Navarre, prindrent monseigneur Amaury de Meullent et desconfirent ceulx de sa route.

L'an mil trois cens cinquante huit, monseigneur Philippe de Navarre, qui pour lors tenoit les champs par les hoirs de Piquegny il vint assaillir le chastel de Gamaches². Et là fit de sa propre main monseigneur de Harecourt chevalier. Du chastel de Gamaches fut moult aspre l'assault et fort. Et tres grandement se deffendirent ceulx du chastel, tant que ceulx de Piquegny et le viconte des Kesnes firent sonner la retraite pour ce que monseigneur Philippe tenoit l'assault, puis se retournerent à Aumalle³ où ilz se retrairent.

Les Picars furent moult en grant de chassier les Angloiz de Saint Valery qui estoit une forte ville dessus la riviere de Somme. Monseigneur Moreau de Fiennes connestable de France et le conte de Saint Pol, par la permission des bonnes villes de Picardie, firent une grosse armée de nobles et des bonnes villes et allerent mettre le siege à Saint Valery. Les Anglois estoient bien fors à Saint Valery, car ilz estoient bien six cens

---

1. Sous-ent. : attaque.
2. Gamaches, Somme, arr. d'Abbeville.
3. Aumale, Seine-Inférieure, arr. de Neufchâtel, chef-lieu de canton.

combatans. Ilz yessirent bien de la ville quatre cens Angloiz et grandement debatirent le logement des Françoiz, et là oult ung dur escarmucheiz. Le conte de Saint Pol faisoit l'avangarde des Françoiz à bien cinq cens hommes à cheval et mille hommes à pié. Le dit conte de Saint Pol s'y porta si bien et si vassaument, lui et ceulx de sa route, qu'ilz rebouterent les Angloiz, voussissent ou non, dedens Saint Valery. Et se loga le dit conte en l'abbaye de Saint Valery. Et le connestable de France sur la montaingne de l'autre se loga qui avoit grant foison gent de la ville. Et fit son host fossier tout entour et laissa une grant route sans logeiz où le guet estoit. Puis fit le connestable drechier trois engins qui jettoient en la ville. Maiz les Angloiz ravoient ung engin tres bon qui depeça ung des engins des Françoiz.

Le connestable de France, pour doubte de monseigneur Philippe de Navarre, manda au Baudrain de La Heuze, amiral de France, qui estoit lieutenant de monseigneur le duc en Caux, qu'il veusist aidier à maintenir le siege de Saint Valery. Monseigneur le Baudrain de la Heuze, amiral de France, fit sa semonce. Et ala avec lui le cappitaine de Rouen, Jacques Le Lieur, bourgois de la dicte ville, o cent glaives, cinquante arbalestriers et cinquante archiers de la ville mesmez. Et de Caux assembla le dit amiral, le sire d'Estouteville, le sire de Berreville, le sire de Preaux, le sire de Blainville avec leurs routes, tant qu'ilz furent bien cinq cens glaives, sans ceulx de Rouen et des autres bonnes villes de Normendie de par deça la riviere de Seyne. Et esploitterent tant qu'ilz vindrent à Saint Valery. Et comme ceulx de

Saint Valery les virent de loing venir, ilz cuiderent que ce fut monseigneur Philippe de Navarre; et de la joye qu'ilz en eurent, ilz yessirent bien cinq cens combatans pour assaillir le guet. Et se vindrent bouter soudainement en guet de l'ost du connetable, lequel faisoit pour le jour monseigneur de la Bauce qui moult vaillaument se deffendit. Maiz il fut tantost avironné des Angloiz qui à leurs glaives l'occistrent et moult de ceux du guet. Les autres s'en fuirent en l'ost criant : « A l'arme! Trahy! trahy! Les Angloiz sont entrés en l'ost. » Adonc s'armerent par tout l'ost et sonnerent les arainez des nobles hommes et des bonnes villes de Tournay, d'Amiens, d'Abbeville, d'Arras, de Hedinc [1], de Bouloingne et de Dourlens. Et y vint tout l'ost du connestable où le guet avoit esté desconfit. Le conte de Saint Pol o une partie de sa gent fut avant prest que l'ost du connestable et vint combatre les Angloiz comme ilz retournoient. Et là oult ung fort estour, maiz les Angloiz se retraistrent en la ville ; car ils veoient bien qu'ilz ne povoient lors riens gaigner sur les Françoiz. Atant s'aprocherent les Normans qui tenoient le parti de monseigneur le duc de Normendie. Et comme ceulx de l'ost les virent venir, ilz se mistrent en arroy d'eulx combatre et deffendre, car ilz cuidoient que ce fut monseigneur Philippe de Navarre. Mais il vint au devant d'eulx leurs coureurs qui denoncerent à ceulx de l'ost que c'estoit les nobles hommes de Caux et ceulx de Rouen qui les venoient aidier, dont les Picars furent moult liez et moult resbaudis. Alors, quant les Angloiz virent que ce n'estoit

---

1. Hesdin, Pas-de-Calais, arr. de Montreuil, chef-lieu de canton.

pas monseigneur Philippe de Navarre, si furent moult amatiz, car en la ville n'avoient point d'eaue doulce, et se mouroient tous leurs chevaulx de soif. Le connestable leur avoit fait parler par ung chevalier prisonnier de rendre la ville plusieurs foiz. Et comme ceulx de Normendie furent venuz, on livra assaulx et escarmuches aux Angloiz. Et si fit l'en une myne et lever engins qui jettoient par jour et par nuyt en la ville de plusieurs parties.

Une nef qui venoit de Costentin, qui leur apportoit aucunes choses necessaires et qui les venoit conforter et leur apportoit nouvelles que monseigneur Philippe de Navarre les venoit secourir, icelle nef fut apperceue des Françoiz. Et envoia l'en du Crotay[1] deux vaisseaux d'armée qui la rachasserent à la terre. L'en renvoia monseigneur de Blainville, ceulx de Rouen et de Dyepe et du bailliage de Caux à Cayeu pour deffendre qu'elle n'arrivast. Les Angloiz cuiderent qu'ilz ne fussent point secourus. Pour ce qu'ilz n'oient nulles nouvelles de monseigneur Philippe de Navarre, tramistrent le dit chevalier prisonnier pour traictier au connestable et au conte de Saint Pol qu'ilz rendroient la ville, maiz qu'ilz s'en allassent leurs biens saufz. A ce furent ilz receuz, car l'en avoit ouy certaines nouvelles de monseigneur Philippe de Navarre qui les venoit secourir à grant quantité de gens d'armes. Et fut fait traictié par entre le connestable de France aux Angloiz qu'ilz emporteroient leurs biens hors la ville. Et par ce traictié les Angloiz se partirent de Saint Valery. Et à la quantité qu'ilz en yessoient, le connestable met-

1. Le Crotoy, Somme, arr. d'Abbeville, c. de Rue.

toit des Françoiz en la ville. Et fit le connestable livrer navire aux Angloiz pour passer de la Somme pour aler à Calaiz. Et lors quant les communes de Picardie virent que les Angloiz estoient plus de demy passez, à ceulx de derriere coururent sus et en occistrent bien trois cens. Et pristrent à force leur pillage, ne oncquez pour le connestable de France n'en vouldrent riens laissier à faire. Dont le connestable fut grandement yrés, car il les prist à conduire à sa seurté tant qu'ilz fussent passés.

Ce jour que les Angloiz partirent de Saint Valery, vindrent les nouvelles que monseigneur Philippe de Navarre, lequel estoit parti de Mante avec lui quinze cens glaives et bien sept cens archiers tous gens de fait, venoit pour secourir ceulx de Saint Valery. Maiz il ouy nouvelles comme la ville estoit rendue à monseigneur Moreau de Fiennes, connestable de France. Lors passa ledit monseigneur Philippe de Navarre la riviere de Somme, ardant et courant le pais.

Le connestable de France et le conte de Saint Pol et monseigneur le Baudrain de la Heuse, amiral de France, à tout leur host, passerent Somme et costierent monseigneur Philippe de Navarre. Et s'entre ataindrent les deux hostz empres le Mont Saint Eloy[1]. Par le conseil des Angloiz, le dit monseigneur Philippe prist une forte place pour atendre à combatre l'ost des Françoiz. Le connestable, le conte de Saint Pol et l'amiral de France vindrent par devant monseigneur Philippe de Navarre, lequel o son host estoit rengié pour combatre et avoit mis sa gent en trois batailles.

1. Le Mont Saint-Éloy, Pas-de-Calais, arr. d'Arras.

Et les Françoiz firent quatre batailles, deulx, des communes ; et en chacune bataille avoit cinq mille hommes. Et es deulx autres avoit bien deux mille hommes d'armes. Et furent les Françoiz par ung jour rengiés par devant monseigneur Philippe de Navarre. Et furent les nobles hommes Françoiz en moult d'opinions, à savoir s'ilz combatroient le dit monseigneur Philippe de Navarre. Mais les plus sages de la guerre disoient que ce seroit folie de l'assaillir, car il estoit en trop forte place, et si avoit grant foison de gens d'armes et archiers et tous gens de fait. Et d'autre partie, les nobles hommes Françoiz ne s'osoient asseurer es gens de commune. Ainsi avoient peur les ungz des autres, car ceulx du costé monseigneur Philippe de Navarre avoient grant doubte des Françoiz pour la grant quantité. Ceste besoingne peult l'en comparer au roy Salhadinc qui par sa grant puissance et sapience conquist la saincte cité de Jherusalem et toute la saincte terre, dont toute chrestienté fut moult troublée. Et pour la reconquerir alerent le roy de France Philippe le Conquerant et Richart, dit Cueur de Lyon, roy d'Angleterrre, duc de Normendie, prince d'Aquitaine et d'Yrlande, conte d'Anjou et de Mayne, oultre mer. Maiz par maladie convint le dit roy de France retourner en France. Et le dit roy Richart o son host et des chevaliers de France demourerent par delà. Quant Salhadinc le soudent sceut que le roy de France estoit retourné et party, il semont tous les Sarrazins de son povoir. Et furent si tres grant quantité de gent que on ne les povoit nombrer ne esmer. Et à tout ce grant infini peuple mescreant vint le dit Salhadinc contre les Crestiens. Le roi Richart, o son host et les nobles chevaliers de France, quant ilz sceurent que le roy Salhadinc venoit sur eulx, par le conseil du sire de Chavegny, ils prindrent ung destroit en tres forte place, et là attendirent le roy Salhadinc. Et quant il vit la bonne ordonnance des Crestiens, lui qui estoit ung des sages hommes du monde, et il congnut par ses tornelieux les banieres du roy Richart et des chevaliers de France, il dit à ses hommes : « Retournons, voyez vous ce tantet de gens là ? Se tout le monde estoit devant eulx pour combattre, si ne seroient ilz ja desconfiz. » Par raison evidente fit ainsi le connestable. Car quant il oult avisé la belle ordonnance de monseigneur Philippe de Navarre et de ceulx de sa route, par le conseil des nobles hommes qui o lui estoient et qui au fait d'armes se congnoissoient, fit le dit connestable son host partir de devant monseigneur Philippe de Navarre, et s'en retournerent les Françoiz.

Monseigneur Philippe de Navarre fit une chevaucie droit à Amiens et assailli le bourc d'Amiens, pour ce que ceulx d'Amiens avoient occiz de leurs bourgoiz pour le roy de Navarre. Ceulx d'Amiens à leur povoir deffendirent leur bourc contre monseigneur Philippe et sa route, et se combatirent par une journée les ungs contre les autres. Monseigneur Philippe fit par trois lieux assaillir le bourc d'Amiens. Le sire de Piquegny et messire Regnault, le sire des Kesnes leur livrerent assaut par une part. De l'autre partie fut monseigneur Jehan Jouel et les cappitaines des Angloiz qui donnerent bataille et grant assault, et gettoient feu gregoiz par dessus les maisons. Monseigneur Philippe de Navarre, le conte de Harecourt, monseigneur Pierres de Saquainville, monseigneur Friquet de Friquans, Radigo et le Bascon de Mareul aussi livrerent bataille et assault à ceux du bourc, si que par force d'armes prist monseigneur Philippe de Navarre le bourc d'Amiens. Et là fut moult grant l'occision de gens. Ceulx d'Amiens se retrairent en la cité, maiz qui que voult n'y entra pas. Car à l'entrée les gens de monseigneur Philippe en occistrent moult, puis pillerent le bourc et l'ardirent. Et puis s'en retourna monseigneur Philippe à Mante.

Apres ce, prist trievez monseigneur le Baudrain de la Heuse, amiral de France, aux Navarroiz eu pais de Caux depuis Andelle jusques à la mer. Et fut monseigneur Louis de Harecourt à les confermer, lequel fut institué par dessus tous lieutenant du duc de Normendie par toute la duchié. A cause des paz et destroiz que le roy de Navarre avoit sur Seyne par amont Paris, le pont de Melun qui estoit en la main de la royne Blanche qui tenoit le parti de ses freres, et au dessoubs de Paris le pont de Meullent et le pont de Mante, pour quoy par la riviere de Seyne riens ne povoit monter ne avaler pour venir à Paris, dont Paris estoit moult grevé et moult portoit à ceulx de Paris grant domaige, car tous vivres estoient merveilleusement chiers à Paris et moult y souffroit le peuple grant mesaize; pour quoy, monseigneur le duc de Normendie, regent le royaume de France, assembla moult grant foison de gens d'armes avec ceulx de Paris, et ala mettre le siege devant Meleun, et prist la ville, et par dedens le chastel assiega madame la royne Blanche. Eu chastel avoit moult de gens d'armes de par le roy de Navarre et de par monseigneur Philippe son frere, lesquelz avoient la saizine du chastel, comme monseigneur Guillaume Carbonnel, monseigneur Ligier[1] d'Aurrissi et les filz monseigneur de Gainville. Iceulx avoient la dominacion du chastel de Meleun.

Monseigneur le duc fit moult efforciement assaillir le dit chastel de Meleun et y fit drechier pierr[er]es qui avoient esté apportées de Paris qui gettoient de jour en jour et de nuit aussi. Des bacheliers et des gens d'armes avantureulx avoient souvent de belles escarmuches devant le chastel de Melun. Et se deffendoient ceulx de dedens bien viguereusement contre ceulx de dehors. Monseigneur Philippe de Navarre passa de Cesarbourg en Costentin en Angleterre pour amener secours. Et alors Edouart le roy d'Angleterre aprestoit son navire pour venir guerroier le royaume de France. Et son filz le prince de Galles estoit alé es marches d'Irlande sur le conte [d']Adrian qui s'estoit voulu rebeller. Monseigneur Philippe parti le plus tost qu'il poult pour ataindre le prince pour estre avec lui s'il y avoit bataille. Maiz le conte d'Adrian vint à obeissance au prince. Et quelque monseigneur Philippe estoit avec le roy d'Angleterre et avec le prince de Galles son filz, fut le roy Jehan de France estrecié de prison, et fut mis en chastel de Wyndezore. Et donna l'en congié à la greigneur partie de ses gens, et ne lui demoura que pou de sa famille. Et s'en vindrent les gens du roy Jehan en France, lesquelz distrent à monseigneur le duc l'appareil que le roy d'Angleterre faisoit à venir sur le royaume de France et

1. Légier d'Orgessin.

qu'il n'avoit oncquez fait si grant armée. Monseigneur le duc fit traictier à la royne Blance, et par la promocion de madame la royne Jehenne. Et fut l'acort tel entre monseigneur le duc regent et madame la royne Blance que, pour Melun et la terre qu'elle tenoit en France et en Brye, qu'elle auroit Vernon, Neaufle[1] et le Neufchastel de Lincourt en Normandie, à la valeur qu'elle tenoit ce qu'elle avoit. A ce fut d'acort la royne Blance et rendi Melun à monseigneur le duc, et on lui enterina bonnement ce que on lui avoit en convenant. Et ala la dicte royne Blance demourer à Vernon.

En ce temps, trespassa à Rouen monseigneur Guillaume de Flavencourt, archevesque de Rouen, lequel avoit esté archevesque d'Aux[2]. Et apres lui fut archevesque de Rouen monseigneur Philippe d'Alençon, lequel estoit pardevant evesque de Beauvaiz. Et le chancellier de France surnommé de Dormans fut evesque de Beauvaiz. Et pour lors fut retourné monseigneur Philippe de Navarre d'Angleterre, avecques lui monseigneur Guillaume d'Ansellée, monseigneur Hue de Karvellé à deux mille combatans et bien sept cens archiers. Maiz monseigneur Philippe oult nouvelles que monseigneur le duc et sa seur avoient fait paix et acort. Et les Angloiz s'espandirent par le royaume de France, par Bourgoingne, par Soissonnoiz, par Normendie et par les marches, pillant, robant et courant.

Les Angloiz de Honnefleu passerent Seyne et vindrent en Caux et premierement à l'Eure. Le Baudrain,

---

1. Neaufles-Saint-Martin, Eure, arr. des Andelys, c. de Gisors.
2. Auch.

amiral de France, estoit à Harefleu, lequel vint contre les Angloiz qui avoient couru l'Eure et occiz de ceulx de la ville qui par fol hardement yessirent contre les Angloiz et tres hardiement et bien s'i combatirent. Et les Angloiz qui avoient plus gens asses que ceulx de l'Eure les avoient reculez jusques à leur monstier. Et adonc vint l'amiral et ceulx de Harefleu et Monstierviller secourre ceulx de l'Eure. Maiz ains qu'ilz venissent, estoient ceulx de l'Eure en leur fort, et les Angloiz retraiz le plus en leur navire. L'amiral les parsuy jusquez à la mer, et puis retourna à Harefleu.

Guillaume Le Noir de Graville fit venir Navarrois et Gascons eu chastel de Graville. Ceste chose fit savoir madame de Graville à ceulx de Harefleu et à l'amiral, lesquelz moult efforciement vindrent mettre siege au chastel de Graville et l'assaillirent si vertueusement que Guillaume Le Noir se rendi sauve sa vie. Et ad ce le prist l'amiral et les nobles hommes pour sauver l'onneur de son noble lignage. Et la tres bonne dame de Graville ala à Harefleu et y mena son noble filz l'oir de Graville.

Renommée qui partout volle apporta en France comme le roy d'Angleterre et son filz le prince de Galles venoient eu royaume de France. Par quoy ma dame la royne Jehenne, icelle bonne creature envers Dieu et le monde, si traicta de paix entre monseigneur le duc de Normendie regent le royaume de France et le roy de Navarre par monseigneur Regnault de Braquemont et monseigneur de Friquans, pour cause que le roy d'Angleterre et son filz le prince de Galles venoient en France. Car se monseigneur le duc et le roy de Navarre avoient guerre ensemble, le royaume de

France seroit en peril d'estre perdu, et que le roy d'Angleterre ne le conquist par l'avantage des fortz et des pontz du roy de Navarre qu'il a en France. Et pour eviter à ce grant peril et plus efforciement resister contre le dit roy d'Angleterre et le prince son filz, fut l'acort fait entre le duc de Normendie regent et le roy de Navarre.

Cest accord fut fait à Pontoise, l'an de grace mil trois cens cinquante neuf en la fin d'aoust. Et jurerent à tenir paix monseigneur le duc de Normendie, regent le royaume de France, et le roy de Navarre. Et par l'acort mist le roy de Navarre les Angloiz hors du pais de pardeça Seyne du costé de Caux et de Picardie. Et vuiderent les Angloiz tous les forts qu'ilz tenoient es diz pais et es marches d'environ. Et par ce traictié ourent ceulx qui avoient tenu le parti du roy de Navarre leur paix absolutement.

Edouart le roy d'Angleterre et le prince son filz ainsné, duc de Lenquastre, et les enfans du dit roy d'Angleterre à tres grant host passerent la mer et vindrent à Calaiz, puis entrerent eu royaume de France. Et coururent jusques à la riviere de Somme, dont moult de nobles hommes en gardoient les pas. Maiz, non obstant ce, le roy d'Angleterre, o tout son host, la passa et chevauca jusques à la cité de Rains qu'il assiega. Ceulx de Rains s'estoient pourveus pour resister à sa venue et avoient leur ville moult bien garnye de ce qui est necessaire pour guerre soustenir. Et moult vertueusement se deffendirent contre la tres grant puissance du roy Edouart d'Angleterre.

Les Bourguegnons, pour la tres grant paour qu'ilz

ourent du roy Edouart et des Angloiz, vindrent à son siege de Rains parler à lui pour raençonner leur païs. Et si n'avoient eu oncquez guerre de cest temps comme les autres pays, comme Normendie, Bretaingne, Picardie, Angou, Poitou, Guienne, Touraine et le Mayne. Maiz les Bourguegnons firent de par le conseil des Flamens, comme l'en dit. Si n'avoit le roy Edouart aucune voulenté d'aler en Bourgoingne. Maiz quant ceulx vindrent pour leur païs raençonner de leur propre voulenté, le roy Edouart leur acorda raençon pour deux cens mille moutons de roy de fin or qu'ilz luy paierent.

Tant comme le roy d'Angleterre guerroioit le royaume de France personnelment, ung bourgoiz de Paris nommé Martin Piedoue, comme on lui imposa, mist gens d'armes dedens Paris pour grever ceulx par qui le prevost des marchans et les bourgoiz de Paris avoient esté mors, pour ce que cestui Martin leur appartenoit de lignage. Pourquoy icellui Martin fut pris et examiné, et pour celle cause fut le dit Martin decapité à Paris.

Par icelle saison, les Angloiz asprement guerroians le royaume de France, de plusieurs pars si passerent la riviere de Seyne, les ungs à Honnefleu, les autres par le païs d'amont. Monseigneur Robert Sercot, qui avoit une grosse route d'Angloiz de cinq cens glaives et trois cents archiers, vint en la Haulte Normendie et ala à Blangi[1] en Normendie et prist la ville et la renforça. Car pour ce qu'elle estoit de grant garde et il avoit en la ville petit peuple, fit une partie des murs

1. Blangy, Seine-Inférieure, arr. de Neufchâtel, chef-lieu de canton.

abattre. Et une autre partie de sa route, où il avoit bien trois cens combatans de toutes genz, prindrent empres Rouen Betencourt[1]. Monseigneur de Blainville, qui estoit lieutenant de monseigneur Louis de Harecourt, lequel estoit par devers monseigneur le duc, si assembla la bachelerie de tout le pais de Caux et ceulx de Rouen et chevauca à Betencourt. Avec les gens d'armes s'assemblerent les gens du plat pais d'entour, et tous vindrent à Betencourt. Et comme ilz furent là venuz, ilz livrerent ung grant assault que commencerent ceux de Rouen. Parmi ung grant vivier les alerent assaillir les autres gens d'armes aussi. Et en icellui vivier, estoient les bons paisans jusquez à braiez. Trop bien là le firent. Car ilz leur apportoient bois d'ung tailleys tant qu'ilz en emplirent une partie du vivier et pardessus le boiz mistrent estrain par quoy les gens d'armes passoient par dessus, et vindrent là combatre main à main aux Angloiz. Et dura l'assault ou bataille depuis nonne jusques à une lieue de nuyt. Tres bien s'i portoient les nobles hommes de Caux. Car parmy ung pal de pieux ilz se combatoient de leurs glaives aux Angloiz qui trop hardiement se deffendoient. L'assault encorres durant, vint monseigneur Louis de Harecourt, grant cappitaine de toute Normendie, et vint à l'assault avec les autres. Et tandis que les gens d'armes assailloient, les gens du plat pais mistrent le feu en la granche et es salles. Adonc fut la retraicte sonnée de par monseigneur Louis de Harecourt, dont ceulx du plat pais furent moult do-

1. Boutancourt, Oise, arr. de Beauvais, à quelque distance du Vieux Rouen.

lens. Et demourerent bien mille hommes desarmés en ung clos pres des Angloiz. Et les gens d'armes s'alerent logier es villages et es hameaulx d'entour Betencourt.

Les Anglois laisserent la nuyt Betencourt et alerent à Blangi et monseigneur Robert Sercot, maiz oncques ne firent mal aux bonnes gens du plat pais. Dont Dieu leur fit grant grace, car ilz les eussent tous decouppés s'ils fussent venuz sur eulx. Et l'andemain bien matin, dirent les diz gens du plat pais que les Angloiz avoient lessié Betencourt. Adonc fit monseigneur Louis de Harecourt aler tout l'ost au Neuf Chastel de Lincourt, et de là alerent devant Blangi. Et avec les Françoiz vindrent bien deux cens glaives de Navarroiz de leurs forteresses de Caux. Les nobles hommes de Picardie et ceux d'Abbeville et du pais estoient venuz devant Blangi et s'estoient logiez en l'abbaye de Sery[1]. Et depuis le second jour de la venue de monseigneur Louis de Harecourt, vint le conte de Harecourt son nepveu et monseigneur d'Estouteville à grant compaignie de gens d'armes. Et ce mesmez jour fut Blangi assailli par trois parties. Ceulx de Picardie assaillirent de leur costé et monseigneur Regnault de Braquemont. Et les Navarroiz assaillirent par devers Gamaches. Et l'ost de Normendie, de monseigneur Louis de Harecourt et du conte de Harecourt assaillirent de la partie de devers Foukarmont[2], et furent o ceulx cil de Rouen. A l'autre costé furent Normans, monseigneur le Baudrain de la Heuze, amiral de France,

---

1. Sery, à un quart de lieue N. O. de Blangy.
2. Foucarmont, Seine-Inférieure, arr. de Neufchâtel, c. de Blangy.

monseigneur de Blainville et monseigneur d'Estouteville o les Cauchoiz.

La ville de Blangi assaillirent moult efforciement les Françoiz, monseigneur le conte de Harecourt qui estoit jeune de l'aage de quatorze ou quinze ans. Pour sa hautesse des plus suffisans s'estoient mis soubz sa baniere, laquelle fut portée d'ung bon homme d'armes et fut ce jour là plus avant des autres. Le dit conte, quant il vit sa baniere montée la douve des fossez, il ala es fossez. Si tenoit l'en à bien esprouvé qui se osoit tenir sur les fossez sans devaller, tant efforciement gettoient les Angloiz grans pierres, et fort et espessement traioient! Apres le jeune conte de Harecourt devallerent moult de haulz hommes et de bonnes gens d'armes pour prouesse faire et honneur conquester. Maiz en present vint ung chevalier à monseigneur Louis de Harecourt de par le roy de Navarre qui lui mandoit qu'il serait l'andemain avecquez eulx et que l'en l'atendist à assaillir. Et donc fist monseigneur Louis de Harecourt sonner la retraicte des gens d'armes. Et fut le conte de Harecourt à grant peine retrait et mis hors des fossez, car une pierre l'avoit blechié en la jambe. En ce dit assault moult ouyssiez hautement crier « Harecourt » pour l'amour du jeune conte qui avoit un tel hardement.

Le roy de Navarre à grant foison de gens d'armes vint en l'abbaye de Sery, avecquez lui monseigneur de Piqueguy et ses freres, le viconte des Kesnes, monseigneur de Friquans et monseigneur Guillaume Le Noir de Guerarville o bien cinq cens combatans. Et en icelle nuyt se parti monseigneur Robert Sercot de Blangi et vint à L'Isle Adan et le print et enforça et

le tint moult longuement. Le roy de Navarre, le jour
que les Angloiz s'en alerent, vint à Blangi pour l'assaillir. Mai il n'y trouva pas Robert Sercot ne nulz
de ses gens. Puis departi l'ost et ala chacun en son
fort, et le roy de Navarre retourna à Mante.

Edouart le roy d'Angleterre et son filz le prince de
Galles tenans leur siege à Rains firent faire moult d'engins et des pierres pour domagier ceulx de Rains. Et
fit faire le roy d'Angleterre deux chatz de fust dont il
fit mener l'ung au costé de la porte de Paris, et l'autre
fut de l'autre costé. Et fit crier l'assault. Et firent les
Angloiz quatre batailles dont les troiz assauldroient
et la quarte garderoit l'ost, les paveillons et toutes
les troiz batailles ordonnées pour assaillir. Oult la premiere le prince de Galles, la seconde oult le duc de
Lancastre, et la tierce oult le conte de Richemont et
monseigneur Thomas de Hollande et monseigneur
d'Ansellée. Le roy d'Angleterre avoit une route de
gens d'armes pour aller veoir comme les batailles se
porteroient.

Ceulx de Rains et les nobles hommes qui estoient
dedens se rappareillerent moult curieusement pour
eulx deffendre contre les Angloiz et firent ung chastel
pour combatre contre les chatz de l'ost. L'assault
commencerent les Angloiz par ung jour matin, et
vint le prince de Galles assaillir par le costé devers
Paris. Et moult livra grant assault par icelle partie,
car en sa route estoient plus de deux mille archiers
qui moult espessement traioient et si fort que nul ne
s'osoit decouvrir par dessus les murs. Maiz les gens
d'armes qui estoient dedens Rains avoient bons bacinés à visiere, parquoy ilz povoient plus seurement

le trait attendre. Et gettoient par dessus les Angloiz grans pierres et moult viguereusement se deffendoient.

Le prince par les paisans de la contrée que l'en avoit prins fit venir bois et mesrien, et d'icelui fit bien emplir vingt toises des fossez, et dura l'assault tout le jour. Les nobles qui estoient dedens la cité firent une saillie contre l'ost du roy d'Angleterre. Et vindrent sur le dit merrien et bois par une poterne et getterent gresses, feurre et feu sur le dit merrien qui par ces choses moult asprement ardist et aluma. Les archiers du prince moult asprement traioient à ceulx de Rains et moult en navrerent. Edouart le roi d'Angleterre chevaucoit par les batailles et resbaudissoit ses gens et leur donoit cueur d'assaillir. Et ne fina l'assault jusques à la nuyt. Et par toute la saison de l'hyver maintint le roy d'Angleterre le siege devant la cité de Rains.

En cest temps, les Angloiz de Honnefleu multiplierent tant d'Alemans que d'estrangiers qu'ilz venoient guerroier la royaume de France. Thomas Hurez et Jehan de Marle à une route d'Anglois vindrent à Honnefleu; puis s'espandirent courant par Normendie pour prendre aucun fort. Et aviserent la place du vieil chastel qui estoit chastel du temps du roy Artur, et n'y habitoit ame. Les Angloiz se bouterent en ce vieil chastel et l'emparerent en petite saison, et est de present la place nommée Orival, et siet sur une haulte roche assise sur la riviere de Seine à trois ou quatre lieues de Rouen pres Ellebeuf sur Seine. Pres d'icelui lieu prindrent les diz Angloiz moult de petis bateaux qu'ilz amenerent par devant le fort et la dicte ville pillerent. Car avecquez eulx vint Thomas Kain à grosse route d'Angloiz, dont le païs fut moult effraié de leur venue. Ceulx de Rouen, qui n'avoient cure de telz hostes à voisins, si firent une armée en gallies et en fousses et vindrent par nuyt devant Orival. Les Angloiz si gardoient leur navire ; maiz ceulx de Rouen vindrent sur eulx et coupperent les cordes des bateaulx, et là oult une forte escarmuche. Les Angloiz ne s'osoient tenir en leurs bateaulx, car ilz n'estoient point duiz de la riviere. Par quoy ceulx de Rouen leur hosterent leurs bateaux excepté deux ou trois que les Angloiz avoient mis sur terre.

Les garnisons des Angloiz qui estoient en Normendie firent une chevaucie. Ce furent ceulx de Honnefleu, ceulx d'Auvillier, d'Echaufou et de Tuebeuf d'environ quarante cinq glaives et huit vingt archiers et cinquante talevachiers. Monseigneur Louis de Harecourt fit sa semonce hastivement pour rencontrer les Angloiz. A lui vindrent moult de nobles hommes, le Baudrain de la Heuse, amiral de France, monseigneur Jehan Le Bigot, monseigneur Regnault de Braquemont, monseigneur Guillaume Martel, monseigneur Jehan Sonnain, le seneschal d'Eu, monseigneur Martin de la Heuse, monseigneur Jehan et monseigneur Guillaume de Brenchon, monseigneur Richart Mangart, monseigneur de Harencvillier, monseigneur Nichole Marcdargent, Jehan de Meullent, La Heruppe et plusieurs autres. Et estoient en la route du dit monseigneur Louis de Harecourt douze vingt glaives et bien soixante archiers, tous gens d'eslite. Et comme monseigneur Louis de Harecourt oult fait sa semonce ainsi hastive, le roy de Navarre lui fit scavoir qu'il vouloit aler asiegier les Anglois en ung fort qu'ilz avoient prins sur la marche de sa terre et du duc, et qu'il y alast avec lui. Maiz monseigneur Louis voult ains combatre les Anglois et se parti de Rouen. Et emmena des filz de bourgoiz aucuns o lui, et s'en ala au Bec Hellouin, et là sceut nouvelles des Angloiz. Et de là chevauça à l'abbeye de Preaux jouxte le Pontaudemer où il se loga. Et l'andemain ains jour monta à cheval pour parsuir les Angloiz, lesquelz scavoient bien que monseigneur Louis les parsuivoit. Si prindrent les diz Angloiz place pour combatre en ung clos aupres du Faveril. Et firent deux batailles, la premiere de gens d'armes, la seconde des archiers et de leurs tallevachiers ; firent aussi comme une arrieregarde pour deffendre leurs harnoiz et leurs chevaulx. Monseigneur Louis de Harecourt o tout son host, comme par devant est dit, vint par devant les Angloiz. Et au regart des Françoiz, ce ne sembloit rien que des Angloiz, et les cuidoient les Françoiz legierement desconfire. Le Baudrain de la Heuse et monseigneur Regnault de Braquemont distrent à monseigneur Louis de Harecourt : « Sire, se vous nous voulez croire, vous feres une bataille de soixante hommes d'armes à cheval qui rompront la bataille des Angloiz ou de leurs archiers. Et sachiez bien que s'ainsi le faictez, legierement vous les pourres desconfire. » Monseigneur Guillaume Martel contredit celle opinion et dit que tous fussent à pié et que on avoit assez gent. Pour ce qu'il estoit moult prochain du duc, fut son opinion tenue, et se mistrent tous à pié. Adonc monseigneur Louis de Harecourt et sa bataille de gens d'armes alerent d'ung plain front assaillir les

Angloiz. Et estoit leur bataille plus longue deux tans et demi que celle des Angloiz. Les archiers des Françoiz estoient en une des elles de la bataille, et n'eurent les Françoiz à besoingner fors que en tant comme ilz pourprenoient la bataille des Angloiz qui par derriere eulx la bataille de leurs archiers avoient, lesquelz traioient aux Normans, Françoiz parmi les vis et l'endroit des Angloiz. Fut la bataille des Françoiz par mellon. Et vindrent combatre de glaives, lesquelz ilz avoient couppés. Et aussi les Angloiz estoient sur ung pendant et les Françoiz sur un condoz. Tant efforcéement bouterent les Angloiz à force de glaives qu'ilz rompirent la bataille des Françoiz. Et lors les Normans se cuiderent retraire. Monseigneur Jehan Sonnain crya : « Retraiez vous à la haie! » Et là se cuiderent retraire. Monseigneur Guillaume Martel n'oy pas que on se retraist ou espoir il ne daingna fuire. Et se tint fort contre les Angloiz et rompi son glaive, et des glaives des Angloiz fut abatu à terre et occiz. Comme les Normans se cuiderent retraire, les Angloiz furent aussi tost à la haye comme eulx crians : « Saint George! » et les desconfirent par les petiz qui fuirent qui eurent paour d'estre prins. Monseigneur Louis ne l'amiral ne monseigneur Jehan le Bigot ne monseigneur Regnault de Braquemont et moult d'autres ne fuirent point, ains tindrent estal contre les Angloiz qui par force les prindrent. Moult fut ceste besoingne mal fortunée pour les Normans. Car avec le dit monseigneur Louis furent prins les meilleurs gens d'armez de toute Normendie et les plus sages de guerre tant Françoiz que Navarroiz. Apres la bataille, les Angloiz emmenerent leurs prisonniers à Honnefleu. Là fut prisonnier monseigneur Louis de Harecourt et moult de gentilz hommes et autres qui se delivrerent par grant raençon.

Apres la prinse de monseigneur Louis de Harecourt, les nobles de Normendie et ceulx des bonnes villes du dit pais se assemblerent à Rouen pour eslire ung cappitaine pour gouverner le pais. Et alerent aucuns par devers le roy de Navarre savoir s'il s'en voudroit chargier soubz monseigneur le duc. Lequel s'excusa et dit que jamaiz du royaume ne s'entremettroit. Car s'il faisoit tous les biens du monde, si diroent aucuns qu'il ne feroit fors à la confusion du prince et du pais. Et sans riens faire s'en revindrent les messagiers de Normendie. Et fut fait monseigneur Philippe d'Alençon, archevesque de Rouen, general cappitaine de toute Normendie. Ceulx de Rouen alerent à grant armée de cheval, et par la riviere de Seine ceulx de pié devant le chastel d'Orival pour garder la riviere. Et firent en une ysle devant le dit Orival une garnison de gens d'armes et d'arbalestriers qui gardoient la riviere de Seine pour la marchandise.

Au devant de la prinse de monseigneur Louis de Harecourt, lui et les Normans avoient prins compaignie avec les Picars d'aler en Angleterre. Et non obstant la dicte prinse, les Picars vouldrent fournir l'emprinse. Maiz moult perdirent grant secours en la dicte prinse. Car bien fut alé du pais de Normendie six mille hommes armés, tant gens d'armez, archiers, arbalestriers que marmeaulx, tous gens deffensables, par quoy ceulx de Picardie furent moult plus fiebles. Et se tous les deux pais fussent alez ensembles en Angleterre, ilz eussent bien peu getter de prison leur seigneur le roy Jehan de France. Maiz fortune estoit pour le temps contre le royaume et contre les Françoiz, premièrement eu chief et puis es membres.

Ceulx de Picardie, premierement monseigneur Moreau de Fiennes, connestable de France, le conte de Saint Pol et monseigneur Jehan de Neuville, ung vaillant chevalier, et moult d'autres nobles hommez firent leur assemblée pour passer en Angleterre. Monseigneur Jehan de Neuville s'entremist tres curieusement d'aprester l'emprinse et le voiage. Et pourchassa par les portz du navire, et en Normendie mesmes, par la coste prochaine de Picardie, assembla il gens et navire. Les communez, comme ceulx du navire, mariniers, arbalestriers et archiers, prinstrent et firent leur cappitaine de monseigneur Jehan de Neuville. Dont l'en dit que le connestable et le conte de Saint Pol eurent envie sur lui, se leur mistrent sur les communez.

Quant le navire fut assemblé, les Picars et ung pou de Normans se partirent de la coste de Picardie et singlerent en Angleterre et arriverent à la Rye. Ceulx d'Angleterre avoient ouy par ceulx de leur coste comme les Françoiz vendroient en Angleterre, et avoient pour ce aucuns des portz vuidéz de leurs biens pour la doubte des Françoiz. Les Françoiz vindrent pourprenant terre pour descendre, et prindrent port sans avoir point d'encontre au descendre. Et quant ilz furent descenduz, ilz mistrent leurs gens en conroy et firent trois batailles. Dont monseigneur Jehan de Neuville eult la premiere, et furent avec lui ceulx de la coste de Normendie, et le connestable et le conte de Saint Pol eurent les deux autres batailles.

Avecquez eulx furent les nobles hommes de Picardie et de Normendie qui furent en celle emprinse. Et quant ilz furent mis en bataille, ilz firent sonner leurs araines et businer leurs clarons, et vindrent montant la coste pour prendre Vincelze[1]. Une tourbe d'Angloiz estoient là ranjéz pour garder Vincelze. Lesquelz vindrent contre les Françoiz et traioient moult espessement. Mais les Françoiz aloient tousjours pourprenant et rebouterent les Angloiz en Vincelze et en occistrent ceulx qu'ilz pourent aconsieurre. Et puis par force entrerent en Vincelze et s'i logerent. Et tout le bon pillage de la ville comme vin, laynes, estain, garnaches et autres avoirs porterent en leurs navires.

Le chancellier d'Angleterre out à Londres nouvelles des Françoiz qui ainsi estoient descenduz à terre. Si fit venir et crier l'arriere ban d'Angleterre. Et le roy Jehan de France, pour doubte que les Françoiz ne le rescouissent, fit mener en Galles bien avant en ung chastel tres fort où là fut estroictement gardé et tous ses gens emprisonnez. Quant les Françoiz eurent prins Vincelze, ilz coururent aussi que huit lieues anglesches sur le pais. Et prindrent des paisans du pais qui leur distrent que l'arriere ban d'Angleterre estoit mandé à Londres pour venir sur les Françoiz. Et vindrent bien trois cens Angloiz de cheval coureurs pour veoir et esmer les Françoiz. Et prinstrent en queue les fourriers françoiz et en occistrent. Mais les Françoiz se mistrent en conrroy pour combatre. Lors les Angloiz s'en retournerent. Adonc ourent les Françoiz conseil de laissier la ville de Vincelze et se deslogerent.

1. Vincelze, Winchelsea, comté de Sussex.

Les Angloiz apperçurent qu'ilz laissoient Vincelze. Si manderent de leurs gens qui estoient là bien pres repostz. Et comme les Françoiz voulloient entrer en leur navire, les Angloiz leur vindrent courre sus moult asprement. Premierement vindrent ceulx de cheval courant pour soupprendre les Françoiz qui cuiderent bien que ce fut l'arriereban d'Angleterre. Si se hasterent moult d'entrer es nefz. Ung tropel de Françoiz estoit demouré derriere à Vincelze pour le pillage. Ceulx cy furent soupprins des Angloiz ainçoiz qu'ilz peussent estre parvenus aux nefz. Et en occistrent les Angloiz bien huit vingt, et de haste d'entrer es vaisseaux il s'en noya aussi plusieurs.

Lors par le conseil de monseigneur Moreau de Fiennez et du conte de Saint Pol et de monseigneur Jehan de Neuville, firent leur navire singler droit à Kalaiz pour scavoir s'ilz pourroient prendre Kalaiz du costé par devers la mer. L'escherguette de Kalaiz vit le navire de loing venir et crya qu'il veoit grant navire. Ceulx de Kalaiz s'appareillerent pour deffendre la ville et vindrent sur les murs. Lors les Françoiz s'en retournerent en Boulloingne, et s'en repaira chacun en son païs.

Monseigneur Louis de Harecourt, qui estoit prisonnier fiancé à ung Angloiz de petit estat, si promist à son maistre lui faire moult de bien. Son dit maistre, qui estoit simplez homs, et pour doubte des cappitaines Angloiz qu'ilz ne lui tollissent son prisonnier, fu à acort à monseigneur Louis. Et comme ilz faisoient semblant d'aler jouer, ilz s'en vindrent sur deux coursiers vistement tant qu'ilz furent hors des mains des Angloiz. Puis vint monseigneur Louis à Rouen, et fut estably de par monseigneur le duc de Normendie lieutenant pour le duc en Normendie comme eu paravant. Et monseigneur Philippe d'Alençon s'en demist qui avoit esté fait archevesque de Rouen.

Cy retourne la matiere à parler du roi Edouart d'Angleterre qui encorres tenoit son siege devant la cité de Rains. Comme cil qui estoit le plus sage guerroier du monde et le plus soubtil apperçut qu'il ne pourroit pas legierement prendre la dicte cité de Rains, pour laquelle cause il ordonna à lever son siege et s'en partir. Et adonc envoierent les Bourguignons monseigneur Jehan de Vienne pour raençonner la duchié, comme devant est faicte mencion, affin que o son host il n'y entrast. Et fut raençonnée à deux mille moutons de fin or qu'ilz paierent au dit roy d'Angleterre. Lequel dist que ce n'estoit pas son intencion d'avoir couru en la Bourgoingne, comme devant est dit.

Le roy Edouart d'Angleterre, apres ce qu'il oult levé son siege de par devant Rains, chevauca tant o son host qu'il passa Seyne et vint en Gastinois bruiant et courant le pais. Et tant esploita que lui et son host vindrent en Chartrain. Et là chey sur son host et sur lui une tres grant tempeste dont moult d'Angloiz moururent et plus encorres de leurs chevaulx. Ainsi avint jadiz eu dit terrouail à Rou, roy en partie de Danemarche, premier duc de Normendie, son anceseur, descendu de lui par droicte ligne de pere en filz par la succession du roy Guillaume Le Bastard, duc de Normendie, qui conquist Angleterre. Par quoy le dit Edouart roy d'Angleterre, considerant que jadiz les ennemis qui degastoient la terre Nostre Dame de

Chartres avoient là receu tourmens, et en icelle terre lui cheoit sur son host tourment, le plus tost qu'il poult se parti du pais, et vint chevaucant par devant Paris.

Alors estoit son host demi affamé, car ilz ne trouvoient que mengier. Et pour ce vindrent pardevant Paris le roy d'Angleterre et son host, c'est assavoir le prince son ainsné filz et ses freres rengiez comme pour combatre. Monseigneur le duc de Normendie, regent le royaume de France, estoit pour lors à Paris, mais pou avoit de gens d'armes au regart de l'ost au roy d'Angleterre. Monseigneur Rifflart de Flandres, avec lui aucuns souldoiers, furent sur les Angloiz, mais pou y arresterent, car l'arrestement n'y estoit nul.

Par l'ordonnance du conseil de monseigneur le duc de Normendie, regent le royaume de France, furent envoiés en l'ost du roy d'Angleterre le conte de Tancarville et monseigneur Boussicaut pour traictier devers le roy d'Angleterre de la delivrance du roy Jehan de France. Et de leur premiere venue fut le roy Edouart moult dur, et demanda moult grant chose. Premierement il demanda la duchié de Normendie tout entiere, laquelle il disoit estre sienne par ancesourie, puis par semblable la duchié d'Acquitaine ou Guienne, puis la conté de Poitiers et d'Angiers, tout paravant qu'il tenist parole de la redempcion du roy Jehan. Et icelles terres et pocessions lui delivrées, il mettroit à raisonnable raençon le dit roy de France. Le conte de Tancarville et Boussicaut lui distrent que ce qu'il demandoit n'oseroient rapporter au regent, aux barons ne au conseil du regent. Et furent par plusieurs jours devers le roy d'Angleterre sans aucune chose faire, tant qu'ilz se vouldrent partir, et vindrent devers le prince de Galles pour le requerir. Le prince vint devers son pere et parlerent sur ce ensembles. Et à brief raconter il se restraint que, pour tenir paix au royaume de France et pour delivrer le roy Jehan, il auroit la duchié de Guienne, la conté de Poitiers, la conté de Pontif[1], la conté de Guines et Kalaiz et toutes les appartenances appartenant aus dictes terres par declaracions et limitacions qui seront contenues en chartres ou lettres qui de ce seront faictez. Et pour la raençon du roy Jehan de France, on lui paieroit trente six cens mille flourins de fin or nommez frans, la piece pesant deux esterlins et demi d'or.

Cest traictié fut par les dessus diz aporté à monseigneur le duc de Normendie, ainsné filz du roy Jehan de France, regent le royaume. Lequel, pour la delivrance de son pere, comme vray filz, à son tres grant grief et prejudice de lui et du royaume dont il estoit le droit heritier, nonobstant ce, pour mettre son pere hors de prison et des mains de ses ennemis, les dessus dictes choses et la tres excessive raençon acorda à paier et enteriner. Pour laquelle delivrance parfournir, l'archevesque de Sens, le conte de Tancarville, l'abbé de Clugny, monseigneur Boussicaut, et monseigneur Raoul de Gollons, de par monseigneur le duc et regent, furent envoiéz pour passer et acorder eu nom de lui le dit traictié au roy d'Angleterre. Lequel traictié fut promptement juré devant Paris.

Premierement fut juré à tenir par le roy d'Angle-

---

1 Ponthieu.

terre en sa personne, par son ainsné filz Edouart, prince de Galles et par l'archevesque de Cantorbiere. Et de par monseigneur le duc le jurerent les dessus diz traicteurs eu nom de leur dit seigneur le regent. Trop fut ce traictié legierement acordé eu grant grief et prejudice du royaume de France. Car l'ost du roy d'Angleterre n'avoit que mengier, et si n'avoit nulz vivres sur le plat pais. Car tout s'estoit retrait es forteresses, chasteaux et bonnes villes qui n'estoient pas legieres à conquerir. Par quoy il falloit que le dit roy d'Angleterre et son host par force vuidassent et partissent du royaume de France, car ilz ne trouvoient que mengier, et si estoient ja demi affamez. Et si prejudicia trop ce dit traittié à la couronne de France. Car depuis qu'il fut tout passé et acordé, le dit roy Jehan ne vesqui que ung pou apres. Dont ce fut grant domaige pour le royaume de France.

Il est à supposer que ceulx qui firent ce dit traittié le firent à bonne entencion à leur adviz au bien du royaume et pour la delivrance du roy Jehan de France.

Cy raconte l'istoire que, quant cestui acord fut fait, passé et agreé par le roy Edouart d'Angleterre, il se parti et se desloga de devant Paris, lui et son host pour aler en Angleterre, et s'en ala pour passer tout droit à Kalais. Son ainsné filz le prince remaint aprez lui en France pour faire faire et deviser les chartres ou lettres de ce traictié et acort dessus diz.

En cest temps durant, ung bourgoiz de Londres que l'en nommoit Henry Picart parti d'Angleterre à bien quatre vingt vaisseaux pour courre en France comme les Françoiz avoient fait en Angleterre. Cestui Henry Le Picart avoit bien en sa route diz mille An-

gloiz et vindrent arriver en Seine à la fosse de l'Eure.
Et là prinstrent terre les Angloiz et yssirent hors de
leur navire, car il n'y avoit sur le païs qui les contre-
deist. Puis vindrent en conrroy rengiés et assaillirent
le fort de l'Eure tres efforciement tant jour que nuyt
que le fort leur fut rendu. Car, à voir dire, ceulx de
dedens se deffendirent moult bien, mais contre si
grant force ne le povoient tenir. Et se partirent ceulx
de l'Eure et vindrent à Harefleu. Maiz ceulx de Harefleu ne les laisserent pas entrer en leur ville. Moult
fut le païs esmeu de leur venue. Les nouvelles en vindrent à monseigneur Louis de Harecourt, lieutenant
de monseigneur le duc de Normendie, qui estoit à
Rouen. Et adonc fit monseigneur Louis sa semonce
bien en haste et manda le conte de Harecourt, son
nepveu, qui vint là à grant compaignie de nobles
hommes. Monseigneur d'Estouteville, monseigneur de
Berreville, monseigneur de Clere, monseigneur de
Blainville, monseigneur de Basqueville, monseigneur
d'Esneval et tous les plus haulz gentilz hommes du
païs de Caux se mistrent en sa route et vindrent à
Harefleu, et là furent en frontiere pour garder le païs
contre les Angloiz. Et par telle maniere gardoient le
païs qu'ilz ne se povoient advitailler sur le dit païs.
Car ilz chevaucoient de jour à autre comme les Angloiz
yessoient sur terre aucune foiz. Maiz les Angloiz ne
povoient rien conquester, car la route de monseigneur
Louis et du conte estoient tousjours à costé d'eulx qui
ne les laissoient advitailler, et moult en occistrent des
Angloiz. Comme ilz estoient sevrés de leur host pour
querir vivres, ilz leur couroient sus.

Et quelque Henry Le Picart estoit encorres à l'Eure,

vindrent les nouvelles de la paix à monseigneur Louis de Harecourt et aussi d'autre partie aux Angloiz. Et s'en ala et passa en Angleterre le prince de Galles es nefz que Henry Le Picart avoit amenées, apres ce que les chartres du traictié ourent esté devisées et escriptes en la fourme et maniere qui ensuit.

Cy dit l'istoire que, quant le roy d'Angleterre fut retourné en Angleterre, il fit delivrer le roy Jehan et vint à lui et lui dit : « Beau frere de France, moy et vous sommes, la mercy Dieu, en bon acort. » Et s'entreacolerent et baiserent les deux roys. Au devant, le roy Edouart n'avoit oncquez appellé le roy Jehan ne son pere roys de France. Et apres briefve saison vint à Kalaiz le roy Jehan et le roy Edouart et son filz le prince de Galles. Là vindrent à eulx les barons de France et les prelas. Et principalment vint devers le roy de France monseigneur le duc de Normendie, dalphin de Vienne, son ainsné filz, avec lui monseigneur le duc d'Orliens frere du roy Jehan, monseigneur d'Angou, monseigneur de Berry, filz du dit roy o tous les plus nobles du royaume de France, tant du sang royal que d'autres et semblablement des autres gens des bonnes villes du dit royaume pour veoir et visiter leur souverain seigneur le roy Jehan de France.

A la court du roy d'Angleterre vint monseigneur Philippe de Navarre. Et le jour qu'il vint, donnoit le roy d'Angleterre disner au roy Jehan. Et sur leur disner vint monseigneur Philippe de Navarre contre lequel le roy Edouart se leva. Et à icelui disner requist le roy Jehan au roy Edouart ung don. Et le roy Edouart lui respondi : « Beau frere, il n'est chose dont je vous escondisisse, hors mon honneur et mon deshe-

ritement. » Et lors lui respondi le roy de France :
« Ce que je vous requier n'est riens de ce. » Donc dit
le roy d'Angleterre : « Beau frere et je le vous donne. »
Et lors l'en mercia le roy de France et lui dit : « Icellui
don est tel que mon cousin le conte de Flandres qui
cy est ait paix à vous comme moy. » De ce fist le roy
d'Angleterre triste chiere et dit au roy de France :
« Beau frere, c'estoit la chose du monde que plus
enviz eusse fait, car c'estoit m'entente de le guerroier
de tout mon povoir. Et estoit l'omme du monde que
je pensoye à plus grever. Maiz puis qu'il vous plait, je
le vueil et acorde vostre requeste. »

Par ceste maniere, fut fait l'acort et la paix du conte
de Flandres par devers le roy d'Angleterre. Et l'andemain Jehan le roy de France donna à disner au roy
d'Angleterre. Et à celle feste furent les enfans de
France et le duc d'Orliens, et y furent avec le dit roy
d'Angleterre, son ainsné filz le prince de Galles et
tous ses freres. Et comme l'en vouloit le roy d'Angleterre asseoir, ne vit pas monseigneur Philippe de Navarre. Lors dist par ceste maniere au roy de France :
« Beau frere de France, il fault que vous me donnes
ung don, et je le vous requier. » Donc dit le roy de
France : « Beau frere, dittez ! » Lors dist le roy d'Angleterre : « Beau frere, je vous prie que beau cousin
Philippe de Navarre ait sa paix avec vous. » Et donc
dit le roy de France : « Beau frere, pour l'amour de
vous, je le vueil. » Lors fut mandé monseigneur Philippe de Navarre. Et comme il vint pour faire la reverence au roy d'Angleterre, le roy Edouart lui dist :
« Beau cousin, ales par devers beau frere de France
qui vous a donné paix. » Et lors vint monseigneur

Philippe de Navarre par devers le roy de France, et le tenoit le dit roy Edouart par la main, lequel dit au roy de France : « Beau frere, je vous livre le plus loial chevalier qui oncquez passast la mer pour venir à ma court. » Et là s'entrejurerent paix à tenir le roy de France et monseigneur Philippe de Navarre. Et tant comme depuis vesquirent, ilz furent bons amis ensemble, et bien garderent la paix l'un à l'autre.

Ainçoiz que le roy de France partist de Calaiz, furent livrés les hostages au roy d'Angleterre pour le dit roy Jehan de France, c'est assavoir les deux fils du roy monseigneur Louis, conte d'Angou, monseigneur Jehan conte de Poetiers, le duc d'Orliens frere du dit roy Jehan, le duc de Bourbon, le conte d'Alençon, le conte de Bloiz, le conte de Saint Pol, le conte de Harecourt, le conte de Porcien, le conte de Valentinois, le conte de Brene, le conte de Vandeb[1], le conte de Feres[2], le conte de Beaumont[3], le sire de Coussi, le sire de Fieules, le sire de Preaux, le sire de Saint Venant, le sire de Guencieres[4], le dalphin d'Auvergne, le sire de Hangest, le sire de Montmorency, monseigneur Guillaume de Craon, monseigneur Louis de Harecourt, monseigneur Jehan de Ligny.

Item, furent bailliez en hostage pour le dit roy Jehan de France, c'est assavoir quatre bourgoiz de Paris, deux de Rouen, deux de Thoulouse, deux de Rains, deux de Tours, deux de Lyon, deux de Bourges, deux de Chalon, deux de Troye, deux de Chartres, deux

1. Vaudemont.
2. Forez.
3. Le vicomte de Beaumont.
4. Garencières.

d'Orleans, deux de Compiengne, deux de Caen, deux de Saint Osmer, deux d'Arras, deux de Lysle, deux de Tournoy, deux de Beauvaiz, des plus suffisans des dictes villes et cités. Et si furent encorres en hostage monseigneur d'Estouteville, monseigneur de Roye et monseigneur de La Roche.

Puis fut delivré le roy Jehan de France. Et le roy Edouart repassa la mer et envoia ses hostages en Angleterre. Le roy de France vint en son royaume et vint droit à Paris où il fut tres solempnelment receu. Et estoit Paris encourtiné moult richement. Et estoient les citoiens vestus de robes pareilles. A son encontre fut monseigneur le duc de Normendie, dalphin de Vienne, et moult de haulx princes et barons de France. Le roy de Navarre vint à l'encontre du dit roy Jehan à Saint Denis en France, et là fist la reverence à son seigneur le roy de France. Maiz il ne vint pas à Paris où le roy Jehan fut tres joieusement receu. Et avoit à Paris, quant le roy Jehan y entra, fontaines qui rendoient vins de plusieurs manieres.

Apres ce que le roy Jehan fut venu de prison, fut fait ung grant concille pour avoir voie de paier la raençon du dit roy qui se montoit, comme devant est dit, trente six cens mille frans flourins de fin or. Et fut acordé à icelui parlement par les prelas, par les nobles et aussi par les bonnes villes, pour paier la dicte somme de la redempcion du roy, que jusquez à six ans courroit en France l'imposicion de douze deniers pour livre et la gabelle et le treiziesme du vin, et sur le plat païs cinq solz pour feu à mettre hors les ennemis du royaume de France. Et pour les diz Angloiz ennemis mettre hors, comme par le traictié avoit esté promis de par le roy d'Angleterre, demoura en France monseigneur Thomas de Hollande, lequel fist vuider la plus grant partie des forteresses anglesches que les diz Angloiz tenoient en France et en Normendie. Et en ce faisant lui sourvint une maladie à Rouen dont il mourust. Et fut enterré aux Freres mineurs à Rouen la sepmaine d'aprez Noel, l'an de grace mil trois cens soixante. Icestui monseigneur Thomas de Hollande avoit espousée une des plus belles dames du monde et moult noble. Apres le trespassement de son dit seigneur, moult de nobles chevaliers qui moult avoient servi le roy d'Angleterre et le prince son filz en leurs guerres, vindrent requerre au prince qu'il lui pleust à pa[r]ler à la contesse de Hollande. En especial ung dés haulz hommes et nobles d'Angleterre nommé monseigneur de Brocas, tres bon chevalier, qui moult grandement avoit servi le prince et pour lui tant en ses guerres que autrement avoit moult travaillié, requist le prince qu'il lui pleust tant faire qu'il eust la dicte dame et contesse pour lui à femme et qu'il en parlast à la dicte dame.

Le prince pour le dit chevalier parla à la dicte dame de Hollande par plusieurs foiz. Car moult voulentiers aloit pour soy deduire veoir la dicte dame qui estoit sa cousine et souventeffoiz regardoit sa tres grant beauté et son tres gracieux contenement qui merveilleusement lui plaisoit. Et comme une foiz le prince parloit à la dicte contesse pour le dit chevalier, la contesse lui respondi que jamaiz espoux n'auroit. Et elle, qui moult estoit soubtille et sage, par plusieurs foiz le dit au prince. « Ha! A! se dit le prince, belle cousine, en cas que vous ne voulez marier à mez amis, mal fut vostre grant beauté dont tant estes plaine. Et se vous et moy ne nous apartenissons de lignage, il n'est dame soubz le ciel que j'eusse tant chiere comme vous. » Et alors fut le prince moult soupprins de l'amour à la contesse. Et lors prinst la contesse à plourer comme femme soubtille et plaine d'aguet. Et donc le prince la prinst à conforter et la prinst à baisier moult souvent en prenant ses larmes à grant doulceur et lui dit : « Belle cousine, j'ay à vous parler pour ung des preux chevaliers d'Angleterre, et avec ce il est moult gentilz homs. » Madame la contesse respondi en plourant au prince : « Ha! sire, pour Dieu vueillez vous souffrir de me parler de telles paroles. Car c'est mon entente que je n'aye jamaiz espoux. Car je me suys du tout donnée au plus preux de dessoubz le firmament. Et pour l'amour d'icellui, jamais espoux fors Dieu n'auray tant que je vivray. Car c'est chose impossible que je l'aye; et pour la sienne amour me vueil garder de compaignie d'omme, ne jamaiz n'est m'entencion de moy marier. »

Le prince fut moult en grant desir de scavoir cil qui estoit le plus preux du monde, et moult requist la contesse qu'elle lui deist. Maiz la dicte contesse, plus l'en veoit eschauffé, plus lui prioit qu'il n'en cerchast plus avant, et lui disoit : « Pour Dieu, tres chier seigneur, en soy agenouillant, pour la tres douce Vierge mere, vueilliez vous en souffrir atant. » A brief raconter, le prince lui dist que, s'elle ne lui disoit qui estoit le plus preux du monde, qu'il seroit son mortel ennemy. Et lors lui dit la contesse : « Tres chier et redoubté seigneur, c'est vous, et pour l'amour de vous jamaiz à mon costé chevalier ne gerra. » Le prince qui moult fut adonc embrasé de l'amour à la contesse lui dit : « Dame, et je voue à Dieu que jamaiz autre femme que vous, tant que vous vivres, n'auroy. » Et presentement la fiança, puis apres assez briefment il l'espousa.

Edouart, le roy d'Angleterre, sceut comme son filz le prince avoit la contesse de Hollande prinse et qu'il l'avoit espousée. De laquelle chose il fut merveilleusement marry et dolent et voult qu'elle fust mise à mort. Car moult plus hautement se fust le prince marié, et n'avoit empereur, roy ne prince soubz le ciel qui n'eust eu grant joye, se le prince de Galles se fust mist en son lignage.

La princesse sceut comme le roy d'Angleterre la heoit et dit à son seigneur le prince que pour Dieu elle fust mise hors d'Angleterre. Car elle estoit certaine que le roy d'Angleterre la feroit mourir, s'il la tenoit, et aussi le scavoit bien le prince. Et pour ce l'en emmena le prince en Guienne et vindrent à Bordeaux. Et là oult elle ung filz qui fut nommé Richart qui depuis fut roy d'Angleterre, car ensainte estoit ainçoiz qu'elle partist d'Angleterre. La dicte princesse avoit une fille de monseigneur Thomas de Hollande, laquelle prist à femme monseigneur Jehan de Montfort qui puis fut duc de Bretaingne. De ce que le prince prist la contesse furent les Angloiz moult dolens et couroucés. Et de ce furent mal meuz vers le prince, et ne les povoit l'en plus couroucier que d'en parler devant eulz.

Jehan, le noble roy de France, aprez ce qu'il fut venu d'Angleterre à Paris, il ala en Avignon par devers le Saint Pere pour plusieurs causes et principalment pour sa delivrance et de ses hostages plus briefment expedier, et aussi en especial comme vray catholique et bon crestien pour les ennemis de la foy confondre et la Saincte Terre de Jherusalem mettre en la main des Crestiens. Car le dit roy Jehan avoit en voulenté et propos d'aler en saint voiage, lequel son bon pere Philippe de Valloiz avoit emprins quant il en fut destourné par la guerre qui sourdi entre lui et le roy Edouart d'Angleterre. Et pour ce qu'il y avoit paix jurée entre les deux roys, le dit roy Jehan pour acomplir son dit bon desir, estoit pour ce allé, comme dit est, devers le Saint Pere.

A la venue du roy de France vindrent les cardinaulx à l'encontre de lui, et l'aconvoierent depuis Ville Neufve jusques au palais du pape. Et là fut tres sollennelment receu du pape. Car à l'entrée de son palais vinst le Saint Pere encontre le roy de France comme au plus noble des roys crestiens et lui fist le Saint Pere tres especial honneur et reverence. Tandis comme le roy Jehan de France fut devers le Saint Pere, vint en Avignon Pierres le bon roy de Cyppre, lequel estoit ung tres excellent prince, hardi et preux pour la foy catholique deffendre et essaucier. D'aucuns des cardinaulx fut acompaignié à venir à court par devers le Saint Pere qui moult joyeusement le reçut pour ce qu'il estoit venu pour l'operacion divine, pour la foy catholique de Jhesucrist essaucier. Et apres ce que le roy de Cypre eust esté par devers le Saint Pere, vint par devers le roy de France, qui moult lui fist grant honneur.

Innocent, le pape de Romme, assembla son concille pour la saincte terre de Jherusalem delivrer de la main des Sarrazins. Et là prescha le pape le saint voiage au dit roy de France et au dit roy de Cyppre. Lesquelz par l'inspiracion divine pristrent la croix pour aler eu dit saint voiage. Et pour icelle cause, comme dit est, estoit le dit roy de Cypre venu par devers le Saint Pere pour lui denoncer que les Turcs et le prince de chevalerie du soudent avoient destruit aussi comme toute la plus grant partie du royaume d'Armenie. De laquelle chose le pape fist moult piteux reclaim, et par piteuses paroles le monstra au dit roy Jehan de France. Lequel pour la bonne affection qu'il y avoit et pour la grant necessité qu'il veoit et avoit, prist la croix par la main du dit Saint Pere en entencion d'aler en saint voiage. Et apres le service fait, le pape donna à disner au roy de France et au roy de Cyppre. Et au doys qui fut ordonné pour le roy de France le plus prochain du pape, le roy Jehan, ains qu'il fust assiz ne qu'il se seist, pria le roy de Cypre qu'il se seist à sa table. Maiz par nulle maniere le roy de Cyppre ne se voult seoir avec le roy de France. Et comme le roy Jehan le prist pour seoir, le roy de Cyppre lui dit : « Tres chier sires, il ne m'apartient pas de seoir jouxte vous qui estes le plus noble roy des Crestiens. Car au regart de vous, je ne suys que ung vostre chevalier. » Et toutesvoyes falust il qu'il se seist jouxte le roy de France.

Quant les deux roys eurent par certaine espace de temps sejourné avec le Saint Pere, le roy de France s'en ala à Nimes pour les affaires du royaume. Et Pierres, le bon roy de Cyppre, vint en France pour pourchasser chevaliers à fournir son emprise, et vint par devers le conte de Flandres, qui le reçut moult honnourablement. Et apres qu'il fut parti de Flandres, il vint en Normendie par devers le duc de Normendie, son cousin, qui le reçut tres joieusement, et ala en l'encontre de lui au dehors de Rouen, et le mist tres solennelment en la cité. Et fut le dit roy de Cyppre avec le dit monseigneur le duc bien par l'espace de ung mois. Puis ala veoir le duc de Bretaingne, et puis retourna à Rouen, et de là s'en ala et passa la mer, et ala par devers le roy d'Angleterre. Et fist le roy d'Angleterre ung grant semblant au roy de Cyppre. Et comme le roy d'Angleterre donna une foiz à disner au roy de Cyppre, il luy dit : « N'avez-vous pas emprins à conquerre la Saincte Terre? Quant vous l'aurez conquise, vous devres rendre le royaume de Cyppre que jadiz mon anceseur le roy Richart bailla à garder à vostre predecesseur. » Le roy de Cyppre apperçut et entendi bien les paroles du roy d'Angleterre et parla d'autres paroles comme se il ne l'eust point entendu. Puis ne demoura guaires en Angleterre et prist congié du roy Edouart et retourna en France.

Jehan, le roy de France, escript à monseigneur Philippe de Navarre comme il avoit prins la crois, et que au plaisir de Dieu c'estoit son entente d'aler oultre mer en saint voiage de la Saincte Terre. Monseigneur Philippe de Navarre lui rescript en lui suppliant qu'il lui pleust le acompaignier d'aler avec lui en icellui saint voiage et qu'il le serviroit de mille combatans, et que c'estoit la chose de monde dont il avoit plus grant desir que de guerroier les ennemis de la foy. De la response de monseigneur Philippe de Navarre fut moult grandement liez et joyeux et dist ces paroles le roy Jehan de France qui furent ouyez :

« Il fut jà ung jour que c'estoit mon mortel ennemi. Or est, la Dieu mercy, mon parfait amy nostre amé cousin Philippe de Navarre. Bien m'en dist vray mon frere le roy d'Angleterre, quant il fist l'acord d'entre moy et luy. » Puis escript à monseigneur Philippe de Navarre le roy de France comme il le faisoit maistre et gouverneur de toutes ses gens à icelle emprinse d'aler sur les mescreans Sarrazins, ennemis de la foy.

Cy raconte l'istoire apres à parler de monseigneur le duc d'Anjou, filz du roy Jehan, que, comme il eust esté en hostage en Angleterre par l'espace de demi an et plus, il requist licence par devers le roy d'Angleterre de venir ung jour en France. Le roy Edouart d'Angleterre ne lui en voult donner congié. Dont le duc d'Angou oult moult grant despit que lui, qui estoit filz du plus noble roy crestien, estoit tenu en telle subgection. Pour laquelle chose, le dit duc d'Angou fist tant et moult secretement qu'il eust une nef, et se parti celéement d'Angleterre, et s'en vint en France en sa terre. Et de sa venue tant fist segretement que monseigneur le duc de Berry, son frere, ne monseigneur le duc d'Orleans, son oncle, n'en sceurent riens. Edouart, le roy d'Angleterre, fut moult yrés de ce que le duc d'Angou s'estoit parti d'Angleterre, et fist aux barons de France si estrechier leur prison qu'ilz n'avoient fors la cité de Londres. Puis manda le dit roy Edouart à monseigneur Jehan Jouel, qui avoit et tenoit plusieurs fors en Normandie, qu'il guerroiast en France en son propre nom comme Jehan Jouel. Et fut une guerre couverte. Monseigneur Jehan Jouel prist lors à guerroier en France et par especial en Normendie et garny ses forts moult grandement et pilla le pais, si qu'il falut que les gens des villes du plat pais d'entour se raençonnassent à luy.

Le roy Jehan de France soult comme son filz le duc d'Angou s'en estoit venu en France de Angleterre. Pour quoy vint à Paris et en fut tres grandement couroucié. Car le dit roy Jehan avoit semons ung tres grant parlement auquel vindrent les grans barons de France, le conte de Flandres et monseigneur Philippe de Navarre. Et comme le dit monseigneur Philippe vint au dit parlement, le roy se dreça contre lui et le fit asseoir contre lui. En icellui parlement, fut traictié de l'emprinse du roy d'aler oultre mer, et par avant de delivrer ses hostages et de satifier le roy d'Angleterre de sa raençon.

En icellui parlement, fist le roy scavoir à son filz le duc d'Angou qu'il y fu[s]t, maiz il se fist excuser. Neantmoins le dit monseigneur d'Angou fit demander sauf conduit de venir à son pere le roy Jehan, pour ce qu'il se doubtoit que le roy son pere ne le voulsist detenir prisonnier.

En Angleterre, oult une tres grant mortalité de mort moult hastive. En icelle mortalité, mourust tres grant quantité de gens et des hostages grant foison, c'est assavoir monseigneur le conte de Saint Pol, monseigneur de La Roche, monseigneur de Preaux de qui monseigneur Jehan de la Riviere espousa sa fille, heresse de la terre de Preaux, laquelle apres le trespassement d'icellui monseigneur Jehan de la Riviere fut mariée à monseigneur Jacques de Bourbon. Et des bourgois des bonnes villes de France moururent d'icelle mortalité grant partie des hostages. Et par especial y moururent les bourgoiz de Paris et ceulx de Rouen, sire Amaury Filleul et sire Jehan Mustel, qui estoient pour le roy de France en hostage.

Cy apres dit que il vint une armée d'Angleterre qui estoit d'Angloiz à monseigneur Jehan Jouel, et estoient bien quatre cens glaives. Monseigneur Jehan Jouel si fist une chevauchie et print le fort d'Auvillier. Puis vint devant Bernay et se loga devant le fort. Monseigneur Philippe de Navarre lui manda qu'il vuidast et qu'il n'avoit cause de faire guerre. Monseigneur Jehan Jouel ne fist rien pour le mandement du dit monseigneur Philippe.

Adonc manda monseigneur Philippe de Navarre tous les nobles de Normendie et ceulx de Rouen. Car le dit monseigneur Philippe avoit de par le roy Jehan lettres patentes à seel pendant en las de saye et cyre vert que tous fussent prestz pour venir à son mandement comme au propre ban du roy. Pour quoy les nobles et gens des bonnes villes vindrent au mandement du dit monseigneur Philippe de Navarre, lequel chevauca contre monseigneur Jehan Jouel qui pas ne l'attendi à combatre, et lors donna congié à ses gens.

En iceste chevauchie, avint que monseigneur Philippe de Navarre estoit au Bec Thomas où il attendoit ceulx de Rouen, qui là vindrent à lui en la compaignie de monseigneur de Blainville et des nobles de Caux. Et avec eulx venoient marchans portans vivres. Et alors n'avoient point de vin se pou non en l'ost, fors monseigneur Philippe de Navarre à qui il fut dit que les gentilz hommes n'avoient que boire. Monseigneur Philippe fist crier que tous venissent mengier avec lui, et fist mettre les nappes en ung gardin, et là furent les chevaliers et escuyers venuz. Monseigneur Philippe n'avoit que deux barilz de vin qu'il fist getter en une fontaine qui estoit en ce gardin et dist : « Beaux seigneurs, or faisons liement et prenons à gré, car à present je ne vous puis plus de vin aisier. » Des seigneurs et gens d'armes fut icellui soupper tres parfaictement prins en gré. A la tres grant et bonne chiere qu'il fist aux gens d'armes celui jour lui prinst la maladie de la mort d'une froidure qui le prinst apres le chault.

Apres ceste chevauchie, le dit monseigneur Philippe de Navarre, le bon chevalier, qui tant paramoit l'amour des gens d'armes, par sa grant doulceur et courtoisie, dont en son temps par deça la mer n'avoit plus courtois de lui ne plus sages jeunez homs de son estat, il vinst à Vernon et là acoucha malade, et fut tant la maladie griefve qu'il en mourust. Moult estoit madame la royne Blance couroucie de veoir la mort de son frere qui tant parestoit plain de grant hardement avec sa tres haulte noblesse, et moult piteusement le pleingnoit.

Monseigneur Philippe de Navarre, quant il fut apressé du mal, il se fit confez moult devotement. Et moult fut regretant Jehan le roy de France disant : « Ha! ha! Jehan, tres redoubté et souverain seigneur, departir me convient de la tres haulte emprinse que vous m'avieez octroiée du saint voiage d'oultre mer. Celui seigneur qui y voult p[r]endre char humaine vous doint fournir vostre voiage! » Puis redist monseigneur Philippe de Navarre apres ung souppir : « Ha! beau frere Charles de Navarre, moult s'esveilleront encontre vous voz ennemis apres ma mort, et moult se peneront de vous troubler par devers Jehan le noble roy de France. » Apres ce que monseigneur Philippe oult ce dit, ne parla se pou non. Et lui bailla l'en ses derrains sacremens et l'absolucion « a pena et culpa » qu'il avoit requiz qu'elle lui fust leue. Puis getta le derrain souppir et trespassa moult devotement. Ses seurs madame la royne Blance et madame Jehenne de Navarre faisoient le plus merveilleux dueil du monde, criant : « Hélas ! Dieu, que fais tu, qui nous hostes nostre bon frere et nostre espoux ? Espoux voirement, car par lui estions gardées et soustenues. Or avons nous tout perdu. » Nul ne les povoit conforter. Et par le conseil de madame la royne Blance, le corps de monseigneur Philippe de Navarre fut mis en sepulture en la cité d'Evreux, en la mere eglise de Nostre Dame, ainsi comme à si noble et si hault homme appartenoit. Jehan le roy de France fut moult dolent de la mort de monseigneur Philippe de Navarre, et en fist faire tres grant service et grandes omosnez pour prier Dieu pour lui.

Le Saint Pere pape Innocent trespassa de cest siecle. Et apres ce les cardinaux, comme de ce est acoustumé, furent en consistoire pour eslire et nommer pape. Mais ilz ne peurent estre d'acort. Et pour la cause du descord d'entre eulx furent enfermés et enserrés jusquez à tant qu'ilz eussent nommé ung pape et esleu. Les cardinaulx furent tous d'acord qu'ilz s'en mettroient en l'election de trois d'eulx, c'est assavoir monseigneur le cardinal de Bouloingne, le cardinal [de] Pierregort et le doyen des cardinaulx. Yceulx cardinaulx ne povoient estre d'acort. Car chacun y voulloit mettre ung syen parfait amy, car estre ne le povoient. Et donc, par la grace du Saint Esperit, advint que le cardinal de Bouloingne dist aux austres deulx cardinaulx : « Nous ne povons estre d'acort de faire ung de nous cardinaulx Saint Pere. Et il y a ung bon preudomme qui est abbé de Marcelles. C'est ung vaillant et suffisant homme. Je lui donne ma voix. » Les autres esleuz cardinaulx distrent à une voix sans le descorder ne debater : « Ainsi le voullons nous. » Ainsi fut il pape esleu et fut mandé. Il vint et fut consacré à Saint Pere, et fut appellé pape Urbain. Et paravant en son propre nom estoit appellé domp ou frere Jehan Grimouart, et estoit homme de bonne vie et saincté.

Cestui pape Urbain fist moult de bien aux clers et leur donna les benefices de saincte eglise. A aucuns clers mal lettrés, qui par faveur des grans princes avoient plusieurs et grans benefices, le pape Urbain leur recouppa leurs grans prouvendes et en donna aux bons clers qui en avoient pou.

Cy raconte du roy Jehan de France qui, pour la venue de son filz monseigneur d'Angou, pour ce que en nulle maniere il ne voulloit enfraindre le traictié de lui et du roy d'Angleterre, estoit moult desplaisant. Et adfin que on ne peust dire que par lui feust en rien l'acort corumpu, et aussi que le roi Edouart ne estrechast aux hostages leur prison, le dit roy Jehan de France passa la mer en Angleterre, et s'en ala en sa propre personne restablir prison pour son filz. Car le dit monseigneur d'Angou par nulle voye, pour doubte de aspre prison, ne voulloit retourner en Angleterre. Et ainçoiz que le dit roy Jehan partist de France, il fit et establi son lieutenant et regent le royaume son ainsné filz duc de Normendie et dalphin de Vienne. — Puis passa, comme dit est, la mer et ala en Angleterre pour apaisier et satifier son frere le roy d'Angleterre de ce que monseigneur d'Angou son filz s'estoit parti d'Angleterre sans sa licence. Moult soult grant gré le roy d'Angleterre à son frere le roy de France de ce qu'il le vit si plain de loiauté. Et bien grandement s'en tint content du fait du duc d'Angou pour la tres grant foy et loiauté du dit roy Jehan de France son pere. Moult souvent disoit le roy Edouart d'Angleterre que oncquez si loial prince n'avoit veu comme estoit son frere Jehan le roy de France.

En cest temps que le dit roy Jehan fut seconde foiz en Angleterre, monseigneur Jehan Jouel, chevalier angloiz, fit guerre en Normendie et en Chartrain. Et en une chevaucie qu'il fit par France, il vint devant une forteresse qui estoit nommée Rouleboise. Et prist le chastel fors la tour en laquelle madame de Rouleboise avec autres nobles dames et gentilz hommes se retrairent, et moult bien la deffendirent. Mais monseigneur Jehan Jouel consentit que la dame et autres damoiselles fussent mises dehors de celle tour. Et quant elle fut dehors, il fit mettre la dame et les autres en une charette, et lors fit enfondrer la tour et assaillir d'icelle partie. Pourquoy de la tour par nulle voie n'osoient getter de celle partie, car ilz eussent getté sur leur dame et mise à mort. Et par ce prinst monseigneur Jehan Jouel le dangon de Rouleboise, et puis en envoia la dame et sa compaignie.

De la prinse du chastel de Rouleboise vindrent les nouvelles à monseigneur le duc de Normendie, regent le royaume, comme dit est, qui moult hastivement y envoia des gens d'armes pour rescourre le chastel, maiz ilz vindrent trop tart.

Et pour resister et garder la riviere de Seine, monseigneur le duc regent fit faire une armée de galioz à nage pour garder la dicte riviere et conduire la marchandise. Et furent en ceste armée grant partie de joennes hommes filz de bourgoiz de Rouen avec des arbalestriers de la dicte cité de Rouen. Et comme ilz deurent approchier de la dicte place, ilz se mistrent en ung lieu couvert jusquez au vespre. Puis vindrent devant le chastel et descendirent à terre sans faire noise et vindrent assaillir ung moustier que les Angloiz enforçoient. Et tant efforciement l'assaillirent que par force le prindrent. Lors yssirent plus de trente Angloiz lesquelz furent occiz de ceulx de Rouen excepté six qu'ilz prindrent à raençon. Et pour le jour qui venoit ilz se trairent en leurs galioz pour ce que les Angloiz du chastel estoient plus que eulx, car ilz n'estoient pas lors plus de trente jeunes hommes d'armes sans les nageurs et autres gens d'armes mal armés. Et en amenerent leurs prisonniers et avec ce amenerent tous les basteaux que les Angloiz avoient prins. Et firent iceulx des galioz une petite bastide pour garder la marchandise. Maiz les Angloiz renforcerent le dit moustier et y mistrent garnison. Et monseigneur d'Yvry, monseigneur de Blaru, monseigneur Guillaume Carbonnier, monseigneur Ligier d'Auricy et ceulx de la Bastide et ceulx de Mante vindrent assaillir le dit moustier et le prindrent.

En icelui an courant la date mil trois cens soixante trois, furent les plus grans gelées et le gregnieur yver que l'en eust oncquez veu ne ouy parler de plus de cent ans au devant. Et furent les rivieres si fort engelées que les Angloiz à grosses routes passerent à cheval la riviere de Seine et coururent en Veuguessin et emmenerent plusieurs prisonniers en leurs fortz et rappasserent par dessus la dicte riviere de Seine. Et pour resister contre eulx monseigneur le duc de Normendie fit faire une grande armée dont monseigneur Raoul de Reneval fut cappitaine, avec lui monseigneur de Blainville, l'amiral de France, monseigneur d'Aubegny, avec eulx moult de nobles hommes, affin que les diz Angloiz ne passassent plus la riviere de Seine. Puis apres le froissement des glaces les dessus diz nobles hommes firent une chevaucie par devant le fort de monseigneur Jehan Jouel.

Monseigneur le duc de Normendie, pour rebouter les ennemis du royaume, manda monseigneur Bertran de Clacquin, lequel admena une grosse route de Bretons avec de bons chevaliers, monseigneur Yvain Charuel, monseigneur Olivier de Manny, monseigneur Jacques de La Houssaye, Roulant de La Chenaye, La Barre, avec maint bon homme d'armes. En la route de monseigneur Bertran de Clacquin se mist le conte d'Aucerre et son frere le Vert Chevalier à belle route de gens d'armes. Par le mandement de monseigneur le duc de Normendie, vint avecquez le dit monseigneur Bertran la chevalerie de Normendie et de Picardie, premierement le mareschal de Normendie, le baron de La Ferté, monseigneur de Blainville, monseigneur le Baudrain de La Heuse, amiral de France, monseigneur de Basqueville, monseigneur d'Yvry, monseigneur de Blaru, monseigneur Jehan de la Riviere, seigneur de Preaux à cause de sa femme, monseigneur Regnault de Braquemont, monseigneur de Friquans, monseigneur de Betencourt, monseigneur le seneschal d'Eu, monseigneur de Clere, monseigneur d'Enneval, en leur route maint bon homme d'armes de Caux et de Normendie. Secondement, vindrent les chevaliers de Picardie, monseigneur d'Ennequin, maistre des arbalestriers, monseigneur d'Aubegni, monseigneur Raoul de Reneval, monseigneur Mahieu de Roye, monseigneur Hue de Chasteillon, le chastellain de Beauvaiz et le viconte des Kesnes. Tous iceulx nobles hommes et leurs mesnies vindrent avec monseigneur Bertran de Clacquin, et s'assemblerent à Mante les seigneurs, mais leurs gens n'y enstrerent pas.

A Pasques l'an mil trois cens soixante quatre, furent les dessus diz nobles à Mante où ilz firent leurs Pasques. Et l'andemain vindrent mettre siege devant le chastel de Rouleboise[1]. Et là vint le Besgue de Villaines, et se logierent devant le dit chastel. Et entour leur host firent fossez et hayez les diz Françoiz qu'ilz ne fussent soupprins.

L'un des cappitaines des Angloiz, nommé Gaultier Strot, avec lui ung archier, le samedi de cluses Pasquez sur la relevée, comme les vendeurs de cuisine appareilloient leurs chars pour vendre l'andemain en l'ost, cestui cappitaine yssi de son fort par ung lieu couvert, avec lui son archier, et vint en l'ost et prinst une haste de char et navra le vendeur. Car comme le dit Gaultier Strot le prenoit, le dit bonhomme lui dit qu'il n'emporteroit pas son haste sans argent et lui voult rescourre, parquoy il fut navré. Et lors s'en prist Gaultier Strot à venir vers son fort. Le paisant commence à crier : « Haro! haro! celui là m'a navré et si

---

1. Rolleboise, Seine-et-Oise, arr. Mantes, c. Bonnières.

m'a hosté par force mes derrées. » Aucuns le prindrent à suivir, et lors saillirent des Angloiz jusquez à vingt, que gens d'armes, que archiers, qui rebouterent ceulx qui suivoient Gaultier Strot et en navrerent aucuns de leur trait. Et en ce faisant bien douze ou quinze Angloiz yssirent semblablement de leur fort et prindrent ung troppel de marchans qui apportoient vivres en l'ost, et eulx et ce qu'ilz amenoient emmenerent dedens leur fort. Par quoy ceulx de l'ost s'armerent et vindrent assaillir le chastel, et là oult ung fort assault qui dura jusque au vespre. Et vindrent ceulx de l'ost avaller les fossez et se combatirent aux lances à ceulx du chastel. Et les Angloiz se deffendirent viguereusement et gettoient grosses pierres sur les Françoiz. Monseigneur Bertran et le conte d'Aucerre assaillirent ceulx du chastel par devant le pont, et pou s'en fallu qu'ilz ne gaingnerent le pont. D'autre partie furent les Normans et les Picars qui moult vassaument se porterent, maiz pour ce que jour failli remaint l'assault.

Apres cestui assault, le dimenche premier d'apres Quasimodo, monseigneur Bertran de Clacquin manda toutes ses gens qui vivoient sur le pais en Veuguessin et aillieurs. Et icelle nuit fit faire deux embusches. L'une fut devant Mante où estoit monseigneur Olivier de Mauny, Roulant de La Chenaye, monseigneur de Porquon, La Barre, en leur route huit vingt hommes d'armes. Et au matin, comme la porte fut ouverte et les gardes n'estoient pas encoires tous venuz, les Bretons saillirent sur le pont comme une charette yssoit de de la ville et coururent sus aux gardes de la porte, et gaingnierent la porte, et de plain front coururent parmi la ville. Ceulx de Mante furent ainsi soupprins.

Aucuns s'en fuioient par dessus les murs, les autres par eaue; les autres si fuioient aux eglises. Par quoy ceulx de la ville furent pilliez des Bretons. Des lors qu'ilz ourent gaigné le pont et la porte, ilz firent un signe que monseigneur Bertran congnut. Et ala à Mante avec lui monseigneur Yvain Charuel, avec eulx grant route de gens d'armes. Et fit crier par la ville que nul ne meffeist à femme ne à enfant, maiz la ville avoit ainçoiz este pillie. Aucuns des bourgoiz de Mante comme Jacquez Petrel, tresorier du roy de Navarre, maistre Jehan de Haincourt, Jehan Doubler et plusieurs autres si s'en fuirent à Meullent et se mistrent eu dangon de Meullent.

Par semblable maniere, monseigneur Jacquez de La Houssaye, avec lui bien quatre vingt Bretons, prist le fort de Vetheuil[1], et fut pillié comme Mante. Apres ce que Mante eust esté prise et pillie des Bretons, l'ost de devant Rouleboize se desloga. Monseigneur de La Ferté se mist en fort de Roony[2], et les autres gens d'armes s'en alerent. Puis aussi trois jours apres ce que Mante oult esté pillie et prinse, comme devant est dit, monseigneur Bertran et le conte d'Aucerre et leurs gens assaillirent Meullent. Et pour garder Mante, demoura monseigneur Yvain Charuel et le Vert Chevalier, frere au conte d'Aucerre, o bien deux cens hommes d'armes.

Monseigneur Bertran de Clacquin et le conte d'Aucerre vindrent à Meullent et l'assaillirent moult efforciement. Car ceulx de la ville se deffendirent moult

1. Vétheuil, Seine-et-Oise, arr. Mantes, c. Magny.
2. Rosny-sur-Seine, Seine-et-Oise, c. et arr. Mantes.

vertueusement, et furent par eulx trebuchiez ceulx qui montoient es eschielles dedens les fossez. Ceulx qui estoient en la tour, tant comme l'en assailloit la ville, se garnirent de vivres, de blés, de ferines et de chars. Et de tous vivres qu'ilz povoient avoir portoient et faisoient porter aux femmes et à ceulx de la ville qui n'estoient point sur les murs.

De l'autre partie de Seyne, vint à Meullent monseigneur le baron de La Ferté, monseigneur Baudouin d'Ennequin, maistre des arbalestriers, monseigneur d'Yvry, monseigneur de Blaru, monseigneur Jehan de La Riviere, monseigneur de Basqueville et monseigneur de Betencourt, en leur route bien trois cens glaives. Et quant aucuns se virent avironnez de tant de gens d'armes, si s'espuanterent et ourent paour que, s'ilz estoient prins par aucune aventure, que l'en ne les meist à mort. Si ouvrirent les portes à monseigneur Bertran et au conte d'Aucerre. Et lors entrerent ilz en la ville, et fut courue et pillie comme Mante avoit esté. Monseigneur de La Ferté et ceulx de sa route s'en retournerent quant ilz virent que la ville eust esté prinse.

Ceulx de devant Rouleboize, gens d'armes et arbalestriers, qui estoient de par la ville de Rouen, qui tout l'iver avoient gardé la riviere, se deslogerent par ce qu'ilz n'avoient nulz vivres et n'en pouvoient de nulz finer. Car Vernon estoit ennemi du royaume pour lors. Et le faisoit garder madame la royne Blance moult efforciement pour doubte des Bretons de Mante.

Monseigneur Bertran, quant il oult prins Meullent, il y mist garnison pour la garder et pour asseoir ceulx de la tour qui à merveilles estoit forte et comme imprenable par assault. Puis apres ce que monseigneur Bertran oult prins Mante, Meullent, Vetueil et autres places, il le manda à monseigneur le duc de Normendie qui tantost vint à Pontoise. Et là vindrent à lui les nobles hommes. Puis chevauca le dit monseigneur le duc à Meullent. Et comme il passa par devant le dangon, les bourgoiz de Mante qui estoient dedens commencerent à getter pierres moult fort et disoient de villaines paroles de monseigneur le duc. Donc ilz firent que folz et mauvaiz, et moult chierement depuis le comparerent. En Meullent ne fit monseigneur le duc lonc sejour, maiz grosse garnison mist devant le dangon, et si fit venir des mineurs qui jour et nuit minerent la dicte tour. Puis vint monseigneur le duc à Mante où là il print le serement de ceulx de la ville et lui jurerent feaulté. Et pour la paix et seurté de ceulx de Mante, il fit vuidier les Bretons de Mante, et en fut cappitaine monseigneur d'Yvry. Les mineurs qui minoient la tour de Meullent minerent si fort et si parfondement que la tour print à enfondrer. Par quoy à briefvez paroles il convint que ceulx de dedens se rendeissent, ou ilz eussent esté agraventez de la tour. Et furent les diz bourgoiz de Mante menez à Paris, et là furent ilz decapités.

Cy raconte l'istoire du noble roy Jehan de France qui, pour la cause monseigneur d'Angou, s'estoit alé restablir en Angleterre. Dont le roy d'Angleterre dist par plusieurs foiz, loant la bonne foy et loiauté de son bon frere Jehan le roy de France, disant que oncquez plus loial prince n'avoit veu que son frere le dit roy Jehan. Maiz la mort qui n'espargne nul prist son truage sur le dit roy Jehan. Et comme le dit roy Jehan se vit amaladi, comme vray catholique il requist les sains sacremens, lesquelz il receust comme bon crestien et fist son testament. Il donna à son filz monseigneur Philippe dit Hardi, qui fut prins avecquez lui, la duchié de Bourgoingne. Et comme le noble roy Jehan estoit malade, il disoit souvent en priant Dieu, disant : « Beau doulz pere et doulx Dieu Jhesucrist, pour vostre precieux sanc vengier et vostre loy acroistre, me suys je croisié. Doulx Dieu, se ce n'est ton plaisir que par moy le voiage soit emprins, ta voulenté soit faicte et acomplie de moy à ton bon plaisir ! » Jehan le noble roy de France fina ainsi sa vie moult devotement ung pou apres Pasquez le ....[1] jour d'avril l'an de grace mil trois cens soixante trois.

Edouart, le roy d'Angleterre, fut moult dolent de la mort du roy Jehan et lui fist faire grant solennité et grant service en Angleterre. Et fut le corps du dit roy Jehan appareillié comme il est acoustumé en tel cas à si tres hault, si noble et si puissant prince. Et couvoia le dit roy Edouart la litiere et biere en quoy le corps du dit roy Jehan estoit jusques à la mer à tres grant luminaire, puis s'en retourna le dit roy Edouart.

Renommée, qui partout volle, vint en France de la mort du roy Jehan. Monseigneur le duc de Normendie en oult nouvelles. Et alors avoit discencion entre lui et madame la royne Blance qui voult tenir Vernon contre monseigneur le duc. Et vint monseigneur le duc devant Vernon à grant foison de gens d'armes. Et fut fait acort entre la royne Blance et monseigneur le duc. Et en firent la paix monseigneur

---

1. Espace laissé en blanc dans le ms.

de Friquans et monseigneur Regnault de Braquemont. Alors vint le captal de Bucs en Normendie de par le roy de Navarre, mais il ne scavoit riens de la prinse de Mante, de Meullent et de Vetueil ne de la guerre source. Et lors vint à lui l'evesque de Avrenches, et assemblerent les garnisons des forteresses Angloiches et Navarroises. Quant monseigneur le duc oult eu acort avec la royne Blanche, il vint au Goullet et là reçut certaines nouvelles que son pere estoit trespassé. Lors fut partout sceu le trespassement du noble roy Jehan de France.

Adonc ala hastivement le nouvel roy à Pontoise et de là à Paris pour aler à Rains. Et monseigneur Bertran de Clacquin demoura lieutenant du roy en Normendie pour resister à la venue du captal. Et le roy Charles, filz du roy Jehan, ala à Rains pour estre couronné et o lui sa moullier. Avec lui ala Pierres le roy de Cyppre, monseigneur d'Angou, monseigneur de Bourgoingne et moult de haulz et nobles hommes, de prelas et autres gens d'estat.

Cy raconte que le captal ala à Evreux où là assembla les garnisons. Monseigneur Jehan Jouel vint, à lui monseigneur Pierres de Saquainville, monseigneur Guillaume Carbonnier, Guillaume Le Noir de Graville, monseigneur de Gauville et son fils monseigneur Radigo, le Bascon de Mareul et tous les cappitaines des fortz Angloiz et Navarroiz de Normendie. Et quelque les Angloiz furent à Evreux, le captal vint veoir la royne Blanche au chastel de Vernon et madame Jehenne de Navarre. Et disna avec elles le lundi des feries de Penthecoustes. Et au departir baisa madame Jehenne, car le roy de Navarre, à la requeste et priere du prince de Galles, lui avoit acordé qu'il l'auroit à femme. Moult plut celui baisier au captal, car madame Jehenne estoit une des plus belles dames de crestienté[1]. Puis se parti le captal de Vernon et se mist sur les champs. Et en oult monseigneur Bertran nouvelles que ledit captal estoit sur les champs.

Lors se parti monseigneur Bertran de Clacquin pour aler combatre le dit captal, avec lui le conte d'Aucerre et son frere filz de madame du Bec Crespin en Caux, monseigneur Yvain Charuel, monseigneur Olivier de Mauny, monseigneur Jacquez de La Houssaye, monseigneur de Porcon, Roulant de La Chenaye, La Barre, avec iceulx grans routes tant de Bretons que d'autres gens d'armes. Avec monseigneur Bertran se adjousterent des Normans grant foison, c'est assavoir les barons de Picardie et les nobles par grosses routes que avoit assemblé le dit Bertran de Clacquin, le viconte de Beaumont, monseigneur le baron de La Ferté, monseigneur de Blainville, monseigneur de Clere, monseigneur d'Esneval, monseigneur de Berreville, monseigneur de Villequier, monseigneur de Beteucourt, monseigneur le seneschal d'Eu, monseigneur de Tournebust, monseigneur de Basqueville, monseigneur des Ysles, monseigneur de Torchy, monseigneur Baudouin d'Ennequin, maistre des arbalestriers, monseigneur Robert de Guerarville et moult d'autres nobles chevaliers et escuiers dont les noms ne sont pas icy retraiz.

Sur la riviere d'Eure, emprez Cocherel, fut la ba-

---

[1]. Ce curieux incident, à la veille de Cocherel, nous est révélé pour la première fois par notre chronique.

taille des Françoiz, Normans, Picars et Bretons contre le captal de Bucs o ses Gascons, Angloiz et Navarrois. De ambedeux parties avoit de bons chevaliers de toute crestienté et de bonnes gens d'armes. Ce jour que la bataille assembla estoit jeudi, et estoit le dix neuvieme jour du mois de may[1], et estoit la feste de Saint Yvez, l'an mil trois cens soixante quatre.

Les deux parties vindrent l'une contre l'autre à pié, les glaives en poing; et une route des Bretons demoura à cheval avec les pages et les bagaiges. En laquelle route estoient bien deux cens hommes. Et avec iceulx se mistrent ceulx qui avoient paour des horions. A l'assembler oult grant criée d'une partie et d'autre. Et assemblerent les Normans et les Picars aux Angloiz qui faisoient une bataille. Et monseigneur Bertran, le conte d'Aucerre et ceulx de leurs routes et celle du viconte de Beaumont qu'ilz adjousterent o eulx assemblerent aux Gascons et aux Navarrois. Là fut la bataille forte et aspre, et s'entreferoient de glaives tant efforciement que c'estoit merveilles. Et ceulx à qui les glaives failloient ilz se combatoient de haches. Le captal se combatoit si vassaument qu'il resbaudissoit moult sa gent. Et d'autre part les Angloiz se combatirent si fort qu'ilz firent ung pou reculer les Normans et les Picars. Et à icelle foiz y oult occiz de bons chevaliers, monseigneur le viconte de Beaumont qui estoit contre le captal, monseigneur de Betencourt, monseigneur de Villequier, et monseigneur Baudouin

---

[1]. Le jeudi 16 mai. La fête de saint Yves est tombée le dimanche 19. V. Froissart, liv. I, part. II, ch. CLXX-CLXXIX, éd. du Panthéon, t. I, p. 475-483. — *Grandes chroniques*, t. VI, p. 232. — *Cont. de Nangis*, t. II, p. 341-344.

d'Ennequin, maistre des arbalestriers. Et là fut monseigneur Jehan Jouel navré à mort, et monseigneur Pierres de Saquainville et le Bascon de Mareul y furent occiz. Alors s'en vindrent les Bretons, qui o le baguaige et les pages estoient, ferir en la bataille tous fraiz, et entrerent en la bataille. Car les Gascoings, Anglois et Navarrois estoient moult chargiés du faiz qu'ilz avoient de la bataille. Et se iceulx Bretons eussent gueres plus atargié, le captal eust eu victoire. Alors, comme dit est, iceulx Bretons se ferirent en travers des Gascons et des Angloiz. Et donc s'esvertuerent les François et pristrent à assaillir les Angloiz plus efforciement que au commencement de la bataille. Lors les Bretons[1], qui estoient fraiz et nouveaulx, quant la bataille se tourna à desconfire, car aucuns des gens du costé au captal s'en prindrent à fuire, et moult en escappa par ung petit bois qui estoit prez du champ. Quiconquez s'en fuit, le captal demoura en champ en soy combatant comme bon et preux chevalier, o lui environ cinquante hommes d'armes. Et fut asprement assailli; et ainçoiz qu'il se voulsist oncquez rendre, il fut abatu à terre. Et lors ung Breton, qui estoit surnommé Betin, le prist, car il sailli sur luy, et fut fiancé le captal à icellui Breton. Tous les bons prisonniers eurent les Bretons, car ceulx qui vindrent au retour de la bataille frez et nouveaulx si gaingnerent plus legierement.

Apres ceste victoire, retourna monseigneur Bertran de Clacquin en la cité de Rouen, et les Françoiz avec lui, c'est assavoir Normans, Picars et Bretons,

---

1. Sous-entendu : assaillirent.

par especial les maistres. Et amena le dit monseigneur Bertran le captal à Rouen et monseigneur Jehan Jouel, cappitaine des Angloiz, où monseigneur de La Ferté avoit part, car par ses gens avoit esté prins, jasoit ce que ung Breton y clamast part avoir. Si fut mené au Pont de l'Arche et monseigneur Pierres de Saquainville aussi. Maiz monseigneur Jehan Jouel mourut des plaies qu'il oult en la bataille. Et les autres Angloiz et Gascons furent mis à raençon/ Monseigneur Bertran de Clacquin escript au roy la prinse du captal. Et comme le roy en oult les lettres, il estoit samedi vegille de la Saincte Trinité et l'endemain devoit estre sacré. Et lors le roy tendi ses mains eu chiel et rendi graces à Dieu de la bonne victoire que Dieu lui avoit donnée. Puis vint à Rains plain de grant leesce et aussi tous ceulx de sa compaingnie, car moult avoient grant doubte que le captal n'eust victoire. Et comme le roy doubt entrer eu Rains, les citoiens vindrent en son encontre à noble compaignie, et estoient vestus de robes pareilles/

L'an de l'incarnacion Nostre Seigneur Jhesucrist mil trois cens soixante quatre, le jour de la Saincte Trinité fut couronné, enoint et sacré à roy de France Charles ainsné filz du roy Jehan, avec lui sa belle et bonne moullier madame la royne fille du noble duc de Bourbon. Apres le sacre fut le disner grant et noble, et apres furent les joustes grandes et belles, et y jousta le roy de Cyppre. Et apres le sacre et la feste, le roy se parti de Rains pour les affaires de son royaume, et s'en vint à Paris où il fut tres joieusement receu et haultement. Et furent les bourgois de Paris vestus de vert et de blanc, et parmi la ville de Paris oult grant richesse de paremens, et y oult joustes à Paris pour la venue du roy grandes et planieres, es quelles joustes le dit roy de Cyppre jousta.

Charles le roy de France vint, depuis qu'il oult esté à Paris, tantost à Rouen, et là fut tres joieusement receü et tres solennelment. Et furent les bourgoiz vestuz de robes pareilles, de bleu et de tenné, et alerent à l'encontre du roy à noble et grant compaignie et à sons de instrumens à sa pieuse venue. Et comme il fut en la cité, il vint en la mere eglise de Nostre Dame, avec lui monseigneur d'Angou et monseigneur de Bourgoingne ses freres, monseigneur le conte d'Alençon et son frere le conte d'Estampes, monseigneur Jehan d'Artoiz conte d'Eu, le conte de Tancarville, les prelas de Normendie et la plus grant partie des plus haulz barons et nobles du dit pais. En la dicte mere eglise ouy le roy sa messe, et là vint à lui monseigneur Bertran de Clacquin qui amena au roy le captal. Et là fist le captal serement au roy par devant tabelions de tenir loial prison. Puis ala le roy à son chastel où il tint court planiere. Et à sa table fist asseoir le captal. Et là presentement donna le roy à monseigneur Bertran de Clacquin la conté de Longueville, laquelle fut à monseigneur Philippe de Navarre. L'andemain de la venue du roy, fut decapité monseigneur Pierres de Saquainville qui fut prins à la bataille de Cocherel, lequel fut en son temps ung bon homme d'armes et grant sages homs, maiz à la foiz sage foloié.

En ce temps se parti Pierres, le roy de Cyppre, du royaume de France et s'en retourna en sa terre, maiz de lui se taist l'istoire à raconter quant à present.

Charles le roy de France et duc de Normendie, par l'ordonnance de son conseil, fit à monseigneur Bertran de Clacquin, conte de Longueville, oster et vuider les Bretons du pais de Caux. Et passerent la riviere de Seyne et prindrent l'abbaye du Bec les diz Bretons. Maiz depuis monseigneur de Friquans la prist sur les Bretons, pour ce qu'ilz damagoient trop le pais. De rechief par devant Charles le roy de France jura à tenir loiaument prison le dit captal de Buch, par obligacion faicte et passée devant deux tabelions apostoliques et quatre imperiaulx. Puis se parti le roy de Rouen et retourna à Paris. Et le captal fut mené en prison eu fort chastel de Meaux.

En Bretaingne sourdi une grosse guerre entre Charles de Bloiz, duc de Bretaingne, à cause de sa femme, et Jehan le conte de Montfort. Charles le duc de Bretaingne manda monseigneur Bertran de Clacquin en son aide. Lequel ala à son seigneur et chevauca o ses Bretons le long de Normendie, destruisant et gastant la terre du roy de Navarre et entra en Costentin qu'il degasta en partie. Monseigneur le baron de La Ferté, affin que Bernay ne fust pillié des Bretons, vint à tout deux cens glaives à Bernay, et se rendirent et se mistrent ceulx de Bernay soubz sa garde. Et comme une grosse route de Bretons vindrent par devant Bernay pour pillier, ilz trouverent et sceurent que monseigneur de La Ferté estoit dedens, si se partirent et s'en retournerent.

Les barons de Normendie, par especial ceulx de Caux, monseigneur de Blainville, monseigneur de Basqueville, monseigneur de Clere, monseigneur Le Baudrain de la Heuse, amiral de France, monseigneur

Jehan de Meleun, monseigneur Jehan de La Riviere, monseigneur de Garencieres, à grosses routes de gens d'armes, chevaliers et escuiers, chevaucerent sur la terre au roy de Navarre. Et se adjousterent avec eulx moult de nobles de Picardie, monseigneur d'Aubegny, monseigneur Raoul de Reneval, monseigneur Mahieu de Roye, monseigneur Hue de Chasteillon, maistre des arbalestriers, le viconte de Kesnes, en leurs routes maint chevalier et escuier. Et tous ensembles alerent par devant ung fort d'Angloiz et de Navarrois mettre le siege. Et seoit cellui fort sur la riviere d'Eure, si que la dicte riviere avironnoit tout entour icellui fort, et estoit nommé Aquigny[1]. Les barons dessus diz destraindrent tant cilz qui estoient dedens par pierres et par assaulx que les Angloiz et Navarrois rendirent le fort en la main des barons dessus diz.

Alors monseigneur Philippe de France, duc de Bourgoingne, avoit mis le siege devant Camerolles, ung fort entre Beausse et Orliens, en sa route moult de grans seigneurs, monseigneur Dampmartin et monseigneur Boussicaut, mareschal de France, et ceulx d'Orliens. Par lesquelz fut tant efforciement assailli le chastel de Camerolles par force d'assaulx, par pierres et mangonneaulx qui de nuit et de jour gettoient eu dit fort de Camerolles. Et d'autre part leur livroient ceulx de l'ost monseigneur le duc de Bourgoingne d'asprez et fors assaulx. Le dit monseigneur de Bourgoingne si estoit moult souvent le premier aux assaulx et moult hardiement se contenoit. Nouvelles vindrent alors à monseigneur le duc de Bourgoingne

---

1. Acquigny, arr. et c. Louviers.

que monseigneur Hue de Karvelley, monseigneur Jehan de Chendos et monseigneur Robert Canolle venoient à grande compaignie d'Angloiz lever le siege de monseigneur le duc de Bourgoingne. Pourquoy il manda à ceulx qui tenoient le siege devant Aquigny que errant et sans delay ilz venissent de là à lui. Et alors avoient tout de nouvel prins Aquigny. Et alerent les dessus diz chevaliers à monseigneur le duc de Bourgoingne, lequel avoit par force tant destrains ceulx de Cameroles qu'il les avoit prins. Et, comme prince de grant justice plain, pour la punicion des maulx qu'ilz avoient faiz au peuple, il fit les gens qui estoient en dit chastel du pais de France adjoustés avec les Angloiz et Navarrois, tous mourir comme traistres, larrons. Et les Angloiz, Gascons et Navarroiz furent mis à raençon.

Jusquez assez pres de Cameroles vindrent les barons de Normendie et de Picardie. Et alerent des haulz hommes d'entre eulx par devers monseigneur Philippe de Navarre qui leur fist grant joye et les fist retourner. Car il avoit ouy certaines nouvelles que les Angloiz estoient retournés en Bretaingne. Maiz ains que les barons de l'ost des Normans et Picars partissent, fut donné en conseil à monseigneur le duc de Bourgoingne que l'ost des diz Normans yroient mettre le siege devant Evreux. Et lors se partirent du duc les diz Normans barons et s'en retournerent à leurs gens et se alerent rafreschir à Chartres. Puis se partirent et vindrent à Evreux l'andemain de la feste Saint Jacques et Saint Cristofle. Ceulx de la ville saillirent à l'escarmuche contre les Françoiz. Et quelque monseigneur de La Riviere escarmuchoit contre ceulx de la ville et contre monseigneur Jacques de Landuras, souverain cappitaine du chastel et de la ville, jasoit ce que ceulx de la ville eussent fait leur cappitaine d'ung des bourgoiz de la ville, moult fut l'escarmuche belle à prendre le siege devant Evreux. Laquelle fut commencie par ceulx de la route monseigneur Jehan de La Ville ausquelz vindrent aidier moult de bons chevaliers et escuiers des routes des autres seigneurs. Monseigneur Jacquez de Landuras, qui moult estoit sage et bon chevalier et preux aux armes et bien gentil homme, car il estoit cousin du captal, quant il vit enforchier la route des Françoiz, il fit retraire ses gens en la ville. Maiz il n'estoit pas lors devant, il estoit derriere. Et là fut la force des Normans si grande et des Picars qu'ilz rompirent les barrieres et esracherent. Et pou s'en fallut qu'ilz ne prindrent monseigneur Jacquez de Landuras qui se recuilli par la planche. Lors se logerent les diz bons Normans et Picars en l'abbaye de Saint Taurin jouxte Evreux. Et tant comme le siege y fut, ilz livrerent maint assault et mainte escarmuche.

Monseigneur de Bourgoingne, à la requeste et priere de ceulx de Chartres, ala mettre le siege devant Connoy, et le fit moult fort assaillir. Car de Chartres vint engins et pierres qui gettoient de jour et de nuyt par telle maniere que nul ne se savoit où rescousser eu fort de Connoy pour les coups de pierres. Tant efforciement destraint monseigneur Philippe duc de Bourgoingne les Angloiz que le dit fort lui fut rendu. Et comme il avoit fait de ceulx de Camerolles, il fit semblablement de ceulx de Connoy.

Cy raconte des aucuns barons de Normendie, c'est

assavoir monseigneur de Beaumesnil, monseigneur de La Ferté, monseigneur de Tournebust, baron du Bec Thomas, et monseigneur Guillaume du Melle à tout leurs routes de tant comme ilz pourent finer de gens d'armes, chevaliers et escuiers normans et grant nombre de bons servans, allerent mettre le siege par devant Eschaufou, le plus fort chastel que les Angloiz eussent en Normendie ne en France, hors les chasteaux roiaulx que tenoit en Normendie le roy de Navarre. Cestui fort d'Eschaufou ne povoit estre prins par assault. Et pour, monseigneur Guillaume du Melle, qui moult estoit sages hommes d'armes, fit establir une myne et fit venir mineurs du pais de La Ferté et de Laigle. Lors commencerent fort à miner. Les Angloiz apperçurent la myne et firent contremine. Et advint ainsi que les deux mines s'entrencontrerent et assemblerent. Et comme les mines furent ouvertes, s'entre-rencontrerent les Angloiz et les Normans. En icelle mine oult souvent de dures batailles. Et donc, par le conseil du dit monseigneur Guillaume du Melle, on refit une autre myne. Alors avoit ung Angloiz à Eschaufou qui avoit esté clerc et escollier, lequel avoit nom Hoclequin Lucas. Cestui Angloiz fit traictié aux Normans qu'il se rendroit à eulx, et leur rendi le fort d'Eschaufou, et jura qu'il seroit desormaiz bon et loial Françoiz. Et par son bel langage et bel contenement, le retint monseigneur de La Ferté de son hostel.

Et tant comme les Normans estoient occupez es sieges qu'ilz avoient mis par devant leurs ennemis, les Gascons, avec eulx Pierron du Saut cappitaine d'icelle route, vindrent par ung point du jour escheler le chastel de Moulineaulx[1]. Car alors le cappitaine du chastel, ung chevalier qui avoit nom monseigneur Jehan de Belengues, estoit au siege à Evreux. Et quant les Gascons eschelerent le dit Moulineaux, il faisoit ung tres grant bruilas. Parquoy ilz ne furent oncques apperceux jusques ad ce qu'ilz furent bien dix Gascons montés. Et lors commença le soleil à lever, et l'eschauguette qui estoit monté pour le jour commença à crier : « Trahi! trahi! Alarme! » Et lors les Gascons crierent « Saint George! » et coururent à la porte à haches et congnies. Et rompirent les serreures et ouvrirent la porte et le pont et coururent sus à ceulx du chastel et par force les prindrent. Pierron du Saut fit les dames de dedens le chastel, ma damoiselle de Harecourt, laquelle ne voult oncques avoir espoux, et les autres dames conduire par les gentilz hommes mesmes qui estoient eu chastel avecques elles. Maiz il leur fit premier jurer prison. Et fut conduicte ma damoiselle de Harecourt o les trois dames et damoiselles à Rouen. Moult fut le pais troublé de la prinse de Moulineaux. Ceulz de Rouen, qui moult haoient le voisinage de leurs ennemis, envoierent messages à monseigneur le duc de Bourgoingne comme il lui pleust mettre siege devant Moulineaulx, lequel avoit esté prins des ennemis du roy leur souverain seigneur. Monseigneur le duc de Bourgoingne, desirant debouter les ennemis de la terre du roy son frere, moult hastivement s'appliqua pour venir devant Moulineaulx, avec lui le conte Dampmartin, monseigneur le mares-

1. Moulineaux, Seine-Inférieure, arr. Rouen, c. Grand-Couronne, comm. de la Bouille.

chal Boussicaut, monseigneur de La Ferté et tous ceulx qui avoient tenu le siege de Eschaufou. Ceulx de Rouen vindrent avec monseigneur le duc de Bourgongne moult efforciement de gens d'armes, archiers, arbalestriers. Et firent mener grant foison d'engins, bricolles et pierres, et moult efforciement emprist le siege. Car nul jour ne fut tant comme le siege fut devant le chastel que les engins ne gettassent et qu'ilz n'eussent assault et forte escarmuche.

En cest temps entra monseigneur Louis de Navarre en royaume de France à grant route de gens d'armes servans et archiers qu'il eust du pais de Gascoingne et de Navarre et des forts des Anglois qu'ilz tenoient en Languedoc et en hault pais. A tout cellui host vint monseigneur Louis de Navarre courant le royaume jusques à La Charité sur Loire. Laquelle ville fut tant efforciement assaillie des gens de l'ost du dit monseigneur Louis de Navarre que par force la prindrent, coururent et pillerent. Le dit monseigneur Louis de Navarre, par le conseil de monseigneur Luce et par monseigneur Martin Requiz, fit vuidier le pais de vivres d'entour La Charité environ sept lieues, et en fit la ville et forteresse de La Charité tres bien garnir.

Au roy de France vindrent les nouvelles comme monseigneur Louis de Navarre estoit entré en son royaume à grant quantité de gens d'armes. Alors manda le roy à monseigneur de Bourgoingne et à tous les haulz hommes de France qu'ilz alassent encontre la venue de monseigneur Louis de Navarre. Par quoy monseigneur Philippe de France, duc de Bourgoingne, se parti de devant Moulineaux et leva son siege. Et aussi firent les nobles hommes qui tenoient le siege devant Evreux et se adjousterent à l'ost de monseigneur le duc de Bourgongne à la Croix Saint Lieuffray[1], Et de là chevauca monseigneur de Bourgongne contre monseigneur Louis de Navarre. Et à trois lieues pres de La Charité se vint logier monseigneur de Bourgoingne o son host.

Puis vint monseigneur de Bourgoingne par devant La Charité de Laire pour combatre le dit monseigneur Louis de Navarre. Et par devant La Charité oult ung fort paleteis de Gascons, d'Anglois et de Navarrois contre les Françoiz. Et furent par force d'armes recullés les gens de monseigneur Louis de Navarre jusques dedens la ville. Et furent monseigneur le duc de Bourgongne et les François par devant La Charité pour atendre bataille bien quinze jours. Mais de vivres souffroient ilz tres grant mesaize, par especial pour leurs chevaulx. Car le pais avoit esté tout pillié des gens du dit monseigneur Louis de Navarre. Et de l'autre partie de la riviere avoient ceulx de l'ost de monseigneur Louis de Navarre le pais à leur bandon.

Aucuns des routes de monseigneur de Bourgongne se avanturerent pour avoir des vivres et passerent à ung bon guay au dessus de La Charité et alerent fourragier. Monseigneur Louis de Navarre le sceut et envoia contre eulx ses mareschaux et bien cinq cens combatans qui acousuirent les François comme ilz retournoient et voulloient passer la dicte riviere de Loire. Et ja en estoit bien passé deux cens. Et comme les autres virent leurs ennemis qui estoient plus fors d'eulx de plus des trois pars, si se mistrent à passer la

---

1. La Croix-Saint-Leufroy, Eure, arr. Louviers, c. Gaillon.

riviere et laisserent leur proie. Là perdirent les François bien mille chevaulx par defaulte de vivres. Par quoy il fallut, pour la defaulte de vivres par especial de leurs chevaulx, que le dit monseigneur de Bourgoingne s'en retournast, et donna congié à ses gens et à ses nobles hommes. Et monseigneur Louis de Navarre s'en ala en Normendie lieutenant pour son frere le roy de Navarre. Et fit les forteresses et chasteaux de son dit frere renforchier et garnir de vitailles et rafreschir de gens d'armes. Et es chasteaux mist cappitaines en aucuns lieux selon son plaisir et qu'il veoit estre expedient.

En cest temps mesmes, le conte de Montfort, filz du vieil conte de Montfort, clamoit droit en la duchié de Bretaingne à cause de succession, car le vieil conte de Monfort estoit frere du bon duc Jehan de Bretaingne. Et quant le bon duc Jehan trespassa, il n'avoit nul hoir masle. Maiz il est bien verité que le duc Jehan de Bretaingne avoit eu ung filz, lequel estoit trespassé par avant que son pere le duc Jehan trespassast. Et de cestui filz du duc yessi une fille, laquelle fut mariée à monseigneur Charles de Bloiz. Et fut au temps du roy Philippe jugié par arrest de parlement que la dicte duchié de Bretaingne seroit et appartenoit à la dicte fille du filz du duc Jehan, comme devant est dit. Le vieil conte de Montfort disoit estre hoir prochain, disant qu'il estoit frere du duc Jehan et qu'il estoit plus prochain hoir que sa niepce, et que au jour que son frere le duc trespassa, il n'avoit nul hoir masle yessu de lui. Maiz non obstant les raisons du vieil conte de Monfort, fut adjugée la duchié de Bretaingne à la dicte fille, femme de monseigneur Charles de Bloiz. Par quoy le dit vieil conte de Montfort guerroya tant comme il vesqui le duc Charles de Bloiz. Et apres la mort du vieil comte de Montfort reprint son filz la guerre. Et à grant nombre de gens d'armes d'Angleterre, c'est assavoir monseigneur Hue de Karvellé, monseigneur Hue le Despencier, monseigneur Jehan de Chendos, monseigneur James de Pipes, et Robert Canolle, avec iceulx et leurs routes vint en Bretaingne le comte de Montfort. Monseigneur Louis de Navarre lui envoya grant route de ses gens à soy aider, et prindrent aliance par l'evesque d'Avrenches entre le comte de Montfort et monseigneur Louis de Navarre. Puis apres l'aliance prinse le dit evesque s'en retourna par devers monseigneur Louis de Navarre.

Monseigneur Charles de Bloiz, duc de Bretaingne, pour deffendre sa terre, assembla grant gent, monseigneur Bertran de Clacquin, monseigneur le conte d'Aucerre, monseigneur de Beaumanoir, monseigneur Yvain Charuel, monseigneur Olivier de Mauny. Et avec ce y vint grant foison de gens d'armes de Normendie. Monseigneur Charles de Bloiz chevauca o tout son host encontre le conte de Montfort, et s'entre approcherent les deux hostz. Et avoit monseigneur Charles de Bloiz plus grant nombre de gent que n'avoit le conte de Montfort. Et comme les deux hostz furent l'un devant l'autre, aucuns preudommes s'entremistrent de faire acort par entre le duc et le conte de Montfort. Et de tous les drois que le conte de Montfort clamoit en la duchié, il quittoit le duc Charles et sa femme par qui il tenoit la duchié pour la couté de Dol et trente mille livres de terres parmy la dicte comté. Ce traictié fut apporté par devers le duc Charles lequel estoit sur le point de l'acorder quant par monseigneur Bertran de Clacquin fut le dit traictié et acort rompu. Donc ce desplut moult aux haulx hommes et nobles de Bretaingne et par especial à monseigneur de Beaumanoir. Car alors dit le dit monseigneur Bertran, oyans tous les seigneurs et ceulx qui faisoient parlement de l'acort : « Sire, les veoiés vous, les ordoux gars ! Ilz seront desconfiz au jour d'uy. Je vous rendroy la duchié de Bretaingne nettyée de ces gars[1]. » Moult furent yrés et ourent grant despit ceulx qui estoient de par le conte de Montfort. Et rapporterent les paroles de monseigneur Bertran au conte de Montfort et aux Angloiz qui de ce ourent grant despit. Et se mirent lors les Angloiz en conrroy pour combatre de trop grant courage et approcherent l'ost de monseigneur Charles de Bloiz. Cellui jour estoit feste de Saint Michiel, et s'entrevindrent les deux hostz courre sus. En premier front, du costé au duc, fut le conte d'Aucerre, avec lui des chevaliers de Normendie et des escuiers, car Normant estoit de par sa mere. Puis vint monseigneur Bertran du Clacquin o sa bataille et alerent combatre les Anglois. Charles de Bloiz duc de Bretaingne fit aler sa bataille contre celle de son cousin le conte de Montfort. Monseigneur de Beaumanoir et le sire de Lyon, avec eulx grant partie de Bretons, se tindrent indifferens, et à leur bataille n'approcherent point les Anglois. Et lors assemblerent les batailles, et à l'assembler oult grant noise tant des instrumens que des cris des

---

1. On trouve dans Froissart un récit tout différent. D'après ce chroniqueur, ce ne fut pas Bertrand Duguesclin, mais Jean Chandos, qui s'opposa, de parti pris, à tout arrangement. V. *Chron.*, liv. I, part. II, chap. cxcii, édit. du Panthéon, t. I, p. 493 et 494.

ensaingnes. Lors s'entre commencerent à ferir des glaives à grant force, et s'entre combatirent de hasches et d'espées tres efforciement. De lonc temps paravant n'avoit esté plus forte ne plus aspre bataille. Car d'une part et d'autre estoient des meilllieurs gens d'armes du monde et des plus rusés de la guerre. Et d'ambe les deux parties estoient droites gens d'armes, triés, armés de toutes pieces de pié en cappe, par quoy la bataille en estoit plus dure.

Les Anglois apperçurent comme une grant route de Bretons ne se mouvoient ne de l'une partie ne de l'autre. Lors prindrent terre contre les Françoiz et firent reculer la bataille au conte d'Aucerre. Et en icelle empainte de la force des glaives oult moult de chevaliers et escuiers mors. Monseigneur le conte d'Aucerre, qui se combatoit vassaument, oult là l'œil crevé. Car il estoit chut à terre; et n'eust esté ung sien escuier, il eust esté mort, qui crioit « Aucerre! » et lors fut il prins. Monseigneur le duc estoit contre son cousin. Là estoit moult forte et moult dure la bataille. Et estoit de toutes pars si forte que l'en ne scavoit qui auroit victoire, car moult souvent branloit tant d'un costé que d'autre. Maiz, à brief raconter la chose, la desconfiture tourna sur le duc Charles, car aucuns de sa bataille s'en fuirent. Car aucuns Bretons amoient bien chier le comte de Montfort, et iceulx s'en fuirent de la bataille de leur droit seigneur le duc. Adonc monseigneur Jehan de Chendos et monseigneur Hue Le Despencier avec le comte de Montfort coururent sus au duc Charles qui se combatoit comme preux, et par force o ceulx de leur route rompirent la bataille du duc Charles. Et là furent abatues les banieres du duc

Charles de Bloiz. Et à celle foiz il fut occiz. Moult estoit le duc Charles bon chevalier en son temps et tres preudomme et grant omosnier ; tres humble estoit et moult faisoit d'abstinences, comme de vestir point de linge, de jeuner et de moult d'autres bonnes euvres.

Quant le duc Charles fut occiz, sa bataille tourna à desconfiture. Et avec lui oult mors moult de nobles hommes bons chevaliers et escuiers grant foison. Monseigneur Bertran et ceulx de sa route se tenoient encoires. Maiz la bataille et forte puissance fut lors si grant que la bataille du dit monseigneur Bertran fut rompue. Et fut sa baniere abatue par terre, et celui qui la portoit mort, et Roulant de La Chenaye occiz, qui moult estoit bon homme d'armes. Lors fut monseigneur Bertran prins et grant nombre de chevaliers et escuiers.

Apres la bataille fut mené monseigneur Bertran par monseigneur Jehan de Chendos, lequel avoit trop grant dueil de ce que monseigneur Bertran avoit appellé les Anglois guars. Pour celle cause fut mené par icellui par dessus les mors, et s'arresta monseigneur Jehan de Chendos sur la place où le duc Charles gesoit occiz, tout avironné de haulz et nobles hommes mors. Lors dist monseigneur Jehan à monseigneur Bertran, qu'il vausist mieulx qu'il n'eust oncquez esté né, car par lui estoient mors tant de si haulz et nobles preudommes. Puis retournerent par devant le conte de Montfort. Lors dist monseigneur Jean de Chendoz devant le conte de Montfort à monseigneur Bertran : « Sire, veez les gars de Montfort! Par vous est il au jour d'uy duc de Bretaingne. » Et apres que le conte de Montfort eust eu victoire, il fut receu de tous les Bretons à seigneur et fut duc de Bretaingne paisiblement. Apres ce que le conte de Montfort fut duc et il oult eu et receu les hommaiges, il fit tenir paix en son pais et osta de sa terre tous les estrangiers. Depuis, après petite saizon, fut monseigneur Bertran de Clacquin mis à finance. Et en paia pour le dit Bertran le roy Charles de France une grant partie de sa raençon, et fut delivré.

Encoires tenoit le captal en cest temps prison à Meaulx, lequel traicta au roy de France qu'il eust accort au roy de Navarre. Et fut fait l'acort entre le roy de France et le dit roy de Navarre, par ainsi que le roy de Navarre auroit pour Mante et pour Meullent et la perte qu'il receut à Mante en or monnoyé et en joyaulx, la baronnie de Montpeullier et la conté de Lunele et par dessus ce une somme d'or. Et parmi cest acort fut delivré le captal sans raençon et devint homme du roy de France.

Le roy Charles de France envoia monseigneur Bertran avec des gens de son conseil devers le Saint Pere. Et là fut ordonné par le Saint Pere de mettre hors les compengnes de France. Et alors le bastard d'Espaingne envoia au Saint Pere comme il lui fust en aide vers son frere le roy Petre, lequel, comme il le signifioit, n'estoit pas bon crestien. Le Saint Pere, qui congnoissoit la malice du roy Petre qui n'estoit pas bon catholique, ottroya aux messages à Henry le bastard d'Espaingne de mener les compengnes sur son frere. Et là firent les diz ambaxadeurs aliance à monseigneur Bertran. Et donna le Saint Pere un diziesme pour paier les gens d'armes. Puis retourna monseigneur Bertran en France et parlementa à monseigneur Hue de Karvelley et aux autres Angloiz, et fit tant par devers eulx qu'ilz lui convenancerent d'aler avec luy. Et aussi Charles le roy françoiz fit grant finance au dit Monseigneur Bertran et aux cappitaines des compengnes affin qu'ilz vuidassent de son royaume. Et aussi Henry le bastard d'Espaingne, comte de Linstremare ou Tristremare, mist grant peine et grant labour à atraire à lui les gens d'armes. Tant bonne diligence y fut mise, tant par le Saint Pere tant par le roy que par la pecune qu'il donna, que les dictes compengnes tant d'Angloiz, Françoiz, Normans, Picars, Bretons, Gascons, Navarrois et autres gens qui se vivoient de la guerre partirent hors du royaume de France.

Cy se taist ung pou à parler des compengnes et parle de Pierres le bon roy de Cyppre comme apres ce qu'il fut parti de France où il concueilly aucuns chevaliers lesquelz l'ensuirent, c'est assavoir monseigneur Jehan de La Riviere, sire de Preaux à cause de sa fame, monseigneur de Basqueville, monseigneur Jehan de Friquans, monseigneur du Puchay, monseigneur de Taillanville, roy d'Ivetot, et moult d'autres bons chevaliers et escuiers dont les noms ne sont pas cy retraiz. Et comme le roy de Cyppre fut parti du royaume de France, il assembla une armée par mer et manda son frere monseigneur Jehan le prince de Antyoche, lequel avoit assemblé quatre gallies armées de Geneuoys et bien sept autres où il avoit des freres de l'ospital de Rodes et d'Angloiz pelerins bien huit vingt combatans sans cilz de Cyppre. Avec les dessus diz s'ajousta monseigneur le prince d'Anthyoche au roy de Cyppre son frere. Alors comme le roy Pierron de Cyppre oult son armée adjoustée, il singla droit au royaume

d'Alixandr[i]e et entra en la riviere du Nil qui passe
parmy Alixandrie. Jehan le prince d'Anthioche frere du
dit roy descendi à terre, avec lui ceulx de l'ospital et
les Angloiz et des chevaliers et des escuiers de Cyppre,
en sa route de toutes gens bien trois cens combatans,
et allerent par terre assaillir Alixandrie. Pour lors
estoient en la dicte riviere du Nil trois vaisseaulx de
Turcs qui gardoient la riviere. Et si y estoient aucuns
autres vaisseaulx de marchans qui furent prins des
Crestiens par force d'armes fors ung qui estoit plus
legier que les autres qui s'en fuy en Alixandr[i]e et vint
criant en son langaige que les Crestiens venoient
prendre la ville. Alors furent les Sarrazins d'Alixandrie
tous esmeuz et se coururent armer. Et adonc vindrent
presentement Jehan le frere au roy de Cyppre et les
Crestiens de sa route. Lesquelz assaillirent une des
portes de Alixandr[i]e par telle force qu'ilz en rompirent
à force d'armes les manteaulx de la porte. Adonc oult
là ung tres pesant estour à souffrir aux Crestiens. Car
les Sarrazins vindrent là à si grant force qu'ilz estoient
bien vingt mille et plus, et les Crestiens n'estoient pas
plus de trois cens. Et touteffoiz tenoient ilz pié et s'i
porterent à l'aide de Dieu si bien et si vaillanment
qu'ilz occistrent en celle bataille le seigneur et cappitaine de la ville d'Alixandr[i]e qui estoit là lieutenant
du soudenc de Babilone.

A icelle heure arriva et prist terre à Alixandrie par
la riviere Pierres le roy de Cyppre, et encontre lui coururent les Sarrazins pour lui dever le descendre. Maiz
les Crestiens saillirent moult hardiement des vaisseaux
et coururent sus aux Sarrazins de glaives et d'espées
que, par l'aide de Dieu qui plus leur aida que les armes

manuelles, ilz desconfirent les Sarrazins et les firent fuir, chassant et decouppant par les rues. Tout le jour entier ne cesserent de Sarrazins occire par maisons et par les temples aux mahommeries où ilz trouverent moult de richesses.

Aucuns Turcs s'en fuirent et raconterent à Kayre en Babilone comme les Crestiens avoient prins Alixandr[i]e. Et donc le prince et maistre de la chevalerie du soudenc de Babilone assembla le povoir du soudenc et vint pour combatre les Crestiens. Et avoit cestui lieutenant du soudenc en sa compaignie plus de cent mille Sarrazins. A tout ce grant peuple mescreant vint devant la ville d'Alixandr[i]e. Et pour lors le frere au roy de Cyppre estoit alé courre sur le pais à tout ses trois cens hommes d'armes. Et raconta aux Crestiens comme les Sarrazins venoient sur eulx à tres grant et merveilleux peuple. Par quoy le roy de Cyppre oult conseil qu'il feist sa gent et son conquest retraire en son navire. Car les Crestiens n'estoient pas plus de trois mille hommes de toutes gens. Et lors vindrent les Sarrazins à Alixandr[i]e, et là oult une moult forte et moult dure bataille. Car les Crestiens avoient retenu huit grandes maisons moult fortes dessus la riviere, et au devant avoient fait hourdeiz par le conseil de monseigneur Symon de Tynory et du connestable de Cyppre. Là rendirent les Crestiens estour aux Sarrazins, puis entrerent en leur navire. Et s'en retourna le roy de Cyppre en sa terre. Et se le roy de Cyppre eust eu mille hommes et mille archiers avec ce qu'il avoit, il eust combatu les Sarrazins comme qu'il fust.

Cy retourne l'istoire à raconter comme monseigneur Bertran de Clacquin et le mareschal d'Andrehen, monseigneur Hue de Karvelley, le Besgue de Villaines et les cappitaines Angloiz allerent en Espaingne en l'aide de Henry le bastard d'Espaingne, conte de Tristemare. Et en son aide fut aussi le frere du roy de Arragon. Encontre les compengnes vint le dit comte de Tristemare et reçut monseigneur Bertran et tous les cappitaines à grant honneur. Puis prindrent conseil d'entrer en Espaingne. Et fut ordonné que monseigneur Hue de Karvelley et les Angloiz feroient l'avantgarde.

Le roy Petre qui bien scavoit la leur venue avoit mis gens d'armes sur les pas et sur les destroiz. Et furent les Espaingnolz desconfiz si que partie en furent mors et les autres s'en fuirent. Et gaingnerent les Angloiz les pas et les destroiz. Puis entra Henry le conte de Tristemare avec les Françoiz, Angloiz et gens de compengnes en Espaingne. Et se rendirent à lui la plus grant partie des bonnes villes d'Espaingne tant qu'ilz parvindrent à Burcs[1]. Par les cités et villes les Angloiz et les Françoiz occioient les Juifz et les Sarrazins qu'ilz trouvoient. Pour la paour des compaignes s'en fuy le roy Petre en Sebille[2] la grant, et de là ala requerir ayde au roy de Portuigal. Maiz il luy respondy que contre la grant compaigne n'oseroit mouvoir guerre. Puis s'en retourna le roy Petre en Sebille. Par le royaume d'Espaingne se rendirent les villes, boures et cités au conte Henry de Tristemare. Et fut receu en la cité de Burcs à seigneur, et là fut couronné à roy d'Espaingne par l'aide des dictes gens d'armes et cappitaines des dictes gens de compaignes. Et fut cou-

1. Burgos.
2. Séville.

ronné roy d'Espaingne Henry le Bastard l'an de l'incarnacion Nostre Seigneur mil trois cens soixante six. Ainsi advint il jadiz en Angleterre, car le bastard de Normendie conquist le royaume à l'espée, et eschey que en icellui an couroit la date en six. L'an de l'incarnacion Jhesu Crist Nostre Seigneur mil soixante six, fut le duc Guillaume le Bastard couronné à roy d'Angleterre. Et trois cens ans ensuivant fut couronné Henry le Bastard à roy d'Espaingne. C'est assavoir l'an mil trois cens soixante six par Espaingne obeirent les Espaingnolz au roy Henry fors ceulx de Castelle et ceulx de Galice. Et ces deux pais obeirent au roy Petre comme bons, vrais et loiaux subges.

Pour cause que le roy estoit cruel homme à merveilles, aucuns ont imputé par renommée qu'il estoit filz d'un Juifz. Et comme la royne fut enchainte, pour cause qu'elle n'avoit porté par avant que filles, l'en raconta à la royne que le bon roy Alfons de Castelle et d'Espaingne avoit dit que, se la royne avoit de celle groesse une fille, que jamaiz autre porteure ne feroit. La royne oult paour du roy. Et comme elle oult enfant, comme les imputeurs racontent, la royne oult une fille. Et alors on fist qu'elle en oult ung filz, lequel estoit filz d'un Juif que l'en appelloit Zil. Et icestui Juif que l'en appelloit Zil, apres la mort du bon roy Alphons et de la royne, fut tout gouverneur du roy Petre. Par quoi ceulx qui imputoient cest blame au roy Petre l'appelloient Petrezil. Mais c'est dure chose à croire, car la royne, celle qui l'appelloit filz, fut tres saincte et bonne et moult religieuse dame; et n'eust jamaiz fait ung tel fol hardement envers le bon roy Alphons son seigneur.

En Normendie, en cest temps, vindrent une route d'Angloiz qui prindrent une ville en marescs appellée Le Homme[1]. Et ne povoit l'en aler en celle ville que par une cauchie qui avoit bien demie lieue de long. Par le pais prindrent ces Angloiz à guerroier. Et lors par le mandement du roy de France se assemblerent les gentilz hommes de Normendie, avec eulx ceulx de Caen et des villes et boures de Normendie la Basse et vindrent assieger les Angloiz. Avec les Normans vindrent les Navarrois et leur furent en aide. Et furent les Angloiz tellement assegiés des Normans, tant François que Navarroiz, qu'ilz furent affamés. Et comme ilz furent si affamés, ilz se vouldrent rendre à la mercy du roy de Navarre, maiz ilz n'y furent point receuz. Trois des plus notables des Angloiz se rendirent lors à la mercy du roy de France. Ices troiz prinst le roy de France à mercy.

Les nobles Normans, c'est assavoir monseigneur de La Ferté, monseigneur du Melle, monseigneur de Tournebust, monseigneur de Blainville, monseigneur Friquet de Friquans, monseigneur Regnault de Braquemont firent crier l'assault. Car ceulx de Caen, de Bayeux et de Saint Lo avoient fait faire grans claies et fait trenchier le joncs et les roseaulx des diz marecs. Par quoy on fust entré par les marecs. Et quant les Angloiz apperçurent ce et qu'ilz ne se pourroient tenir, ilz se rendirent aux François et yssirent tous desarmés hors des marecz. Adonc dit monseigneur de Friquans aux archiers Françoiz : « Delivres vous tost! » Et donc commencerent à traire parmy eulx, et les communes

---

1. Auj. Ile-Marie, Manche, ar. de Valogne, c. de Picauville.

leur coururent sus, si que en pou d'eure furent tous occiz et furent là occiz plus de trois cens Angloiz. Ainsi fut l'en delivré d'eulx, et qui eust ainsi fait le temps passé, les guerres n'eussent pas tant longuement duré comme ilz ont.

Cy retourne à raconter d'Espaingne. Le roy de Grenade doubta tant la force des compaignes, lesquelz chasserent le roy Petre de son royaume qui estoit tant puissant. Et pour doubte qu'ilz ne vensissent en sa terre le getter hors de son royaume, il manda au roy Henry, à monseigneur Bertran de Clacquin et aux autres nobles hommes et cappitaines des routes des compengnes que, se ilz lui donnoient treves jusques à trois ans, il donrroit et paieroit autel truage comme il faisoit ou avoit fait au roy Petre et encoires par dessus il paieroit grant somme d'or pour raençonner son pais. De ce que le roy de Grenade manda au roy Henry et à monseigneur Bertran il fut receu à paier le truage et la raençon. Et ilz lui donnerent treves jusques à trois ans par paiant ce que dessus est dit.

Le roy Petre, dont dessus est parlé, fut courroucié moult amerement de perdre son royaume d'Espaingne et vint à reclam au prince de Galles et de Guienne. Et comme il vint devant lui, il se getta à ses piéz et rompi son vestement. Le prince qui scavoit bien son affaire, quant il le vist, le redrecha et lui promist qu'il lui aideroit à conquerir son royaume. Et fist sa semonce moult efforciement et assembla grosse armée de gens d'armes armés de toutes pieces, d'archiers et d'autres gens de guerre. Edouard le roy d'Angleterre envoya son filz le duc de Lencastre à son frere le prince de Galles à tout grant nombre de gens d'armes pour confundre et desconfire monseigneur Bertran de Clacquin, pour ce que le dit monseigneur Bertran devoit avoir dit qu'il combatroit le roy d'Angleterre et son filz le prince de Galles. Dont le dit roy d'Angleterre et son filz le prince de Galles avoient trop grant despit que ung tel homme, simple bachellier, se mettoit en aramye contre eulx. Le prince fist grant feste de la venue de son frere le duc de Lencastre, puis manda au roy de Navarre qu'il peust passer par sa terre. Maiz le roy de Navarre lui respondi sur ces paroles indifferanment en soy excusant que moult doubtoit les Bretons et que moult avoit iceulx souspechonneux.

Monseigneur Bertran oult nouvelles que le prince devoit venir sur lui. Si envoia monseigneur Olivier de Mauny devers le roy de Navarre affin qu'il ne lui donnast passage. Et comme le roy de Navarre ung jour chevauçoit, monseigneur Olivier de Mauny le prist, et fut mené prisonnier en Arragon, puis fut delivré en baillant hostages en disant que indeuement avoit esté prins. En ses raisons le ouy le roy d'Arragon, lequel avoit eu sa seur à femme. Et apres sa delivrance retourna en Navarre. Le prince fist le plus efforciement sa semonce qu'il poult et assembla son host à Bordeaux. Et là vindrent par devers le roy de Navarre le roy de Malogres, le roy Petre, le duc de Lencastre, le conte d'Armignac, monseigneur de Larbret, monseigneur de Chendoz, monseigneur Hue le Despencier, monseigneur Louis de Harecourt, le sire de Chastelle, le captal et le sire d'Ansellée avecquez lesquelz le prince tint parlement. Et en cest parlement le roy de Navarre fist acort de livrer passage au roy Petre parmy ce que le roy Petre promist et donna au roy de Navarre une grant somme d'argent et avec ce la cité de Grong[1] en Espaingne. Et tandiz que le roy Petre estoit avecquez le prince, il envoia messagiers et ambaxadeurs au roy de France pour scavoir se il le faisoit guerroier. Et eurent les ambaxadeurs responce du roy de France que par lui ne faisoient les compengnes au dit roy Petre guerre ne à autres, maiz les avoit par ses deniers mis hors de sa terre; et se ilz estoient allés sur lui en l'aide du roi Henry, que ce n'estoit aucunement par lui. Ceste responce rapporterent les ambaxadeurs Espaingnolz au roy Petre.

Le roy de Navarre print une somme d'or du tresor du prince pour livrer au dit prince passage et vint au devant pour livrer le dit passage au dit prince et à son host. Monseigneur Olivier de Mauny revint en Navarre et envoia ung syen parent par devers le roy de Navarre en message de par monseigneur Bertran de Clacquin. Et comme il vint devers le roy de Navarre, il fut prins et mis à mort. Et tantost le roy de Navarre envoia monseigneur Pierres de Landuras à quatre cens glaives et quatre cens Navarrois, lesquelz prindrent monseigneur Olivier de Mauny, et fut mis en prison en ung des chasteaux du roy de Navarre où il fut bien gardé.

Le prince parti de Gascougne o tout son host le plus entier et le plus parfait de bonnes gens que on eust veu de long temps. Son frere le duc de Lencastre, le captal et monseigneur Jehan de Chendoz ourent la premiere bataille. Le comte d'Armignac, le sire de Larbret et le sire de Pommiers ourent la seconde ba-

1. Le Groño.

taille. Et avec eulx fut mis monseigneur Hue le Despencier à mille hommes d'armes et autant d'archiers. La tierce bataille oult le prince et avec lui le roy Petre, le roy de Mallogres, monseigneur Louis de Harecourt, monseigneur d'Ansellée et moult grant foison de nobles chevaliers et escuiers. Car en l'ost du prince estoient bien dix mille hommes d'armes, quatre mille archiers et six mille servans hardiz et vaillans. Et ains que le prince partist de Guienne, il fist acort au conte de Foix par le moyen du roy de Navarre.

Aucuns Angloiz, qui estoient allés en Espaingne avecquez monseigneur Hue de Karvelley, parlementerent ensemble secretement d'occire monseigneur Bertran de Clacquin dedens son paveillon. Ung d'iceulx Angloiz dist leur convine à monseigneur Hue de Karvelley qui le fit assavoir à monseigneur Bertran secretement. Car le dit monseigneur Hue de Karvelley ne voulloit pas estre coulpable ne consentant de la mort d'ung si preux et si vaillant chevalier comme monseigneur Bertran de Clacquin. Quant monseigneur Bertran sceut qu'ilz le devoient ou voulloient occire, il fit telle diligence qu'il fist prendre aucuns de ceulx qui avoient sa mort pourparlée et les fist mourir.

Monseigneur Hue de Karvelley sceut que son seigneur le prince de Galles venoit sur le roy Henry et sur monseigneur Bertran. Lors vint parler au mareschal d'Andrehen et au Besgue de Villaines et puis print congié à monseigneur Bertran et au dit mareschal et Besgue en leur disant qu'il ne povoit ne ne devoit estre contre son seigneur le prince. Puis se parti de l'ost du roy Henry et tous les Anglois et vindrent jusques en Navarre. Et adonc estoit le prince et son host au commencement de Navarre, et là leur donna passage le roy de Navarre.

Comme le roy Henry, monseigneur Bertran, le mareschal d'Andrehen, le Besgue de Villaines sceurent que le prince o son host estoit parti de Navarre, ilz se partirent de Burcs et se mistrent sur les champs. Et ala en frontiere le frere au roy d'Arragon et le Besgue de Villaines, le Besgue de Fayeul, monseigneur Yvain de la Houssaye avec les diz Normans et Bretons bien cinq cens glaives, et le frere du roy d'Arragon avec lui bien bien trois mille combatans, que Espaingnolz que Arragonnois, et se mistrent en lieux couvers pour soupprendre les gens du prince.

Le roy Henry, monseigneur Bertran et le mareschal d'Andrehen ne s'eslongerent point de Burcs, car là devoit le roy garder son pais qu'il avoit conquiz et là atendre ses ennemis. Avec lui furent les Espaingnolz fors ceulx de Sebille et de Galice qui tenoient le parti du roy Petre. Et comme le prince fust en Navarre et il eust rafreschi son host, il se parti de Navarre, et au partir il ala veoir la royne et lui fist grant feste. Et lui donna grans pierres precieuses et moult de beaux joiaulx d'or qu'il avoit euz du roy Petre. Puis se parti le prince du royaume de Navarre et print congié du roy qui demoura pour garder son pais. Monseigneur Hue de Karvelley vint devers le prince et s'agenouilla devant lui et lui dist comme il venoit devers lui comme à son droit seigneur. Et le fist assembler le prince o sa route avec son avantgarde et lui enquist l'estre du roy Henry et des Françoiz et combien ilz estoient. Monseigneur Hue de Karvelley lui dist : « Sire, pour vray, le roy Henry avoit bien quant je parti de sa route trente mille Espaingnolz, tant de pié que de cheval; et monseigneur Bertran de Clacquin, le mareschal de Andrehen et le Besgue de Villaines et du Fayel ont bien deux mille hommes d'armes; et le frere au roy d'Arragon a bien trois mille hommes bons combatans de Arragonnois. »

Apres ce que le prince oult ouy monseigneur Hue de Karvelley, il fist sonner ses araines et commanda à ceulx de son avantgarde qu'ilz chevauchassent oultre et tant que l'ost du dit prince vint au commencement des destroiz du royaume d'Espaingne. Le roi Henry avoit envoié ung de ses freres à tout bien deux mille Espaingnolz que de pié que de cheval. Adonc le captal et monseigneur Jehan de Chendoz o toutes leurs batailles se mistrent à pié et pourprindrent le pas et les destrois. Et lors les Espaingnolz s'enfuirent, et donc passa tout l'ost du prince et entra en Espaingne.

Cy se taist à parler de la guerre d'Espaingne et raconte comme monseigneur Louis de Navarre engaiga sa terre au roy Charles de France pour aller espouser la fille de la royne de Cezille dont le mariage avoit esté pourparlé. Monseigneur Louis de Navarre, pour aller en Cezille et fournir son voiage, alla par devers le roy de France et lui monstra comme il lui faloit une grant somme d'or, et que, se il lui en faisoit finance, il lui livreroit la conté de Beaumont et toutes les forteresses qu'il avoit en Normendie avec toutes leurs appartenances; et s'il ne lui plaisoit le faire, qu'il avoit trouvé qui lui feroit tres voullentiers. Le roy de France oult conseil qu'il lui feroit la dicte finance affin qu'il ne tournast devers le roy d'Angleterre pour avoir la dicte finance. Laquelle, s'il y fust tourné, tantost et voullentiers il lui eust faicte pour avoir la pocession et saizine des diz chasteaux et revenue. Et fut faicte la dicte finance au dit monseigneur Louis par telle condicion que le roy de France auroit la conté de Beaumont et les chasteaux, Passi, Agnet, Breval et le fort chastel de Beaumont avec les revenues des terres jusques à six ans. Par ainsi que, se dedens les six ans le dit monseigneur Louis ne povoit rendre la dicte somme, les dictes terres et chasteaux seroient acquisez au roy de France. Et de ce furent faictes bonnes chartres. Et oult le dit monseigneur Louis la dicte somme, et le roy de France fut saizi de la terre.

Quant le dit monseigneur Louis de Navarre oult receu la dicte somme d'or, il concueilli gens d'armes en Costentin et print à compaignon et à gueux monseigneur Eustace d'Ambiscourt[1], lequel avoit bien huit cens combatans. Et alors vint monseigneur Louis prendre congié de ses seurs, puis se parti de Normendie à bien deux mille combatans de toutes gens. Et fit tant par ses journées qu'il vint par devers le Saint Pere et fut moult solennelment receu des cardinaux, par especial de monseigneur le cardinal de Boulloingne, lequel le mena au Saint Pere. Monseigneur Louis de Navarre, comme il fut par devers le Saint Pere, il lui requist qu'il lui ottroiast le mariage de la fille à la royne de Cezille. Maiz le pape ne lui ottroia pas, et lors se parti d'Avignon et dit au dit cardinal de Boulloingne : « Je ne perdray pas que je puisse le royaume de Cezille. Se Dieu plaist, le pape n'empeschera pas l'avancement d'ung tel gentilhomme comme

---

1. Eustache d'Aubrecicourt.

je suy. » Puis print congié de son cousin le cardinal de Boulloingne et s'en ala en Prouvence, et là espousa la fille de la royne de Cezille, et fut fait chief de la terre de Labour. Et tres bien s'i contint au gré des gens de la dicte terre et s'i fit tres bien amer.

Or retourne l'istoire à parler de la guerre d'Espaingne que, comme le prince fut entré en Espaingne, et aucuns de sa route furent espanduz pour avoir des vivres, et une route d'Angloiz avoit chevaucé vers la partie où estoit embuschié le frere du roy d'Arragon, le Besgue de Villaines et ceulx de leurs routes, monseigneur Jehan Scouet, ung chevalier Breton, apperçut la chevaucie et la denonça au frere du roi d'Arragon et au dit Besgue de Villaines. Lors vindrent courre sus aux Angloiz les glaives es poings. Les Espaingnolz leur gettoient dardes et archigaies. Et les Normans, les Bretons et les Arragonnois se combatoient aux Angloiz de leurs glaives et de leurs hasches par telle vertu qu'ilz rompirent leurs batailles. Et adonc mistrent pié à terre les Espaingnolz, Arragonnois, Normans et Bretons, et vindrent de grant force courre sus aux Angloiz tant qu'ilz furent desconfiz. Et là gaignerent moult de bons prisonniers. Et en ceste bataille oult bien deux mille Angloiz des gens au prince desconfiz.

Quant le prince sceut que une route de son host avoit esté desconfite, il fit crier que nul ne partist de son host et print à chevauchier par Espaingne jusques pres de Burcs. Le captal et monseigneur Jehan de Chendoz qui avoient grant desir de ruer jus et desconfire monseigneur Bertran de Clacquin pour son grant langaige et vantement furent coureurs de l'ost du prince de Galles de son avantgarde que faisoit son frere le duc de Lenquastre, avec lui monseigneur Hue de Karvelley.

En ce temps vint Jehan de Montfort, qui avoit conquis la duchié de Bretaingne par l'outrageuse emprinse de monseigneur Bertran de Clacquin (car le dit comte de Montfort offroit au duc Charles de Bloiz offres raisonnables que le dit monseigneur Bertran ne voult souffrir estre ouyes, comme dessus est dit), à Paris eu mois de decembre, le jour que l'en chante en saincte eglise « O sapiencia[1]. » Et vint pour faire hommaige de la duchié de Bretaingne au roy Charles de France et lui fit hommaige et jura feaulté, puis s'en retourna en sa terre. Et d'illec ala o grant route de gens d'armes en Bretaingne pour garder le pais, pour ce que aucuns gens d'armes Françoiz avoient couru la terre du prince de Galles.

Cy raconte que, comme le prince de Galles oult eu nouvelles de la desconfiture de ses gens, il fist l'andemain chevauchier son host. Monseigneur le captal de Bucz, monseigneur Jehan de Chendoz, monseigneur Hue de Karvelley, N. de Hollande chevaucerent en l'avantgarde. Et à ung destroit pas à venir à Burcs avoit bien sept mille Espaingnolz pour garder celui pas. Maiz comme ilz virent venir l'ost du prince, ilz s'en fuirent. Alors passerent tous ceulx de l'ost au prince et chevaucerent jusques asses pres de Burcs. Et là estoit sur les champs le nouvel roy Henry et les Espaingnolz. Monseigneur Bertran, le mareschal d'Andrehen et le Besgue de Villaines o leurs Françoiz furent devant et firent une bataille divisée des Espain-

---

1. Le 13 decembre. V. *Gr. Chron.*, éd. in-12, t. VI, p. 243.

gnolz, et estoient bien deux mille hommes ains plus que moins. Puis apres furent trois autres batailles, c'est assavoir celle du frere au roy d'Arragon et celle des deux freres au roy Henry. Et la derraine avoit le dit roy Henry. Et en ces trois batailles estoient bien soixante mille hommes Espaingnolz.

Le prince estoit en courroy de combatre et avoit trois batailles dont la premiere avoit son frere le duc de Lencastre, le captal de Burcs, Chendos et monseigneur Hue de Karvelley. Iceste premiere bataille vint adjouster à monseigneur Bertran de Clacquin, et adreça le captal sa baniere à la monseigneur Bertran. Dieux! com grant noise oult à l'assembler, le son des araines et des autres instrumens et le cry des ensaingnes, que d'une partie que d'autre, fussent bien ouis de deux lieues loing! Les deux premieres batailles assemblerent premierement comme dit est et se combatirent tres aigrement, car de l'une part et d'autre estoient la meillieur chevalerie des Crestiens. Maiz ce n'estoit pas partie egal. Car en la premiere bataille du prince estoient plus de huit mille hommes, tous gens de fait. Et en la monseigneur Bertran n'avoit que deux mille combatans ou environ. Non obstant ce, ilz combatirent et tindrent place viguereusement, et se combatirent tant hardiement que on ne povoit rompre leur bataille. Là souffrirent les Françoiz grant faiz d'armes et grief à soustenir. Car quant les diz Françoiz, Normans et Bretons ourent combatu des glaives, ilz se combatirent des hasches. Qui là cheist nient fust du relever. Maiz trop greva les diz Françoiz une bataille d'archiers d'Angleterre, bien trois mille et plus, qui traioient de travers leur bataille sur eulx tant asprement que a pou qu'ilz ne veoient goute, et alors prindrent les Françoiz à branler.

Adonc le duc de Lencastre fit sonner ses instrumens pour resbaudir sa gent et vint courre sus aus dessus diz Françoiz. Et à celle empainte s'en fuy du champ le roy Henry et ses freres et le frere au roy d'Arragon et les Espaingnolz. Les archiers Anglois de la bataille du comte d'Armignac et du sire de Larbret et aussi des Gascons alerent sur les Espaingnolz qui estoient à pié et en occistrent bien onze mille, tant en la place que en la chasse, selon l'esme des gens d'armes. Et encoires ce durant se tenoient les Françoiz, c'est assavoir monseigneur Bertran de Clacquin, le mareschal d'Andrehen et le Besgue de Villaines et leurs routes. Et enhaitoient ces diz seigneurs leurs gens d'armes en leur disant que nul pour paour ne vousist fuire. Et de tres grant courage se combatoient aux hasches et aux glaives contre la premiere bataille de leurs ennemis. Et adonc y renvoya le prince monseigneur N. d'Ansellée à tout bien trois mille hommes d'armes armés de toutes pieces qui forcloirent les Françoiz dessus diz. Et furent avironnez de toutes pars comme les oiseaulx entre les raseurs. Et lors fallut il qu'ilz se rendissent ou ilz eussent esté tous decouppés. Ainsi fut monseigneur Bertran de Clacquin, le mareschal d'Andrehen et le Besgue de Villaines avec tous ceulx de leur route comme preux desconfiz par la defaulte des Espaingnolz qui s'en fuirent. Monseigneur Bertran, apres ce qu'il fut prins, fut admené au prince par le captal et Chendos. Lors dist monseigneur Jehan de Chendos à monseigneur Bertran : « Dan Bertran, quant je vous prins en Bretaingne, vous jurastes que vous ne vous armeriez point contre le prince, si le roy de France ou ses freres n'avoient guerre contre le prince ou contre le roy d'Angleterre. » Lors respondi monseigneur Bertran à monseigneur Jehan de Chendoz, present le prince, disant : « A Dieu le vou, ja dittes vous veoir! Maiz monseigneur le prince n'a cy point de guerre; ains s'est armé du parti du roy Petre. Et d'autre partie comme souldoier du roy Henry je me suys armé en son aide. Et par ce dys je que je n'ay en riens enfraint mon serement. »

Apres ce que le prince oult eu victoire, il vint devant Burcs en Espaingne. Et se rendi la cité à lui et mist dedens le roy Petre, lequel fist mourir de villaine et cruelle mort aucuns chevaliers et citoiens de la ville, dont il fut moult hay. Et puis apres le prince s'en retourna en sa terre pour ce que la princesse lui avoit escript que aucuns Françoiz couroient sa terre de Guienne. Monseigneur Bertran de Clacquin fut admené prisonnier à Bordeaux. Et comme il estoit prisonnier, il requit estre mis à raençon et si dist oultre : « A Dieu le vou, le prince ne me veult mettre à raençon de paour que je ne lui face guerre, » present monseigneur de Chendoz et le captal. Et depuis aprez fut mis à grosse raençon, dont le roy de France lui aida de la plus grant partie. Et d'autres grans seigneurs, princes et autres lui aiderent tant que sa dicte raençon fut paiée, et par ainsi fut delivré. Mais ains qu'il fut mis à raençon, le mareschal d'Andrehen, le Besgue de Villaines et les autres nobles hommes avoient esté mis à finance et leurs raençons paiées. Et furent delivrés par le commandement du prince plusieurs escuiers et nobles hommes sans paier raençon.

Henry le Bastard, nouvel roy d'Espaingne, vint devers le pape pour le fait du royaume en Avignon. Et là aussi estoit monseigneur d'Angou pour le fait du royaume d'Arle.

Quant le prince fut retourné d'Espaingne et venu en Guienne o tout son host, il tint bien quatre mois sans souldoier, et sans souldoiez ses gens se vivoient sur son pais. Pourquoy les nobles hommes de sa terre monstrerent au prince que les dictes gens d'armes destruisoient et mengoient son pais et qu'il les en meist hors. Et lors le prince les mist hors de Guienne. Et entrerent les dessus diz gens d'armes eu royaume de France et commencerent compaigne. Dont aucuns tenoient que c'estoit par le prince qu'ilz estoient entrés eu royaume de France. Apres ce que monseigneur le Besgue de Villaines fut quitte de sa raençon et delivré, o tout ce qu'il poult finer et assembler de gens d'armes de Normendie il se remist à voye pour s'en aler droit en Espaingne au roy Henry. Lequel, o tant de gens comme il poult concueillir et finer, se mistrent luy et le dit Besgue o sa route sur les champs et firent forte guerre et aspre au roy Petre et moult recouvrerent de pais sur luy.

En l'an de grace mil trois cens soixante sept, le pape Urbain se parti d'Avignon et ala à Marcelles passer la mer pour aler à Romme. Et print port à Viterbe en Rommanye, car la dicte cité estoit de l'eglize de Romme. Là fist longue demeure le pape ains qu'il alast à Romme. Et comme le pape estoit à sejour à Viterbe, sourdist une discencion entre les gens de la cité de Viterbe et le pape et les cardinaulx pour la cause de la belle fontaine qui est en la dicte cité. Et se rebellerent ceulx de Viterbe contre le pape et vouldrent courre sus aux gens du pape et des cardinaulx. Maiz le bon pape par son grant sens, par belles et doulces parolles, les appaisa. Pour laquelle chose fist venir son mareschal qui estoit es affaires du pape et de l'eglize pour avoir la dominacion d'icelle ville. Lequel à grant foison de gens d'armes vint à Viterbe. Et comme il fut venu à Viterbe, il fit mettre à mort grant nombre des citoiens de la cité, et aucuns des plus puissans il fit pendre à leurs maisons et les autres decappiter. Bien leur monstra riguereusement le meffait qu'ilz avoient fait contre la dignité papal. Bien y doit prendre chacun exemple.

Apres cestui fait, le pappe se parti de Viterbe et ala à Romme à grant armée pour la doubte des Rommains. Et ains qu'il entrast à Romme, lui fut rendu le chastel de Saint Angre de Romme oultre le gré d'aucuns des Rommains. Et vint le pape à Saint Pierre de Romme, avec lui les cardinaulx.

Quant le pape fut venu à Romme, tantost vint apres par devers le Saint Pere l'empereur de Romme à moult grant nombre de gens d'armes et de nobles hommes. Et aussi vint par devers le Saint Pere le bon roy de Hongrie à grant foison de gens d'armes et d'autre partie la royne de Napples. Pour la cause de leur guerre d'entre le roy de Hongrie et d'elle estoient ilz venus devers le Saint Pere en esperance d'avoir acort.

Cy raconte d'un fait qui advint en France entre deux chevaliers, c'est assavoir monseigneur Richart de Beaumont et monseigneur Guillaume de Harecourt. Le dit monseigneur Richart de Beaumont ala pardevers monseigneur Galiache[1], sire de Mil-

---

[1]. Galeas Visconti, podestat de Milan.

lent. Et eu nom du roy de France, par une faulse
lettre seellée d'un seel contrefait du seel du roy de
France, emprunta au dit monseigneur Galiache une
grant somme d'or. Laquelle somme d'or apres long
temps passé fut demandée aux messagiers du roy qui
aloient à l'empereur de Romme. Et comme monseigneur Richart de Beaumont sceut que le roy avoit
envoiés messages à son oncle l'empereur pour soy
desoccuper, il mit sus à monseigneur Guillaume de
Harecourt cestui fait et l'en occuppa devers le roy.
Pour quoy monseigneur Guillaume de Harecourt fut
mis en prison au Temple à Paris, mais de ce fait offrit
gaige de bataille par monseigneur Raoul de Coussy,
oncle du droit seigneur de Coussy, qui avoit à femme
madame Isabel fille du roy Edouart d'Angleterre et
seur au prince de Galles. Cestui monseigneur Raoul
de Coussy avoit espousée la niepce de monseigneur
Guillaume de Harecourt, lequel s'excusoit par le dit
monseigneur Raoul de Coussy par voye de droit, disant que oncques par lui ne furent les deniers empruntez au sire de Millen. Il avoit à Paris ung nouvel
prevost Bourguignon nommé Hugues Aubriot moult
aspre justicier, lequel examina monseigneur Guillaume de Harecourt, avec lui des sages conseillers du
roy. Le fait estoit tout prouvé contre monseigneur
Guillaume[1] de Beaumont. Et nyoit monseigneur Guillaume de Harcourt le fait que on lui mettoit sus, disant
qu'il s'en voulloit deffendre comme gentilz et noble
selon la coustume de France. En baillant son gaige, le
dit monseigneur Richart de Beaumont voulloit entrer

1. Lisez : Richard.

en champ de bataille contre monseigneur Guillaume de Harecourt. Maiz le fait estoit tout clerement prouvé contre lui qu'il en estoit coulpable. Et pour ce le dit prevost et le conseil le jugerent à estre decappité. Et comme il fut en l'eschaufaut pour estre decappité, il confessa que par hayne l'avoit mis sus à monseigneur Guillaume de Harecourt et par jalousie de sa femme. Et pour cause aussi, s'ilz eussent entré en champ, leurs amis en eussent fait l'acort sans qu'ilz eussent combatu en champ de bataille. Et comme il oult confessé le cas, il fut decapité. Et l'andemain monseigneur Guillaume de Harecourt fut delivré tout à plain quitte et absoulz d'icellui meffait.

En icellui an mil trois cens soixante sept, Urbain pape de Romme ouvry le passage du saint voiage du Saint Sepulchre de Jherusalem. Et fut le dit voiage preschié et publié par la province d'Alemaingne et de France. Maiz pour les guerres estans en icellui pais et autres poupristrent l'emprise d'icellui voiage. Pierron le bon roy de Cyppre, qui se disoit estre roy de Jherusalem, fit une grant armée de pelerins tant Françoiz, Angloiz que Geneuoiz et des gens de son royaume pour aler de rechief en dit saint voiage, tant que en la compagnie du dit roy de Cyppre estoient bien sept mille combatans sans les nautonniers ou mariniers. Pierres, le dit bon roy de Cyppre, fit une rese sur les Sarrazins à tout le dit nombre de Crestiens. Le conseil du soudent de Babilone, qui estoit jeune au dessoubz de vingt ans, envoierent un Turc bon guerroier qui estoit ung des amiraulx du pere au jeune soudent, avec lui bien vingt mille Sarrazins pour garder les portz de la marine. Et comme les Crestiens deurent prendre

terre, les Sarrasins et les Turcs leur deffendirent moult
asprement, et là oult une forte bataille et dure. Car le
dit amiral du soudent avoit bien six mille bons archiers de Turquie qui trop aigrement deffendoient les
Sarrasins. Maiz alors, par le bon conseil des chevaliers
Françoiz et Angloiz qui estoient rusés des guerres,
firent partir les Crestiens en deux parties, l'une amont
et l'autre aval pres de Tripple[1]. Et fut en celle d'amont
le prince d'Anthyoche et les Angloiz et prindrent terre,
car les Sarrasins ne s'estoient point departis. Et adonc
le roy suivy son frere le prince d'Anthyoche et adjousta
ses gens à sa bataille et vindrent combatre les Sarrasins. Les Geneuoiz et les Venisiens avoient la premiere
bataille, maiz les archiers de Turquie les mistrent à
desconfiture. Et adonc monseigneur Symon de Landuras, monseigneur de Basqueville et monseigneur
Guy le Baveux o la bataille des Françoiz et monseigneur N. de Brouas avec luy les Angloiz et monseigneur Symon de Tynory coururent sus aux glaives et
aux espées aux dessus diz archiers de Turquie. Et par
la grace et plaisir de Dieu ilz les mistrent à desconfiture. Car le prince d'Anthyoche et la chevalerie de
l'Ospital les secoururent moult viguereusement, et là
oult moult belle besoingne. Les Geneuois et les Venisiens, qui au commencement fuirent, prindrent hardement en eulx et coururent sus aux Sarrasins moult
efforciement.

Le bon roy de Cyppre et l'amiral de sa terre o
toutes leurs batailles assemblerent à l'amiral du soudent, et là oult moult dure bataille. Car les Sarrasins

---

1. Tripoli.

estoient trois tans plus que les Crestiens. Adonc les mariniers, qui estoient remains pour garder les vaisseaulx, saillirent à terre cryant fort et huant, si que les Sarrasins s'en esbahirent. Et par le bien fait de l'emprinse plaine de hardement que les diz mariniers et ceulx qui estoient remains en navire firent, furent les Sarrasins desconfiz. Car comme les gentilz hommes qui estoient au dit fait racontent, ceulx qui estoient es diz nefz et vaisseaulx vindrent ferir les Sarrasins au dos de si grant courage, force et hardement que les Sarrasins tournerent en fuitte et à desconfiture par ceste menue gent. Lesquelz Sarrasins donnoient trop à faire aux nobles hommes Crestiens et puissans seigneurs.

Ce fut par la grace et voulenté de Nostre Seigneur Jhesucrist que ce fait ainsi advint, car Dieu ne voulloit pas que sa noble chevalerie des Crestiens fust perie entre les mains des mescreans, et aussi pour donner example aux nobles, aux puissans et bonnes gens d'armes qui se travailloient à confundre et grever les ennemis de la foy. Car Nostre Seigneur Jhesucrist ne veult point de boban ne de vanité. Pour ce veult il que les petiz feissent ou par eulx fut faicte la victoire affin que les grans n'y preinssent vaine gloire.

Et comme les Sarrasins se desconfirent, ilz s'en prindrent à fuire. Les gens de pié qui vindrent du navire les decouppoient par derriere, et les gens d'armes les assailloient par devant, si que l'amiral du soudent s'en fuy et partie de ceulx de cheval. Mais les Sarrasins de pié furent tous mors ou prins. Là ourent les Crestiens grant conquest de cameulx, de paveillons et de despouilles. Tous estoient riches, s'il leur fust demouré. Maiz moult en perdirent par plusieurs aventures, ains qu'ilz vensissent en leurs contrées.

Les ceulx qui eschapperent de la bataille, comme le soudent et autres, vindrent au Kayre jouxte Babilone où estoit le jeune soudent et son conseil. Et distrent comme les Crestiens les avoient desconfiz et comme le roy de Cyppre couroit la marine. Et lors, par le conseil du soudent, l'amiral d'Egypte fut envoyé pour garder les portz et pour resister aux Crestiens. Car les Sarrasins et le conseil du soudent ne doubtoient que les gens d'armes des compaingnes. Car ilz avoient ouy parler du fait d'Espaingne par le roy de Grenade et par le roy de Bellemarine. Si doubtoient que le prince et Bertran de Clacquin ne les vensissent guerroier. Maiz l'ennemi d'enfer a tousjours mis discencion et guerre entre les roys et les princes Crestiens, par quoy la saincte terre de Jherusalem ne peult estre recouvrée sus les ennemis de la foy Crestienne.

Une route de gens d'armes Anglois, Alemans et autres aloient parsuivant le roy de Cyppre. Et de ceste compaingnie estoit cappitaine ung nommé Philippot. Cestui Philippot avoit bien quatre cens combatans qui s'estoient mis soubz lui de plusieurs pais. Et comme ilz singloient par la mer, ilz trouverent quatre vaisseaulx d'armée de Geneuois et Venisiens qu'ilz congnurent qu'ilz estoient Crestiens. Ilz s'entrefirent grant feste et raconterent les ungz aux autres comme ilz suyvoient le roy de Cyppre, et lors ilz se mistrent ensemble. Maiz ung vent les desvoia qui leur fut contraire. Et singlerent d'icellui vent droit à Japhé à une journée pres de Jherusalem. Ces Crestiens vindrent prendre port asses pres de Japhé et descendirent à terre. Alors estoit à Japhé ung Turc qui estoit cappitaine du païs de par le soudent. Cestui Turc à tout bien deux mille Sarrasins vint pour combatre les Crestiens, et les Crestiens vindrent tres hardiement contre les Sarrasins tout à pié rengiéz en belle ordonnance. Maiz les Sarrasins ne firent à eulx que lancier et paleter et ne les ossoierent atendre.

Et par aucuns qui avoient frequenté le païs les Crestiens alerent prendre ung chastel degasté que les Crestiens tenoient jadis eu temps Godefroy de Buyllon. Les Crestiens enforcierent le dit chastel et y mistrent grant foison vivres. Et là se tindrent le dit Philippot et ses gens la plus grant partie. Et coururent bien cinq lieues de terre et admenerent la proye en leur fort. L'autre partie des Crestiens, des Geneuoiz et Venisiens gardoient le navire. Le cappitaine de Japhé sceut comme les diz Crestiens s'estoient logiés en cellui vieil chastel et avoient couru la terre. Il fit tant qu'il oult briefment grans effors de Sarrasins et fit tant que par force il print le fort des Crestiens. Et partie en fit mourir la plus grant et aucuns mena en chetivoison, et le dit chastel fit abatre et raser au prez de terre. Alors que le chastel fut prins des Sarrasins, Philippot, le cappitaine des Crestiens n'y estoit point, mais il estoit venu au navire pour aucunes besoingnes parlementer.

En ceste besoingne furent bien mors trois cens Crestiens. Alors qu'ilz le sceurent, ilz partirent du port et singlerent contreval la marine et choisirent en mer navire et envoierent espier se c'estoient Sarrasins. Maiz ilz trouverent que c'estoient Crestiens et estoient Hongres. Et là estoit ung bon chevalier de l'ostel du roy de Hongrie. Et estoient en sa compaingnie bien seize cens pelerins. Toutes les deux armées, apres ce qu'ilz s'entrefurent diz leurs pensées et leurs aventures, se mistrent ensemble. Et par le conseil de Philippot ilz retournerent à Japhé. Soudainement et sans noise, par ung point du jour, ilz se mistrent en hable et entrerent en la ville qui de celle partie estoit mal fermée. Les Crestiens entrerent en la ville et y bouterent le feu et occistrent grant nombre de Sarrasins, car ilz furent soupprins des Crestiens. Si les occioient à grans monceaulx parmy la ville et moult en occistrent es maisons. Là vengerent bien leurs compaingnons, car pour ung Crestien mort il occistrent bien vingt Sarrasins. Le cappitaine des Sarrasins s'en fuy en Babilone et raconta le fait au soudent et à son conseil, dont ilz furent moult troublés. Et bailla l'en au dit cappitaine trois fois plus de gens que devant pour chasser les Crestiens de Japhé. Maiz comme il vint à Japhé, ilz estoient jà partis. Et dit l'istoire qu'ilz avoient ouy nouvelles du roy de Cyppre. Et alerent à luy qui tres grant feste leur fist, car il avoit ouy nouvelles d'eulx et de leurs faiz. Et des lors qu'ilz furent adjoustés au roy de Cyppre, le dit roy commanda que l'en singlast où Dieu les vouldroit mener, et de cest singlage vint le roy de Cyppre devant Sur. Adonc estoit à Sur l'amiral d'Egypte, cappitaine de Surie de par le soudent, car cestui amiral estoit de par mere oncle du soudent. Par tout le pais avoit fait admener les vivres es fortes cités et chastiaulx, par quoy les Crestiens ne trouvoient nulz vivres.

Cestui amiral, comme il apperçut l'armée des Crestiens, il yessi à l'encontre à bien trente mille Sarrasins dont le plus estoient montez. Et en sa compaignie estoient le plus des meillieurs guerroiers du povoir au soudent. Le roy de Cyppre et les Crestiens vindrent pour prendre port, maiz là oult une tres grant et dure bataille à conquerre terre. L'armée des Crestiens qui fut à Japhé et l'armée des hospitalliers tous d'un front, comme se leurs vaisseaulx fussent chevilliés ensemble, aborderent bandement. Les Sarrasins vindrent combatre contre eulx et getterent feu qui esprint leur navire. Et adonc comme au desespoir saillirent hors et vindrent courre sus aux Sarrasins si hardiement que en l'endroit d'eulx ilz rompirent leur bataille et les desconfirent. Et lors tous les autres Crestiens yssirent hors de leur navire; et aux glaives, aux haschez et aux espées conquistrent à force d'armes la terre. Là s'i contint moult noblement le bon roy de Cyppre, car au descendre cellui qui portoit la baniere du dit roy de Cypre fut mort. Le bon roy print la baniere que cellui portoit et la leva vassaument. Son frere le prince d'Antyoche s'i porta comme preux, maiz il fut navré d'ung dart en la jambe. Maiz oncquez pour ce ne voult laissier l'estour et la forte bataille qui dura jusques à la nuyt. Adonc oult conseil le roy de Cyppre de se retraire en son navire, car pour lors ne povoit il à Sur riens forfaire ne conquester. Et donc s'en repaira le roy de Cyppre en sa terre, car il n'avoit que trop petit de vivres en son navire. Par quoy il fallut qu'il retournast en Cyppre, et aussi se departirent tous ceulx de l'armée dessus dicte.

Cy retourne à parler du royaume de France. Monseigneur Olivier de Mauny commença guerre en Normendie au roy de Navarre et couru sa terre en Costentin et pilla et mist siege devant Avrenches. Maiz le roy de France le manda, et laissa le siege pour venir au mandement du roy.

En cest temps, les compengnes qui furent avec le prince de Galles et d'Acquitaine en Espaingne entrerent eu royaume de France et pillerent tout le païs par où y passoient, et prenoient les gens de France à raençon, et firent mainte grande destruction eu royaume de France.

Urbain, pape de Romme, excommenia les dictes compengnes et maudit de l'auctorité Saint Pierre et Saint Pol et tous leurs soustenans appertement ou couvertement, tous leurs aliez et tous leurs confortans ou qui riens leur administreroient, de tous sains sacremens de Saincte Eglise les priva, et de tous biens temporeux et espritueulx par succession ou autrement eulx et leurs hoirs privoit jusquez au tiers genouil.

Par toute l'eglise du povoir de Romme fut commandé que les dictes compengnes fussent excommenies et engregies et le feu et l'iaue de quoy ilz prenoient leur sustentacion et les vivres dont ilz vivoient. Par quoy les dictes compengnes firent trop de griefz et de tourmens aux ministres de Saincte Eglise, quant ilz les prenoient, et plusieurs en mistrent à mort. Les dictes compengnes vindrent parmi le royaume de France par Bourgoingne, et là prindrent une bonne ville marchande que l'en appelle Vermenton[1]. Puis passerent Seyne et vindrent en Bric et coururent jusquez pres de Rains et prindrent par assault l'abbaye d'Epernay.

Charles le roy de France fit moult grant semonce

1. Vermenton, Yonne, arr. d'Auxerre, ch. l. de c.

pour combatre les dictes compengnes, c'est assavoir monseigneur le duc de Berry, monseigneur le duc de Bourgoingne, monseigneur Robert d'Alençon, conte du Perce, monseigneur Jehan d'Armignac, monseigneur de Larbret et ses freres, le captal de Bucs, monseigneur de Beaumanoir, monseigneur Olivier de Clichon, le comte Dampmartin, les barons de Normendie qui s'estoient mis soubz le comte du Perche et les barons de Picardie soubz le connestable, le comte de Saint Pol et le maistre des arbalestriers.

Le duc de Berry et le duc de Bourgoingne, avec eulx les dessus diz haulz hommes, alerent contre les compengnes, et lors les compengnes ramonterent en Bourgoingne et rappasserent Seyne. Et lors en cest temps furent faiz mareschaulx de France monseigneur Louis de Sancerre et monseigneur Mouton de Blainville. Lesquelz costioient les dictes compengnes en gardant les villes fermées et chastiaulx du roy de France.

A Sens, comme les Françoiz poursuioient les dictes compengnes, meust une riote des Bretons contre ceulx de Sens; maiz les mareschaulx les appaiserent. Comme les dictes compengnes vindrent à Senlis devant la ville, ung chevalier de Normendie qui estoit en la ville, nommé Lyon de Hacqueville, yssy hors à combatre aux barrieres pour acquerir honneur. Ceulx de la ville ne le recuillirent point, quant besoing fut; pourquoy le dit chevalier fut occis.

Cy raconte de monseigneur le duc d'Angou qui fit guerre aux Provinciaulx pour le royaume d'Arleblanc et ala mettre siege à Terrascon par terre et par le Rone. Et là vint à lui monseigneur Bertran de Clacquin tout droit de Bordeaux où le prince lui avoit donné eslargissement jusques à certain jour pour finer de sa finance. Avecques le dit monseigneur d'Angou estoit le mareschal d'Andrehen.

Au dit siege vint monseigneur Olivier de Mauny à bien quatre cens combatans de cheval sans la piétaille et tous Bretons. Et s'estoit parti du roy pour cause du captal. Monseigneur le duc d'Angou le reçut moult liement. Les Françoiz coururent jusques oultre le Rone en la comté de Prouvence. Alors ceulx de Prouvence tramistrent une gallie à Terrascon, laquelle fut prinse des Françoiz. Lesquelz destraindrent tant ceulx de Terrascon qu'ilz se rendirent à monseigneur le duc d'Angou qui y mist cappitaine et garnison en son nom. Puis fut fait acort entre monseigneur le duc d'Angou et ceulx d'Arleblanc. Et apres ce monseigneur le duc d'Angou aida à monseigneur Bertran de une partie de sa raençon. Et si lui fit faire aide tant au pappe que au roy de France son frere tant et si que la raençon du dit monseigneur Bertran fut payée. Et pria et requit le dit monseigneur Bertran à son cousin monseigneur Olivier de Mauny qu'il lui feist compaingnie o ses gens à retourner en Espaingne, lequel lui acorda bonnement. Et aussi concuilli le dit monseigneur Bertran en Bretaingne et en la Basse Normendie ce qu'il poult finer de gens d'armes pour mener avec lui en Espaingne. Et puis se mist à chemin o ses gens et la route du dit monseigneur Olivier son cousin. Et passerent par Navarre et tant esploiterent qu'ilz vindrent en Espaingne et chevaucerent droit à Toullecte[1] où le roy Henry

1. Tolède.

et le Besgue de Villaines tenoient siege, lesquelz eurent tres grant joye de leur venue.

Cy dit l'istoire que le prince de Galles, apres certain temps qu'il fut venu de Espaingne, voult avoir et alever une subcide sur les Guiennoiz. Maiz les barons de Gascoingne le contredirent, monseigneur de Larbret et ses freres, le comte d'Arnignac, monseigneur Jehan d'Arnignac son filz et la plus grant partie des nobles du dit pais. Et firent faire responce par ung archediacre que ce n'estoit pas la voulenté aux nobles de Guienne que sur eulx ne sur leurs hommes eust ne preinst le prince aucune subvencion. Par quoy meust rumeur des barons contre le prince. Et pour doubte du prince le comte d'Arnignac et le sire de Larbret vindrent au roy de France comme à leur souverain seigneur et se clamerent du prince. Et par la dicte clameur et doleance fut le prince adjourné par devant le roy de France. Et y furent envoyéz messages qui puis ne retournerent de longtemps et ne sçavoit l'en s'ilz estoient mors.

Cy raconte que le jeune comte d'Aucerre fut prins en Bourgoingne et de ses gens d'armes mors pour ce qu'il avoit pillié et couru sur la terre de la contesse de Flandres et mourut en prison.

En cel an mil trois cens soixante huit, monseigneur Lyon, filz du roy d'Angleterre, parti de son pais et vint en France pour aler espouser la fille du prince Barnabo de Millen, et vint à Paris où il fut receu tres noblement du roy de France, de monseigneur le duc de Berry et de monseigneur le duc de Bourgoingne qui alerent contre lui et lui porterent moult grant honneur. Et fut moult grandement festoié du roy.

Apres ce se parti monseigneur Lyon de Paris et esploicta tant qu'il vint à Millen et espousa la fille du dit monseigneur Barnabo. Maiz il ne fut gaires là qu'il mourut, et disoient aucuns qu'il avoit esté empoisonné des Lombars.

Cy retourne à parler des compaignes, lesquelz vindrent devant Paris; puis se partirent de France et entrerent en Normendie. Et parti une route des compengnes dont ung nommé Briquet estoit chief et cuiderent prendre Loviers. Maiz monseigneur le comte du Perche, monseigneur le mareschal de France, seigneur de Blainville, monseigneur de La Ferté, monseigneur Claudin de Harainvillier, mareschaux de Normendie, et monseigneur de Basqueville avec eulx bien quatre cens lances s'estoient mis paravant dedens Loviers; et faillirent à la prendre par la force et deffence des dessus diz nobles hommes avec ceulx de la ville. Quant les compengnes ourent failly à prendre Loviers, ilz chevaucerent à force jusques au chastel de Vire où l'en ne se donnoit garde d'eulx et firent une embusche. Et une partie d'eulx se mistrent en la ville et tuerent les portiers qui gardoient la porte. Et lors vint leur embusche et entrerent en la ville de Vire et la pillerent et roberent, et tout homme qui se mettoit à deffence estoit mis à mort. Apres ce aucunes routes de compengnes entrerent en Mayne. Monseigneur Mouton de Blainville, mareschal de France, ala à Vire et rafreschy le chastel de Vire, puis fit tant que par une somme de frans d'or les compengnes laissirent Vire. Monseigneur Robert d'Alençon, comte du Perce, chevauça avec monseigneur Louis de Sancerre, mareschal de France, et monseigneur Guillaume du Melle droit à une prieuré que monseigneur Robert Sercot cappitaine d'aucuns Angloiz des compengnes enforçoit. Et là fut prins et mis à mort. Semblablement en une chevaucie que fit Briquet qui restoit chief d'une compaignie des compengnes, monseigneur Guillaume du Melle le fit scavoir aux mareschaulx de France, lesquelz y envoierent des gens d'armes qui desconfirent Briquet et occistrent.

Cy parle du noble roy de France Charles qui ala jusques en Lysle en Flandres pour parlementer au conte de Flandres pour le mariage de sa fille et d'ung des freres au dit roy, c'est assavoir Philippe de France duc de Bourgoingne. Et d'icelluy mariage avoient pieça les paroles esté portées par tres noble dame la contesse d'Artoiz, mere du dit conte. Et en ce oult descort, car aucuns des bonnes villes de Flandres vouloient que ung des filz au roy d'Angleterre eust la dicte fille de leur seigneur. Maiz le Saint Pere ne le voult consentir. Pour le dit mariage attendi par quatre jours le dit roy de France en la dicte ville de Lisle. Le dit comte s'envoya excuser par devers le roy pour cause d'une maladie qu'il avoit. Puis s'en retourna le roy de France à Paris.

Cy dit que la ville de Caours[1] se retourna Françoise pour la cause du descort des seigneurs de Guienne, des bonnes villes et du prince. Et pour ce que les Angloiz n'accomplissoient pas bien le traittié et que en plusieurs manieres l'avoient enfraint tant par les compengnes que par plusieurs autres meffaiz, Charles, le roy de France, tramist messagiers au roy d'Angleterre, c'est assavoir le comte de Sallebruce, le doyen

1. Cahors.

de la mere eglise de Paris et autres. Maiz sur ce qu'ilz requeroient n'eurent aucune certaine responce. Par quoy le roy de France et son conseil apperçeurent bien que le roy d'Angleterre estoit ennemy du roy de France et du royaume.

Cy parle de la guerre renouvellée en Espaingne entre le roy Henry et le roy Petre. Et dit que, apres ce que le prince de Galles eust remis le roy Petre en son royaume apres sa victoire, et que apres ce feust retourné en Guienne et mené ses prisonniers, et le roy Henry feust venu devers le pape et eust trouvé monseigneur le duc d'Angou, comme devant est dit, il fut ainsi que le prince eust mis à raençon le mareschal d'Andrehen et le Begue et leurs raençons paiées. Le dit Begue, comme devant dit est, vint à la cour du pape en Avignon où le dit roy Henry estoit avec monseigneur le duc d'Angou qui moult grandement l'avoit festoié et sollennelment reçeu. Et s'en ala en Espaingne o le roy Henry et conquistrent moult de villes et forteresses. Et comme ilz avoient assiegé la cité de Toullette et que le roy Petre estoit alé querir secours au roy de Bellemarine, Sarrasin, lequel lui fit grant aide de Turcs et de Sarrasins; cependant monseigneur Bertran de Clacquin o grant secours pour le roy Henry vint en Espaingne et tout droit vint au siege de Toullette. Et tantost apres ce qu'il fut venu, vint le dit roy Petre o les diz Turcs et Sarrasins. Et comme le roy Henry le sceut, lui, monseigneur Bertran de Clacquin, le dit Besgue et leurs gens vindrent en l'encontre et les combatirent et desconfirent. Comme le roy Petre aperçust la desconfiture de ses gens, il s'en fuy et se bouta en ung tres fort chastel assis en tres haulte place nommé

Le Moncel, et là fut parsuivy du dit roy Henry, monseigneur Bertran et Besgue o leurs gens, lesquelz mistrent le siege devant le dit chastel. Et comme le roy Petre se vit ainsi avironné de toutes pars de gens d'armes, il fit par ung syen chevalier privé en qui moult se fioit traictier au dit Bertran et au dit Besgue de Villaines que, se il le povoient getter hors des mains Henry le Bastart son frere, qu'il leur donneroit et livreroit cent mille doubles de fin or. Ceulx convoiterent l'or et distrent aux messages que si feroient ilz. Le roy Petre leur fit mettre terme en une certaine nuyt que le dit Bertran et le dit Besgue vindrent au pié du chastel. Et fut mené le roy Petre en une plate maison soubz le chastel. Et comme les diz monseigneur Bertran et Besgue en furent partis et qu'ilz ourent reçeu les flourins, ainsi comme le roy Petre s'appliquoit pour monter et s'en aler, le roy Henry vint et dit : « Où est Petre, qui se dit roy d'Espaingne et de Castelle ? » Le roy Petre dist lors: « Traïtour, je suy le roy d'Espaingne et de Castelle. » Et tantost couru sus au roy Henry, maiz la force nen fut pas au roy Petre. Car il fut prins et lui fit le roy Henry coupper la teste. Ainsi mourut le roy Petre et le dit roy Henry demoura paisible roy de Espaingne et de Castelle. Lequel roy Henry donna au dit monseigneur Bertran de Clacquin et au dit monseigneur le Besgue de Villaines grans terres, pocessions en Espaingne, c'est assavoir au dit monseigneur Bertran la duchié de Moulinez et les appartenances et au dit Besgue la conté de Ribedieu et toutes les appartenances.

En l'an de l'incarnacion Nostre Seigneur Jhesucrist mil trois cens soixante huit, le premier jour du benoit dimenche de l'Avent[1], la royne de France oult ung filz dont tous les bons Françoiz ourent par le royaume de France grant joye du nouvel hoir du royaume qui à ce glorieux advenement de Jhesucrist fut né. Le quatriesme jour apres sa nativité fut baptisé le jour Saint Nicolas à grant solennité. Et fut levé de fons de madame la royne Jehenne et du comte Dampmartin et de monseigneur Charles de Montmorency. Et fut le dit enfant nommé Charles et luy donna le roy son pere le dalphiné de Vienne.

Alain de Mauny, o une route de huit vingt combatans, s'en vint par Prouvence. Les Prouvinciens assemblerent bien seize cens combatans et coururent sus au dit Alain de Mauny, maiz les Prouvinciaulx furent desconfiz.

Pierres le bon roy de Cyppre fut mis à mort et occiz de son propre frere le prince d'Antioche en Cyppre. Dont ce fut grant domaige pour toute crestienté, car il estoit ung tres vaillant prince et qui hardiement avoit guerroyé les Sarrasins.

Cy raconte l'istoire de la guerre recommencie entre le roy de France et le roy d'Angleterre. Les Angloiz de par le roy d'Angleterre coururent en Picardie et prindrent Neelle soudainement. Le roy de France et son conseil en ourent nouvelles, et fut envoyé en frontiere monseigneur Hue de Chasteillon, maistre des arbalestriers. Puis par le commandement du roy de France, le comte de Saint Pol et le connestable et monseigneur Jehan, dit Mouton, sire de Blainville, mareschal de France, alerent en Picardie pour ra-

[1]. V. Gr. Chron. de France, éd. in-12, t. VI, p. 266-268.

voir Neelle qu'ilz prindrent et gaingnerent sur les Angloiz.

A Pasques mil trois cens soixante neuf, les bourgoiz d'Abbeville se rendirent Françoiz. Et furent les Angloiz mis hors de la dicte ville sans leur faire nul mal en riens. Et les commis de par le roy de France y entrerent et furent joieusement reçeuz de ceulx de la dicte ville.

Le roy de France, à grant deliberacion de conseil, et par les barons, prelas et bonnes villes, fit deffier Edouart le roy d'Angleterre. Les commis du roy qui estoient à Abbeville se saisirent de la conté de Pontif et prindrent le chastel de Montereul que le roy d'Angleterre avoit fait faire. Le roy d'Angleterre, qui se sentoit ung des plus puissans princes du monde, fit aliance au roy d'Escosse son serourge et lui tramist grant somme d'or. Maiz les Escoz, par especial les bonnes villes, ne vouldrent estre contre le roy de France ne contre les Françoiz aucunement.

Cy raconte que le roy de France fit ung grant consille à Paris et fit monstrer au peuple comme par leur conseil il avoit fait deffier le roy d'Angleterre. Et pour celle cause fut prins le prest sur le sel sur les riches hommes, et afferma le roy qu'il envoieroit monseigneur le duc de Bourgoingne son frere en Angleterre. Et pour ce fit le dit roy grant semonce de nobles hommes. Et pour fournir son fait vint le roy de France à Rouen. Et alors ala monseigneur Philippe de France duc de Bourgoingne espouser la fille et heritiere du conte de Flandres. Et apres ce qu'il oult espousée, tantost apres il se parti et vint à Rouen où le roy son frere estoit. Tant comme le roy estoit à Rouen, fut faicte une armée des gens de Seyne de la coste de Caux et de Somme, lesquelz coururent en Angleterre. Et d'autre partie le roy d'Angleterre fit une armée de barges, et vindrent sur la coste de Somme et prindrent environ douze vaisseaulx que Normans que Picars.

Edouart le roy d'Angleterre, pour rompre le fait et l'emprise du roy de France, affin que les Françoiz n'entrassent en sa terre, envoya son filz le duc de Lencastre à Callais à tout plus de quatre mille combatans et coururent sur la terre du roy de France. Le roy qui pour lors estoit à Rouen pour faire aprester le voiage d'Angleterre, tenoit parlement à ses bonnes villes de son royaume, dont il avoit des bourgois de chacune grosse ville et cité pour avoir finance et argent. Et lors pour le roy requit l'abbé de Fescamp, nommé de La Granche, Bourgoingnon, la mousture de chacune myne de blé seize deniers pour myne, et sur le brevaige tant sur le vin, sur cydre que sur cervoise, le sixiesme denier par dessus toutes autres subvencions tant gabelles que imposicions. Dont le dit abbé oult la malle grace du peuple de tout le royaume de France, et en fut en tres grant dangier de mort. Et eust esté cela levé sur le dit peupple, maiz les prelas, clergié, nobles et bourgoiz ne le conseillerent pas ne ne consentirent, ains le furent à plain refusans.

Ce pendant vindrent nouvelles au roy de France que le duc de Lencastre estoit en Picardie et couroit la terre du roy. Et lors fut donné en conseil au roy que ce seroit le meillieur d'aler premierement combatre le duc de Lencastre, maiz le roy voulloit que le passage se feist. Et touteffoiz voult le roy qu'il fust sceu par les gens de ses bonnes villes lequel estoit le meillieur et le plus expedient. Et pour ce furent esleus quatre prelas, douze barons et douze bourgoiz qui rapporterent au roy, aux prelas et clergié, aux autres nobles et bourgoiz que c'estoit le meillieur d'aler premierement sur le duc de Lencastre. Adonc fut crié sur les nobles le ban le roy que tous nobles et tenans noblement alassent apres le duc de Bourgoingne à Abbeville. Là assemblerent les Françoiz, c'est assavoir le duc de Bourbon, le conte du Perche, le conte d'Eu, le conte de Harecourt, le connestable monseigneur Moreau de Fieules, le conte de Saint Pol, l'evesque de Troie, le viconte de Narbonne, le conte Dampmartin et moult de haulz et nobles hommes avec eulx en la compaingnie de monseigneur le duc de Bourgoingne. Chevaucerent les diz seigneurs o leurs gens contre le duc de Lencastre et son host.

Ce pendant le roy de France oult nouvelles du duc de Bretaingne que les Angloiz estoient venuz à Saint Sauveur le Viconte. Et pour ce de par le roy de France furent envoyéz en Costentin en frontiere les mareschaulx de France, monseigneur Louis de Sancerre et monseigneur Jehan de Blainville dit Mouton, monseigneur de La Ferté et monseigneur du Melle. Lesquelz assemblerent grant foison de gens d'armes, par especial de Normendie. Et avec eulx s'ajouxta monseigneur Olivier de Clichon, et mistrent le siege devant Saint Sauveur le Viconte.

En cest temps, le roy de Navarre estoit nouvellement venu à Cezarbourg. Lequel tramist messagiers à son serourge le roy de France en soy offrant à lui et aussi requerant qu'il lui recovrast terre pour la conté de Longueville, Mante et Meullent, et pour ce aussi que la terre que on lui avoit assise à Montpeullier, le duc d'Angou la tenoit et possidoit. Les diz messagiers du roy de Navarre furent longuement à la court du roy sans avoir responce. Et tandis que les diz messagiers furent en la court du roy de France, monseigneur Olivier de Clichon fut par devers le roy de Navarre et parlementerent ensemble. Et comme il retourna en l'ost, il fit deslogier des Bretons toute l'assemblée. Car le duc de Bretaingne et le roy de Navarre fermerent aliance ensemble. Alors fut levé le siege, et le vint monseigneur le mareschal denoncier au roy de France qui à merveilles en fut courroucié et dolent. Et fut donné en conseil au roy de France qu'il envoiast devers le roy de Navarre. Et y alerent le comte de Sallebruce et des conseillers du roy, lesquelz traicterent de paix.

Cy retourne à pa[r]ler de monseigneur de Bourgoingne qui ala hostoier contre le duc de Lencastre, lequel avoit pris place à Tournehen[1] en la valée. Et vint le duc de Bourgoingne pardevers son frere le comte de Flandres, puis vint à son host. Et se logierent les Françoiz droit devant les Angloiz pour avoir bataille. Maiz le duc de Lencastre et les Angloiz, qui moult estoient subtilz et ruséz de la guerre, doubtans la grant chevalerie des Françoiz et leur puissance, s'estoient si fortifiéz que nui ne les povoit aprochier. Le duc de Bourgoingne manda au duc de Lencastre bataille; et le duc de Lencastre luy octroya par ainsi que la place fust eslite quatre jours devant la bataille. Et furent chevalliers esleuz d'une partie et d'autre pour

1. Tournehem, Pas-de-Calais, arr. Saint-Omer, c. Ardres.

eslire place. Maiz atant demoura pour ce que les Angloiz se voulloient fortiffier.

Tandiz comme le duc de Bourgoingne fut à Tournehen devant le duc de Lencastre et son host, il eust une rumeur entre les Françoiz et les Flamens. Et vint le duc de Bourgoingne departir la mellée. Et si n'eust esté present ad ce, ung Flamenc eust tué le comte du Perche. Par devant les Angloiz fut monseigneur de Bourgoingne plus d'un moys lui et son host et deubt l'en aux souldoiers la plus grant partie de leurs gaiges. Et les gens du pais Picars ne leur voulloient riens acroire. Pour quoy le dit monseigneur de Bourgoingne manda au roy son frere de l'argent pour paier les diz souldoiers, maiz deniers ne furent point apportés. Et disoit la commune renommée que c'estoit par l'abbé de Fescamp. Et par ce que l'argent failly, se desloga l'ost des Françoiz, ne ne peurent les haulx hommes tenir leurs gens d'armes. De quoy ce fut grant honte et grant domaige au royaume de France.

Cy apres raconte que les Angloiz prindrent la mere à la royne de France, dont son filz le duc de Bourbon et son gendre le comte de Harecourt alerent mettre siege au lieu où les Angloiz l'avoient mis, maiz ilz s'en retournerent.

Apres ce que le duc de Bourgoingne et les Françoiz se furent deslogiéz de Tournehen, le duc de Lencastre s'en vint o son host d'Angloiz courant par Picardie et vint passer o son host à la Blanche Taque. Et puis chevauca tant qu'il entra en clos de Caux et vint mettre le siege devant Harefleu et le fit fort assaillir, maiz riens n'y forfit. Car la ville estoit bien garnie, et estoit dedens le conte de Saint Pol et grant quantité des chevaliers de Caux o ceulx de la ville qui bien la deffendirent. Maiz tandiz que le duc de Lencastre estoit au siege devant Harefleu, il envoia ung de ses mareschaulx pour assaillir Moustiervillier[1]. Maiz le Baudrain de la Heuse o cent hommes d'armes avec ceulx de la ville se deffendirent tres bien. Et lors quant le duc de Lencastre vist qu'il perdoit son temps à tenir siege devant Harefleu, il se desloga et repassa parmy Caux ardant et bruiant, et s'en retourna passer à la Blanquetaque. Et par une embusche qu'il fit faire à ung de ses mareschaux, fut prins le maistre des arbalestriers de France et fut mené prisonnier en Angleterre. En cest temps les Geneuoiz firent ung nouvel seigneur et mistrent leur duc en une cage de fer en charte.

Le roy d'Arragon envoia messages au roy de France et lui requist pour son filz la fille du roy Philippe, fille de la royne Blanche et seur du roy de Navarre. Et en la parfin fut donnée au filz du dit roy d'Arragon et fut espousée à Paris par procureur. La fille du conte de Flandres que monseigneur le duc de Bourgoingne avoit espousée fut amenée en France par son aelle madame la contesse d'Artoiz, mere du dit conte de Flandres.

En l'an mil trois cens soixante dix, de par le roy de France, monseigneur Jehan de Guienne, monseigneur de Blainville, mareschal de France, et monseigneur de La Ferté, o plusieurs routes de gens d'armes, alerent en Guienne et prindrent plusieurs forteresses, puis s'en retournerent aucuns en France. En Guienne, ung

---

1. Montivilliers, Seine-Inférieure, arr. le Havre, ch.-l. de c.

Breton, nommé Carnolet[1], prist le Chasteleraut et le chastel monseigneur Jehan de Chendos. Et comme une foiz d'aventure que le dit Carnolet o de ses gens chevaucoit sur le pais, le dit monseigneur Jehan de Chendoz semblablement chevaucoit, si avint d'aventure d'armes qu'ilz s'entrencontrerent à l'endroit d'un pont. Et là oult ung moult dur pongneys euquel par le trait d'un archier fut le dit monseigneur Jehan de Chendoz occiz, lequel eu dit pais de Guienne estoit cappitaine pour le roy d'Angleterre et pour le prince son filz.

Cy apres dit que le roy de France fit faire une armée par mer par son admiral, le vicomte de Narbonne, de ceulx de la coste de Normendie et de Picardie, et coururent sur la coste d'Angleterre. Et d'autre partie, le roy d'Angleterre fit une tres grosse armée dont estoit chief monseigneur Robert Canole. Et descendi à Calaiz et couru le dit Canole par le royaume de France jusques pres de Paris. Et sourmonta le dit Canole la riviere de Aize et de Marne et passa Seyne par empres Troye. Et revint o tout son host pardevant Paris où il fut plus de six jours, et couroient les Angloiz jusques aux faubours où il avoit souvent pongneys, et demandoit bataille. Maiz le roy n'oult pas lors conseil de le faire combatre. Et pour ce se desloga le dit Canole et ses gens de devant Paris. Et comme le dit Canole fut deslogié lui et son host de devant Paris, monseigneur Bertran de Clacquin, qui par le mandement du roy de France retournoit d'Espaingne, arriva à Paris et fut fait connestable de France; et se demist de la connestablerie monseigneur Moreau de Fieules.

1. Ker-Loct.

Le dit monseigneur Bertran, nouvel connestable, fit sa semonce des nobles et parsuy monseigneur Robert Canole, maiz le dit Canole estoit ja entré en Bretaingne. Et du dit host Canole estoit demouré derriere monseigneur Hue de Karveley. Et comme il senti que le dit connestable les parsuioit, il s'en fuy et se desloga d'une ville forte où il estoit. Monseigneur Bertran fit assaillir la dicte ville et la prist d'assault. Et comme le dit connestable oult prins la dicte ville, l'audemain il prist une abbaye pres du Mans que les Angloiz avoient fortifiée. Monseigneur Thomas de Grantson faisoit l'arrieregarde de l'ost des Angloiz, lequel estoit mareschal du roy d'Angleterre, avec lui bien six cens combatans, et estoit en une vallée nommée Mayet. Monseigneur Bertran sceut par ung espie que les Angloiz estoient là. Tantost il se parti du Mans o pou de gens d'armes et chevauca toute la nuyt. Et quant les Françoiz sçeurent qu'il chevauçoit, tantost et hastivement suirent le dit monseigneur Bertran. Et comme vint au point du jour, il aperçut les Angloiz. Et lors tantost se mist en conrroy et en ordonnance pour combatre, et de fait les combati et les desconfit. Et fut le dit mareschal d'Angleterre prins, et l'envoya le connestable au roy de France à Paris.

Le roy d'Angleterre envoia son filz le duc de Lencastre en Guienne à grant foison de gens d'armes Angloiz. Et comme il fut venu à Bordeaux, il fit sa semonce des nobles du pais, puis ala asseoir Chasteau Paon[1] et destraint moult fort la ville. Et du pais d'entour il fit admener les vivres à son host et si fit demie

1. Froissart appelle ce lieu Montpaon.

journée du païs d'entour vuidier et essarter pour la
doubte du nouvel connestable Bertran de Clacquin et
des Françoiz. Monseigneur Jehan de Vuienne qui estoit
en Guienne et autres seigneurs le firent scavoir au roy
de France, lequel y envoia monseigneur Bertran. Maiz
ains que le dit monseigneur Bertran peust venir là, le
duc de Lencastre avoit desjà prinse la ville et les
Françoiz qui la gardoient.

Le prince de Galles et le captal de Bucs, avec eulx
grant nombre de gens, alerent assegier la cité de Limoges. Et à eulx vint o ses gens le duc de Lencastre,
et jurerent le siege. Monseigneur Jehan de Vinemeur
estoit dedens la cité qui tres efforciement la deffendoit.
Et les Angloiz qui avoient foison d'engins les faisoient
getter jour et nuyt. Le duc de Lencastre fist miner la
ville, et estoit avec les mineurs, et lui en sa propre
personne les guettoit. Le dit monseigneur Jehan de
Vinemeur fit faire contremine. Dont il advint que les
mineurs se entre encontrerent et coururent sus les
ungz aux autres. Lors eschey que le duc de Lencastre
et monseigneur Jehan de Vinemeur se combatirent
l'un contre l'autre tres vassaument. Dont dit le duc de
Lencastre : « Qui es tu qui si fort te combas à moi ? Es
tu comte ou tu es baron ? » — « Nennin, dist Vinemeur,
mais je suis ung povre chevalier. » Adonc dit le duc
de Lencastre : « Je te prie que tu me diez ton nom
puis que tu es chevalier, car tel porras estre que j'auray
honneur de m'estre essayé à toy ou tel que non. »
Donc dit Vinemeur : « Saches, Angloiz, que oncquez en
armes ne regniay mon nom. J'ay non Jehan de Vinemeur. » Adonc dit le duc de Lencastre : « Monseigneur
Jehan de Vinemeur, j'ay bien grant joye que je me suy

esprouvé contre si bon chevalier comme vous estes. Si sachiez que je suys le duc de Lencastre[1]. » Et atant remaint la dicte bataille d'eulx deux. Et les autres se mistrent avant, et dura l'estour jusques à la nuyt. Et fut là bleciè le duc de Lencastre d'une des estaies qui froissa.

Apres ce que dit est, le prince de Galles et le duc de Lencastre firent efforciement assaillir et continuelment la cité de Limoges, et tant la destraindrent que par force la prindrent. Et moult des citoiens mistrent à mort pour ce qu'ilz s'estoient renduz Françoiz. Monseigneur Jehan de Vinemeur et aucuns de la dicte cité se retrairent en ung moustier où ilz se tindrent et là se combatirent moult longuement. Là se contint le dit Vinemeur moult vassaument, maiz par la force du duc de Lencastre ilz furent prins.

Apres ce que la cité de Limoges fut prinse, le prince de Galles pour cause de maladie fut porté en une litiere à Bordeaux, et le duc de Lencastre couru le pais. Monseigneur Bertran fit sa semonce à Bourges en Berry pour aler en Guienne. Et comme il parsuioit une route d'Angloiz, ung orage ou tampeste du temps chey sur les Françoiz dont ilz perdirent moult de leurs chevaulx. Et lors s'estoient les Angloiz retraiz. Et donc retourna le dit monseigneur Bertran à Paris.

Cy raconte que entre le roy de Navarre et le roy de France furent faiz plusieurs parlemens pour traictier de paix entre les diz rois. Et furent les conseilz ainsi d'acort que le roy de Navarre vendroit devers le roy

[1]. Froissart n'a pas rapporté ce beau dialogue chevaleresque. Voy. *Chron.*, liv. I, part. II, chap. cccxx et cccxxi, éd. du Panthéon, t. I, p. 619-621

de France. Et voulloit le dit roy de Navarre avoir ung des freres du roy de France en hostage, maiz nul des diz freres n'y vouloit aller. Pour quoy il fut ordonné que aucuns seigneurs, certains prelas et bourgoiz seroient en hostage pour le dit roy de Navarre. Le roy de France vint à Vernon à grant nombre de haulz seigneurs. Et de Vernon alerent en hostage monseigneur Philippe d'Alençon, archevesque de Rouen, l'archevesque de Sens, le comte d'Estampes, le comte de Salebruce, le comte Dampmartin et le comte de Genevre, monseigneur de Blainville, monseigneur d'Estouteville, monseigneur de Graville et plusieurs autres nobles hommes et des bourgoiz de Paris et de Rouen. Tous les dessus diz hostages furent par monseigneur Bertran de Clacquin, connestable de France, conduiz o grant quantité de gens d'armes et sauvement menéz à Evreux. Car pour lors les fortz de Conches et de Bretueil, lesquelz estoient garnis d'Anglois et de Gascons, faisoient guerre et moult grevoient le pais. Et comme les hostages furent à Evreux, le roy de Navarre se parti d'Evreux et emmena avec lui le comte d'Estampes, et tous les autres demourerent en chastel d'Evreux. Et le roy de Navarre, le comte d'Estampes et monseigneur Bertran s'en vindrent à Vernon. Et comme le roy de Navarre vint devant le roy de France, il s'agenouilla par trois fois. Le roy de France le fit lever, puis s'entrebaiserent les deux roys, et fut paix confermée par entre eulx.

En dit an mil trois cens soixante dix, le bon pappe Urbain retourna à Romme, et le ala querir de par le roy de France l'abbé de Fescamp à plusieurs gallées garnies de gens d'armes. Et comme il fut venu à Avignon, il ne vesqui guerres apres et trespassa ung pou devant Noel. Et fut mis en sepulture en l'abbaye de Marcelles dont il avoit esté abbé quant il fut esleu à pape. En l'an de l'incarnacion Nostre Seigneur mil trois cens soixante onze, selon l'usaige de Romme, fut esleu et sacré pape le cardinal de Beaufort et fut appellé Gregoire. Et apres ce le dit pape envoia le cardinal d'Angleterre legat et autres pour traictier de paix entre le roy de France et d'Angleterre.

Cy retourne à parler du roy de France et du roy de Navarre. Car comme ilz furent d'acort, le roy de Navarre manda le cappitaine de Conches et de Bretueil pour rendre les fors qu'ilz gardoient. Ad ce respondi l'oncle du captal que de par le captal gardoient les diz fors et aussi ne les rendroient fors à lui et non à iautre. Et leur furent données treves jusques à six sepmaines. Et le roy de Navarre et monseigneur Bertran alerent à Caen pour faire vuidier les forteresses des Gascons, Angloiz et Navarrois. Et comme ilz furent à Caen, le roy de Navarre manda Rifflart de Tulhay cappitaine de Tury[1] et fit tant à luy qu'il luy promist rendre le dit fort de Tury. Comme Rifflart fut retourné à Tury, il parla aux Anglois et leur dit : « Beaux seigneurs, je vieng du roy de Navarre qui m'a dit que il a fait paix avecques le roy de France et ne fera plus guerroier. J'ay prins congié de luy. Or n'y a fors de soy pourveoir. Car je doubte que monseigneur Robert d'Alençon, comte du Perche, et monseigneur Bertran ne viengnent icy mettre le siege. » Les Angloiz lors respondirent qu'ilz yroient chevaucier sur le païs

---

1. Harcourt-Thury, Calvados, arr. de Falaise, ch.-l. de c.

pour eulx advitaillier et se partirent de Tury. Et
comme ilz furent hors, on leva le pont et lors s'escria
Rifflart de Tulhay : « Moult [sic] joye Saint Denis ! »
Et dit aux Angloiz : « Ne soyez plus retournans, car
ne entreres en Thury. »

A Penthecouste, l'an mil trois cens soixante onze,
le roy de France tint grant court. Et y fut le roy de
Navarre et le duc d'Angou, frere du roy de France, et
grant nombre de haulz et nobles hommes de France.
Et adonc fit le roy de France l'acort du dit roy de Navarre et du dit duc d'Angou. Puis apres ce le connestable monseigneur Bertran de Clacquin ala mettre le
siege devant Conches. A prendre le siege, les Anglois
et Gascons firent une saillie, et là oult grant escarmuche. Et furent les diz Gascons et Anglois reboutés
par force dedens le fort, et à la retraitte bleceront
grant foison des François du trait. Et y fut blecié le
comte du Perche, et monseigneur Raoul Maillart occiz. Puis resaillirent ceulx de Conches par une autre
porte. Et prindrent des François de l'ost et si prindrent
des gens qui menoient vivres en l'ost et tout menerent
en leur fort.

L'abbé de Fescamp retourna de court de Romme.
Et retrencha l'en les garnisons, et ordonna l'en deux
bastides devant Conches, et leva l'en le siege. Dont ce
fut grant domaige pour le pais, car ceulx de Conches
reprindrent à pillier et destruire le dit pais. Charles
le roy de Navarre vint devant Conches et devant Bretueil affin qu'ilz se rendissent, mais oncques pour luy
n'en vouldrent riens faire.

En ce temps, madame de Bourgoingne, fille du
comte de Flandres, acoucha d'un filz.

Cy raconte des legas du pape lesquelz, apres ce qu'ilz eurent esté pardevers le roy de France, allerent en Angleterre pour traittier de paix au dit roy d'Angleterre d'entre lui et le roy de France pour mettre chrestienté en bonne paix et union, et que l'en peust guerroier les ennemis de la foy, et que armée se fourmast et voiage se feist à chasser les mescreans de la Saincte Terre de Jherusalem, ainsi que le roy de France se submettoit du tout en l'ordonnance du Saint Pere de faire du descort et de la guerre qui estoit entre les diz roys. A cestui premier traictié fut tout à plain refusant le roy d'Angleterre. Item, les diz legatz distrent que le roy de France s'en submettoit en l'ordonnance de l'empereur. Le dit roy d'Angleterre le fut refusant. Item, les diz legatz distrent au roy d'Angleterre que le roy de France s'en mettoit en l'ordonnance de quatre roys Crestiens. Le dit roy d'Angleterre le fut refusant. Item, les diz legatz distrent au roy d'Angleterre que, de quarante personnes tant chevaliers que bourgoiz prins du royaume d'Angleterre et autant semblablement prins du royaume de France, que sur ce que ces quatrevingt preudommes diroient et jureroient, le dit roy de France s'en mettroit en leur ordonnance. De tout ce le roy d'Angleterre fut refusant. Atant se partirent les diz legatz du pape du dit roy d'Angleterre sans riens faire et s'en retournerent.

En cest temps, les bons barons de Bretaingne, monseigneur de Beaumanoir, monseigneur Olivier de Clichon, monseigneur de Laval et moult d'autres haulx hommes avoient mis siege à Becerel[1] comme le

1. Bécherel, Ille-et-Vilaine, arr. de Montfort, ch.-l. de c.

connestable avoit fait à Conches. Les Angloiz, qui sont moult subtilz de la guerre, affin qu'ilz peussent remuer le siege, vindrent bien sept cens combatans en Bretaingne. Et fut mandé au connestable que hastivement alast vers le dit siege. Maiz les cappitaines de l'ost avoient mandé les genz de Caen, de Baieux et de Saint Lo et de par tout le païs et les mistrent à garder le siege. Et ilz alerent contre les Angloiz. Et comme les Angloiz le sceurent, ilz s'en retournerent en leur pais. Et le connestable et le comte du Perche s'en retournerent au siege de Conches. Et comme ilz furent là venuz, ilz firent une escarmuche où il oult moult de gens d'armes bleciéz. Maiz le connestable tint tant son siege, et furent ceulx de Conches si destrains de ceulx des bastides que la ville et chastel se rendirent. Et s'en partirent les Gascons, et monseigneur le connestable y mist garnison de Françoiz. Et puis donna le roy de France Conches, la terre et les appartenances de la viconté au connestable Bertran de Clacquin. Monseigneur Olivier de Clichon, le viconte de Rohen, monseigneur de Laval, monseigneur de Beaumanoir et les autres barons de Bretaingne, lesquelz avoient tenu siege devant Becherel plus d'an et demy, eurent lettres du duc de Bretaingne comme le chastel meissent en sa main. Maiz apres ce qu'ilz eurent leu et entendu le mandement, ilz firent tant que le chastel leur fut rendu. Lequel ilz prindrent et receurent eu nom du roy de France, leur souverain seigneur.

Cy raconte l'istoire de la guerre d'Alemaingne. En cel an mil trois cens soixante onze, le duc de Guerles et le marquis de Julliers avoient meu guerre au duc de Braban, frere de l'empereur, oncle du roy de France, du duc d'Angou, du duc de Berry et du duc de Bourgoingne, freres du dit roy de France. Et estoit le dit duc de Guerles entré en la terre du dit duc de Braban. Le duc de Braban donna une terre au duc de Julliers pour estre en son aide contre ceulx du Liege en la bataille de Steps où par les miracles saint Lambert le duc de Braban fut desconfit pour ce qu'il avoit fait destruire et destruit Saint-Lambert.

Apres par l'espace de long temps, le duc de Braban tollit la dicte terre au dit duc de Julliers. Et du temps Louis de Baviere, le duc de Julliers, qui eust en son aide le comte de Henault, Guillaume, qui mourut en Frise, si reconquist ceste terre, et par la force du dit comte de Henault il desconfit les Brabançons et si fit une forte ville nommée Aast.

Apres la mort du duc de Braban qui oult nom Jehan, lequel oult deux filles, dont l'une oult le comte de Flandres à qui son pere mourut à la bataille de Cressi, et l'autre fille oult le duc Vincelaux, duc de Luxembourg, filz du bon roy Jehan de Behaingne qui aveugla lequel mourut à Crecy, et fut frere de l'empereur Charles et oncle par mere du roy de France et des ducs ses freres devant diz; quant le duc Vincelaux oult à moullier Jehenne la duchesse de Braban et il fut saizi, il voult avoir Aast et semout ses amis et ses hommes et vint assegier la ville d'Aast et tant fit par sa force qu'il la reconquist. Le duc de Julliers guerroya le duc de Braban, en son aide le duc de Guerles duquel il oult à moullier sa seur, et vindrent à host bannie. Le duc de Julliers et cil de Guerles entrerent en Braban et coururent le pais, ardirent, bruirent et prindrent prisonniers et moult domaigerent le pais. Le

duc de Braban manda ses amis, le comte de Saint
Pol, monseigneur Jacques et monseigneur Robert de
Bourbon, Guillaume et Guyon de Namur, monseigneur
de Rochefort, le conte de Cleves, Robert Darque frere
de l'evesque de Liege, le seneschal de Henault, le prevost de Buillon et les Brabançons tant de cheval que
de pié. Et vint le duc de Braban o son host en la terre
du dit duc de Julliers. Et premierement y entrerent
monseigneur Robert, o lui les Françoiz qui avoient
l'avantgarde.

Le duc de Julliers et le duc de Guerles, le comte de
Nazo, le sire de Vitefaille[1], le sire des Rusces, le seneschal de Coulloingne, frere de l'archevesque, o moult
grant gent yssirent de Julliers à trois batailles. Dont le
mareschal de Julliers o sa bataille ala devant. Monseigneur Robert de Namur o son frere et une partie
de Françoiz alerent contre. Et là oult dure et fiere
bataille. Et à force d'armes furent les Allemans desconfiz et le mareschal prins. Ceulx qui eschapperent
fuirent au duc de Julliers qui venoit à deux grosses
batailles, lui et le duc de Guerles qui dist : « Où est
la bataille au comte de Saint Pol? Là vray ferir. S'il
peult estre desconfit, je ne prise rien le demourant. »
Lors s'adreça vers la bataille au duc où estoit le comte
de Saint Pol, o lui maint noble chevalier. Et là
commença bataille dure et pesante qui dura longuement. Et jouxterent corps à corps le dit duc de
Guerles et le dit comte de Saint Pol et s'entre navrerent mortelment. Le duc de Guerles leva sa visiere,
et ung arbalestrier le fery qui l'occist. Ung syen escuier

---

1. Westphalie.

monta derriere lui et le soustint mort ainsi qu'il apperoit vif.

Le duc de Julliers, le comte de Nazo et les Rusces et les Vitefailliens vindrent de grant courage et à force ferir sur les Barbançons tant qu'ilz abatirent l'estandart au duc de Braban. Et tournerent Barbançons à desconfiture. Là fut prins le duc de Braban et maint bon chevalier prins prisonnier. La bataille de ceulx de l'Aucefrite combatirent la bataille de monseigneur de Namur et des Françoiz, lesquelz faisoient Tyais[1] reculer. Le comte de Nazo vint par derriere ferir. Et quant Françoiz et Navarrois se virent enclos, ilz se rendirent. Et furent prins prisonniers tous les nobles chevaliers ou occiz. Monseigneur de Rochefort, monseigneur de Tyns, monseigneur de Fauquemont, monseigneur Robert Darque y furent occiz. Monseigneur le comte de Saint Pol s'estoit mis hors de l'estour. Ung villain Rusce le fery par la teste d'une grant machue et l'occist. Le dit villain Rusce s'en vanta devant le duc de Julliers qui fit trainer et pendre au gibet le dit Rusce qui avoit occiz ung si noble prince.

Le duc de Julliers mercia Dieu de sa victoire. Et fut son filz duc de Guerles. Lequel apres certain temps apres ceste devant dicte bataille fit sa semonce pour aler sur le duc de Braban. Lequel duc de Braban oult en son aide le conte de Saint Pol et son filz qui lui appartenoient de lignage. Monseigneur Jacques de Bourbon, le seneschal de Henault, monseigneur Raoul de Reneval et moult de nobles hommes alerent avecquez le dit duc de Braban pour combatre le dit duc de

---

1. Allemands.

Guerles. Et oult le dit comte de Saint Pol et Robert de Namur o les barons de France la premiere bataille. Et chevaucerent contre le duc de Guerles, maiz ilz ne furent pas suys de Barbançons. Car les Angloiz se mistrent entre eulx et les Barbançonnois. Adonc commença la bataille dure et pesant. Et vint courre sus le duc de Guerles aux Françoiz. Car bien lui estoit adviz que, s'ilz estoient vaincus, legierement seroient les autres desconfiz. Et là oult trop merveilleux estour et fort et s'entre coururent sus de glaives. Et dura moult longuement la bataille dure et mortel, dont il convint mourir maint noble homme. Puis mistrent main aux espées. Là se porterent vaillanment le comte de Saint Pol et ceulx de sa partie. Maiz la chose estoit mal partie. Car le dit comte de Saint Pol n'avoit pas sept cens combatans, et le duc de Guerles en avoit plus de huit mille. Si ne les peurent souffrir cil de la partie au dit comte de Saint Pol, et leur convint perdre place. Et lors le duc de Guerles vint sur le comte de Saint Pol. Le comte de Saint Pol luy couru sus, le glaive au poing, plain d'ire de ce qu'il veoit sa gent mourir entour lui. Et aussi le duc de Guerles et lui s'entre haioient mortelment. Et scavoit bien que, se le duc de Guerles le prenoit vif, qu'il le feroit mourir en prison. Et dit que de bonne heure fut né, se par ses mains son ennemy estoit occiz. Lors couru seure au duc de Guerles. Et le duc de Guerles, comme il le congnust, lui couru seure. Et s'entreferirent ambedeux parties par tel vertu de leurs glaives que tous deux en moururent, tant s'entre frapperent de grant yre et cheirent à terre tous deux envers et mors. Lors fut grant la criée d'une partie et d'autre. Et comme le duc de Braban vit la bataille, il dit à ses hommes : « Qui me aymera, si me suyve! J'auroie plus chier estre mort que je ne feisse secours à ceste bonne chevalerie de France. » Lors se bouta en la bataille, lui et trois mille, que chevaliers que escuiers. Maiz il ne fut ne aidé ne secouru de sa gent commune, maiz s'en fuirent comme faulx et mauvaiz. Adonc fut la bataille forte et dure. Et se porta vaillamment le duc de Braban. Et fit si grant effors d'armes lui et les syens qu'il se mit en la bataille des Françoiz qui soustenoient pesant faiz et grant charge d'armes. Maiz pou leur valu. Car ung des filz au duc de Julliers, lequel fut duc de Guerles, les avironna si fort de toutes pars qu'ilz ne peurent souffrir l'estour. Et là furent prins iceulx haulz hommes, le duc de Braban, le filz au comte de Saint Pol, monseigneur Jacquez de Bourbon, monseigneur Guillaume et Guy de Namur, le seneschal de Braban, monseigneur Raoul de Reneval, le seneschal de Henault et moult d'autres nobles hommes. Et les emmenerent prisonniers ceulx de Guerles et de Julliers et moult occistrent de ceulx de pié et moult en perirent et noierent en la riviere de Meuse.

En ce temps fut ars à Rouen ung herese qui se faisoit appeller Jehan Dieu, lequel maintenoit moult de faulses opinions contre la foi catholique.

En cel an mil trois cens soixante onze, le duc de Lencastre parti d'Angleterre à grosse armée et vint en Guienne. Et adjousta à lui le captal et vindrent mettre siege à Montcontour. Ilz assaillirent le fort efforciement. Ceulx du chastel le manderent au roy de France. Et comme les nouvelles en furent venues au conseil du roy, les conseulx furent longs pour avoir finance. Et ne poult promptement le connestable avoir deniers pour paier souldoiers. Il fut ordonné qu'il auroit deux mille paiés. Et se parti le connestable, o lui grant foison de bonnes gens d'armes, et chevauça jusques pres de Montcontour, maiz ce fut trop tart. Car environ quatre jours ains qu'il vensist, le duc de Lencastre et le captal avoient prins le fort. Adonc quant le connestable vist qu'il avoit failli à secourir Montcontour, il fut moult yré et commanda l'assault. Et alerent Françoiz assaillir, maiz pou y firent. Car le dit fort estoit bien garny, et l'avoit le duc de Lencastre rafreschi de bonnes gens d'armes, d'archiers et de vivres, maiz depuis le prist le dit connestable Bertran.

De la guerre par entre ceulx de Mets et le duc du Bar oult une bataille empres le chastel de Montfaucon, et eurent ceulx de Metz victoire. Et y oult moult grant estour et moult y oult prins de nobles hommes, le nepveu de l'empereur et monseigneur N. du Bar et le seneschal du Bar et moult d'autres nobles hommes.

Par entre le roy de Navarre et monseigneur Robert d'Alençon, comte du Perche, fut fait acort que le dit monseigneur Robert d'Alençon auroit à femme madame Jehenne de Navarre, seur du roy de Navarre. Et ala ledit comte du Perche au Pontaudemer et là la fiança à prestre et à clerc. Et apres ce le dit roy de Navarre et monseigneur Philippe d'Alençon archevesque de Rouen et le dit monseigneur Robert d'Alençon, comte du Perche, son frere, s'en vindrent à Rouen pour y faire les neupces. Et comme il furent partis du Pontaudemer, le doien de Therouenne se saizi de la ville du Pontaudemer et du chastel et en mist hors les gens du roy de Navarre et sa seur, et fut amenée à Jumieges. Et lors hastivement le dit roy de Navarre, le comte du Perche, le comte de Harecourt, monseigneur Jacques de Harecourt et plusieurs autres nobles hommes alerent au dit Pontaudemer. Et là fit acort le dit doien au dit roy de Navarre et lui fit serement de garder son dit fort loiaument pour lui et en son nom. Et y mist de rechief de ses gens le dit roy de Navarre. Et apres ce le dit roy de Navarre retourna à Rouen et y amena madame Jehenne de Navarre sa seur. Et de Rouen ala à Paris pour confermer le dit mariage de sa seur et du conte du Perche. Maiz il ne plust pas lors au roy de France que le dit mariage se feist, dont les parties furent moult dolentes. Et se partirent le roy de Navarre et le conte du Perche de la court du roy de France et fut madame Jehenne de Navarre ramenée au Pontaudemer.

Apres ce le roy de Navarre requit au roy de France que Montpeullier luy fust delivré, comme il le devoit estre pour la restitucion de Mante et de Meullent. Il luy fut acordé du roy de France. Et fut fait mandement de par le roy de France à monseigneur le duc d'Angou qu'il meist en saizine le roy de Navarre de Montpellier et de toute la terre et appartenances. Et lors apres ce se parti le roy de Navarre de Paris et ala vers Montpellier et vint à Lyon sur le Rone. Et ala par l'empire en Avignon pour la doubte de monseigneur le duc d'Angou. Car par entre eulx avoit haine pour cause de la dicte baronnie de Montpellier. Le duc d'Angou disoit Montpellier estre syen et que le roy Jehan son pere lui avoit donnée.

Comme le roy de Navarre fut venu à Avignon, il se

complaint au Saint Pere du dit duc d'Angou qui à force lui detenoit Montpellier. Monseigneur le duc d'Angou, comme il sceut que le roy de Navarre estoit là, y ala à bien mille combatans, et fut logié en sa personne et aucuns de ses prochains dedens le palais du pape. Le Saint Père fut moult desirant de les mettre à acort. Le duc d'Angou monstra comme il tenoit Montpellier du don de son pere. Le roy de Navarre monstra comme le roy de France avoit baillié en assiete de terre Montpellier et les appartenances pour la conté de Longueville, Mante et Meullent. Et se le roy de France lui veult laissier sa terre, il ne demandoit riens à Montpellier. Moult y oult dittez de raisons d'une partie et d'autre. Et fut l'acort tel en conclusion que le roy de Navarre auroit Montpellier, et en fut mis en saizine et en possession.

Cy apres dit comme une route d'Anglois vindrent escheller ung fort empres Paris appellé Rochefort[1], lequel fut prins des diz Angloiz. Les nouvelles en vindrent au roy de France. Et pour lors le connestable Bertran et monseigneur Olivier de Clichon estoient à Paris, lesquelz chevaucerent appertement contre les Angloiz. Et comme les Angloiz les virent venir, ilz firent une yssue contre eulx et mistrent leurs prisonniers eu dangon et y laisserent six Angloiz pour les garder. Monseigneur Olivier vint pour assaillir de la partie du dongon. Et le connestable ala vers le belle[2] du fort, et parvint le premier, et moult aigrement fit assaillir et efforciement le dit chastel. Les prisonniers

1. Seine-et-Oise, arr. de Rambouillet, c. de Dourdan.
2. Baile, mot de l'ancien français qui désigne la cour de devant attenante à une habitation.

qui estoient eu dongon virent comme tous les Angloiz estoient yessus et qu'ilz n'estoient comme nul eu dit chastel. Ilz occistrent les Angloiz du dit chastel et du dit dongon et les getterent es fossez et alerent deffermer les portes et abatre les banieres des Angloiz es fossez et crierent « Moult [sic] Joye Saint Denis ! » Et comme les Angloiz se virent ainsi deceuz, eulx qui se combatoient contre le connestable tournerent tantost à desconfiture. Le dit connestable et le dit Clichon les mistrent tous à l'espée et furent tous occiz fors environ vingt qui furent amenéz à Paris, desquelz en y eust dix sept qui furent decapités.

L'an de grace mil trois cens soixante douze, l'evesque de Paris et autres alerent en legacion devers l'empereur affin que nulz Allemans n'alassent en souldoiés pour le costé et parti du roy d'Angleterre. Le cardinal de Beauvaiz, le conte de Sallebruce, le doyen de Paris et autres alerent à Calaiz pour traictier de la paix. Et en cestui parlement les Angloiz parlerent plus gracieusement aux Françoiz qu'ilz n'avoient fait au devant. Et en ce parlement fut proposé par les Angloiz que le roy d'Angleterre leur seigneur estoit droit seigneur par droit du royaume de France, en disant ainsi et par telle raison. Madame Ysabel, la mere du roy d'Angleterre, estoit ainsnée fille du roy de France nommé Philippe le Bel. Et le dit roy Philippe le Bel oult trois filz, desquelz trois filz ne yssi oncquez hoir masle qui vesquist. Et alors que le puisné des filz du roy Philippe, c'est assavoir le roy Charles mary de la Royne Jehenne, trespassa et mourut, à icelle heure et temps le roy Edouart d'Angleterre estoit le plus prochain hoir masle de la couronne de France. Et disoient les Angloiz que par l'establissement qui anciennement fut fait en temps du roy Hue Cappet que la couronne de France devoit venir au plus prochain hoir masle, pour icelle raison disoient leur roy le plus prochain hoir masle le jour de la mort du dit roy Charles. Et en oultre disoient les Anglois que l'en ne doit regarder se ce n'est de la partie ou costé du masle ou de la femme; maiz soit de par la femme ou de par l'omme on doit prendre et recepvoir le plus prochain hoir masle à roy. Et Edouart le roy d'Angleterre estoit cousin frereus du dit roy Charles. Et le roy Philippe ne lui estoit que cousin remué de deux genoulz plus arriere.

Ad ce dient les Françoiz que les Angloiz errent. Car du temps Hue Cappet que la constitucion fut faicte, les femmes furent privées de la couronne de France, et par ce par une raison leurs hoirs en sont privés. Dient les Françoiz que Philippe de Valloiz par les barons de France, par les prelas et par les frans bourgoiz des bonnes villes fut fait roy de France comme le plus prochain hoir masle yssu du costé de l'oir masle. Car le pere au roy Philippe de Valloiz fut frere au roy Philippe le Beaux. Et estoit le dit roy Philippe de Valloiz nepveu du dit roy Philippe le Bel par pere, non pas de par mere. Pourquoy par droit il fut sacré à roy de France. Cest article dirent les Françoiz contre les Angloiz avec plusieurs autres, et se partirent sans acort.

En ceste matiere ont pechié et erré aucunes gens tant nobles que autres. Car ilz tenoient que le roy de Navarre devoit estre roy de France par raison de sa mere, laquelle estoit fille du roy Louis dit Hutin, l'ainsné des filz du roy Philippe le Bel, qui fut roy de France et de Navarre. Par lesquelz nobles et autres de

France fut exorté le roy de Navarre, ainsné filz d'icelle dame Royne de Navarre, fille du dit roy Louis ainsné, filz du dit roy Philippe le Bel, à contendre à la couronne de France, lui disant qu'il y avoit droit. Par quoy les maulx descrips paravant avindrent. Dont ce fut douleur, ja soit ce que le roy de Navarre ne s'en meist oncquez en fait; ne pour guerre qui fust par entre le roy de France Jehan et Charles son filz, le roy de Navarre ne print oncques tiltre sur eulx, comme fait le roy Edouart d'Angleterre sans tiltre de droit. D'icest traictié se departirent sans acort, et s'en retournerent les cardinaulx et les autres ambaxadeurs de France.

En cest temps oult la royne de France ung filz, lequel fut nommé Louis. Et le leva de fons le conte d'Estampes, monseigneur Bertran de Clacquin, connestable de France, et monseigneur Olivier de Clichon. Et comme l'enfant fut crestienné, le dit monseigneur Bertran lui donna une espée, laquelle il luy mist en sa main en disant que Dieu et saint George le feissent bon chevalier.

En cest temps mesmez, des Angloiz qui estoient à Saint-Sauveur le Viconte en Costentin environ quarante hommes d'armes et les archiers alerent eu mont de Nostre-Dame de Tombehelaine et l'emparerent. Et pour ce que maintes gens ne scevent pour quoy celle eglise est appellée Tombelaine, jadis eu temps du bon roy Artur, roy de la Grant Bretaingne, il est verité, comme racontent les anciennes histoires de la Grant Bretaingne, que le dit roy Artur fit une si grant assemblée de tous les roys, princes et nobles qui à luy estoient submiz pour estre et venir à lui à certain terme au port de Barfleu en Neustrie qui à present est appellée Normendie. Et parti ledit roy Artur de la Grant Bretaingne qui ores est dicte Angleterre et se mist en mer et arriva à tres grant armée au dit port de Barefleu. Et comme il fut arrivé, il descendi à terre pour atendre plusieurs roys et princes ses submiz, qui à lui devoient venir pour chevauchier et aler contre les Rommains qui à lui et à ses submiz demandoient treu et à tres grant host venoient contre lui. Et comme le dit roy Artur atendoit ses gens, y lui fut dit que ung grant geant merveilleux et cruel estoit de nouvel venu habiter en une tres haulte et forte place pres du dit port et eu dit pais. Lequel par aguet et par force avoit ravy une tres noble pucelle plaine de grant beaulté nommée Helene, laquelle estoit niepce du dit roy Artur et de Hoel pour lors duc d'Armorique qui est dicte et appellée la Petite Bretaingne. Incontinent que le roy Artur le sceut, tout coement se mist en ung vaissel, o lui Biduere duc de Neustrie, son grant essanson, et Kair, duc d'Angou, son grant maistre d'ostel. Et singlerent tant qu'ilz vindrent jouxte le dit mont où habitoit et conversoit le dit geant. Et là eu grant mont apperçurent ung grant feu, et de costé en ung autre plus petit mont apperçurent aussi clarté, et là tournerent. Et descendi le dit Biduere et monta en celui petit mont pour sçavoir qui y estoit. Et comme il aprocha de la clarté, il ouy et vist une femme qui trop fort lamentoit et plouroit. Il vint à elle et lui demanda pour quoy ainsi se doulousoit. Laquelle lui respondi : « J'ay bien cause de doulour. Car j'ay cy enterrée la niepce de Hoel, la plus belle, la plus doulce et la meillieur pucelle que l'en sceust ne peust trouver. Laquelle de douleur, de paour de abhominacion et de tristresse est morte, laquelle j'avoye nourrye et alectée. Et comme elle fut par aguet et par force ravie d'entre chevaliers et escuiers qui l'avoient en garde par ung abhominable geant qui là est en ce hault mont et l'aporta icy, je la suivy. Et comme ce detestable monstre l'oult icy aportée et se voult soulacier à elle, de la tres grant paour que la dicte pucelle oult de lui elle fut comme morte. Et pour ce que le dit geant ne poult avoir compaingnie charnelle avecquez elle, luy enflambé de son ort et vil pechié, moy ainsi vieille comme je suy me prist à force, et à grant tourment et martire oult compaingnie à moy. Et tantost apres ceste dicte pucelle trespassa que j'ay cy enterrée comme dit est. Je vous prie, dit elle, que vous vous en allés; car, se par aventure il vient cy et il vous treuve, vous estes mort. » Biduere lors se parti et rapporta au roy Artur ce qu'il avoit trouvé. Et adonc se mistrent en ung bastel le dit roy Artur, Biduere et Kaire et vindrent au grant mont et monterent en hault. Et comme ilz furent montés et eurent aperçu le dit gueant qui se chauffoit, le dit roy Artur dist au dit Biduere et Kayre que luy seul yroit combatre le dit geant et qu'ilz ne approchassent aucunement, se besoing n'estoit. Le dit roy Artur ala de bonne voulenté et grant courage combatre le dit geant qui moult desprisoit la petite corpulence du roy Artur envers lui. Et si bien et si forciblement se combati à lui le dit roy Artur qu'il lui couppa la teste. Laquelle il bailla à porter au dit Biduere, lequel l'aporta en l'ost du dit roy Artur. Apres ceste victoire s'en retournerent joyeulx eu dit host. Et pour la memoire et remenbrance de la dicte pucelle, laquelle de si tres

noble et haulte ligne estoit, le dit roy Artur et Hoel
duc de Bretaingne firent faire et fonder une chappelle
ou eglise en l'onneur de Dieu et de Nostre Dame eu
dit lieu et place où la dicte pucelle Helene fut mise en
sepulture. Pour laquelle chose ycelle eglise et lieu est
nommé Tumbehelene. En icelle eglise et lieu dessus
descript qui estoit en moult forte place se bouterent
les diz Anglois et la commencerent à fortifier. Les
Françoiz qui estoient en celle marche en frontiere,
c'est assavoir le Besgue de Faiel, monseigneur Guillaume Martel, monseigneur Guillaume de Flamencourt
et autres jusquez à deux mille hommes d'armes alerent à Tumbehelene et se combatirent aux Angloiz.
Et furent les Angloiz desconfis, la plus grant partie
mors, les autres prins.

Apres cestui fait, une autre route d'Anglois du dit
fort de Saint-Sauveur le Viconte, en Costentin, alerent
escheler le chastel de Briquebec[1]. Et a bien pou qu'ilz
ne le prindrent. Ceulx du chastel aperçurent les Angloiz et crierent alarme, et abatirent les eschieles et
firent trebuchier les Anglois es fossez. Et aucuns Anglois estoient jà en chastel, lesquelz furent mis à mort.
Quant ceulx de dehors virent qu'ilz avoient failli à
prendre le chastel, ilz s'en retournerent.

Monseigneur Bertran de Clacquin, connestable de
France, et monseigneur Olivier de Clichon firent une
chevaucie en Guienne et pristrent ung fort nommé
Morilon[2] empres Poitiers. Et là gaengnerent les François de bonnes gens d'armes. Maiz en ceste chevau-

1. Manche, arr. de Valognes, ch.-l. de c.
2. Montmorillon.

cie perdirent les François moult de leurs chevaulx, qui moururent de fain.

En ce temps, monseigneur Jehan de France, duc de Berry, fit une grant semonce de grans seigneurs, c'est assavoir monseigneur le duc de Bourbon, monseigneur de La Marche, monseigneur Jehan d'Artois, conte d'Eu, monseigneur Bertran de Clacquin, monseigneur Olivier de Clichon, monseigneur Olivier de Mauny, et tres grant nombre d'autres barons, nobles chevaliers et escuiers et bonnes gens d'armes. Et entra le dit monseigneur de Berry en Guienne et coururent sur le pais.

Le roy de France, pour domagier les Anglois en plusieurs lieux et en plusieurs manieres et sur plusieurs marches, fit une armée en mer d'environ quatorze barges et moult d'autres vaisseaulx. Et en furent chiefz Yvain de Galles et Morelet de Mommor, en leur route bien six cens hommes d'armes, sans les mariniers des vaisseaulx, qui estoient bons guerroiers et hardiz, et sans l'autre menue gent. Et partirent de la fin de la riviere de Seyne, et singlerent vers les ysles de Guernesy. Et comme cil des ysles sceurent que les Françoiz faisoient armée, ilz le firent scavoir au cappitaine de Saint Sauveur le Viconte. Lequel y envoya hastivement des gens jusquez à quarante hommes d'armes, et autant d'archiers ou plus. Comme ilz furent venuz es ysles, ilz mistrent la gent en conrroy sur le port. Et les Françoiz singlerent à plain tref vers les ysles pour pourprendre terre là où estoient la gent du pais armés de telz armes comme ilz avoient. Et sachiez que jeunes femmes et les boisselettes des dictes ysles avoient en ce printemps de lors fait chapeaulx de flours et de violettes et les avoient donnés aux jeunez hommes, et leur disoient que cil se devoient bien deffendre qui les avoient à amies. Et cuidoient ceulx des ysles qu'il n'y eust eu navire de France que mariniers et gens d'eaue. Et comme les Françoiz parvindrent à pourprendre terre, ilz saillirent des vaisseaulx et des barges tres ysnelement et viguereusement armés de toutes pieces, et vindrent courre sus à ceulx des ysles. Et là oult une dure bataille et pesante. Yvain de Galles et Morelet de Mommor mistrent leur gent en deux batailles, et par force d'armes pristrent terre. Et comme cil de Saint-Sauveur virent ce, ilz ralierent ceulx des ysles. Et là oult moult fort estour et dure bataille. Mais ceulx des ysles ne peurent souffrir les Françoiz et commencerent à fuire qui mieulx mieulx. Les Françoiz en occistrent tant qu'il en demoura plus de huit cens en champ, tous mors, sans ceulx qui fuirent et qui furent prins prisonniers. Moult y gaignerent les Françoiz. Et apres la desconfiture les Françoiz se logerent aupres du chastel. Et comme ilz furent logiéz, jeunes hommes des enfans de Paris s'estoient logiéz à la veue du dit chastel et firent grant feu et se coucherent devant le feu. Ceulx du chastel apperçurent leur convine. Ilz yessirent et leur coururent sus et les tuerent, occistrent et decoupperent, puis se rebouterent tantost en chastel.

Apres ce que les Françoiz eurent desconfit les Angloiz et ceulx des ysles de Guernesy qui tiennent le parti d'Angleterre, jasoit ce que ilz soient de l'eveschié de Coustances qui est de Normendie, (au temps que le bon roy d'Angleterre Richart Cueur de Lyon fut trespassé, Jehan le mauvaiz roy d'Angleterre perdi Normendie; et la mist en sa main tant par conqueste que par traictié le bon roy Philippe de France dit Auguste. En ycelles ysles ledit roy Philippe ne les Françoiz n'alerent pas. Et pour ce out tous jours tenu le parti d'Angleterre jusquez à aujourd'huy); et comme ledit Yvain eust esté es dictes ysles et que plus n'y povoit conquester, il et ses gens se partirent des dictes ysles pour aler vers Espaingne pour trouver le navire d'Espaingne et les Espaingnolz.

Cy se taist ung pou de Yvain et de sa route et parle de l'armée au roi d'Espaingne et de l'amiral d'Espaingne, qui estoit chief de l'armée. Vous aves ouy comme le roy Henry fut fait roy d'Espaingne par la puissance du roy de France et par les gens d'armes que Bertran de Clacquin et le Besgue de Villaines menerent en Espaingne. Cestui roy Henry d'Espaingne fist une armée de vingt galées et y mist à cappitaine son amiral, lequel estoit moult vaillant preudomme. Il parti d'Espaingne et failli à trouver le navire de France et singla vers La Rochelle et Poitou. Et lors le conte de Penembroc à tout grant armée d'Angloiz venant d'Angleterre estoit venu à La Rochelle et avoit mandéz les haulz hommes de la terre comme monseigneur Richart[1] d'Angle et autres. Alors aparut le navire d'Espaingne. Et les virent les Anglois qui à merveilles en furent liéz, car ilz ne prisoient riens les Espaingnolz. Et entrerent les Anglois en leur navire. Le conte de Penembroc, qui estoit bon chevalier, se mist

---

1. Lisez Guichart. Guichart d'Angle fut créé comte de Huntingdon en Angleterre.

es plus grans vaisseaulx et les meilleurs de ses gens, et se mist en mer pour combatre les Espaingnolz. L'amiral d'Espaingne, qui estoit tres sages du fait de la mer, vint à ses galées pour hardoier les Angloiz et fit paleter à eulx et traire. Et se tenoient au large de la mer. Puis fit l'amiral d'Espaingne retraire galées. Et lors les Angloiz les pristrent à huer et crier. « Endallez, Endallez, failli Espaingnol, mauvais recreant ! » Adonc leur dit le conte de Penembroc : « Ne nous remuons. Demain les Espaingnolz vendront à la plaine mer, et lors nous les forcloron et nous combatrons. Car à nous n'auront point de durée, se vient à la bataille. » Ainsi le firent les Angloiz comme le conte de Penembroc avoit dit, et les Espaingnolz se retrairent. Adonc leur dit leur amiral : « Beaus seigneurs, se vous me crees, je vous rendroy demain les Angloiz desconfiz. Ilz nous attendent à la plaine mer. Qui me croira, de la premiere marée nous leur courrons seure. Et vecy raison. Nos galées sont legieres, et leurs grans nefz et leurs grans barges sont pesantes et fort chargées. Et ne se pourront remuer de basse eaue, et nous les assauldron et de feu et de trait. Se vous estes bonnes gens, nous les desconfiron. » Ainsi comme l'amiral d'Espaingne le devisa il fut fait. L'andemain, au point du jour et au commencement de la marée, la mer encorres si petite que les nefz d'Angleterre ne flotoient point, les Espaingnolz les vindrent ressaillir fort et roide et prindrent fort à traire feu et gresse aux nefz des Anglois. Là oult m. trop dure bataille et pesant. Moult viguereusement se deffendirent les Angloiz, maiz ilz ne se donnerent de garde qu'ilz virent leurs nefz toutes esprises de feu. Là fut horrible chose à ouir le bruit et la noise tant du feu comme le bruit des chevaulx qui ardoient es fons des vaisseaulx. Le dit amiral d'Espaingne et jusques à six galées se adrecerent à la nef de monseigneur le conte de Penembroc et monseigneur Guiffart de l'Angle, ung bon chevalier de Poitou. Et là oult trop grant bataille et trop forte. Et moult vassaument se combatirent les Angloiz et traioient fort contre les Espaingnolz. Maiz getterent et trairent tant efforciement feu et cresse en la nef du conte de Penembroc qu'elle fut toute esprise. Et quant les chevaulx qui estoient en fons de la nef sentirent le feu, faisoient les nefs toutes froisier et rompre. Lors quant le conte de Penembroc vist qu'il ne povoit plus durer pour le feu, il se rendi et monseigneur Guiffart de l'Angle. Là fut grant destruction et occision de gens et de chevaulx, tant d'ars, de noiéz et d'occiz du trait. Car plusieurs saillirent en la mer de la rage du feu qu'ilz sentoient. De ceulx de La Rochelle en y oult moult de mors et noyéz qui s'estoient mis en bateaulx petiz pour secourir les Anglois. Lors apres ce que les Espaingnolz ourent desconfiz les Angloiz et prins des plus suffisans, ilz ardirent la plus grant partie du navire des Angloiz, puis eurent conseil qu'ilz retournerent en Espaingne[1].

Cy se taist des Espaingnolz et parle comme Yvain de Galles, qui estoit allé en Espaingne, arriva au port de Saint Dandier[2] en Espaingne. Et là fut moult longuement pour ouir nouvelles du navire d'Espaingne.

1. Voyez dans Froissart le récit animé de ce combat naval de La Rochelle. *Chron.*, liv. I, part. II, ch. cccxlii, cccxliii, cccxliv, éd. du Panthéon, t. I, p. 636-639.
2. Saint-Ander, dans la Biscaye.

Et fut Yvain de Galles par devers le roi Henry. Et despendirent les Françoiz tout le leur en Espaingne, car là avoit grant chierté de vivres.

Tandiz que les Françoiz estoient encoires en Espaingne, vint l'amiral d'Espaingne et les diz Espaingnolz et amenerent leurs prisonniers ferrés mesmement le conte de Penembroc et les gentilz hommes, et les autres estans encouplés comme chiens en lesse en une corde. En ceste maniere menerent les Espaingnolz les Angloiz devant leur roy. Et comme les Angloiz veoient les Françoiz, ilz leur disoient : « Noble gent de France et doulce, se nous fussions voz prisonniers, nous ne feussons pas si villainement menéz ne si durement traictiéz comme nous sommes. » Et comme l'amiral d'Espaingne fut venu, Yvain de Galles et Morelet de Montmor alerent au roy Henry et lui requistrent qu'il leur voulsist delivrer navire et l'armée comme il avoit promise au roy de France. Maiz les Espaingnolz distrent au roi Henry : « Sire, envoiez nous en la terre desvoye, en Grenate, en Persie, oultre les destroiz de Marroc ou où il vous plaira fors en Galles. Car là ne yrons nous point par nulle maniere. » Ce fut dit à Yvain. Par quoy il se parti d'Espaingne moult yré, pour ce qu'il avait failli à son emprise.

Cy parle de monseigneur Regnier de Grimande, lequel fut chief de huit galées qui furent mises sur la mer par le roy de France pour garder la marchandise et pour courir sur les portz d'Angleterre. Cestui monseigneur Regnier de Grimande en la saison de l'esté couru par la mer et par les costez et ports d'Angleterre et prist à l'aide de ses Geneuois plusieurs nefz et moult porterent de domaige aux Angloiz. Et comme le dit monseigneur Regnier o ses gens eurent couru la coste d'Angleterre vers Savins, il avint que la galée du dit monseigneur Regnier par une basse eaue se frappa à terre, et ne se poult remuer. Lors les Angloiz qui estoient sur le port vindrent assaillir la dicte galée et la cuiderent ardre. Maiz les Geneuois se deffendirent si fort de trait que nul ne povoit approchier de la galée. Lors le cappitaine du fort fist demander à qui estoit celle galée. Les Geneuoiz respondirent qu'elle estoit au roy de France. Donc demanderent les Angloiz qui en estoit cappitaine. Et les Geneuoiz distrent que c'estoit monseigneur Regnier de Grimande. Lors dit le cappitaine des Angloiz : « Monseigneur Regnier, rendez la galée au roy de France et d'Angleterre! » Lors demanda monseigneur Regnier comme on l'appelloit. Et les Angloiz distrent que on l'appeloit Edouart : « Edouart! dit monseigneur Regnier de Grimande, le roy de France n'a pas nom ainsi; ains a nom Charles. A icellui rendrons la galée et non à autre. » Ainsi comme ilz parloient la marée vint. Par quoy la dicte galée s'en retourna o les autres en la mer. Et se la marée ne fust si tost venue, les Angloiz l'eussent prinse, car trop de gens leur croissoient. Et quant la saison de l'esté fut passée, les Geneuoiz et les dictez galées yssirent hors de la mer.

Cy se taist des Geneuoiz et parle comme les Françoiz, qui estoient en Costentin en frontiere contre les Angloiz de Saint Sauveur le Viconte, firent une assemblée pour aler chevaucier devant le dit chastel de Saint Sauveur. Les Angloiz sceurent la convine des Françoiz et leur coururent sus à descouvert. Et là oult moult dur estour. Maiz les Françoiz furent desconfiz jusquez à huit vingt combatans. Et pour resister contre les Angloiz et les tenir qu'ilz ne courussent sur le pais, par le conseil du roy de France, monseigneur Robert d'Alençon, conte du Perche, fut envoyé en frontiere en Costentin.

Eu dit an, comme Yvain de Galles oult ouye la responce des Espaingnolz, lui et les Françoiz de sa route se partirent d'Espaingne. Et fut en mois d'aoust en dit an. Il fut conseillié au dit Yvain qu'il singlast en Guienne. Et ainsi le fit et vint en Poitou et là prist port. Adonc estoient guerrians en Guienne monseigneur Jehan de France, duc de Berry, le duc de Bourbon, le conte de La Marche, et monseigneur Bertran de Clacquin, connestable de France, et moult d'autres nobles hommes et bonnes gens d'armes. Lesquelz par le conseil du dit connestable alerent assaillir le chastel de Chauvegny[1]. Et tant efforciement et vassaument se porterent les Françoiz que par force d'armes conquistrent la dicte ville et chastel de Chauvegny. Et comme le dit chastel de Chauvegny fut gaingnié, le dit monseigneur Jehan de France, duc de Berry, à grant compaingnie ala chevaucier les banieres desploiées devant la noble cité de Poitiers. Les bons bourgois et cytoiens de Poitiers, qui estoient bons et vrais Françoiz, quant ilz virent les banieres des fleurs de liz, les armes de leur souverain seigneur le roy de France, eulx remplis de la grace du Saint Espirit et par la vertu divine, d'ung mesmes courage ilz prindrent à crier « Montjoye ! » parmy la ville et cité de Poitiers, cité tres no-

1. Chauvigny, Vienne, arr. de Montmorillon, ch.-l. de c.

ble, siege du Saint Pere, chambre royal du roy de France. Comme les diz citoiens de Poitiers virent monseigneur de Berry, ilz furent meuz par la grace de Dieu et par la vertu de nature à eulx tourner Françoiz. Monseigneur Bertran de Clacquin, connestable de France, vint aupres de la ville et dit aux citoiens qu'ilz se rendissent à monseigneur de Berry, ou si non ilz seroient assailliz. Les citoiens distrent qu'ilz eussent respit d'eulx conseillier, et le dit connestable leur donna à l'andemain. Et lors se logerent les Françoiz devant la ville. Et les citoiens eurent conseil par entre eulx qu'ilz se rendroient. Et mistrent hors les Angloiz de la cité, puis rendirent les clefz de la cité à monseigneur le duc de Berry. Et quant la dicte cité fut rendue, le dit monseigneur de Berry fit crier sur peine de la hart que nul ne fortfeist à ceulx de la cité. Et comme Poitiers fut rendu, on le fit scavoir au roy de France qui en fut merveilleusement joyeulx et en mercya Dieu et sa benoicte mere et en fit dire des messes solennelles à Nostre Dame de Paris, de Rouen et de Chartres. Et apres la prise ou rendue de la noble cité de Poitiers, se rendirent tres grant nombre de villes et de chasteaulx.

Cy apres parle de Yvain de Galles et des Françoiz et Normans de sa route, lesquelz arriverent en Poitou et descendirent de leurs vaisseaulx et vindrent devant La Rochelle qui estoit pour lors Anglesche. Et de là alerent à Soubize[1], une forte ville, et s'appareillerent pour l'assaillir, et estoit jour de samedi. Nouvelles en vindrent au captal de Buchs qui estoit lieutenant du

---

1. Soubize, Charente-Inférieure, arr. de Marennes, c. de Saint-Agnant.

prince en Guienne. Et comme il luy fut dit, il dit :
« Or alons contre Yvain et ceulx de sa route. Ce ne
sont point gens d'armes, ce sont gens concueillis. Ilz
seront au premier assault desconfiz. » Adonc vindrent
les Angloiz, le captal de Bucz et le seneschal de Saintonge qui estoit cousin du roy d'Angleterre, et le seneschal de Bordeaux, le sire de Mareul, monseigneur
Gaultier Huet et grant route d'Angloiz et de Gascons,
les plus esprouvéz d'armes qui fussent lors en Guienne.
Et vindrent es faubourcs de Soubize où là estoit logié
Yvain de Galles et les Françoiz. Et lors estoit plus
minuyt. Le captal et les syens vindrent assaillir les
François comme ilz estoient logiéz. Et crioient les
Angloiz et les Gascons : « Saint George ! » au captal
de Bucs. Et moult efforciement assaillirent les Françoiz, et à celle premiere empainte furent les Françoiz
desconfiz, et en y oult moult de prins. Les Françoiz
se assemblerent de toutes pars et vindrent au logeiz
de Yvain de Galles et se mistrent en conrroy. Et
avoient jà les Angloiz desconfit aucuns Françoiz et
chasséz jusques au logeiz de Yvain. Et lors les Geneuois et les arbalestriers Françoiz pristrent fort à traire
contre les Angloiz, et moult en occistrent et navrerent. Là oult moult dure bataille et pesant. Ung Angloiz prist à crier : « Où es tu allé, faulx traistre
Yvain de Galles, faulx regnié ? Huy sera vengié le roy
d'Angleterre et de France de toy. » Lors dit Yvain :
« Veez me ça ! » et couru sus à l'Angloiz et le fery
d'une hasche si fort qu'il l'abati à terre, et aucuns autres l'occistrent. Et adonc apleurent Françoiz de
toutes pars. Et là vint Morelet de Mommor et les
Normans dont moult en y avoit de bons combatans,

de fors et de hardiz et de bonnes gens d'armes qui tres bien le firent. Et là se combatirent si vertueusement crians « Nostre Dame! » que les Angloiz pristrent à reculer. Et en navrerent les arbalestriers plusieurs de leur trait. Et moult bien se porterent les Espaingnolz qui en la compaignie de Yvain estoient. Et avec les Françoiz coururent sus aux Angloiz moult viguereusement tant que les Anglois perdirent place, et se commencierent à retraire. Morelet de Mommor et les Normans avoient forclos les Angloiz et tenoient le bout d'une rue. Et comme les diz Angloiz se cuidoient retraire par icellui lieu, ilz ne povoient. Là parvint le captal et les siens qui par force furent reculéz. Et là oult moult forte bataille. Et pour ce qu'il estoit nuyt eschapperent moult d'Angloiz. Monseigneur Gaultier Huet et bien trente Angloiz et plus se bouterent es fossés de Soubise où là se sauverent, maiz aucuns François les suyrent qui en navrerent et tuerent bien dix.

Le captal de Bucs, quant il vit que les Angloiz furent desconfiz, fut moult yrés. Il tenoit une hasche et feroit à destre et à senestre. Il ne feroit homme qu'il ne portast à terre. Et emprès lui estoit monseigneur de Mareul, le seneschal de Saintonge, et leurs gens qui se combatoient aux Françoiz. Pierres d'Auvillier et monseigneur d'Auvillier et le gendre du Baudrain de la Heuse à grant route de Françoiz pristrent à crier « Clacquin! Nostre Dame! Clacquin! » et vindrent courre sus aux Angloiz. Et à celle foiz furent les Angloiz desconfiz. Pierres d'Auvillier, G. de Santueil, le sire de Magny s'adrecerent au captal pour le prendre, maiz le captal fery le sire de Magny de sa hasche par tel vertu qu'il l'abati à terre. Les Françoiz se esvertuerent tant que le sire de Mareul et le seneschal de Saintonge se rendirent. Adonc s'adreça le dit Pierres d'Auvillier au captal et lui dist : « Sire, rendez vous ou vous estes mort. » Donc dit le captal : « Es tu gentilhomme? car pour mourir je ne me rendroye que à ung gentilhomme. » Adonc parla le dit Pierres moult hardiement et dit au captal : « Gentil homme suys je, filz de chevalier et de dame. » Et lors se rendi le dit captal. Et quant le dit captal fut rendu, les Angloiz ne tindrent plus place; ains qui poult fuire si fuit. Moult furent joyeulx les Françoiz quant ilz sceurent qu'ilz eurent prins le captal. Et se rassemblerent et reserrerent, et lors apparut le jour. Donc pristrent les Françoiz conseil qu'ilz assauldroient Soubize. Et comme ilz furent venuz devant la ville, on leur rendi par ainsi que les Angloiz qui estoient en la dicte ville et forteresse s'en yroient sans riens perdre et auroient sauf conduit des Françoiz. Ad ce s'acorderent les Françoiz. Par ainsi eschappa monseigneur Gaultier Huet, dont les Françoiz furent moult yrés. Ainsi se rendi Soubize en la main des Françoiz. Et le captal fut mené es barges et fut baillié à garder à monseigneur Morelet de Montmor. La prinse du captal fut tantost sceue. Les nouvelles en furent portées à monseigneur le duc d'Angou, monseigneur le duc de Berry et à monseigneur le duc de Bourgoingne, lesquelz estoient vers Poitiers.

Apres ce que le captal fut prins et Soubize rendue, Yvain de Galles o les Françoiz et Normans de sa route alerent devant la Rochelle et distrent aux gens de la ville qu'ilz rendeissent au roy de France. Maiz ceulx de la ville respondirent qu'ilz ne se rendroient fors aux freres du dit roy de France. Et ce leur fut mandé, et vindrent à la Rochelle avecquez eulx le connestable Bertran et leur noble bernage. Et lors leur rendirent les clefz de la ville les bourgoiz de la Rochelle. Les diz freres du dit roy de France lui manderent la prinse du captal et de la Rochelle et au pape aussi qui en furent moult joyeulx. Car le pape avoit son frere prisonnier, et le tenoit le dit captal en prison. Iceste victoire eurent les Françoiz sur le captal et les Gascons et Angloiz que l'en tient à des meilleurs guerroiers du monde. Laquelle ne fut pas faicte par les haulz et nobles hommes, maiz elle fut faicte par petite gent et povres hommes. Et pour ce ne doit on pas avoir povre homme d'onneur en despit ne le vil tenir.

Comme le captal fut en l'abbaie où Morelet l'avoit mené, il se desconforta moult et disoit : « A ! A ! Guienne, tu es perdue vraiement ! » Lors lui dit Morelet : « Sire, comme dittez vous ce ! Guienne n'est pas perdue, ains est gaingnie. » — Adonc, dit il, perdue est elle vraiement quant au roy d'Angleterre, et gaingnie povez dire quant à monseigneur le roy de France. » Et la cause pour quoy le captal appella le roy de France son seigneur est ceste. Nul ne doit appeller le roy de France son seigneur, s'il n'est de son lignage. Et le captal estoit à cause de sa mere du sang royal de France, et pour ce appelloit le roy de France son seigneur.

Cy parle de la duchesse du Bar qui fut femme de monseigneur Philippe de Navarre, laquelle portoit guerre à son filz qui avoit à femme une des seurs du roy de France, et pour ce estoit prisonniere à Paris.

Et par ung frere prescheur qui estoit son confesseur elle eschappa de prison et s'enfuy jusquez pres de Flandres, maiz elle fut reprinse par monseigneur de Reneval et ramenée à Paris.

En l'an mil trois cens soixante treize, must ung grant descort entre le roy de France et monseigneur Philippe d'Alençon archevesque de Rouen par ung baillif que le roy mist en Rouen nommé Oudart d'Atainville, lequel perturba la jurisdiction de l'eglise tant en temporalité comme en espirauté en moult de manieres. Par quoy l'official de Rouen excommenia le dit bailli, lequel prist et arresta le temporel de l'archevesque en la main du roy et fit adjourner le dit archevesque en parlement pour respondre ad ce que le procureur du roy lui vouldroit demander. Et en parlement fut donné arrest contre le dit archevesque de Rouen, lequel respondi qu'il ne devoit point là respondre pour le fait de son archeveschié. Et pour ce se parti le dit archevesque et ala à la court du Saint Pere où il proceda contre le dit bailli de Rouen. Et ce pendant le dit bailli de Rouen fit moult de grief aux gens de l'eglise. Et envoia par ung vendredi environ la Toussains dix commissaires armés, lesquelz par force d'armes et violentement par devant l'official prindrent et menerent les sergens de la court du dit official en prison eu chastel de Rouen. Puis les diz commissaires, meuz de mauvaise voulenté contre les gens d'eglize, sourcuidiez du port du bailli de Rouen duquel la gregnieur partie est de ses familiers, occistrent ung chappellain de l'eglise Nostre Dame de Rouen. Le dit bailli les desoccupa et delivra tous fors celui qui avoit fait l'omicide, lequel de puis en fut delivré, le plait durant entre le roy et l'archevesque. Icellui baillif fit les clers mariez aler aux veuez comme les bigames et les paisans lays. Celle anée la mere de la royne de France fut delivrée de prison par monseigneur le duc d'Angou, par monseigneur le duc de Bourbon et par monseigneur Bertran de Clacquin, connestable de France.

En cel an mesmez, la royne de France fut malade par ung caraut ou empoisonnement si qu'elle en perdi son bon sens et son bon memore. Le roy de France qui moult l'amoit en fit maint pelerinage; et la mercy de Nostre Seigneur, revint en sa bonne santé et en son bon sens. En icellui an trespassa à Evreux de mal d'enfanter, comme l'en dit, tres noble dame la royne de Navarre, seur du roy de France.

Cy aprez parle du duc d'Angou, du duc de Berry et du duc de Bourgoingne, lesquelz, avecquez eulx le connestable de France, estoient en Guienne où ilz attendoient la bataille, par ce que plusieurs villes avoient mandé secours au roy d'Angleterre et au prince de Galles. Maiz ilz n'en eurent point. Et lors par monseigneur Louis de Harecourt et monseigneur de Partenay se rendirent Françoiz bien jusques à quatre cens forteresses tant en Poitou comme en Saintonge et es parties d'environ. Puis s'en vindrent les freres du roy de France à Paris, avec eulx ledit monseigneur Louis de Harecourt. Lequel paravant estoit en l'indignacion du roy de France par ung souppeçon que le roy oult sur lui et la royne de long temps paravant, et du temps que la terre de Guienne fut livrée aux Angloiz, et paravant aussi que monseigneur le dauphin fust né. Le roy de France, qui bien sceut que

sans cause il avoit eu celle folle suspicion sur le dit
monseigneur Louis de Harecourt, le reçut moult
agreablement et joyeusement. Et fut tres bien venu à
court, et lui donna le roy grans dons ains qu'il partist
de Paris. Et au bon gré du roy s'en retourna le dit
monseigneur Louis en sa terre.

En cel an mil trois cens soixante treize, monseigneur Bertran de Clacquin, connestable de France,
avec lui grant baronnie, ala sur le duc de Bretaingne
en Bretaingne pour ce que le dit duc Jehan de Montfort avoit faulsé son hommaige et feaulté au roy de
France. Et n'osa le dit duc attendre le dit connestable,
ains passa en Angleterre et y porta son tresor. Et se
complegni au roy d'Angleterre du dit monseigneur
Bertran, connestable de France, lequel avec le dit
barnage de France entrerent en Bretaingne. Et se rendirent les bonnes villes de Bretaingne et tous les
chasteaulx au roy de France fors Konc[1] qui fut prins
d'assault et De[r]val et Brest où estoit la duchesse et
Robert Canolle.

Apres ce que les Françoiz ourent prins Konc et que
les forteresses, villes et chasteaux de Bretaingne furent
renduz tous excepté Brest et Derval, les Françoiz y
mistrent le siege et si fort les destraindrent qu'ilz
baillerent hostages d'eulx rendre dedans la Saint
Michiel. Le connestable et monseigneur Olivier de
Clichon pristrent les hostages et furent menéz en prison. Jehan de Montfort pourchassa de son tresor
souldoiers en Angleterre. Et fit le roy d'Angleterre
grosse armée dont il fit chief le duc de Lencastre

1. Le Conquet, Finistère, arr. de Brest, c. de Saint-Renan.

son filz, et partirent d'Angleterre et singlerent à Calaiz.

Le dit duc de Lencastre et le duc de Bretaingne Jehan de Montfort coururent en royaume de France, bruiant et gastant celui bon païs; et en sourmontant les rivieres parvinrent jusquez pres de Paris. Quant le roy de France sceut que les Angloiz furent descendus en France, les barons de France furent mandéz et vindrent à Paris. Et là oult le roy plusieurs conseulx, à scavoir se le duc de Lencastre seroit combatu et le duc de Bretaingne qui estoit avec lui. Et en ces entrefaittez le duc d'Angou, le conte du Perche et le sire de Clichon à quatre cens combatans alerent en Bretaingne pour ce que le terme aprochoit de rendre Brest et Derval. Maiz alors Canolle avoit fortiffié et rafreschi les diz chasteaux et fist responce qu'ilz ne seroient point renduz. Lors pardevant les diz chasteaulx ourent les hostages les testes couppées. Puis s'en retourna le duc d'Angou à Paris. Maiz le duc de Berry et le duc de Bourgoingne, avec eulx le connestable o grant nombre de nobles hommes et bonnez gens d'armes, estoient aléz devers Troyez où les Anglois estoient.

Aprez ce que le duc d'Angou fut retourné de Bretaingne, il adjouxta son host à l'ost de ses freres et hardierent les Angloiz. Monseigneur Jehan de Vienne en desconfit bien douze vingt hommes d'armes qui s'estoient espartis de l'ost aux Angloiz. Et en ceste chevaucie n'oult pas grant chose dont l'en doie faire compte. Le roy de France oult en conseil que les Angloiz ne fussent point combatuz. Lesquelz alerent en Guienne sourmontant les rivieres, et l'ost des Françoiz s'en retourna. Monseigneur Bertran de Clacquin apres son retour s'en ala en Bretaingne, car sa femme estoit trespassée en l'année de devant.

En cel an mil trois cens soixante treize, les rivieres furent desrivées et firent merveilleux dommaiges en France. Car ilz destruirent tous les labours des valées selond leurs cours et emporterent maisons et moulins et rompirent les pons de Seyne, de Loire, d'Aize et d'aillieurs. Et sourondoient les maisons des cités et des bonnes villes, dont les greniers de sel et moult d'autres marchandises furent perdues.

Le duc de Lencastre avoit sourmonté les rivieres et passé o tout son host les passages ainçoiz que les rivieres fussent sourmontées ne qu'elles fussent creues. Et comme il vint à Bordeaux, il rafreschy son host. Car il avoit fait la gregnieur reze et le gregnieur hostoiement qui fust fait en France puis le commencement des guerres dessus dictes. Puis donna congié aux gens de pié et aux mal armés et retint une partie de sa meillieur gent, et prist à chevaucier sur les forteresses Françoises. Et prindrent les Angloiz plusieurs petites forteresses.

Le duc d'Angou, qui estoit à tout mille hommes d'armes pour reconforter les frontieres, refist sa semonce et manda au roy Henry d'Espaingne qu'il venist sur le duc de Lencastre. Lequel roy Henry fit sa semonce le plus efforciement qu'il poult et assembla bien plus de trente mille hommes, dont il y en avoit bien dix mille d'arbalestriers et bien huit mille hommes de cheval, dont il y avoit bien des diz huit mille deux mille chevaulx armés et couvers. Et manda le roy Henry au duc d'Angou qu'il lui vendroit aidier à trente mille combatans. Maiz alors le duc de Lencastre s'estoit retrait à Bordeaux. Et donc le duc d'Angou manda ung contremandement au roy Henry d'Espaingne comme le duc de Lencastre s'estoit retrait à Bordeaux et que l'en n'auroit point de bataille. Car le duc d'Angou avoit demandé bataille au duc de Lencastre à Montauban. Et le duc de Lencastre respondi qu'il avoit esté par trois mois en France, querant la bataille, et que pour lors il ne l'atendroit point. Ce manda le duc d'Angou au roy d'Espaingne, lequel, comme il oult le contremandement, il departi son host et retourna en Espaingne. Car o tout son dit host il estoit jà venu jusquez empres Navarre et avoit requiz passage au roy de Navarre par sa terre de Navarre. Et le roy de Navarre avoit respondu qu'il les laisseroit passer par les destroiz de son pais, s'il avoit bons hostages que l'en ne feist nul mal à son pais et oultre qu'ilz ne passeroient que trois cenz à la foiz par les diz destroiz. Et de ce oult plusieurs parlemens. Maiz quant le roy Henry oult le contremandement du duc d'Angou, il n'en tint plus compte ne parlement, maiz retourna à Burcs et ses gens chacun en sa terre. Le duc de Lencastre qui estoit à Bordeaux, pour la tres grant mortalité qui estoit en la cité et eu pais, se parti de Bordeaux et se mist o ses gens en vaisseaulx et singla en Angleterre. En Avignon, en icellui an et mois d'avril et de may, fu si tres grant mortalité eu pais qu'il y mourut plusieurs cardinaux, et se parti pour la dicte cause le pape hors d'Avignon.

En l'an mil trois cens soixante quatorze, l'eschiquier de Normendie pour le roy de France seant à Rouen au terme de Pasques, Oudart d'Atainville, bailli d'icelle cité, ala en l'ostel de l'archevesque de

Rouen Philippe d'Alençon qui lors estoit en Avignon. Et fit de fait et de force rompre les prisons de la jurisdiction du dit archevesque pour ung qui estoit clerc marié prisonnier es dictes prisons. Et le mena de fait es prisons du roy. Et furent les officiers du dit archevesque mis en deffault eu dit eschiquier où ilz avoient esté adjournés parce qu'ilz ne comparurent point. Et fut pour ce qu'ilz avoient deffendu sur peine de excomice [sic] que l'en ne feist violence à l'espirituauté du dit archevesque.

En cel an vindrent ambaxadeurs de Honguerie à Paris pour traictier du mariage de monseigneur Louis, le second filz du roy de France, et de la fille du roy de Honguerye.

En cel an, le conte de Saint Pol [et] monseigneur de Chasteillon, maistre des arbalestriers firent une chevaucie devant Ardre. Le duc de Lencastre, qui estoit venu à Kalais, le sceut et fit faire deux embusches. Et comme Françoiz retournoient de devant Ardre, les Angloiz les sourprindrent, car ilz estoient desheauméz pour le chault qui estoit moult grant, et leur coururent sus. Et lors les Françoiz, le plus tost qu'ilz pourent, se heaumerent et vindrent combatre contre les Angloiz, car bien veoient qu'ilz ne povoient partir sans bataille. Lors le conte de Saint Pol qui vist bien que les Françoiz estoient pris en desarroy dit à monseigneur Hue de Chasteillon, maistre des arbalestriers : « Sire, sauvez-vous, se vous povez. Car se vous estez prins, nous sommez perdus. » Et lors parti le maistre des arbalestriers, et les Françoiz tindrent l'estour dur et fort contre les Angloiz. Aucuns des Picars, quant ilz virent que leur maistre fuioit, tournerent en fuite, et par ce furent les Françoiz desconfiz, et le conte de Saint Pol prisonnier et plusieurs nobles hommes, Jacques de Harecourt, frere du conte de Harecourt, le chastellain de Beauvaiz, et bien en place de mors soixante hommes de grant pris.

En cel an, monseigneur Jehan de Vienne, amiral de France, vint mettre siege devant Saint Sauveur le Viconte en Costentin. Et y ordonna quatre bastides, et là oult plusieurs pongneys des Françoiz et des Angloiz et plusieurs chevauceys. Et là oult des deux parties prins des prisonniers. Dont par une chevaucie fut prins le nepveu de l'amiral et le filz au seneschal d'Eu. Ainçoiz que ce siege fust mis sur, les Angloiz du dit fort chastel de Saint Sauveur le Viconte coururent sur le pais et bouterent le feu es faubours de Baieux et de Saint Lo et accueillirent grant proye qu'ilz menerent en leur fort.

Ung bon homme d'armes et bien esprouvé en plusieurs bons faiz arresté, appelé Jehan le Bigot, avoit une route de bien cent combattans. On lui cassa bien aux gaiges quatre vingt et dix hommes. Et comme le dit Jehan le Bigot vit ce, lui qui estoit ung des meillieurs de la main et le plus asseuré escuier qui fust en tout l'ost, si oult despit que ses gens furent cassés, et ne voult demourer aux gaiges de l'amiral. Et donc il se parti des bastides et ceulx de sa route, et si le suirent bien jusquez à quatre cens combatans. Et disoient qu'ilz yroient en la guerre de Lorayne et alerent folement par le royaume. Comme Jehan le Bigot vit ce, il se parti de la grant route, car bien vit que celle gent foloient et aussi que pour lui ne lairroient à prendre sur le pais.

Les plaintes en vindrent au roy à Paris. Et lors estoit à Paris le connestable monseigneur Bertran de Clacquin. Et fut ordonné que ceste gent seroient combatus. Et ala sur eulx le dit connestable et le prevost de Paris. Et comme le connestable approcha celle gent, il manda et fit scavoir secretement audit Jehan le Bigot qu'il vuidast de celle route; car se on lui trouvoit et il fut prins, il seroit destruit. Et lors le dit Jehan le Bigot et bien jusquez à cent hommes d'armes s'en alerent. Et le connestable et le prevost de Paris vindrent courre sus à celle gent, lesquelz se rendirent au connestable. Et en ceste besoingne fut le dit prevost nommé Hugues Aubriot fait chevalier. Le dit prevost fit mener celle gent à Paris, lesquelz furent à ung gibet que l'en fit faire et drecier tout neuf devant le grant gibet de Paris que l'en nomme Montfaucon. Et icellui gibet fut nommé Happe Pillart. Aucuns d'iceulx furent noyéz. Depuis ce fut monstré le bien de Jehan le Bigot au roy, et qu'il estoit ung des bons hommes d'armes que le roy eust. Et par la priere du connestable et d'autres grans seigneurs fut le dit Jehan le Bigot en la grace du roy de France.

En cel an, les Geneuois alerent en Cyppre et pristrent le roy Jehan de Cyppre, qui avoit fait occire son frere le bon roi Pierron qui prist Alexandre. Les diz Geneuois le pristrent et tindrent en prison et obtindrent le regne de Cyppre.

En cel an mil trois cens soixante quatorze, les Anglois prindrent Montereul Bonin[1], qui estoit au connestable. Car le cappitaine du dit Montereul avoit

---

[1]. Montreuil-Bonnin, Vienne, arr. de Poitiers, c. de Vouillé.

vendu le dit fort aux Angloiz. Monseigneur le connestable Bertran de Clacquin, quant il sceut comme le dit cappitaine avoit ouvré ainsi faussement, il vint mettre siege à Montereul Bonin. Et tant le fit fort assaillir qu'il le prist. Et quant il oult prins, il fit decappiter le dit cappitaine. Et comme monseigneur Bertran de Clacquin estoit au siege à Montereul Bonin, le cappitaine de Bordeaux et cil de Bordeloiz à grant armée vindrent à grant navire en l'isle d'Erre[1], et là tenoient bien court N. Montmor, qui estoit en ung chastel en icelle ysle d'Erre. Monseigneur Bertran pourchassa navire et vint combatre les Angloiz, et là oult forte bataille et dure. Et en la parfin furent les Anglois desconfiz. Et rafreschi et renforça le dit chastel d'Erre monseigneur Bertran, puis retourna à La Rochelle.

Apres ce le duc de Berry et le dit connestable alerent mettre siege devant Congniac et firent drecier pierres et engins et livrerent moult fors assaulx. Et comme les Anglois virent le grant peril où ilz estoient, si firent ung traictié au duc de Berry et au connestable que, s'ilz n'estoient secourus dedens le mois de juing, qu'ilz rendroient le fort et le chastel de Congniac. Le duc de Berry et le connestable en prindrent bons hostages.

En cest temps, Jehan de Montfort estoit descendu en Bretaingne. Dont le roy de France avoit ouy nouvelles et avoit mandé au duc de Berry, son frere, et au connestable qu'ilz laissassent tout pour aler en Bretaingne. Et pour ces nouvelles qu'ilz avoient

1. Erre, île de Ré.

du roy pristrent ilz ce traictié jusquez au terme dessus dit. Et au dit terme le duc de Berry et le dit connestable vindrent à grande et grosse puissance des barons de France o sept batailles. Et quant les Angloiz virent qu'ilz n'auroient point de secours, ilz rendirent Congniac.

En cest temps, estoit encoires le siege à Saint-Sauveur le Viconte en Costentin. Et le maintenoit l'amiral de France, comme devant est dit, avec les barons de Normendie et les evesques de Beauvaiz et de Coustances, monseigneur de Blainville, mareschal de France, et monseigneur de La Ferté, mareschal de Normendie, o grant nombre de nobles hommes. Et là oult au dit Saint-Sauveur moult de fortes saillies et de fors assaulx. Les Françoiz avoient bien quarante engins, que ungz que autres, que grans que petis. Quant les Angloiz virent qu'ilz furent si fort destrains, ilz firent ung traictié à l'amiral et à sire Jehan Le Mercier, grant tresorier de France, qu'ilz rendroient Saint-Sauveur, s'ilz n'estoient secourus dedens le premier jour de juillet. Et en ou cas qu'ilz ne seroient secourus, se ilz rendoient le dit fort chastel de Saint-Sauveur, ilz auroient cinquante mille francs d'or, c'est assavoir quarante cinq mil frans au commun et cinq mil aux cappitaines. Et ce acorderent les Françoiz pour ce que le dit Saint-Sauveur estoit inprenable par engin ne par assault. Et à la journée que on esperoit qu'ilz fussent secourus, vindrent des haulz barons de France, le connestable, le duc de Lorraine, le duc du Bar et grant quantité de nobles hommes. Car on esperoit que à la dicte journée avec les Angloiz fust le duc de Bretaingne. Et pour ce fit le roy de France moult grant semonce. Car là oult bien dix mil harnoiz de jambes et gens d'armes armés de toutes pieces et bien autant ou plus de bonnes gens d'armes et bons combatans et grant foison d'arbalestriers. Maiz les Angloiz n'eurent point de secours et eurent la finance qui leur avoit esté promise, et ilz livrerent Saint-Sauveur en la main des Françoiz.

Le duc Jehan de Monfort estoit descendu en Bretaingne dès Pasques mil trois cens soixante quinze à bien quatre mille combatans et deux mille que archiers que servans. Et prist Saint-Mahieu, puis ala à Saint-Pol du Lyon et l'assailli et le prist par force. Et là fit grant occision de hommes, de femmes et d'enfans, et moult fort guerroya le pais de Bretaingne.

Cy parleron du duc de Bourgoingne et du duc de Lencastre, lesquelz dès au devant de Pasquez mil trois cens soixante quinze estoient alés à Bruges pour traictier de la paix entre le roy de France et le roy d'Angleterre et du roi Henry de Espaingne. Moult y oult d'une partie et d'autre long parlement sur les descors. Et pour ce que les faiz de si puissans roys on ne povoit pas briefment consummer, ne sans la presence des roys les acors et traictiéz enteriner, on fit trevez à ung an, c'est assavoir pour l'an mil trois cens soixante quinze par entre le roy de France et ses freres et le roy d'Angleterre et ses filz et Jehan de Montfort soy disant duc de Bretaingne et aussi du roy Henry d'Espaingne. Et furent ces treves jurées du duc de Bourgoingne et du duc de Lencastre. Et apres ce que Saint-Sauveur fut rendu, monseigneur Thomas de Grancy et monseigneur Gaultier Huet, chevaliers anglois, conduiz par monseigneur Raoul de Reneval et monseigneur Enguerren de Hedinc, iceulx porterent les treves au duc de Bretaingne qui les tinst. Et se le duc de Bretaingne ne les eust tenuez, il estoit ordonné que tout le grant bernage qui estoit devant Saint-Sauveur yroit sur lui.

L'an mil trois cens soixante quinze, apres ce que les dictes treves furent jurées, données et confermées, quatorze barges d'Angleterre pillerent sur la mer des nefz d'Espaingne. Et pour lors devant les treves le roy Henry avoit fait armée sur la mer. Et estoit encoires l'amiral d'Espaingne sur la mer. Comme il ouy nouvelles que les Espaingnolz avoient ainsi esté pilliés des Angloiz, il singla o tout quatre vingt vaisseaulx d'armée et vint vers La Rochelle où il trouva quatre vingt et quatre vaisseaulx d'Angleterre qui aloient à la baée au sel de Poitou. Les Espaingnolz coururent sus aux Angloiz et les pillerent, occistrent et noyerent et gaingnerent l'avoir et le navire. Les Angloiz crioient : « Nous avons trevez. » Et les Espaingnolz leur disoient : « Vous avez pillié et desrobé noz gens en trevez. Vous les avez enfraintes. » Ce fait fut eu mois d'aout en l'an dessus dit.

En cel an plusieurs Angloiz comme Krysoualle et autres cappitaines avoient pris en Bretaingne aucunes forteresses, non obstant que Jehan de Montfort eust juré les treves. Les nouvelles en vindrent au roy de France qui y tramist son connestable qui pour lors estoit à Paris où il plaidoit en parlement contre ceulx de Bruges pour le parpaiement de la raençon au conte de Penembroc que le dit connestable avoit achatée aux Espaingnolz. Et d'icellui parpaiement estoient ceulx de Bruges pleges. Ainsi que l'en menoit le dit conte à Brugez, il mourut en chemin. Pour quoy ceulx de Brugez disoient qu'ilz n'estoient du dit parpaiement en rien tenuz de paier aucune chose. Maiz pour ce debat et descort le roy prist la chose en sa main et en ordonna à la requeste du conte de Flandres. Et le dit connestable parti du roy et ala en Bretaingne. Et comme il fut là venu, il voult scavoir pourquoy les Angloiz avoient rompu les treves. Et voult commencier à guerroier sur le duc Jehan de Montfort. Et comme il vist ce, il desavoua les Angloiz et dit que par lui oncquez n'avoient commencé la guerre et rafferma les treves au roy de France.

En cel an fut le pape cause de la transmutacion de l'archeveschié de Rouen en l'archeveschié d'Aux pour monseigneur Philippe d'Alençon. Et est en Gascoingue et avec ce patriarche de[1].... Et aussi fut demis Oudart d'Atainville du bailliage de Rouen, dont le peuple oult grant joye. Cy parle du duc d'Angou et du duc de Bourgoingne, avec eulx le cardinal d'Amiens qui fut abbé de Fescamp, et aucuns du conseil du roy de France pour son parti, et le duc de Lencastre et son frere filz de Edouart roy d'Angleterre, avec eulx le conseil de leur dit pere roy d'Angleterre. Et parlementerent longuement pour traictier de paix et d'acort. Maiz pour ce qu'ilz ne peurrent conclurre pour le fait du roy Henry d'Espaingne et pour le duc de Bretaingne, l'en aloingna les trevez de Pasques l'an mil trois cens soixante seize jusquez à ung an. Les trevez furent jurées, et le parlement se departi, et re-

---

1. Il y a ici une lacune d'un mot dans le ms. Lisez : patriarche de Aquilée.

tourna chacun en son pais, les Françoiz en France et les Angloiz en Angleterre. Monseigneur Bertran de Clacquin estoit lors en Guienne. Ung cappitaine anglois comme en treves semont le dit monseigneur Bertran à disner o lui en ung chastel. Et comme il y aloit, on donna à entendre à monseigneur Olivier de Mauny que, se le connestable y aloit, il seroit prins et retenu et seroit en grant peril de son corps. Par le dit monseigneur Olivier, le connestable n'y ala pas, maiz vint à Paris par devers le roy de France qui là estoit.

En l'an mil trois cens soixante seize, trespassa de cest siecle le prince de Galles, ainsné filz du roy Edouart d'Angleterre. Cestui prince fut ung des meillieurs chevaliers de cest monde. En son temps il en avoit le renon sur tous. Duquel partie de ses fais sont cy retraiz en ceste cronique. De la mort de cestui cy prince furent merveilleusement courouciéz et dolens les Angloiz. Le roy de France, non obstant que le dit prince fust son ennemy, neantmoins pour cause de lignage il en fit faire obseque et service tres solennel.

En cel an eu mois d'aoust, avint eu royaume de France que ung jeune valeton de l'aage de dix sept ans fut introduict qu'il estoit filz du roy de France et de la royne, et estoit bel enfant. Et de Soissons où ung chevalier le avoit fait nourrir vint à Paris. Ce chevalier l'avoit fait aprendre à estammmer. Et comme le dit chevalier fut eu lit de la mort, il dit à l'enfant qu'il estoit filz du roy de France. Bien peult estre que ce chevalier estoit en frenoizie. Le dit chevalier manda l'enfant et lui dit devant plusieurs personnes et tabellions : « Beau filz, je t'ay nourry, et sachez que tu es filz du roy de France. Et comme tu fuz né, on mist eu lieu de toy une fille. Et dit on à la royne premier que tu estoiez ung filz. Apres on lui dist que tu estoiez une fille. Et en ces enssaingnes te recongnoistra à filz. » Apres la mort de cest chevalier, l'enfant vint à Paris et vint au Louvre et parla au moigne le gardien du Louvre, et lui dit qu'il estoit filz du roy et de la royne. Le moigne le fit savoir au prevost qui y envoya de ses gens, et fut cestui enfant mis en prison eu Chastelet. Et pour lors le roy de France estoit à Aurliens et retourna à Paris pour ceste cause. Et fut amené ce jeune filz devant le roy et devant la royne. Et trouva l'en que les enseingnes qu'il disoit n'estoient pas vrayes. Et aussi il ne resembloit de rien au roy ne à la royne. Et avec ce il ne fut pas trouvé ferme en parler, car il avoit esté sotement introduit. Et comme il vist qu'il fut reputé pour fol et ses paroles pour foles, il dit : « Se je ne suys filz du roy, si soye filz du pape. J'ayme mieulx à faire mon mestier que mourir de faim en Chastellet. » Le roy commanda que on l'ostat hors de devant lui et qu'il fust tondu et merqué comme fol et sot et mené parmy Paris en cel estat.

En cel an, se rebellerent ceulx de la terre de l'eglise de Romme et chasserent les Rommains et les officiers du pape. Et se tournerent aucunez cités et se alierent de monseigneur Barnabo de Millen. Les nouvelles en vindrent au pape qui requist aide au roy de France, lequel lui fit aide de souldoiers et de deniers. Et aussi se rebellerent les Florentins lesquelz le pape excommenia et guerroya.

En cel an, se parti de la court et conseil du roy de

France le cardinal d'Amiens qui fut abbé de Fescamp, et prist congié du roy, et s'en ala demourer avec le coliege des cardinaulx à la court du pape. De son alée et partement fut tout le peuple du royaume de France moult joyeulx. Et en cel an ala le pape Gregoire à Rommenye pour sa guerre contre les Fleurentins.

En cel an, environ sept jours en septembre, trespassa le captal de Bucz au Louvre à Paris, lequel avoit esté en son temps tres vaillant chevalier aux armez.

En cel an, oult es parties de Flandres si grant habundance d'eaue venue soudainement par la mer es parties de Quigent, de L'Escluze, en alant tout au long de la mer selon la coste de Ardenhoure, que plusieurs plates villes furent noyées et plus de trente mille personnes peries.

Cy apres dist que, aprez ce que le duc de Lencastre fut retourné de Flandres du parlement d'avecquez le duc d'Angou, que les Angloiz l'eurent souppeçonneux. Et une partie de la cause en mut par le prince de Gales qui estoit pour lors malade, lequel oult en doubte et en souppeçon son frere le duc de Lencastre qu'il ne voulsist estre roy d'Angleterre et alié du roy de France. Et ce mesmes fut dit au roy Edouart d'Angleterre, lequel oult son filz souppeçonneux. Par quoy il avint que, apres la mort du prince, le duc de Lencastre ne retourna puis en Flandres pour le fait du traictié. Par cette suspicion mut grant debat entre les Angloiz. Et oult ung Angloiz en Angleterre, qui estoit seneschal de Nyorth, qui dit au sire d'Ansellée qu'il avoit prins des deniers d'or frans du roy de France.

Le sire d'Ansellée en offri son gaige de bataille. Et l'emporta le duc de Lencastre. Et aussi ourent les Angloiz souppeçonneux une partie de ceulx qui furent en Flandres pour traictier de la paix.

En cel an, eu mois d'aoust, oult ung parlement euquel ne fut rien conclud. Et y furent de la partie du roy de France l'archevesque de Rouen, cousin du pape, le chancellier de France, le conte de Salebruce, maistre Nichole du Bosc, evesque de Baieux, et autres des conseulx du roy de France. Lesquelz s'en retournerent à Paris o tout les treves jusquez au rassembler pour traictier de la paix. Et aussi les Anglois retournerent en Angleterre.

En ceste histoire, est faicte mencion comme Pierres le bon roy de Cyppre fut occiz par traison du prince Jehan son frere. Et depuis les Geneuois conquistrent Cyppre sur le prince Jehan. Or fut ainsi que la royne de Cyppre, femme du bon roy Pierres, fit traictié aux Geneuois pour le royaume de Cyppre par ung million, et si seroient seigneurs de Famagoste. Et aussi le prince Jehan se mist à raençon aux Geneuois. Par quoy depuis advint que, tant par le cappitaine des Geneuoiz que par le chancelier de Cyppre, on fit traictier de paix entre le prince Jehan de la royne de Cyppre, femme du dit roy Pierres et de ses enfans, et furent en ung chastel. La royne qui moult estoit vaillant dame fit faire ung aguet ou garnison de seigneurs loiaux chevaliers. Si advint qu'il fut ordonné par les traicteurs pour faire l'acord du prince Jehan, de la royne et de ses enfans qu'ilz disneroient ensemble. Le prince Jehan y vint mal garny. Car il fut trop oultrecuidié et ne prisa en rien ses nepveuz pour ce qu'ilz

estoient petis enfans. La noble royne, comme le
prince et elle, ses enfans et le cappitaine des Geneuoiz
furent assiz à disner, elle commença trop fort à plourer. Son ainsné filz lui demanda : « Belle mere, pour
quoy plourés vous ? » Et donc sacha la dicte royne la
chemise du roy leur pere toute ensenglantée, icelle
propre chemise en quoy le bon roy Pierres avoit esté
occiz et dit : « Enfans, enfans, tant comme je voye
que le sang du bon chevalier vostre pere soit à vengier et je voye le faulx traistre qui l'occist, mon cueur
ne cessera de plourer. » Adonc saillirent ceulx de l'a-
guet et occistrent le prince Jehan d'Anthyoche en la
presence de tous. Et ainsi fut vengie la mort du bon
roy de Cyppre, et fut au devant du commencement de
l'an mil trois cens soixante seize.

En l'an de grace mil trois cens soixante dix sept,
Edouart, le roy d'Angleterre, qui estoit ancien, fut malade. Et comme il aprocha de sa mort, il songa par
plusieurs foiz sa mort, puiz une foiz que on le empoi-
sonnoit, puis que on le vouloit noyer, puis que son
filz le vouloit occire. Cestui roy Edouart avoit fait
mourir son pere, si doubtoit que on ne feist ainsi de
lui. Et quant il fut aproché du mal de la mort, il fit
son hoir le filz de son ainsné fils le prince de Galles,
comme dit est. Et apres ce que le dit roy Edouart
d'Angleterre fut trespassé de cest siecle, lequel avoit
tant guerroié le royaume de France comme ceste histoire l'a devisé eu temps des trois roys de France,
comme dit est, il fut tres solennelment et tres haultement mis en sepulture en l'abbaye de Westmonstier
jouxte Londres. En Angleterre, oult grant debat pour
la couronne, car le duc de Lencastre se efforça d'estre

roy. Mais les citoiens de Londres lui furent contraires. Et fut le filz du prince de Galles, ainsné filz du roy Edouart d'Angleterre, levé à roy d'Angleterre.

Richart, le filz du prince de Galles, fut enoint, sacré et couronné roy d'Angleterre en l'eglise de Westmonstier ainsi solenneiment comme il est acoustumé eu dit pais à faire en tel cas. Et prist comme son ayeul avoit fait le tiltre du roy de France. Dont il fut mal conseillié. Car tant comme il portera le tiltre de France, paix ne acord ne sera entre les deux royaumes de France et d'Angleterre. Le duc de Lencastre fut fait regent et garde du roy nouvel, jusques ad ce qu'il feust en aage. Et jura feaulté au roy son nepveu par le conseil des barons d'Angleterre. Et Jehan de Montfort, duc de Bretaingue, fut fait connestable d'Angleterre.

En cest temps, monseigneur Olivier de Clichon tinst siege devant Aurrey, en Bretaingne, tant efforciement qu'il le prist et le mist en la main du roy de France.

Adonc le roy de France fit faire une armée par mer dont monseigneur Jehan de Vienne, amiral de France, fut chief. Avec lui furent moult de nobles hommes, c'est assavoir le sire de Torchy, le baron de La Ferté, le chastellain de Beauvais, monseigneur Guillaume Le Bigot et Jehan Le Bigot son frere. Avec eulx fut l'amiral d'Espaingue à grant nombre d'Espaingnolz et singlerent es ysles de Gerzié[1] et de Wych[2] et barrerent le pais, puis singlerent à Wyncelze. Et descendirent les François en Angleterre et bouterent le feu par les villes

---

1. Jersey.
2. Wigth.

dessus la marine et prindrent la proye. Et alors tous les barons d'Angleterre estoient à Londres pour le trespas du roy Edouart, comme dit est. L'amiral de France fit bouter de fait le feu en la Rye. Dont monseigneur Nicholas, sire de Torchy, qui o moult grant route de bonnes gens d'armes estoit en celle armée, oult moult grant desplaisir, car il la vouloit emparer, tenir et enforcier, et moult s'en courouça et en dit de moult grosses paroles à l'amiral de France. Lors se retrairent les François et retournerent à Harefleu, car les souldoiers avoient servi leur temps de leurs gaiges. Quant le navire fut venu à Harefleu, l'amiral ala à la court du roy devers le roy de France. Et aussi fit monseigneur de Torchy, maiz monseigneur Bureau de La Riviere et sire Jehan Le Mercier les mistrent à acort.

Cestui sire Jehan Le Mercier qui estoit principal gouverneur des deniers du roy, et à lui estoient tous les receveurs et greneliers du royaume de France obeissans, vint à Harefleu et fit de rechief singler le navire de France et d'Espaingne à Hantonne. Maiz comme les Françoiz cuiderent prendre port, le conte d'Arundelle et monseigneur Robert Canole, à bien huit cens hommes d'armes et bien plus de deux mille Anglois, furent au port et leur deveerent le descendre. Et là oult moult grant assault. Maiz les Françoiz sonnerent la retraitte et singlerent selon la coste d'Angleterre. Et selon ce que les Françoiz singloient, les Angloiz les costoient par la terre. En cestui voiage ne firent riens les François, lors singlerent vers Calaiz. Et adonc leur sourt ung orage de fort temps en la mer qui moult les domaiga. Pour quoy le navire s'en retourna à Harefleu. Alors monseigneur de Bourgoingne et le sire de

Clichon et moult de nobles hommes avoient assis Ardres et deux autres forts qui furent prins. Puis se depart l'ost.

Apres ce que les François furent partis d'Angleterre, Jehan de Montfort, duc de Bretaingne, à tout bien quatorze cens combatans, descendi à Breth en Bretaingne. De par le roy de France fut ordonné monseigneur de Clichon à estre en frontiere. En cest temps, le cappitaine de Bordeaux prist monseigneur Emond de Pommiers et le fit decappiter.

Eu dit an, mil trois cens soixante dix sept, apres le saint jour de la glorieuse Nativité Nostre Seigneur Jhesucrist, vint à Paris l'empereur de Romme et d'Alemaingne, oncle du roy de France. Avec l'empereur vint son filz le roy des Rommains et de Boesme et maint hault prince d'Alemaingne. Charles, le roy de France, envoia le duc de Berry et le duc de Bourgoingne, ses freres, à l'encontre de l'empereur. Et comme l'empereur vint à Saint Denis en France, par le commandement du roy, le prevost des marchans de Paris à plus de mille cytoiens à cheval vestus de robes pareilles de couleur, alerent faire à l'empereur reverence.

Le roy de France mesmez ala à l'encontre de l'empereur aussi comme à l'entrée de la ville. Et s'entrefirent l'empereur et le roy grant joye et vindrent d'une alée et compaignie ensenble au palais du roy de France à Paris. Icellui jour estoit la vegille de la Typhanie. Moult tint riche hostel pour ce jour le roy de France. Et l'andemain tint le roy court planiere à son palais et moult honoura l'empereur et son filz et tous les haulz hommes de sa compainguie. Et merveilles estoit de regarder la tres grant richesse du roy de France qui estoit tant en drecheurs sur tables, en paremens au grant palaiz, en salles et en chambres et de tres grans et nobles dons qu'il donna à l'empereur, à son filz et à leurs gens. Apres ce que le roy de France oult festoié l'empereur son oncle à Paris, il le mena au bois de Vincennes où il le festoia. Et du bois l'empereur ala en pelerinage à Saint Mor des Fossés, et de là s'en retourna en son pais.

Apres ce que l'empereur se fut parti du roy de France son nepveu où il avoit eu moult riche feste et noble, la royne de France acoucha d'enfant et oult une fille dont elle mourut. De quoy ce fut pitié. Le roy de France en fit grant dueil. Et fut la dicte royne mise en sepulture à Saint Denis en France, et son cueur enterré aux Cordelliers à Paris, et les entrailles aux Celestins de Paris. Apres mourut une de ses filles. En cel an mourut le pape Gregoire à Romme et fut eu mois de mars.

En l'an mil trois cens soixante dix huit, commença guerre entre le roy de France et le roy de Navarre. Et fut prins Jacques de Rue sur lequel on trouva lettres esquelles estoit contenu que le roy de Navarre devoit faire mariage de monseigneur Pierres son filz à la fille du duc de Lencastre et qu'il devoit livrer de ses chastiaux aux Angloiz. Et alors estoit venu en France monseigneur Charles de Navarre, ainsné filz du roy de Navarre, lequel fut mandé du roy de France son oncle et y ala à sauf conduit. Et lui monstra le roy les dictes lettres. Et sur ce ledit monseigneur Charles respondi au roy de France son oncle : « Mon tres redoubté seigneur, vous m'avez dit que monseigneur mon pere vous a faussé sa promesse en tant qu'il a voullu mariage de ses enfans aux Anglois. Quant à ce, monseigneur mon pere est roy. Il puet marier ses enfans où il lui plaira et lui aussi où il lui plait, car il est roy. Maiz à l'autre point où l'en dit qu'il devoit livrer de ses chastiaulx au roy d'Angleterre, se Dieu plait, il ne sera ja trouvé qu'il y ait fait ne qu'il le face. Je suys vostre nieps, vostre seur me porta. » Donc lui dit le roy : « Beau nieps, je ne vous vueil pas tollir terre. Maiz je vueil que les chasteaulx soient mis en ma main. » Et pour ce par le duc de Bourgoingne et par le duc de Bourbon, avec eulx le connestable Bertran de Clacquin, fut mené monseigneur Charles de Navarre par les forteresses que son pere le roy de Navarre tenoit en Normendie tant de son propre domaine que de l'assiette du mariage de sa femme, mere du dit monseigneur Charles, pour les faire rendre en la main du roy de France. Et se rendirent la ville, cité et chastel d'Evreux, Bretueil, Pacy, Agneit, Breval, Regnierville. Fut prins d'assault Bernay où là fut prins maistres Pierres Du Tertre. Le Pontaudemer ne fut pas lors rendu, car les Navarrois ne vouldrent. Monseigneur le duc de Bourgoingne, le dit monseigneur Charles et le connestable bien acompagniés de bonnes gens d'armes alerent à Cesarbourg. Maiz les Navarrois estans dedens la place ne vouldrent rendre le chastel, et pour ce s'en retournerent devant Gavray aussi comme pour faire siege. Et tant destraint le connestable ceulx de Gavray que par defaulte de vivres ilz rendirent le dit chastel au dit monseigneur Charles de Navarre. Lequel le rendi en la main du dit connestable pour et eu nom de son oncle le roy de France. Lequel chastel estoit imprenable d'assault de gens d'armes, de toute artillerie et de tous engins. Puis s'en revindrent le dit monseigneur Charles de Navarre et le dit connestable au Pontaudemer. Et comme ilz furent là venuz, monseigneur Charles ala pourparler au cappitaine affin que on lui rendist la place qui estoit à lui de par sa mere, seur du roy de France. Le cappitaine fit dire qu'il estoit malade. Maiz monseigneur Charles le pressa tant qu'il vint parler à lui. Et dit le cappitaine que le roy de Navarre lui avoit baillé le chastel à garder, et que pour mourir ne le rendroit fors au roy de Navarre. Maiz se ainsi estoit que le roy de Navarre fut mort, voulentiers le rendroit à monseigneur Charles de Navarre. Quant le connestable oult ouye la responce du cappitaine du Pontaudemer, il dit : « A Dieu le vou, gars, je vous pendroy aux carneaulx. » Et dont on ordonna que l'en les assauldroit. Et manda le dit connestable à Rouen que on lui envoiast deux cens arbalestriers et autant de gens d'armes et des engins. Et lors fit assaillir le dit chastel, et les engins getter tres efforciement de jour et de nuyt tant qu'ilz enfondrerent les habitacions du chastel. Et lors quant les Navarrois se virent si batuz d'engins, ilz ourent conseil qu'ilz se rendroient. Et firent traictié par ainsi qu'ilz rendroient le fort à monseigneur Charles, et seroient paiéz de leurs gaiges de trois mois, et si seroient menéz o leurs biens à saufconduit à Cesarbourg. Ainsi leur fut accordé. Et par ce traictié fut le Pontaudemer rendu, dont le chastel fut abattu et la forteresse de la ville aussi. Et plusieurs autres nobles chasteaulx royaulx et belles forteresses que tenoit le dit roy de Navarre en Normendie furent tous en la main du roy de France, excepté Cesarbourg et Saint Guillaume de Mortaing. Et tous ou la plus grant partie furent abatuz.

En cel an, eust à Romme grant descort, apres ce que le pape fut trespassé, à faire ung pape. Et oult entre les cardinaulx grant descord. Car les Limosins et ceulx de deça les mons voulloient faire pape de leur partie, et les Rommains et oultre montains ne vouldrent. Et pour cest debat fut levé à pape l'archevesque du Bar qui avoit nom Berthelemieu, et nommé fut pape Urbain le sixiesme. Et en cel an fut descort par entre le dit pape Urbain et les cardinaulx. Car apres ce qu'il fut oint et sacré à pape le jour de Pasques à Romme, il voult depuis ce regarder sur leur estat, et ne voult pas qu'ilz eussent si grant estat comme ilz avoient eu au devant. Et pour ce qu'il les voult corrigier et leurs benefices apeticier, les diz cardinaulx se partirent de Romme et alerent en Vienne. Et ains qu'ilz partissent de Romme, dit le cardinal d'Amiens au pape Urbain qu'il ne le tenoit point à pape. Et le pape Urbain lui respondi qu'il estoit vray pape et loialment sacré. Et de ce le dit cardinal le desmenti comme archevesque du Bar et non pas comme pape.

Comme les diz cardinaulx furent venuz en Vienne, ilz firent conclave. Et le dit cardinal d'Amiens fit venir les Bretons et gens de compaigne qui estoient en Italie pour guerroier ceulx de Romme. Et chevaucerent les dictes gens d'armes jusqu'au pont de Tybre. Là estoient les Rommains pour garder le pas. Un escuier de Normendie nommé Tournebu qui avoit bien six vingt combatans soubz lui assailli les Rommains premier et puis les Bretons. Et là desconfirent les Rommains et en mistrent grant foison à mort et les firent reculer jusques à Romme. Le peuple de Romme courut aux armes et sonnerent la grosse cloche et yessirent contre les Normans et Bretons qui s'estoient retraiz. Apres ce que les Romains furent retournés, ilz occistrent de povres clercs qui estoient venuz à graces.

Pour cest temps estoient les cardinaulx à Vienne tenans conclave pour faire autre pape que cil qu'ilz avoient fait et sacré. Le cardinal d'Amiens, qui par sa subtilleté contendoit et vouloit estre pape, se traist vers les cardinaulx d'Ytalie et dit à chacun par soy qu'il lui donnoit sa voix et qu'il ne la donneroit jà à Limosin. Et leur conseilla qu'ilz donnassent leur voix au cardinal de Geneve disant : « Il est le plus jeune des cardinaulx, il ne pourroit estre pape. » Et ilz le creurent. Or vint à ouvrir le conclave. Les Limosins vouldrent faire pape Limosin. Mais les autres cardinaulx ne vouldrent. Dont fu par entreulx dit que nul Limosin ne seroit pape. Et lors les cardinaulx d'Ytalie donnerent leur voix au cardinal de Geneve. Et aussi fit le cardinal d'Amyens, et les autres s'i acorderent. Ainsi fut esleu, levé et creé à pape des cardinaulx le cardinal de Geneve. Et fut nommé pape Clement le septieme.

En France vindrent premierement les bulles du pape Urbain, et fut receu à pape de toute crestienté excepté du roy de France. A Paris fut fait ung concille des preslas de France et des maistres et docteurs de l'Université de Paris eu quel fut determiné que le pape

Urbain estoit vray pape. Maiz les cardinaulx ne le vouldrent accepter, et disoient qu'ilz avoient fait le premier par force et pour doubte que les Rommains ne les occisissent, et que le second, le cardinal de Geneve ilz tenoient à pape et que à eulx est le droit de faire pape, et, quelque oppinion que les prelas ne l'Université deissent, se est il à eulx de faire pape. Et à la partie des diz cardinaulx se tint le roy de France.

Apres ce, aprez la Saint Martin d'yver, furent apportées les bulles du pape Clement à Paris. Et fut commandé par le roi de France qu'il feust tenu à pape, jasoit ce uqe la greigneur partie des chevaliers et du peupple tenissent l'autre à vray pape. En cest temps qu'il oult scisme et discension en coliege de Romme, comme dessus est dit, par aucuns des cardinaulx fut descript à l'archevesque du Bar non pas comme à pape et si descrivoient comme à pape. Car il estoit dit du pape Urbain que selon sa significacion des papes qu'il estoit signifié à beuf et sans mittre et sans clef et que enfer l'atendoit et qu'il estoit avironné d'estoilles merveilleuses.

Le pape Urbain leur descript qu'ilz avoient fait comme firent les disciples de Nostre Seigneur Jhesucrist en sa Passion et aussi comme les Juifz. Les disciples le laisserent : « Circumdederunt me viri mendaces, etc.... Vous qui m'avez sacré par la vertu divine à pape et sans mon pourchas en la presence de bons tabellions, si me faictes comme les faulx Juifz firent à Jhesuscrist nostre seigneur. Car comme ilz le eurent receu en Jherusalem le jour de Pasques flouries, ilz le bouterent hors et l'occistrent. Ainsi voullez vous faire. Et comme les disciples laisserent Nostre Seigneur

Jhesuscrist, me avez vous laissié pour les delices mondaines et tournez aux temporalités. Apres, beaux freres, vous m'avez descript que je suys signifié au beuf. Le beuf signifie beste debonnaire et vertueuse. Se vous vous radreciez vers moy, je vous seroy debonnaire. Quant saint Pierre oult regnié son createur Jhesucrist et ainsi pechié vers lui, Nostre Seigneur Jhesucrist lui pardonna. Se vous faictez ainsi comme je vous escrips et que vous vous radreciez, je vous pardonneray. Et se vous faictez comme Judas, ma sentence qui procede de Dieu vous jugera. Car entre vous a ung Judas qui tous vous tient en la voye des tenebres. Apres vous m'avez descript que enfer m'atent. Beaux freres, vous m'avez escript verité. En la cité de Napples a une partie de la cité que l'en appelle Enfer. En icelle partie demeure une partie de mon lignage. Cil à grant joye me attendent et tout le pais. Apres, beaux freres, vous m'avez descript que je suys avironné d'estoilles merveilleuses. Bien avez descript. Je vous descry que les estoiles merveilleuses signifient que j'ay creé plusieurs preudommes à estre mes freres par vostre iniquité. » Moult de belles raisons leur descript le pape Urbain. Maiz onc pour ce ne vouldrent les dessus diz cardinaulx eulx radrecier. Maiz tousjours obstindrent qu'il n'estoit point pape.

Apres le pape Urbain descript à l'Université de Paris comme de la monicion des cardinaulx avoit esté enoint et sacré. Aussi escript il au roy de France et aux autres roys et haulx princes Crestiens qui tous le tindrent à pape excepté cil de France qui de rechief manda des plus notables clers de l'Université de Paris, lesquelz lui distrent que le pape Urbain estoit vray pape. Et non obstant ce, le dit roy de France tint le parti des dessus diz cardinaulx et tint le cardinal de Geneve à pape.

Le pape Urbain crea plusieurs prelas d'Ytalie à cardinaulx. En France, il tramist le chappel à monseigneur Philippe d'Alençon, qui fut archevesque de Rouen, puis patriarche. Il ala à Romme où il fut grandement receu et joyeusement des Rommains. Pour lors le derrain pape nommé Clement et ses cardinaulx alerent à Fondres où le conte de Fondres les receut le mieulx qu'il poult. Et quant le dit pape Clement sceut que monseigneur Philippe d'Alençon fut avec le pape Urbain, il en fut moult dolent et donna ses benefices.

En cel an mil trois cens soixante dix huit, devant Harefleu, le jeudi devant Penthecouste, vint par mer le conte d'Arondelle à plus de cent nefz d'armée et vint à plus de deux mille combatans assaillir Harefleu. En la ville estoit monseigneur de Blainville, mareschal de France, qui alors n'avoit pas plus de cent lances de la chevallerie de Caux qui tres vassaument deffendirent Harfleu à porte ouverte. Et là oult belle escarmuche et fort estiqueis de glaives et fort assault d'une partie et d'autre de trait. Là le fit bien monseigneur le mareschal, monseigneur de Basqueville, monseigneur d'Auseboc, monseigneur de Harmenville, monseigneur de Remes et ses enfans. Et moult d'autres bons chevaliers de Caux se combatoient vaillamment. Maiz le conte d'Arondel vint à deux si grosses batailles qu'il fallut que les dessus diz Françoiz se retraissent dedens Harefleu. Et à la retraicte le firent bien les dessus diz Françoiz chevaliers et escuiers de Caux. Monseigneur Guillaume de Taleville et plusieurs autres y souffrirent grans fais d'armes. Les arbalestriers ourent là moult grant mestier et moult navrerent d'Angloiz. Lors fut la retraitte sonnée et s'en retournerent les Angloiz en leur navire.

Apres ceste besoingne, es feries de Penthecoustes, le conte d'Arondel yessi de son navire et vint à bataille rengie devant Harefleu et demanda la bataille et où estoit le connestable et qu'il le attendroit à combatre. Monseigneur de Blainville ne accepta pas ne ne prist jour de bataille. Maiz il le manda au connestable lequel lui escript et manda qu'il preist jour de bataille et place à sept lieues de la mer et là leur livreroit on bataille. Maiz les Angloiz ne le voudrent accepter. Comme les Angloiz se retraistrent en leur navire, monseigneur de Graville, monseigneur de Basqueville, monseigneur de Beausaut avec le dit mareschal et bien huit vingt lances des diz chevaliers et escuiers de Caux parsuirent les Anglois jusquez en la mer. Et là oult trois chevaliers Anglois qui firent beau fait d'armes à recueillir leur gens. Et entrerent les derrains en leur navire, puis se retrairent les diz Anglois et se bouterent dedens la mer.

En cel an mil trois cens soixante dix huit, la foire du Lendit seant, furent decapités maistre Pierres Du Tertre et Jacques de Rue, officiers et familliers du roy de Navarre. Et ains qu'ilz fussent decapités, ilz furent jugiés comme atains en parlement. Et fut pour ce qu'ilz devoient livrer des chasteaulx que le roy de Navarre tenoit en Normendie aux Angloiz. Maistre Pierres Du Tertre disoit en ses raisons que quant il fut prins il estoit en sauf conduit du connestable de France, et aussi que le roy Jehan le avoit baillié au roy de Navarre à le servir contre tous hommes. Maiz il ne fut point ouy en celles deffenses et fut jugié au dit parlement à Paris à estre decapités. La cause pour quoy furent decapités Jacques de Rue et maistre Pierres Du Tertre si comme l'en dit fut telle. Premierement, qu'ilz devoient empoisonner ou faire empoisonner monseigneur Charles de Navarre pour ce qu'il ne voulloit, depuis qu'il fut Françoiz, que on esmeust guerre au roy de France. Et fut empoisonné le dit monseigneur Charles de Navarre de une poison telle de flux de ventre que onc medecins ne fizicien ne poult sçavoir remede. Item, que la royne de Navarre fut par eulx empoisonnée en ung baing pour ce qu'elle soustenoit les Françoiz, et le distrent à Ferrando. Maiz je ne dy pas que ce eust fait faire le roy de Navarre, car il l'amoit moult. Item, quant le dit monseigneur Charles de Navarre eust esté avec le roy de France son oncle, le dit Jacquez de Rue et le dit maistre Pierres Du Tertre devoient empoisonner ou faire empoisonner le roy de France et ses freres et le dit monseigneur Charles de Navarre. Et pour ce furent ilz condampnéz à estre decapités pour les faiz dessus diz tant comme d'empoisonnement que pour les autres choses devant dictes. Le roy de Navarre descript au roy de France que quelconque chose que on lui meist sus onc ne le pensa ; ne onc l'avancement de la mor de son seigneur et frere le roy de France et ses freres onc ne pourpensa.

En cel an, les Turcs et Sarrasins es parties d'Orient coururent sus la mer et prindrent plusieurs Crestiens.

En cel an, le duc de Lencastre mist siege devant

Saint Malou, lui et le conte d'Arondel, et fut eu mois d'aoust. Monseigneur Bertran de Clacquin connestable de France fit sa semonce et chevauça sur les Angloiz. Et pour lors le conte d'Arondel s'estoit mis sur le pais à bien trois cens hommes et plus. Le dit connestable courut sus aux Anglois et les soupprist ; et pou s'en fallu que le conte d'Arondel ne fut pris. Et furent les Anglois desconfiz, et y oult prins de bons prisonniers. Apres ce, le dit connestable attendi monseigneur de Clichon ; et, comme ilz furent adjouxtés, ilz ne furent pas quinze cens lances. Et les Anglois estoient plus de trois mille hommes d'armes et autant ou plus d'archiers. Et avec ce le duc de Lencastre attendoit le duc de Bretaingne. Le connestable se parti de Saint Mallou et ala à Paris pour parler au roy pour pourveoir à lever le siege de Saint Mallou. Dedens Saint Mallou estoient bien trois cens hommes d'armes qui y eurent bon mestier, car le duc de Lencastre leur livra ung grant assault. Et si bien se deffendirent ceulx de Saint Mallou que les Angloiz y perdirent plus de six vingt hommes d'armes.

En cel an, fut mis le siege à Saint Guillaume de Mortaing par monseigneur de La Ferté, monseigneur de Tournebu, monseigneur de Torchy et par autres barons et nobles de Normendie. Et tant destraindrent cil du chastel que le chastel fut rendu, prins et abatu de tous poins.

Apres ce que tous les chasteaulx et forteresses que le roy de Navarre tenoit en Normendie furent rendus ou prins et mis en la main du roy de France, excepté Cesarbourg, le dit roy de France fit abatre tous iceulx chasteaulx et forteresses. Et puis en cel an mesmes envoya le dit connestable de France o grant nombre de gens d'armes, d'arbalestriers, d'engins, de carpentiers, de maçons, de pionniers et de mineurs pour mettre siege devant Cesarbourg. Monseigneur Bertran de Clacquin, connestable de France, monseigneur de Blainville mareschal de France, monseigneur de La Riviere, le seneschal de Henault et tout l'ost approcherent de Cesarbourg. Les Anglois et Navarrois avoient fait une grosse embusche. Le frere du dit connestable, le sire de Mauny, le sire de La Roche et plus de soixante dix, que chevaliers, que escuiers, vindrent courre devant Cesarbourg et passerent l'embusche. Et les Navarrois leur coururent sus. Là furent soupprins, car l'ost estoit encoires loing. Là furent prins monseigneur Olivier de Clacquin, frere du dit connestable et le sire de Mauny et bien soixante, que chevaliers, que escuiers.

Apres yessirent de Cesarbourg en bataille bien six cens Anglois. Et en la mer estoient quatorze barges d'armée d'Angleterre. Le connestable de France et l'ost se logerent en l'abbaye au dehors de Cesarbourg. Pour lors que l'en vint mettre siege devant Cesarbourg, il faisoit merveilleux froit, et enfondoient les chevaulx, et aussi y avoit grant defaulte de vivres. De laquelle s'estoit fait fort sire Jehan Le Mercier de fournir l'ost de vivres. Comme on fut venu à Cesarbourg, chacun tendy à soy logier. Là eurent trop de povreté et de mesaize la menue gent tant de faim que de froit, et tant qu'il fallut que l'ost deslogast. Maiz ainçois que on se deslogast, les Anglois qui virent les François au froit et au vent qui tendoient à eulx logier, comme monseigneur Charles de Navarre et sire Jehan Le

Mercier furent venuz, les Anglois et Navarrois yessirent de Cesarbourg et vindrent bouter le feu en l'ost. De la partie des logeis au dit sire Jehan Le Mercier on cria alarme et s'arma l'ost. Et donc se retrairent tantost les diz Anglois et Navarrois, car monseigneur de Clichon sourvinst en l'ost à tout bien mille combatans.

Par ce qu'il n'estoit pas saison ne temps convenable à prendre siege et aussi les gens ne les chevaulx n'avoient pas asses vivres, il fallut que l'ost se departist. Et fit l'en bastides en l'abbaye où demoura monseigneur Guillaume de Bordes o une route de gens d'armes du dit host.

Apres ce on fit ung concille à Caen. Et là fut le connestable et sire Jehan Le Mercier et le conseil du roy pour avoir sur le pais de Normendie une aide ou subcide pour paier les gens d'armes. Et quelque on estoit en icellui parlement, ceulx qui estoient demourés es dictes bastides se deslogerent, car ilz estoient pou pour resister contre ceulx de Cesarbourg. Le connestable fut trop marry que le siege estoit rompu. Si advint que le connestable fut ung jour avec les generaulx ou tresoriers; il demanda où estoit sire Jehan Le Mercier, et on lui dit qu'il estoit avec les dames. Le connestable lors dit et appella sire Jehan Le Mercier ordeux gars, traistre et larron au roy de France, et que par son deffault le fait du siege estoit rompu. Et ce que le connestable avoit dit fut reporté à sire Jehan Le Mercier en la presence de monseigneur N. du Bosc evesque de Baieux et d'autres seigneurs du conseil du roy. Dont sire Jehan Le Mercier fult moult yrés et dolent; puis respondi comme subtil : « Je scay bien que le connestable a dit ces paroles par yre et couroux qu'il a de son frere, de monseigneur de La Roche, du sire de Mauny et des autres bons chevaliers et escuiers qui ont esté prins. Mais, se Dieu plaist, je m'en excuseroy tant et si avant par devant le roy que j'en seroy excusé deuement. » En cest concille de Caen fut ordonnée une grosse taille à cueillir sur le pais de Normendie dont le peuple fut moult grevé.

Apres ce que le siege de Cesarbourg fut levé, ung grand cappitaine du roy de Navarre nommé Ferrando, lequel estoit en prison à Caen, fut amené en prison eu chastel de Rouen en la grosse tour.

En cel an mil trois cens soixante dix huit, trespassa de cest siecle l'empereur de Romme et d'Alemaingne, oncle du roy de France, eu dit an qu'il avoit esté à Paris. Et fut cestui empereur ung tres grant sages homs et conquist plus l'empire par sens que par armes. Son filz le roy des Rommains fut esleu des Alemans à estre empereur.

Apres ce que le dit empereur fut trespassé, le roy de France tramist en legacion maistre Aymery de Mignac, evesque de Paris, à son cousin le nouvel empereur à celle fin qu'il tenist à pape le pape Clement, lequel avoit esté creé à pape, comme devant est dit. Les prelas d'Alemaingne comme l'archevesque de Mayence, l'archevesque de Coulloingne, l'archevesque de Treves, l'evesque de Liege, l'evesque de Cambray et autres, en la presence de la plus grant partie des barons d'Alemaingne, respondirent à l'evesque de Paris qu'ilz estoient bien merveillés comme le roy de France soustenoit le cardinal de Geneve à pape, consideré que de tous temps le roy de France apres l'empereur est le souverain prince des Crestiens. Et oultre fut dit à l'evesque de Paris que, ce ne fust par l'amour du roy de France duquel il estoit messagier, ils le redarguassent de heresie disant que c'est chose notoire que le pape Urbain avoit esté sacré et beney à pape du gré et consentement des cardinaulx. Et eu cas qu'il avoit esté sacré par les diz cardinaulx, ilz ne le povoient par droit deposer ne debouter, se ce n'estoit qu'il fut herese ou bougre[1]. Mais pour ce que les diz cardinaulx virent que le dit pape Urbain leur voult diminuer leurs estas et leurs revenues, par ce et par la commocion d'aucuns des cardinaulx comme cil de Genevre, cil de Therouenne, en especial cil d'Amiens qui desmenti le pape Urbain, le cardinal de Limoges et cil de Saint Eustace et aultres iceulx cardinaulx, comme fut dit à l'evesque de Paris, leverent indeuement à pape le cardinal de Genevre. Quant l'evesque vit que si grans prelas et si puissans furent contre lui, il ne fut pas asseur et oult doubte. Et en oultre estoit à la court de l'empereur le duc d'Austriche qui avoit guerre au sire de Coussi, et le duc de Guerles et cil de Julliers qui de long temps ont esté ennemis du roy de France. Et cecy fut denoncié au jeune empereur par le duc de Braban, lequel monstra aussi au dit empereur comme richement, haultement et joyeusement son pere et lui furent receuz du roy de France à Paris. Et lors prist l'empereur les legas et messagiers du roy de France en son saufconduit. Et apres le parlement on ala disner. Et en icellui disner oult trois tables d'onneur. En la plus haulte fut l'empereur, trois archevesques et les

1. Bougre, Manichéen, de la Bulgarie, qui était une des contrées d'Europe, où la doctrine de Manès s'était d'abord et surtout répandue.

ducs. Et la plus notable apres furent les evesques et les contes. En la tierce apres fut l'evesque de Paris et ceulx qui avec lui estoient commis de par le roy de France et envoyés avec lui en la dicte legacion. Et furent les Françoiz assis par eulx, dont l'evesque de Paris fut moult esmerveillié. Et ne fut oncquez si joyeulx le dit evesque comme quant il se vit hors du povoir aux Alemans. Et tout ce il raporta au roy de France et à son conseil. Moult furent merveilliés le dit evesque, les denonciateurs et legats du roy de France de ce qu'ilz furent assis à par eulx. Mais ce fut pour deux raisons, la premiere pour le pape que les Françoiz tenoient, et en ce crroient comme tenoient les diz Alemans, la seconde pour ce qu'il y avoit à la court de l'empereur des princes d'Alemaingne qui estoient ennemis du roy de France.

En l'an de grace mil trois cens soixante dix neuf, vindrent à Paris trois cardinaulx de par le pape Clement[1]. Et prescherent et firent preschier devant le roy de France et devant le peuple que le pape Clement estoit vray pape et que le pape Urbain n'estoit pas pape. Le roy de France fut de leur acord, car le dit pape Clement estoit de son lignage. Maiz les clercs de l'Université de Paris ne le furent pas ne le peuple. Les prelas tindrent l'opinion du roy affin qu'ilz ne perdissent leurs benefices. Et les autres princes de Crestienté comme roys, ducs, contes, barons, nobles et peuple de toute Crestienté, furent pour lors contre les diz

---

1. D'après Froissart (liv. II, ch. XLVIII) et les *Grandes chroniques de France* (t. VI, p. 452 et 457), le cardinal de Limoges d'abord, puis les cardinaux de Poitiers et d'Aigrefueil, furent députés à la cour du roi de France par le pape Clément.

cardinaulx et leur dit pape Clement, excepté ceulx de France les aucuns.

En cel an, oult bataille en mer des Anglois aux François. Et furent les Anglois desconfis. Et y oult bien quatre vingt prisonniers et autant de mors, et furent les prisonniers admenés à Harefleu.

En cel an, le conte de Saint Pol qui moult est nobles homs, qui avoit esté long temps en prison en Angleterre, pour soy delivrer sans paier raençon, pour mauvaiz conseil qu'il crust, se alia avec le roy d'Angleterre. Et vint le dit conte en Henault pour avoir souldoiers et pour faire aliance au duc Aubert son cousin. Le roy de France sceut comme le dit conte de Saint Pol s'estoit trouvé avec le roy d'Angleterre. Si fit prendre toute sa terre et tous ses chasteaulx, et fut tout mis en la main du roy de France.

En cel an, du pais de Montpeullier se rebellerent les gens pour ce que le duc d'Angou voult alever une subcide sur le dit pais de Montpeullier. Ceulx de Montpeullier occistrent les denunciateurs et les messagiers du dit duc d'Angou. Le duc d'Angou fit grant assemblée de gens d'armes et de compengnes pour aler sur ceulx de Montpeullier. Et vint le duc d'Angou jusques en Avignon au pape Clement qui luy fit grant reverence, et envoia deux cardinaulx à Montpeullier pour traictier de la paix. Lesquels distrent à ceulx de Montpeullier que le duc d'Angou venoit à grant force, et que, se ilz ne faisoient acord, la cité seroit en tres grant peril d'estre destruicte. Tant parlementerent les diz cardinaulx que par une somme de deniers d'or cil de Montpeullier eurent leur paix et en livrerent hostages. Et lors entra le duc d'Angou à Montpeullier, et vindrent ceulx de Montpeullier à mercy à luy.

En cel an, ung Breton, nommé monseigneur Sevestre, fut decapité à Mascon. Et le fit decapiter Oudard d'Atainville, pour lors bailly d'icellui lieu. Cestui Sevestre avoit aidé à conduire le pape Clement en Avignon de Rommenye. Et pour celle cause demandoit au cardinal d'Amiens pour lui et pour cil de sa route trente mille frans. Le dit cardinal, qui estoit venu devers le roy de France à Paris auquel il fit tant de plaintes de cestui Sevestre, disoit qu'il l'avoit voulu prendre et detenir et qu'il avoit pillié eu royaume de France et bouté feu et fait bouter. Par quoy il fut mandé au bailly de Mascon qu'il le feist decapiter. Et pour lors estoit venu le dit monseigneur Sevestre à Mascon pour pourchasser sur le dit cardinal la somme d'or dessus dicte. Comme le dit Oudart d'Atainville sceut que le dit monseigneur Sevestre estoit à Mascon, il assembla des gens d'armes et prist le dit monseigneur Sevestre, et le fit decappiter en la ville et ung syen compagnon[1]. Car dehors la ville ne le eust il osé faire, pour les routes des gens d'armes dont il estoit chief. Et quant les dictes routes de gens d'armes sceurent que le dit monseigneur Sevestre fut occiz, furent moult yrés et tous forcenés. Et pour celle cause firent des maulx tant entour Mascon que ce fut pitié, car ceulx le comparerent qui n'y avoient coulpe.

Comme le dit cardinal d'Amiens estoit par devers le

---

[1]. Sur ce Sevestre Bude et certain motif personnel de la haine que lui portait le cardinal d'Amiens, voy. Froissart, liv. II, ch. LI, éd. du Panthéon, t. II, p. 65.

roy de France à Paris, aucuns de la court ennorterent monseigneur le Daulphin que le dit cardinal avoit ung deable privé qui lui disoit les choses passées et avenir. Dont il advint que, comme le dit cardinal vint une foiz devers le roy de France, monseigneur le Daulphin y estoit. Et comme il vist le dit cardinal venir, il commença à seingnier par plusieurs fois et à dire : « Chassiés ce dyable, fuyés ce dyable! » De ce fut trop yrés et dolent à merveilles le dit cardinal. Et pria au roy qu'il feist tant à mon dit seigneur le Daulphin qu'il deist qui luy avoit dit que le cardinal avoit ung dyable privé. Monseigneur le Daulphin respondy : « Tout le monde le dit, » et que pour Dieu le roy n'aprochast point de lui, ne onc n'en voullu dire autre chose; ne pour beau parler ne pour menace ne voult oncques dire qui luy avoit dit[1]. Tantost apres, le dit cardinal prist congié du roy de France et s'en retourna en Avignon pour demourer avec le pape Clement.

En cel an, les Bretons, lesquelz s'estoient renduz au roy de France, vouldrent avoir duc et ne vouldrent pas sans moyen[2] estre au roy de France comme est la duchié de Normendie. Et pour ce furent fais plusieurs

1. Le Dauphin avait déjà dix ans à cette date. Froissart n'a pas fait mention de cette piquante anecdote, où se voit si bien quelle fut toujours la crédulité et la faiblesse d'esprit du fils et du successeur de Charles le Sage. Le rédacteur des *Grandes Chroniques de France*, le chancelier Pierre d'Orgemont, qui vivait à la cour, dut avoir connaissance de ce fait; mais il n'avait garde de lui donner place dans son œuvre. Le roi, son maître, fut sans doute surpris et péniblement affecté d'une telle aventure. Pour nous, elle est un présage de la tragique scène de la forêt du Mans, et nous y voyons poindre, treize ans à l'avance, la folie de Charles VI.

2. Sans moyen, c'est-à-dire sans milieu, sans intermédiaire, directement.

parlemens, car aucuns voulloient que monseigneur H. de Blois feust duc de Bretaingne. Et ad ce tendoient fort le duc d'Angou, le sire de Clichon et monseigneur Bertran de Clacquin, connestable de France. Maiz la plus grant partie des Bretons voulloient avoir à duc Jehan, le conte de Montfort, qui ja fut leur duc. Et en son aide estoit le conte de Flandres, son cousin. Pour ce fait et pour la paix d'entre le roy de France et le roy d'Angleterre, furent fais plusieurs parlemens tant à Saint Osmer et en la marche comme en la marche de Bretaingne.

En cest temps et en cest an, le conte de Flandres voult alever ung subcide dessus ses hommes. Maiz les Flamens se esleverent et se rebellerent tant qu'il fallut que le conte vuydast de Flandres et cil de son hostel. Et se mistrent les diz Flamens sur les champs et estoient bien cent mille. Et alloient de Gant à Bruges et à Yppre et manderent le conte qui estoit à Lysle. Et leur jura le dit conte à les tenir franchement et partant se appaiserent. Et apres ce le conte ala à Paris devers le roy de France.

En cel an, les Espaingnolz firent grant armée sur la mer et singlerent en Escosse. Les Escos se mistrent en leur aide. Et leur livra passage monseigneur Guillaume Duglas, et coururent en Angleterre et ardirent et bruirent le pais, et y firent grant domaige en celle partie.

En cel an, les enfans au conte de Fois vouldrent faire mourir leur pere et l'empoisonner. Leur pere le sceut; il fit prendre ses filz et leur fit cognoistre tout le fait, et puis les fit mettre en chartre. Aucuns distrent que ce fut par la promocion du roy de Navarre, leur oncle.

En l'an de grace mil trois cens quatre vingt, le parlement du traictié et accort d'entre le roy de France et le roy d'Angleterre estant et seant, les Anglois ardirent en la coste de Picardie Estaples[1] et autres villes.

En cel an, le conte de Fondres et N. de La Salle et les souldoiers Normans, Bretons et autres pour le pape Clement se combatirent aux Rommains et en mistrent à desconfiture plus de quatorze cens que mors que prins.

En cel an, trespassa de cest siecle monseigneur Bertran de Clacquin, connestable de France, devant ung chastel appellé Chasteau Neuf de Landon où il avoit mis le siege. Et duquel chastel les Anglois qui le tenoient lui apporterent les clefs du dit chastel grant piece apres qu'il l'oult assiz pour la tres grande renommée et doubte qu'ilz avoient de lui en son paveillon où il estoit couchié malade au lit de la mort[2]. Et les reçut eu nom de son souverain seigneur le roy de France. Auquel apres Dieu et la Vierge Marie sa mere et leur tres saincte compaignie il se recommanda et aux dux et freres du dit roy et à tout le noble sang de France et generalment à tous nobles, prelas et peuple de tout le dit royaume de France. Et bientost apres, les sains sacremens eux et receus moult devotement, fina ses jours et rendi son esprit à Dieu. Il trespassa en ce dit an mil trois cens quatre vingt, eu mois de juillet[3]. De sa mort fut moult grant domaige au

---

1. Étaples, Pas-de-Calais, arr. de Montreuil, ch.-l. de c.
2. Cf. Froissart, liv. II, ch. LXIV, t. II, p. 93.— *Les Grandes Chroniques de France*, t. VI, p. 466, ch. CVI.
3. Le 13 juillet.

royaume de France. Et en fut le roy moult dolent et couroucé. Car pour lors et eu temps les Angloi estoient descendus à Callais les plus fors que pieça descendissent et estoient esméz à plus de quinze mille combatans. Et y estoient grant partie des barons d'Angleterre. Ilz chevaucerent sur le royaume et se logerent de coste Therouenne. Là pristrent deux petites forteresses qu'ilz abatirent. Puis se deslogerent et coururent sur le royaume de France, sourmontant les rivieres jusques en Soissonnois, puis de là jusques à Troye en Champaigne, comme avoit fait au devant le duc de Lencastre o tout son host. Car là cuidoient du duc de Berry, du duc de Bourgoingne, du sire de Coussy, du mareschal de Sancerre, du mareschal de Blainville et des barons de France avoir la bataille. Maiz ilz n'estoient pas encoires assemblés, et si ne eust pas le roy de France conseil qu'ilz fussent combatus. Les diz Anglois passerent Seyne et chevaucerent vers la riviere de Loire et jusquez en Bretaingne et en Guienne.

En cel an, le duc de Braban, oncle de l'empereur et du roy de France, et le duc Aubert vindrent à Paris pour faire la paix au conte de Saint Pol, lequel estoit departi de avec les Anglois et estoit en l'empire es parties de Henault. Eulx disoient que ce que le dit conte de Saint Pol avoit fait n'estoit fors pour soy delivrer de prison.

En cel an, le conte de Flandres vint à Yppre à l'aide de ceulx de Franc et de cil de Bruges, et là fit decappiter plusieurs de ceulx d'Yppre.

En cel an mesmes, oult tres grant guerre entre les Flamens les ungz contre les autres à Bruges, et puis reoult forte guerre de ceulx de Bruges contre ceulx de Gant. Et furent ceulx du Franc avecquez ceulx de Bruges, et mistrent gens sur les champs les ungs contre les autres. Et se combatirent et en eurent du pirs ceulx de Gant. Apres ceulx du Franc et de Bruges vindrent devant Gant à bien cent mille hommes armés, comme l'en dit.

En cel an et en ce temps, Jehan de Montfort vint en Bretaingne, lequel par les Bretons qui desiroient avoir duc fut receu de partie des Bretons à duc et à seigneur. Et pour ce fait vint par devers le roy de France monseigneur de Clichon, lequel en amena avec soy bien mille glaives.

En ce dit an mil trois cens quatre vingt, le quinziesme[1] jour du mois de septembre, trespassa de cest siecle Charles le roy de France, filz du roy Jehan de France, à Beaulté sur Marne au bout du bois de Vincennes. Et comme le dit roy se senty griefment malade, sa crestienté le remort de ce qu'il avoit soustenu le pape Clement qui fut cardinal de Genevre contre le pape Urbain. Et dit que, se le pape Clement ne obstenoit deuement le Saint Siege, en tant comme il le avoit soustenu, et se pechié y avoit, il en crioit à Dieu mercy. Et oultre il se rapportoit et creoit du tout en l'ordonnance de saincte Eglise et eu general concille de toute Crestienté. Moult estoit sages et bien moral et bon justicier d'onneur et d'estat; larges fut à donner grandement; par son grant sens atrait à soy et sourmonta grant partie de ses ennemis. Il conquit et

1. Le 16 septembre, d'après les *Grandes Chroniques*, t. VI, p. 469, ch. cix, et aussi d'après l'inscription qui se lisoit sur le tombeau de Charles V dans l'église de Saint-Denis.

assembla grant tresor. Moult ama ses officiers et moult les accroissoit. Il avoit sa plaisance à faire nobles edifices. Il fit moult de bien en plusieurs eglises en son royaume, comme à Nostre Dame de Paris et à Nostre Dame de Rouen donna il grans rentes en son vivant. Il ordonna que son cueur seroit en terre au cueur de la dicte eglise de Nostre Dame de Rouen.

Comme il fut en la maladie de la mort, il fit abatre le subcide des feux qui couroit par son royaume sur le peuple, dont le peuple estoit moult grandement grevé[1]. Le corps du dit roy, comme il fut trespassé, fut ouvert, enbasmé et ordonné comme il est accoustumé de faire aux roys de France et fut apporté à Paris. Et comme le corps deubt partir de Saint Anthoine à venir à Paris, là estoit tout le clergié de Paris, les freres du roy et grant foison de barons. L'Université de Paris, le recteur et les maistres des quatre Facultés vouldrent aler devant au plus pres du corps du roy devant le chappitre de Nostre Dame de Paris et le chappitre de la Saincte Chappelle du palais du roy. Là sourdi ung grant debat dont le prevost de Paris, Hugues Aubriost, ungs homs crueux, lui et ses sergens armés, coururent sus aux clers, et en navrerent plusieurs, et bien plus de trente six en mistrent en prison. Les clercs n'estoient pas armés, si furent pour ce jour les plus fiebles[2]. Adonc fut crié de par monseigneur le duc d'Angou par son commandement que

---

1. Cette ordonnance, qui se trouvait parmi celles de Charles VI dans le mémorial E de la Chambre des comptes de Paris, fut enveloppée dans l'incendie du 27 octobre 1737, avant que Secousse en eût pu prendre copie pour la faire entrer dans son excellent recueil.

2. Cf. *Grandes Chroniques*, t. VI, ch. cix, p. 469 et 470.

aucuns ne feissent rumeur. Lors fut apporté le corps du dit roy à Nostre Dame de Paris où il fut ainsi receu comme il est acoustumé. Et l'andemain il fut porté à Saint Denis où il fut sevelis et mis en terre, et son service tres solennelment fait. Et aupres de sa sepulture ou tumbe estoit et est la sepulture de son bon connestable, monseigneur Bertran de Clacquin, en son temps duc de Moulines, conte de Burgues en Espaingne et conte de Longueville en Caux.

En cel an, le jour de la Saint Denis, fut fait le service du dit cueur du roy à Rouen. Et fut mis le dit cueur en tres noble sepulture eu milieu du cueur de la dicte eglise de Nostre Dame de Rouen. Et furent au dit service l'archevesque de Rouen et autres prelas, abbés, monseigneur de Blainville, mareschal de France, monseigneur de La Riviere et les autres executeurs et officiers du roy. Et n'y oult nul des fleurs de lis. A tres grant reverence fut mis le dit cueur en sepulture.

Or retourne à parler des Anglois comme, apres ce que les ducs d'Angou, de Berry et de Bourgoingne et les grans seigneurs de France qui parsuioient les Anglois se furent partis des routes pour venir à Paris pour la mort du roy, tous les gens d'armes françoiz se departirent. Et ainsi s'en alerent et passerent les Anglois, comme devant dit est.

En cest temps le conte de Flandres, cil de Bruges, cil de Yppre et cil de Franc furent à siege devant Gant qui est une tres forte ville. Et cil de Gant se deffendirent tres efforciement. Et moult souvent yssoient cil de Gant contre leurs ennemis et leur portoient grant domaige. Comme cil de Gant se virent assiegés de leur seigneur et du peuple de Flandres, les gros se doubterent du menu peuple et parlerent aux menus comme cil de Bruges les voulloient effacier et la ville de Gant du tout destruire et deserter. Lors fut le menu commun en plus grant voulenté que les grans d'eulx deffendre. Adonc quant les chevetaines de Gant sceurent la voulenté du commun, ilz firent faire d'un acord plusieurs feux parmy Gant et firent crier par Gant. « Trahy! Trahy! » Ceux de l'ost qui estoient à la porte devers Bruges d'icelle part coururent et entrerent dedens Gant. Cil de Gant avoient fait une embusche de plus de douze mille hommes armés Et se combatirent à ceulx de l'ost et en occistrent plus de cinq mille. Et les rebouterent les autres hors de leur ville. En ceste guerre des Flamens nulles gens d'armes ne s'i voulloient bouter, car nul n'y estoit prins à raençon.

En cest temps que le siege estoit devant Gant, le conte de Flandres fit dire à ceulx de l'ost comme par droit il devoit estre au sacre du roy de France, et que c'estoit le droit au conte de Flandres, car le conte de Flandres est un des pers de France. Maiz les Flamens ne vouldrent souffrir qu'il laissast leur host durant le dit siege devant Gant. Le conte de Flandres et cil de Gant furent d'acort que le conte tendroit cil de Gant en leurs franchises et libertés. Et lors entra le conte de Flandres en Gant où il fut receu tres grandement. Et cil de l'ost se deslogerent et s'en alerent chacun en son repaire moult doubteux de ceulx de la ville de Gant.

En cel an mil trois cens quatre vingt, à ung jour de dimenche apres la Toussains, fut le noble jeune roy de France, nommé Charles, filz du roy Charles de France, sacré, enoint et couronné à Rains à tres grant et tres haulte solennité, tres haultement et tres noblement acompaignié des ducs ses oncles et des plus haulx et nobles barons de France. Et y oult feste tres grant et tres planiere. Apres le sacre et couronnement du dit roy, à celle belle compaignie de ses diz oncles, le duc d'Angou, le duc de Berry, le duc de Bourgoingne et le duc de Bourbon et les contes, barons et nobles de France, le dit nouvel roy de France se parti de Rains et s'en vint à Paris où il fut receu tres haultement. Et furent cil de Paris, à sa joyeuse venue, vestus de blanc et de vert.

Apres ce que le roy fut venu à Paris, aucuns nobles et ceulx de Paris ne vouldrent plus que les subvencions, comme de l'imposicion de douze deniers pour livre, la gabelle, le quatriesme et le treiziesme, courussent. Et vindrent cil de Paris requerre au roy et au duc d'Angou comme les subvencions cheissent, et que tout le peuple en estoit essilliéz et mis à povreté. Le chancellier nouvel respondi que l'andemain on leur en donneroit responce. Et comme le dit chancellier s'en aloit et partoit du palais, une grant quantité de peuple le prist et luy crioit en demandant qu'ilz eussent response se les males subvencions estoient cheutes. Le chancellier par aventure doubta et leur respondi que le roy et monseigneur d'Angou voulloient que tout cheist. Et donc menerent le dit chancellier par les boictes où l'on cuilloit les dictes subvencions. Apres, cil de Paris amenerent le prevost des marchans au palais pour avoir confirmacion comme les dictes subvencions estoient abatues. Et là avoit plus de vingt mille hommes vestus de blanc et de vert. Monseigneur le duc d'Angou, de Berry et de Bourgoingne et monseigneur de Clichon, lequel fut fait nouvel connestable, et le chancellier et grant nombre de grans seigneurs vindrent à la pierre de marbre au palais. Et là fut dit à ceulx de Paris que le roy vouloit que toutes sucides cheissent et fussent abatues. Donc crierent tres haultement cil de Paris : « Noel ! Noel ! Planté ! Vive le roy de France ! Montjoye Saint-Denis ! » Et à ceste assemblée et criée fut crié : « Aux Juifz ! Aux Juifz ! Aux Juifz ! » Adonc ala l'en sur eulx, et furent pilliés les Juifz, et ung de leurs evesques occiz. Maiz le roy y envoia hastivement monseigneur le duc de Bourbon, disant que le roy prenoit tout en sa garde tous les Juifz de son royaume. Et par les autres villes du royaume furent mis les Juifz en la sauvegarde du roy. Apres ce que les males subvencions ou imposicions furent abatues, il fut acordé et ordonné que l'on feroit certaine aide au roy pour la deffence de son royaume, et que les provinces et pais y pourverroient, et la provision devers le roy et monseigneur le duc d'Angou, de Berry et de Bourgoingne et le conseil rapporteroient.

Aprez ce les Normans firent ung parlement à Rouen où là furent partie des prelas et barons de Normendie, c'est assavoir l'archevesque de Rouen, Guillaume de Lestrange, Nichole du Bosc, evesque de Baieux, conseiller du roy, et moult d'autres gens d'eglise, tant abbés que autres, monseigneur Philippe d'Artois, filz du conte d'Eu, le conte de Harecourt, monseigneur Jacquez de Harecourt, monseigneur d'Estouteville, monseigneur de Blainville, monseigneur de Hambuye, monseigneur de Beaumesnil, monseigneur Nichole Paynel, monseigneur d'Enneval, monseigneur de La Ferté, et moult d'autres nobles et des bourgois notables des bonnes villes. En icestui parlement, par fourme de adviz, furent aucunes choses ramenteuez par aucuns qui pour lors ne sortirent point leur effect, comme Estienne du Moustier, cappitaine de Harefleu et visamiral, lequel parla et dit que c'estoit la meillieur voye que de avoir douze deniers ou huit deniers pour livre. Maiz tout le peuple et grant partie des nobles distrent : « Rien, rien. » Et se faisoit cestui parlement en palais de l'archevesque de Rouen. Et furent tous d'acort qu'ilz feroient comme ceulx de Paris. Et tenant ce dit parlement, vindrent, de par le roy et le duc d'Angou, monseigneur Estienne de La Granche et maistre Jehan Pastourel, conseillers du roy. Lesquelz ambaxadeurs exposerent comme, pour la provision et deffence du royaume, il falloit huit mille hommes d'armes, et oultre pourveoir à l'estat du roy. A brief raconter, il fut respondu aus diz ambaxadeurs que on yroit à Paris, et que la province de Normendie feroit comme les autres provinces. Et fut prise journée au jeudi avant Noel. Et là à Paris furent fais plusieurs parlemens de toutes les provinces du royaume de France, où furent prelas, nobles et gens des bonnes villes de toutes les provinces du dit royaume, pour avoir adviz ensemble. Et fut en cest temps ordonné à cueillir ung aide pour la provision et deffense du royaume, c'est assavoir par fourme de feux, dont le plus grant paioit pour sepmaine deux sous six deniers, et les autres, selon leur faculté ou possibilité, au dessoubz, dont le mendre ou mendres paioient[1].... Et estoient en ceste aide comprins varlés, servans et chamberieres ou meschinez gaignans louier. Et se cuilloit ceste aide par certains hommes ad ce commis selon les paroisses, et aportoient les deniers à ung receveur general ad ce ordonné selon les dyoceses.

En cest temps, les Anglois, qui avoient couru comme dit est par le dit royaume de France, mistrent le siege devant la cité de Nantez en Bretaingne.

En l'an de grace mil trois cens quatre vingt et ung, oult une bataille en Flandres de ceulx de Gant contre le conte de Flandres et cil de Bruges. Et furent cil de Gant desconfiz bien six mille qui estoient sur les champs, dont la greignieur partie furent mors. Apres ceste bataille, le conte de Flandre vint devant Gant, et y fut deux jours et une nuyt, et puis s'en parti. Le dit conte avoit en sa compaignie en la dessus dicte bataille bien sept cens bons hommes d'armes, tant de ses nobles comme Anglois, Alemans et Brabançons, par lesquelz principalment en ceste dessus dicte bataille furent desconfiz ceulx de Gant. En l'esté, revint le conte de Flandres devant Gant pour mettre siege, et avec lui ceulx de Bruges.

En cel an, fut Hugues Aubriost, prevost du roy à Paris, par l'Université reprins de heresie, de bougrerie, d'estre sodomite et faulx crestien. Et fut faicte par le pourchas de l'Université vraye informacion contre le dit prevost. Par laquelle il fut trouvé que le dit prevost avoit fait plusieurs horribles et abhominables fais, comme de habiter aux femmes bestial-

1. Lacune d'un ou deux mots dans le ms.

ment contre nature, d'avoir eu compaingnie aux Juifvez charnelment, comme d'enfans de Juifz qui avoient esté crestiennés de les rendre aux Juifz, comme d'avoir corrompuez femmes, puis avoir fait pendre les maris, pour estre sodomite et non tenant la loy crestienne. Desquelles choses, par juste et vraye informacion, le dit prevost de Paris fut ataint et prouvé coulpable. Maiz, pour l'amour et honneur du roy et des ducs d'Angou, de Berry et de Bourgoingne, ses oncles, qui grandement le soustenoient, fut icellui prevost respité d'estre ars, comme cil qui l'avoit trop abhominablement deservi. Et fut jugié par l'evesque de Paris et par l'Université de tenir prison chartrée. Et à le dampner avint que l'evesque de Paris fit ung sermon où il dit en la fin que tous ceulx qui ne creoient que le cardinal de Genevre fust vray pape estoient hereses et scismatiques. Apres le dit sermon, le dit Hugues Aubriost si jura à tenir sa penitance et sa prison, sur peine d'estre ars sans mercy. Pour le fait de cestui Hugues Aubriost, eurent moult des suffisans clers et maistres de l'Université de prieres, puis de menaces par monseigneur Jehan de Vienne. Aprez la predicacion de l'evesque de Paris, se firent plusieurs assemblées generales de l'Université de Paris. Et fut determiné par toutes les quatre Facultés que c'estoit contre Dieu, contre droit et contre raison et erreur à toute crestienté qu'il soit deux papes. Car il n'en doit estre que ung, ne, tant comme il soit deux papes, ilz distrent que aucun ne seroit tenu à herese ne à cismatique qui ne croirroit le pape Clement estre pape. De ce se courouça grandement le duc d'Angou contre l'Université, et les fit menacier et mander par l'amiral de France, Jehan de Vienne, et par plusieurs grans seigneurs, comme ilz tenissent à pape le pape Clement. Et de fait en fit le dit duc d'Angou pour ce fait mettre ung suffisant et vaillant clerc en prison. Dont l'Université cessa à lire et à faire le fait de l'estude, et autres bons clers se trairent arriere pour doubte du duc d'Angou et aucuns prelas adherens et soustenans le dit pape Clement. En cest temps, ne oult point de beneiçon au Lendit pour le descort de l'Université. Car le duc d'Angou, par sa force, ne souffri que l'Université procedast à faire concille general.

En cel an, Jehan de Montfort refu saizi de la duchié de Bretaingne, et en vint de rechief faire hommaige au roy de France, accompaignié de moult de nobles hommes.

En cel an, Charles de La Paix, parent au roy de Honguerie, conquist sur la royne de Cezille grant partie de sa terre. Et en cel an le roi d'Armenie perdi son royaume par le soudent et par les Turcz, et fut sa femme prise et mise en prison, et le dit roy s'en vint en France. Et fut aussi en Angleterre pour avoir aide, puis s'en retourna à Paris. Et en cel an excommunia le pape Urbain Jehan le roy d'Espaingne, filz du roy Henry.

Cy retourne à parler de monseigneur Charles de La Paix, qui conqueroit grant partie de la terre à la royne Jehenne, royne de Cezille, de Napples et de Jherusalem. Ceulx d'Avignon eurent doubte de la puissance de monseigneur Charles de La Paix, qui tenoit le parti du pape Urbain, et vindrent devers le pape Clement et lui distrent : « Nous doubtons la puissance de monseigneur Charles de La Paix et qu'il ne viengne nous guerroier pour vous. Si y vueilliés pourveoir, car nous ne voullons pas estre destruis. Et se par aventure avient qu'il viengne sur nous, nous obeirons à luy. » Par ce fut deliberé par le pape Clement et par les cardinaulx que, se leurs ennemis venoient en Avignon ou es parties, qu'ilz yroient à Lyon sur le Rone.

En langue d'oc, avint que les citoiens de Beziers furent rebelles contre le duc d'Angou ou de Berry, par quoy on mist à mort moult de ceulx de Beziers qui s'estoient rebellés contre ledit duc d'Angou, oncle du roy de France.

La royne Jehanne de Cezille, comme elle vit qu'elle perdoit ses terres et n'avoit povoir de resister contre le dit monseigneur Charles de La Paix, elle descript par certains messages à monseigneur le duc d'Angou qu'elle lui delessoit toute sa terre, maiz ce fut à tort. Car monseigneur Charles de La Paix, par force d'armes, conquist Napples. Et là oult mainte grosse besoingne et mist en son obeissance le royaume de Napples. Et sur ce le duc d'Angou se parti de Paris pour les causes dessus dictes, et s'en ala à Avignon et en Prouvence pour aler oultre en Cezille à grant quantité de nobles hommes de France et de bonnes gens d'armes. En cel an, au devant de Noel, Richart, le nouvel roy d'Angleterre, prist à femme la seur de l'empereur de Romme et d'Alemaingne, et fut menée en Angleterre.

En cel an mil trois cens quatre vingt et ung, le duc de Berry et de Bourgoingne vouldrent avec le conseil du roy de France mettre sus l'imposicion de douze deniers pour livre avec les autres subvencions. Dont il advint que, le jour saint Mathias, le lundi, premier jour de la quarantaine, aucuns du menu commun de la cité de Rouen s'esmeurent contre les bourgoiz et gens d'estat pour ce que on vouloit par le roy mettre sus l'imposicion. Et pour celle cause vindrent iceulx mal aviséz et mal conseilliéz es hostelz d'aucuns des notables bourgoiz de la dicte cité, et rompirent es diz hostieux ou maisons huis et fenestres, huches, coffres, parois, verrieres. Et pristrent, ravirent et pillerent et emporterent, casserent et enfondrerent les biens d'aucuns d'iceulx bourgoiz. Et pour la doubte d'iceux mal conseilliéz, se absenterent d'aucuns des plus notables bourgoiz d'icelle cité. Lesquelz, par contrainte, tant pour la doubte de leurs femmes et enfans que de leurs hostieulx et biens qu'ilz avoient en la dicte cité, dont ilz estoient menacés de iceulx à tout perdre, fallut qu'ilz venissent à obeissance. Et firent iceulx mal conseilliés, par aucuns jours ensuivans, tres grosse assemblée en l'ettre de Saint Ouen en la dicte cité. Es quelles assemblées firent de fait apporter en la dicte place la lettre de la rente que prenoient les doyen et chappitre de l'eglise Nostre Dame de Rouen sur les revenues des halles et moullins d'icelle cité, du don du roy Charles derrainement trespassé. Et oultre en icelle place iceulx malconseilliés vouldrent de fait desister et faire renoncier les religieux, abbé et couvent de Saint Ouen de Rouen à tous proces et plaidoieries qu'ilz avoient vers la ville, et avoir d'iceulx religieux quictance generale de tout ce qu'ilz pourroient demander à la dicte ville. Apres ces choses ainsi faictes, et plusieurs ordonnances non vaillables par eux faictes, fut conseillié d'envoyer devers le roy de France, pour apaisier et excuser les bons citoiens envers lui et son conseil. Et pour ce faire, en la compaignie de monseigneur de Blainville furent ordonnées certaines personnes de la dicte ville, tant clers, advocas comme bourgois noubles. Lesquelz, pour la grant tribulacion qui estoit en la court du roy, s'en retournerent sans aucune chose faire.

En cel an, à ung jour de samedi, premier jour de mars, en la cité de Paris, s'esmeut aussi le comun pour ce aussi que on voulloit mettre sus l'imposicion et les autres subcides. Et coururent iceulx menus gens sur ceulx qui avoient esté impositeurs et en occistrent aucuns. Et aussi alerent sus aucuns officiers du roy touchans les dictes imposicions où ilz firent moult de exces et rompirent, pristrent et pillerent ce qu'ilz peurent de bon avoir et hostelz d'iceulx officiers. Puis vindrent et rompirent les prisons du roy de Chastellet et delivrerent les prisonniers et derompirent et depiecerent les registres, actes et chartres qu'ilz trouverent eu dit Chastellet touchans le roy et sa juridiscion et touchans parties. Puis alerent en l'ostel de l'evesque de Paris et semblablement laisserent aler les prisonniers qui y estoient et les delivrerent. Entre les autres prisonniers de la dicte court ilz delivrerent Huguez Aubriost, lequel avoit esté prevost de Paris, comme devant est dit. Et de fait le menerent par la ville de Paris avec eulx, puis se parti le dit Hugues d'iceulx et s'en ala hors de Paris.

Apres ces choses ainsi advenues, le roy de France qui estoit enfant, avec lui le duc de Bourgoingne, son oncle et son conseil, se partirent du bois de Vincennes et vindrent au Pont de l'Arche à quatre lieues de Rouen où ilz furent une partie du quaresme. Et là furent aucuns des bourgois de Rouen devers le roy pour excuser les bons bourgois et citoiens de la dicte ville de Rouen. Et apres ce que le roy et monseigneur de Bourgoingne et le conseil du roy eurent esté tres bien informés du dit fait ainsi advenu en la dicte cité de Rouen, ilz se tindrent bien contens des bourgois et gens d'estat d'icelle ville. Et pour ce que chacun doit avoir son louier de sa merite, furent prins ceulx qui furent et peurent estre trouvés les plus coulpables d'icellui meffait à Rouen, et furent mis en prison. Et d'iceulx, par l'ordonnance du roy et de monseigneur de Bourgoingne et du conseil du roy, en furent decapitéz six. Et des autres qui estoient en prison furent menés douze eu chastel de Fontainez Le Bourg[1], qui est à l'abbé et couvent de Fescamp.

Apres ce, se parti le roy du Pont de l'Arche, et avec lui son oncle le duc de Bourgoingne, et moult de nobles hommes, avec lui son conseil, pour venir à Rouen. Et à sa joieuse nouvelle venue alerent les citoiens hors de la ville bien deux lieues pour recevoir le roy joyeusement et aconvoier en sa cité. Et estoient des citoiens bien six cens à cheval et plus. Et estoient les diz bourgoiz et moult d'autres de la cité tous vestus de robes pareilles de couleur, c'est assavoir de couleur asurée et de vert, dont l'asure estoit à destre. Le roy fut à Rouen tres haultement receu, et fit grace planiere par toute la cité, et y fut et sejourna toute la sepmaine peneuse, et puis se parti aprez Pasques.

---

1. Fontaine-le-Bourg, Seine-Inférieure, arr. de Rouen, c. de Clères.

Ainçois que le roy entrast à Rouen, il falut que les gens de la ville portassent leurs armeures au chastel de Rouen. Laquelle chose ilz firent bonnement. Et si furent les manteaulx de la porte de Martainville par où le roy entra en la dicte ville ostéz et mis jus. Et si prist le roy la mairie, la jurisdicion, corps et commune de la dicte cité en sa main, puis entra et vint en la ville la vigile de Pasquez Flouries. Le roy estant à Rouen, fut par les barons et prelas et bourgois de Normendie acordée l'imposicion eu cas que les autres provinces du royaume de France l'acorderoient.

Le jour de Pasques mil trois cens quatre vingt et deux, tint le roy de France court planiere en son chastel de Rouen aux nobles de Normendie. Et là fut fait capitaine de Rouen monseigneur Guillaume de Bellengues. Et l'andemain du jour de Pasques le roy se parti de Rouen. Et le vendredi ensuiant furent renduez les armeures à ceulx de Rouen qu'ilz avoient baillies par bonne obeissance. Et le lundi d'apres Quasimodo, des douze qui furent menés au chastel de Fontaines le Bourg, ains que le roy entrast en Rouen, comme dit est, en furent six penduz au gibet de Rouen, et les autres six ramenés en prison au chastel de Rouen qui puis par la grace du roy furent delivrés. Et n'estoient tous iceulx que gens de petit estat et de malle vie.

Le roy et le duc de Bourgoingne, avec le conseil du roy, apres ce qu'ilz furent departis de Rouen, ilz allerent à Compiengne pour mettre sus le fait de l'imposicion et la plus grant partie des nobles de Picardie. Et aucuns des bonnes villes d'icellui pais acorderent l'imposicion.

Apres ce, le roy et monseigneur de Bourgoingne avec le conseil alerent à Meleun pour ce que Paris acordast l'imposicion. Maiz par voie nulle ne s'i vouldrent acorder, et firent par aultre composicion. Et par ce furent pour lors paix et acort entre le roy et eulx. Et se departirent les gens d'armes que le duc de Bourgoingne tenoit sans avoir aucun pillage de Paris ne de Rouen. En laquelle chose ilz avoient grant esperance et s'i attendoient. Pour laquelle esperance et attente, aucuns nobles envoierent en places vuides et foraines des charettes vuides où il n'avoit que ung pou d'estrain ou feurre affin de avoir, chargier et emporter aucun pillage de la dicte ville, si le cas s'offroit.

En cel an mil trois cens quatrevingt et deux, le jour de Saincte Croix en may, chevaucierent cil de Gant contre cil de Bruges, et cil de Bruges yessirent contre cil de Gant. Et là oult une dure et forte bataille. Maiz ceulx de Bruges furent desconfis. Puis entrerent de fait cil de Gant en Bruges où il reoult une forte bataille et dure par toute la nuyt. Et là oult tres horrible occision de ceulx de Bruges qui dura jusques au dimenche environ tierce. Et lors conquistrent cil de Gant la ville de Bruges et la tres grant richesse de cil de Bruges, sans que cil de Gant meffeissent aux femmes ne aux enfans, ne que en la dicte ville de Bruges preinsent ne meffeissent aux derrées ou marchandises qu'ilz sceussent qu'ilz fussent aux François ne à autres marchans forains. Mais iceulx de Gant obtindrent et demourerent en la dicte ville de Bruges, comme seigneurs et conquesteurs d'icelle ville, sans contradicion aucune, tant comme il leur pleut. Car le conte qui estoit en la dicte bataille de la première desconfiture s'enfuy à petite compaignie pour soy sauver, et se eschappa et s'en vint en la conté d'Artois qui nouvellement lui estoit echeue de par sa mere. Et furent en icelle premiere bataille et desconfiture tous les gentilz hommes qui avec le dit conte estoient, tant François, Anglois comme de l'Empire.

Apres ce que cil de Gant eurent sejourné à Bruges tant comme il leur pleut, ilz se partirent et s'en retournerent à Gant en bonne ordonnance et arroy, et emmenerent avec eulx en grant charroy et sommaige leur tres grant et innombrable conquest. Et comme ilz furent venus à Gant, mistrent leur dit conquest tous d'une mesme voulenté et acord en la maison commune de la dicte ville pour eulx aidier en commun en leurs necessités et affairez.

En ce dit an et en ce dit mois de may, ung pou apres, la terre trembla tres fort, c'est assavoir au mercredi et vendredi devant la Penthecouste.

Le jour de la benoicte Trinité eu dit an, vint le roy de France à Paris, et y fut grandement receu. Maiz aucuns de ses conseilliers n'y oserent entrer pour le fait des imposicions qu'ilz conseilloient estre misez sus. Puis bien brief vint le roy à Maubuisson pour ce que à Pontoise avoit ung parlement de Normans sur le fait de faire aide au roy. Là fut determiné que Normendie feroit le paiement de six cens glaives et deux cens arbalestriers. Et devoit estre la finance prinse sur le vin et les menus bevrages et sur les draps pour paier les dictes gens d'armes. Et le proposa Estienne du Moustier, capitaine de Harefleu. Mais comme le capitaine de Rouen et les bourgois de la ville qui avec lui estoient au dit parlement furent retournés, et ilz rapporterent ce à Rouen, il fut debatu d'aucuns.

En cel an, le duc d'Angou qui estoit devers le pape Clement pour aler sur monseigneur Charles de La Paix, en la fin du mois de may le dit pape Clement le sacra et couronna à roy de Cezille, de Napples, prince de Kalabre et de Puille. En son aliance et aide, fut le conte de Savoye, puis se parti d'Avignon pour aler conquerre. Monseigneur Charles de La Paix manda au duc d'Angou que, si noble prince et de si noble lignage comme il estoit filz du roy de France aloit sur lui sans le deffier, ce n'estoit pas fait de gentil homme, et que bien sceut le duc d'Angou que Charles de La Paix le attent comme son ennemi et lui livrera bataille à jour nommé.

A Rouen, advint en celui an, le premier jour d'aoust, qu'il estoit vendredi jour de marchié en icelle ville, que on voult mettre subvencion sur les draps. Le peuple en especial de draperie, comme varlés et ouvriers d'icellui mestier se esmurent, et furent en la halle abatus les buffets et le marchié brisié. Pour quoy, le bailly et cappitaine d'icelle ville firent aucuns drappiers emprisonner. Et le vendredi ensuiant, furent les buffets relevés en la dicte halle aux draps. Et vint le bon mareschal de France monseigneur de Blainville en la dicte halle parler aux drappiers. La subvencion des bevrages, sans debat ne contradicion, fut cueillie et levée paisiblement en la dicte ville de Rouen.

En l'an dessus dit, eu mois d'aoust, le roy de France vint à son palais à Paris à la pierre de marbre, avec lui son oncle le duc de Bourgoingne, et moult de haulz barons. Et dit le roy au peuple qu'il feist assembler, car il yroit en Guienne pour le profit du royaume et leur recommanda son frere. Et le duc de Bourgoingne son oncle, qui estoit gouverneur du royaume, fit la plus grant semonce et la greigneur assemblée qu'il poult pour aler en Flandres. Et y mena le roy de France en sa propre personne, avec lui ses haulz barons de France, son connestable, ses mareschaulx et les nobles de son royaume. Et aussi vindrent grant bachelerie de nobles, tant d'Alemaigne et Henault comme de Braban, en l'aide du conte de Flandres.

Le roy de France et monseigneur de Bourgoingne, avec eulx les diz barons et nobles de France, chevaucerent droit en Flandres contre les Flamens et Philippe Dardevelle leur chief qui tenoit siege devant Oudenarde et avoit tenu depuis la desconfiture et conqueste de cil de Bruges.

Le duc de Berry, oncle du roy de France, comme il sceut que le roy estoit allé en Flandres, il se departi de Guienne où il estoit et s'en vint par Paris, et de là s'en ala en Flandres avec ses gens au roy de France son nepveu. Pour lors les Flamens parlementoient de traictié, mais le conte de Flandres et le duc de Bourgoingne ne vouldrent consentir cellui traictié. Dont fut ordonné que le connestable et les mareschaulx, avec la chevalerie de Picardie et de Bretaigne et partie de celle de Normendie, chevaucerent pour gaignier passage sur les Flamens. Car le conseil du roy de France avoit retenu la plus grant partie des plus grans seigneurs, tant du sang de France que autres, pour estre avec le roy en sa bataille. Le connestable et les mareschaulx et leurs batailles chevaucerent sus les Flamens qui gardoient les pas du païs de Flandres et se ferirent dessus. Puis vint le conte de Saint Pol et le sire de Coussi et leurs batailles, et tous ensembles coururent sus aus diz Flamens qui gardoient les diz passages et là oult forte bataille. Maiz les Flamens s'enfuirent, et furent tous desconfis, et en furent bien cinq mille occiz. Et les autres s'enfuirent à la grosse bataille où estoit Philippe Dardevelle, avec lui plus de trente mille Flamens. Apres ce le roy de France o tout son host entra en Flandres, et vint pres de la grosse bataille Philippe Dardevelle jouxte Rosebeke. Et comme les François virent si grosse gent de Flamens, de toutes leurs gens ne firent que deux batailles. Donc par le conseil du conte d'Eu, le roy de France et sa bataille fut à cheval en l'arriere garde avec lui les plus haulz seigneurs. Apres on fit par le conseil du Begue de Villaines une bataille de fors varlés. Lors le connestable, monseigneur Olivier de Clichon, avec lui les Bretons, monseigneur Louis de Sancerre et monseigneur de Blainville, dit Mouton, avec les Normans, alerent combatre les Flamens. Et là, en celle avantgarde et premiere bataille, oult fort estour merveilleux et pesant. Puis l'en fit d'autre partie ferir les fors varlés. Adonc Philippe Dardevelle dist que l'en forcloist les François. Adonc vint la bataille de l'arrieregarde la plus grant partie, et lors furent Flamens ferus et assaillis de trois parties. Car ilz n'avoient que une seule bataille, laquelle ilz avoient faicte en triangle comme ung trepié. Et lors firent les Françoiz tant d'armes que les Flamens furent desconfis. Et là fut occis Philippe Dardevelle, filz de Jacques Dardevelle, et plus de dix huit mille Flamens. Qui se peust sauver si se sauvast. En la chasse les François en occistrent tant que les champs estoient couvers de mors. Quant les François ourent Flamens desconfis, ilz retournerent en champ pour avoir la proye et les armeures. Par entre les mors, l'en trouva plus de trois mille Flamens vifz qui furent tous occis. Philippe Dardevelle fut apporté mort devant le roy de France, et fut despoillié, et avoit les chausses fourrées de gris. Il fut moult regardé de ungs et d'autres. Le conte de Flandres, qui à merveilles le haioit, le fit pendre à ung gibet ou à ung arbre. Dont les gens d'armes le blasmerent, disant qu'il estoit mort honnourablement en bataille. Pour ce fut il depuis despendu. Cil de Gant que Philippe Dardevelle avoit laissiés au siege de Oudenarde, quant ilz sceurent la desconfiture de leurs gens, se deslogerent et alerent à Gant, et bien jusques à six mille alerent à Bruges. Mais ceulx de Bruges ne les vouldrent recevoir. Dont une partie alerent à Balleul avec autres Flamens. Les François le sceurent et les assaillirent, pristrent et occistrent. Et furent desconfis, et en mourut bien de cinq à six mille.

Apres la desconfiture de la grant bataille de Rosebeke, alerent les François à Courteray et pristrent la ville, pillerent et ardirent pour les esperons doréz qu'ilz gardoient en la dicte ville de une victoire qu'ilz avoient despieça eue sur les François affin de memoire. Et pour ce à celle fois leur fut remuneré. Puis vindrent les François à une riche plate ville nommée Poupelingues qu'ilz pillerent semblablement et partout où ilz aloient.

Apres celle mesmez desconfiture, ceulx de Bruges se mistrent en la mercy du roy de France, et lui firent present de cent mille frans et de vivres. Aussi fit Yppre selon son povoir et autres villes de Flandres. A tous ceulx qui estoient de la partie Philippe Dardevelle et qui lui avoient aidié que le conte poult tenir il leur fit coupper les testes. Ceulx de Gant se vouldrent rendre sans moyen au roy de France, mais le duc de Bourgoingne le contredist.

Puis se parti de Flandres le roy de France et s'en ala à Tournay où il fit sa feste de la solennité de Noel, et apres la solennité fut determiné que le roy retourneroit à Paris. Car quant le duc de Berry passa par Paris, quant il vint en Flandres, cil de Paris lui requistrent que le roy retournast à Paris. Et le dit monseigneur de Berry leur promist qu'il leur ameneroit le roy. Si fit il, maiz ce fut à leur grant confusion.

Cy dit que le roy approcha de Paris et fut mandé aux bourgois de Paris que le roy vouloit qu'ilz se meissent du tout en son obeissance comme avoient fait cil de Rouen. Ceulx de Paris furent à conseil, et fut monstré au commun le mandement du roy. Ilz distrent qu'ilz vouloient faire du tout la voulenté du roy leur seigneur. Ce fut rapporté au roy et à son conseil. Lors vint le roy o tout son host à Saint Denis. Et le dimenche apres la Typhaine fut ordonné que le roy yroit et entreroit à Paris. A icellui jour, vindrent au devant du roy et entrerent en Paris les mareschaulx de France, le connestable et l'amiral à tout quinze cens hommes d'armes rengiés en ordonnance, comme s'ilz deussent combatre les glaives es poingz. Apres vint le roy de France, le duc de Berry, le duc de Bourgoingne et le duc de Bourbon, ses oncles, à grant foison de contes, barons et nobles tous armés. Et puis vint l'arrieregarde et tous armés de toutes pieces en bacinés, les glaives es poings en ordonnance comme pour combatre, comme dit est. Ainsi entra le roy à Paris et fit crier sur peine de la hart que nul ne pillast et aussi que cil de Paris rendeissent leurs armeures, laquelle chose ilz firent. Et furent les chaennes abatues et ostées et les chouquets ars.

Comme les diz gens d'armes entrerent en Paris, les chevetaines, comme le connestable, les mareschaulx et l'amiral et autres, se logierent es fortes places et habitacions de Paris, les ungs eu Chastellet, les autres eu Petit Chastellet de Petit Pont, les autres en la porte ou bastide Saint Anthoine et aucuns au Louvre. Le roy fut logié en son palais, et les ducs et grans seigneurs en leurs hostelz. Au Temple aussi oult logié des diz gens d'armes. Le roy, ses oncles et le conseil firent prendre tres grant nombre des plus puissans et nobles bourgois de Paris, et les fit mettre en prison eu Chastellet, l'andemain que le roy entra en Paris, et estoit jour de lundi. L'andemain, trois des diz bourgois de Paris furent decapités. Puis, l'autre lundi ensuiant, on en decapita six dont Nicholas Le Flament, qui estoit ung des puissans bourgois de Paris et notable marchant en gros de draps, fut l'un. Et depuis on en decapita dix. Et commença l'en de par le roy à faire une forteresse à la bastide Saint Anthoine. Et fut la vieille porte abatue d'ancienne forteresse qui estoit encontre ou devant icelle bastide.

Par devant le roy vindrent plusieurs bourgoises de Paris, toutes vestues de noir, pour requerir et avoir pardon et mercy de leurs maris. Le samedi devant La Chandeleur, on decapita des bourgois de Paris qui avoient fait faire les mailletz et de ceulx qui les firent. Et entre les autres fut decapité ung notable bourgois de Paris. Le samedi apres la Chandeleur, on executa plusieurs pillars qui roboient ceulx qui alloient et venoient à Paris. Et en cest temps, refurent mises sus les imposicions de douze deniers pour livre et les autres subcides dont tant de meschief estoit sours à les debatre. Le samedi, derrain jour de fevrier, refurent decapités seize des diz bourgois de Paris. Desquelz fut l'un monseigneur Jehan des Mares, chevalier, conseillier du roy en son parlement, et en ses jours le plus solennel advocat du royaume. Lequel fut merveilleusement plaint de tout le peuple tant à Paris que aillieurs pour le bien de sa personne. Lequel fut condampné en son absence, et ne fut oncques ouy en ses excusacions[1].

A Paris estoit la plus grant pitié et la plus amere douleur que l'en peust voir. Le duc de Bourgoingne proposa à la pierre de marbre comme par cil de Paris les bonnes villes de France avoient esté rebelles puis la mort du roy, et qu'ilz avoient de ce et d'autres choses deservi plus grant punission que l'en n'en faisoit. Icellui jour de samedi, derrain jour de fevrier, fut crié à Paris que tous fussent l'andemain, jour de dimenche, au palais à pierron de marbre. Là furent les bourgois de Paris sans chapperons et des bourgoises sans chapperons pardevant le roy, le duc de Berry, le duc de Bourgoingne, et grant quantité de barons et de

1. V. sur Jean Desmares une intéressante notice de M. F. Bourquelot : *Jean Desmares, avocat général au parlement de Paris au quatorzième siècle.* (Extrait de la *Revue historique du droit français et étranger*, nº de mai-juin 1858.)

cil du conseil du roy de France. Là fut faicte remission general à ceulx de Paris de ce qu'ilz avoient offensé contre la majesté royal, reservé vingt à prendre à la voulenté du roy et de son conseil. Et fut fait le cas criminel, civil, et bourgois prisonniers raençonnés grossement et autres. Apres ces choses ainsi faictes, le duc de Bourgoingne se parti de Paris et ala en sa terre.

En cel an, les Clementins du Liege vouldrent le jour des brandons occire les Urbanistes. Mais les citoiens furent de la partie aux Urbanistes, et furent privés et chassiéz les Clementins.

En l'an de grace mil trois cens quatre vingt et quatre, les Anglois vindrent en Flandres. Et furent en leur aide ceulx de Gant et pristrent la ville du Dan[1], de Bourbourg, de Vergues[2] et autres. Mais le roy de France, avec lui ses oncles, à plus grant baronnie et plus grant host ala en Flandres qu'il n'avoit fait devant. Et comme le roy de France entra en Flandres, les Anglois de Vergues se partirent et alerent avec les autres à Bourbourg. Ainçois que le roy venist de cestui voiage en Flandres, les Anglois avoient gaingnié une grosse bataille jouxte Duncquarque contre les Flamens sus les dunes en la garenne. En celle bataille y oult mors bien quinze mille Flamens, et aussi y oult moult d'Anglois mors.

Le roy de France s'en vint à tout son host mettre le siege devant Bourbourg. Mais par ung traictié que fit le duc de Bretaingne durant le siege du roy de France

1. Damme.
2. Berg ou Berghes.

devant le dit fort, du consentement du roy et de ses oncles, se partirent les Anglois de la dicte forteresse franchement sans rien perdre. Durant le siege du roy de France devant Bourbourc, cil de Gant yssirent sur les champs et vindrent devant Oudenarde où estoient les nobles de la conté de Flandres et le pristrent.

En l'an mil trois cens quatrevingt et cinq, fut le roy de France devant la ville du Dan à tout son host et y tint siege. Et apres ce que les Anglois et Gantois s'en furent partis de nuit, la ville du Dan fut prinse des François, et les diz Anglois et Gantois parsuis. Mais ilz estoient jà si eslongiés que la plus grant partie furent sauvés, et s'en alerent à Gant.

Puis chevauça l'ost des François jusques à Quatremoustiers[1] pres de Gant. Et y oult des François aventureux qui chevaucerent oultre pour aler devant Gant. Et comme les Gantois les virent aprochier, ilz laisserent aler leurs escluses; et se bien tost les diz François ne feussent retournés, ilz eussent esté par les eauez des dictes escluses nayéz. Car quant celles escluses sont levées, les eaues s'espandent trop grossement bien à une lieue loing tout entour Gant et viennent de trois rivieres qui passent parmi la ville de Gant. Alors s'en retourna le roy apres ce que on eust fait coupper le col à plusieurs Flamens tant du Dan que de l'Escluse qui s'estoient rebellés. Et s'en vint le roy en France o tout son host qui se departi, et s'en retourna chacun en son pais. En l'an mil trois cens

---

1. Quatremoustier ou plutôt Quatremétiers. On appelait ainsi les villes du plat pays : Bouchotte, Assenède, Axèle et Hulst.

quatrevingt et six, le jeune roy de France prist à femme la fille à l'un des ducs de Baviere et l'espousa à Amiens. En cel an, mourut le duc d'Angou en Cesille. En celle année, mourut le duc de Braban et le conte de Flandres. En cel an au devant, oult à Cambray fait mariage du conte de Nevers, ainsné filz du duc de Bourgoingne, à la fille du duc Albert, et aussi du filz au duc Albert à la fille du dit duc de Bourgoingne. Et là oult tres belle feste et belles jouxtes, dont le seneschal d'Eu, bon chevalier Normant, qui venoit tout droit de Prusse, s'adreça à la dicte feste et y fit grandement son devoir de bien jouxter.

En cel an, oult debat entre Charles de La Paix et le pape Urbain. Et le fit le dit Charles de La Paix assegier. Mais les Geneuois l'en delivrerent, et ala le pape Urbain à Gennes, et de là ala à Romme.

En cest temps, les Hongres occistrent Charles de La Paix.

En l'an de grace mil trois cens quatrevingt et huit, sourt une guerre par entre le duc de Bourgoingne et le duc de Guerles. Et ala le roy de France et ses oncles à tres grant puissance de nobles gens d'armes. Et vint le duc de Guerles à mercy et à obeissance au roy de France.

En l'an mil trois cens quatrevingt et neuf, le roy de France fit la plus grant et la plus efforcie semonce qu'il eust oncques fait au devant pour faire passage en Angleterre. Et comme le roy et ses oncles et la plus grant et la plus noble assemblée de gens d'armes qu'il feist oncques furent en Flandres, et le tres grant et beau navire prest, où il avoit bien quinze cens gros vaisseaulx sans les menus, comme coques d'Allemaigne, grosses nefz d'Espaingne et grosses barges, sans les vaisseaulx et nefz de Normendie, de Picardie, de Flandres et d'ailleurs; et que les garnisons de gens d'armes estoient prestes; mais pour ce que le temps estoit divers sur la mer et ventoit fort, fut tout le fait rompu et depecié. Dont l'en avoit cueilli et levé sur le peuple une si grosse et si excessive finance que le peuple en fut moult grevé merveilleusement.

Le roy de France et son host se parti de Flandres et s'en retourna en France. Et à son retour il prist son gouvernement. Et se partirent de court le duc de Berry et le duc de Bourgoingne, et s'en alerent chacun en sa terre.

En cel an, oult treves entre le roy de France et le roy d'Angleterre. Apres ce, ala le roy en Languedoc et fut en Avignon, où il fut receu joyeusement du pape Clement et de son college.

En cest temps, mourut le pape de Romme qui se disoit Urbain. « Mortuus est Bartholomeus qui se dicebat Urbanus et in basilica Rome sepultus. » A Romme les cardinaulx de là les mons, quant cellui Urbain fut mort, qu'ilz tenoient à pape, ilz esleurent ung Ytallien, du lignage Charles de La Paix, et le leverent et sacrerent à pape, et fut nommé Boniface. Et il avoit nom Pierres du Chief de Rue, et estoit né de Napples de noble lignie.

En l'an mil trois cens quatrevingt et dix, le duc de Bourbon et plusieurs nobles, c'est assavoir le conte d'Eu, qui nouvellement estoit venu d'oultre mer, le conte de Harcourt, monseigneur Charles de Larbret, monseigneur de Coussi, l'amiral de France, monseigneur de Graville, monseigneur d'Esneval, le seneschal d'Eu et tres grant nombre de chevaliers et des escuiers alerent en Barbarie.

En cel an, le pape Boniface levé à Romme couronna le filz monseigneur Charles de La Paix à roy de Napples. Et les Neapolitains le receurent à seigneur et occistrent des gens au duc d'Angou, car ilz doubtoient que les nobles chevaliers de France, qui aloient à Barbarie, ne allassent sur eulx.

En cest temps, furent aucunes povres gens pris et emprisonnés, et aucuns decapitéz en plusieurs parties pour avoir empoisonné les eaues dormantes. Et aussi en cest temps fut emprisonné ung noble homme de cil de Saluce, parent du pape Clement, et fut mis en prison au Louvre à Paris.

En cel an, entre Bouloingne et Callais, trois chevalliers de France, c'est assavoir Chasteillon[1], Boussicaut et Cempui[2] firent une grant emprinse, laquelle ilz fournirent honnourablement, c'est assavoir que par ung mois entier ilz jousteroient contre tout noble Anglois chacun qui en seroit requis trois coups de lance, et y seroient attendans par chacun jour le dit temps durant. Comme si firent ilz et fournirent l'emprinse honnourablement[3].

En cel an, le roy Richard d'Angleterre, les treves durantes, comme le roy de France avoit fait festes et jouxtes à Paris, il fit jouxtes criées à Londres, par France et par l'Empire. Et y oult moult de haulz hommes, le conte de Saint Pol, qui oult à moullier

1. Regnault de Roye, suivant Froissart.
2. Froissart appelle ce chevalier Saint-Py. Lisez : Sempy.
3. Voy. dans Froissart le récit détaillé et animé de ces joutes, l. IV, ch. VI et XII, t. III, p. 22 et 23 et p. 40-57.

la seur du roy d'Angleterre, le demiseau de Henault et le duc de Guerles. Apres les jouxtes, le roy Richart d'Angleterre donna dons. Le conte de Saint Pol les refusa et les chevaliers de France. Le damoiseau de Henault prist l'ordre du roy d'Angleterre, et le duc de Guerles fut fait connestable d'Angleterre. Le damoiseau de Henault fut indigné du roy de France. Mais son sire le duc de Bourgoingne en fit l'acord et excusa le damoiseau que ce avoit prins pour avoir l'aide du roy d'Angleterre pour aler en Frize. Il est vray que, de droit d'ancesourie, le royaume de Frize appartient aux contes de Henault, et pour la remettre en leur main y estoient morts plusieurs contes. Le conte Guillaume, qui tant fut bon chevalier, qui fut nepveu du roy de France Philippe de Vallois et frere à la royne d'Angleterre, femme du fort roy Edouart, y mourut. Par ceste raison et par autres, fut excusé le dit damoiseau devers le roy de France.

En cel an, mourut le roy Jehan d'Espaingne, filz du roy Henry, et chey de son cheval à terre, comme il chevaucoit, et se rompi le col. En cel an, vint à Paris devers le roy de France, de par le roy des Rommains et de par les princes et prelas d'Alemaigne, ambaxadeurs requerans que le scisme fut osté de l'Eglise. Et aussi en fut descript à l'Université qu'elle y voulsist proceder, et en estoit le roy assez d'acord, mais par les deux maiours ilz cesserent.

Apres ce eu conseil du roy de France, presens le duc de Berry, le duc de Bourgoingne, sur le fait de l'Eglise, fut deliberé que le roy yroit à Romme et seroit par lui mis en siege de Romme le pape Clement. Les Anglois le sceurent, qui tiennent le parti du pape de Romme vieil et nouvel. Et pour ce fut envoié par le roy d'Angleterre au roy de France monseigneur Thomas de Percy et autres chevaliers, qui signifierent au roy de France et à son conseil que, se le roy de France va sur le pape de Romme, qu'il ront les treves. Car le pape de Romme est chef espirituel des Anglois, et par ce fut le fait differé et prolongié. En la court du roy de France furent moult honnourés les messagiers du roy d'Angleterre, et leur donna l'en de beaux dons et de nobles joyaulx. Et fut prins jour pour parlementer, pour faire paix et acord entre les deux roys.

En l'an mil trois cens quatrevings et onze, mut guerre par entre le conte d'Armignac et le conte de Vertus pour division de terre, dont le duc de Berry portoit le conte d'Armignac pour ce qu'il avoit eu sa seur en mariage, et le duc de Thouraine portoit son sire monseigneur Galache[1] de Millen, conte de Vertus, duquel il avoit sa fille espousée. Si avint que le conte d'Armignac, à grosse route de gens d'armes, ala sur le conte de Vertus. Monseigneur Galiache sceut la venue du conte d'Armignac. Il ne voult pas mettre son corps en aventure. Affin que son peuple ne se rebellast, il oult ung soldoier nepveu, nommé N. de La Salle, qui a deux cens lances et environ mille piétons souldoiers, qu'il mit en frontiere en une ville nommée Alixandre[2]. Le dit conte d'Armignac vint devant celle ville à tout son host et requist vivres. Cil de la ville lui refuserent. Il jura le siege et fit abatre les mai-

1. Galéas Visconti de Milan.
2. Alexandrie.

sons de dehors, et fit emplir les fossez de bois. Cil de la ville, par le conseil des gens d'armes, bouterent le feu eu bois. Par yre avoit le dit conte d'Armignac juré le siege. Le conte de Vertus sceut que le conte d'Armignac avoit mis siege devant Alexandre. Il y tramist ung sien souldoier, qui estoit Anglois, et son connestable à huit cens glaives, et trois mille piétons armés de lance et de targe, et bien cinq cens arbalestriers, qui par nuyt se mistrent en la ville. Et comme ilz se furent rafreschis, ilz yssirent de la ville et se mistrent en embuches. N. de La Salle yessi à deux cens glaives et mille piétons. Lors le conte d'Armignac, quant il vit le dit de La Salle yessir, il dit à ses Lombars : « Sur eulx ! Ilz sont noz. » Et leur couru sus trop hastivement. N. de La Salle fit sonner sa trompette. Et donc saillirent ceulx de l'embusche, et coururent sus aux gens du conte d'Armignac, et là oult une tres fiere bataille. Là se combati vassaument le dit conte d'Armignac, mais sa gent tournerent à desconfiture. Et fu le conte d'Armignac prins prisonnier, mais il fut comme estaint de chaut. Et comme il fut desarmé, il but et apres bien brief mourut. N. de La Salle en fut moult dolent, car il eust paié grosse finance.

Les Fleurentins et les Bouloniens o leurs souldoiers venoient au conte d'Armignac. Ilz rencontrerent la gent au conte de Vertus qui s'en retournoient. Il se combatirent à eulx et les desconfirent. Le frere au conte d'Armignac, par le conseil du duc de Berry, du duc de Bourbon, et du conte de Boulloingne, vint par devers le roy de France, lui offrant à faire hommaige. Apres la mort du conte d'Armignac, mourut le conte de Fois, qui estoit ennemy du conte d'Armignac. Dont aucuns distrent qu'il en avoit prins si grant joye qu'il en estoit mort. Et ains qu'il mourust, il advoua le roy de France à hoir de la conté de Fois.

En cel an, les Juifz d'Espaigne coururent sus aux Crestiens et en occistrent bien mille. Les Crestiens des cités et les nobles leur coururent sus, et en occistrent plus de dix mille. Les Juifz se rendirent en requerant baptesme. En cest temps, les Juifz de Paris, qui en ourent nouvelles, par finance furent mis en la sauvegarde du roy de France. Et fut criée la sauvegarde à la trompette, sur peine de mort.

En cel an, ung grant prince de Turquie ou Tartarie, nommé l'amiral Baquin ou Bakan[1], à tres grant nombre de Sarrasins, vint en Honguerie et courut la terre de Constantinoble. Le roy de Hongrie semont Crestiens, et demanda secours à son frere Vincelaux, le roy des Rommains et de Beheingne. Lors s'esmut grant chevalerie d'Alemaingne pour aler contre les Sarrazins. Et manda le roy de Hongrie jour de bataille contre le dit amoral [sic], qui le jour assigna.

Icellui amoral avoit occis le pere à l'amiral de Tunes[2], lequel fut contre la reze[3] que Crestiens firent en Barbarie et devant Auffrique. Icellui roy ou amiral de Tunes, comme le dit amoral Baquin estoit venu sur crestienté, lui qui scavoit la prouesse des Crestiens, presuma et pensa que l'amoral auroit assez à

1. Bajazet, fils de Mourat.
2. Tunis.
3. Reze, expédition.

faire, et tant que à peyne en pourroit ja retourner. Si concueilli Sarrasins à grant quantité, et leur donna tout leur conquest, et vint o son host en la terre de l'amoral, et en conquist grant partie. Et pour ce qu'il donnoit si largement, gens lui venoient de toutes pars à planté. Nouvelles vindrent à l'amoral que l'amiral de Tunes degastoit sa terre. Il se parti de Hongrie et ala deffendre sa terre. De France et de Allemaigne, oult moult grant chevalerie qui porterent grant domaige à la queue des Sarrazins, et en occistrent moult, car ilz les assaillirent tres hardiement, et du charroy prindrent; moult gaingnerent de temptes et de harnois.

En cel an, le roy de France se traist vers Touraine, affin que guerre ne sourdist en Bretaingne par entre le duc et monseigneur Jehan de Blois, filz de Charles de Blois, qui avoit requiz que le duc de Bretaingne fust adjourné en parlement ou devant le roy contre lui. Et disoit qu'il ne lui avoit pas enteriné le traictié qu'il lui avoit promis, quant il fut fait duc. Et disoit qu'il le devoit delivrer et livrer certaine assiete de terre et paier grant somme de pecune. Le sire de Clichon portoit Jehan de Blois, car le dit Jehan avoit espousé la fille du dit de Clichon. Et fut le duc adjourné à comparoir en personne devant le roy, lequel, par le viconte de Rochen[1], qui avoit à femme madame Jehenne de Navarre, et par autres barons de Bretaingne, oult le duc saufconduit, et vint par devers le roy de France, et là oult de bons amis. Et tant qu'il fit que son filz fiança et affia la puisnée fille

1. Rohan.

du roy. Car l'ainsnée, comme l'en disoit, estoit convenancée ou affiée au filz du conte d'Alençon.

En cel an, au commencement de fevrier, la royne de France oult ung filz. Pour quoy le roy s'en retourna à Paris, et fut son filz crestienné, et fut nommé Charles, le sixiesme jour de fevrier du dit an.

En cel an, avint en Gant que une grant partie de peuple et de femmes firent commocion pour ce que monseigneur le duc de Bourgoingne vouloit que les Flamens tenissent le pape Clement à pape. Et à banieres desploiées alerent par les rues de Gant, criant : « Vive le pape de Romme Boniface ! » Puis vindrent sur le marchié et demanderent aux gouverneurs de Gant : « Quel pape creez vous ? » et ilz respondirent : « En pape ou vous crees, » puis occistrent ceulx qu'ilz souppeçonnoient estre Clementins.

En mois de mars, en cel an, vint le duc de Lencastre à Callais. Et le roy de France et ses oncles et son conseil alerent à Amiens. Et là vint le duc de Lencastre pour traictier de la paix. Là fut l'estoire du roy et de ses oncles, le duc de Lencastre et les Anglois, et furent ce parlement les treves alongées d'un an seulement.

Paravant vous avez ouy comme le roy Jehan d'Espaingne mourut pour cheoir de dessus son cheval. Et fut comme il aloit veoir une miniere qu'il esperoit qu'elle fut d'or. Et comme il chey de dessus son cheval, il se rompi le col. Au conte de Savoye aussi avint que, comme il cachoit en ses forestz aux bestes sauvaiges, il perdi ses hommes, ung lieupart vint qui le assailli de dessus son cheval et le devoura et occist.

En l'an mil trois cens quatrevings et douze, avint à Paris le jour du Saint-Sacrement, comme monseigneur Olivier de Clichon, connestable de France, venoit soupper avec le roy, monseigneur Pierres de Creon[1], qui l'avoit deffié, le vint assaillir à vingt hommes armés, criant : « A mort! à mort! » Le connestable qui se vist soupprins se mist en une maison. Là fut parsui et navré moult fort, si que monseigneur Pierres cuida qu'il fust mort. Puis se retraistrent le dit monseigneur Pierres de Creon et ses gens, et se partirent tantost de Paris, et chevaucerent tres fort jusques en Bretaingne. De la famille de monseigneur Pierres de Creon estoit demouré à Paris en son hostel ung bon vieil homme, qui avoit bien soixante dix ans, qui estoit concierge de son dit hostel à Paris, et ung povre page, jeune enfant de l'aage de quatorze ans ou environ. Iceulx pour ce fait ourent les testes couppées; puis furent escartelés et desmembrés, et les membres penduz aux portes de Paris. Ceste povre gent comparerent ce dit fait. Le roy et son conseil sceurent que monseigneur Pierres de Creon estoit alé devers le duc de Bretaingne. Si fut mandé au duc de par le roy, sur peyne de perdre terre et d'estre reputé pour ennemi, qu'il rende monseigneur Pierres de Creon. Le duc de Bretaingne sur ce contremanda excusacions, et que monseigneur Pierres de Creon avoit deffié par de nobles hommes le connestable, et qu'il ne le soutenoit point. Mais, comme l'en dit, monseigneur Pierres de Creon se traist à Breth[2]. Le roy de France fit escripre au roy d'Angleterre comme mon-

1. Craon. — 2. Brest.

seigneur Pierres de Creon avoit ainsi fait; et que, s'il aloit en aucunes de ses forteresses, il n'y fust soustenu. Le roy d'Angleterre escript au roy de France comme, s'il scavoit que le dit Creon fust en forteresse qui syenne fust, qu'elle fust prinse et rasée.

Le roy de France fit sa semonce au Mans. Le duc de Bretaingne sceut comme le roy d'Angleterre avoit escript au roy de France. Et pour doubte de la puissance du roy de France, il envoia sa femme, qui fut fille du roy de Navarre, qui estoit cousine germaine du roy de France, vers le roy de France, pour le excuser qu'il ne soustenoit nullement monseigneur Pierres de Creon, ne n'est en sa puissance, ne en ville ne en chastel de Bretaingne. Le roy de France prist la chose si à cuer que à son lieutenant ou son connestable avoit esté fait celle injure, comme d'avoir esté, au partir de sa court et hostel à Paris, assailli, batu, feru et navré, comme laissié pour mort, le roy, considerant que petitement estoit prisié pour ceste cause et raison, ne fut homme tant hardi qui osast parler au roy de la paix de monseigneur Pierres de Creon. Paravant la duchesse de Bretaingne fut ordonnée à venir par devers le roy. La semonce du roy estoit ja faicte et ordonnée, et estoit le roy à voie. Le roy approcha du Mans et voult veoir le nombre de sa semonce, pour ce qu'il voult que l'en entrast en Bretaingne. Monseigneur le duc de Bourgoingne, considerant que, se on entroit en Bretaingne, les treves seroient faillies et rompues, quelle chose il debati. Quant le roy de France oult veu la monstre de ses nobles gens d'armes, et il deubt ou voult entrer en la forest du Mans, le cinquiesme jour d'aoust, devant lui vint ung messagier à visaige deffiguré disant : « Roy, se tu entres en la forest pour aler au Mans, il te mesavendra. » Aprez revint ung fol à visaige deffiguré qui prist le roy par le frain et dit ou roy : « Se tu vas plus avant, tu es mort. » Le roy se voult delivrer du fol, et vint à son page pour avoir son espée. Et le page oult paour, si fuy, et le roy apres. Et prist l'espée, et, d'ire et de couroult, se marvoya ou desespera, ou il fut empoisonnéz ou ensorceléz ou entaraudéz, comme l'en tenoit. Car comme il oult l'espée, il couru sus à ceulx d'entour lui, et moult en navra. Et ne sceut on oncques que le dit messagier ne le dit fol devindrent. Et à tres grant peine fut le roy prins. Car nul n'osoit approchier de lui, et toutes voies fut prins par ung chevalier Cauchois, sire de Bliesmare[1].

De celle tres merveilleuse aventure chey le roy en griefve doulour et tres grant maladie. Il fut mené ou porté à Saint Jullien du Mans, en l'eglise, et là jut et fit sa neufvaine et commença à asouagier. Puis se parti du Mans et vint à Nostre Dame de Chartres, où il fit sa devocion. A Paris, à Rouen fit l'en processions en grant devocion, le peuple tout nu piéz. Et fit l'en chanter messes pour prier pour le roy. Et semblablement fut fait ainsi par les autres bonnes villes et en plat pais mesmez du royaume de France. Et par la grace de Dieu le roy assouaga, et retourna sa santé.

De Chartres, le roy ala sejourner à Creel. Le duc de Bourgoingne blasma moult ceulx qui avoient le

---

[1]. Froissart dit que ce chevalier s'appelait messire Guillaume Martel. Cf. *Chroniques*, liv. IV, ch. xxix, t. III, p. 159-163.

gouvernement du roy et de ceulx qui souffroient et donnoient si dissolut gouvernement comme de veillier jusques au jour et rever, jouer, banqueter et lever à nonne, disant qu'il n'appartenoit point à si noble prince comme le roy de France de mener ne de usagier de tel vie, lui qui estoit jeune prince et de si noble estat et nom. Car c'est soubz Dieu le souverain roy qui soit au monde que le roy de France. Bon prince doit on bien amer, car forte chose est à recouvrer. Nostre bon roy de France, puis qu'il vint à gouverner son royaume, si oult partie de son peuple et moult l'ama. Et ne voult souffrir que une male et cruelle subvencion appellée la Taille ou Tailles, qui avoient tant souvent et si excessivement couru tant comme il avoit esté gouverné, courust en son temps. Icelles tailles en son gouvernement il abati et ne voult souffrir que aucunes en fussent alevées ne mises sus aucunement. Pour ce estoit tout le peuple du tout enclin à prier Dieu devotement pour lui que Dieu leur voulsist sauver et bonne vie et longue et santé donner. Paravant l'adventure du roy de France, comme dit est, monseigneur le duc de Thouraine, son frere, fut translaté ou transmué de la duchié de Thouraine en la duchié d'Aurliens et fut fait duc d'Aurliens.

En cel an, le premier jour de septembre, apres mynuyt, fut eclipse de lune par longue espace. Et mua la lune plusieurs couleurs et estaint toute noire plus que errement si que on en perdi la veue.

Le duc de Berry vint à la court, et lui et le duc de Bourgoingne reprinstrent moult cil qui avoient gouverné le roy et la finance du royaume. Et en furent aucuns mis en prison. Les autres se trairent arriere, et en especial monseigneur Bureau de La Riviere. Et sire Jehan Le Mercier et monseigneur Guy Chrestien furent mis en garde comme en prison à la bastide Saint Anthoine, où ilz furent estroitement gardéz. Et les autres furent mis en Chastellet. Et firent les diz ducs par toutes les bonnes villes du royaume de France arrester tous les officiers, receveurs des aidez et grenetiers et tous leurs biens qui furent trouvéz et leurs registres et papiers scellés et sur ce partout à une foiz refourmés.

En cel an, l'amoral Baquin estoit retourné en Hongrie et avoit desconfit ses ennemis en Orient. Le roy de Hongrie par sa femme et lui, qui estoit frere de Vincelaux, le roy des Rommains et de Behengne[1], avoit mandé secours à son dit frere, et aussi avoit requis son serourge le roy d'Angleterre, lesquelz lui avoient envoiés de bonnes gens d'armes. Et aussi y alerent de bonnes gens d'armes du royaume de France et d'autres contrées. Le roy de Hongrie prist jour de combatre au dit amoral Baquin, à son filz et au maistre de la bachelerie du soudent. Et à ce jour vindrent en bataille les Crestiens contre les Sarrasins et Turcs, et par la grace de Nostre Seigneur Jesus-Christ, les Crestiens ourent victoire et occistrent merveilleux nombre des diz Sarrazins et Turcs. Et s'en fuirent du champ le dit amoral Baquin et son filz, qui avoient quant tans plus que n'estoient les Crestiens.

Par tesmoings de gens d'onneur fut rapporté et dit que le roy Louys, filz du duc d'Angou, si oult vic-

1. Bohême.

toire contre le filz Charles de La Paix et le duc Ode[1] de
Bezinc qui oult à femme la royne Jehenne de Napples
et de Cesille, et s'estoit tourné ennemy du dit roy
Louis. Et fut cestui Odes de Bezinc celui qui se deubt
combatre au duc de Lancastre. Le roy Louis et Henry
de Blois ou de Bretaingne, N. de Luzignen, Pierres
d'Avoir le Jeune, le sire de Pont de Croix, le prince d'O-
range et cil de le Roucellion et le seneschal de Prouvence chevaucerent contre leurs ennemis et les soupprindrent. Et tant bien le firent François que les
Allemans partirent du champ et s'en fuirent, et le demourant fut desconfit. Le filz Charles de La Paix et le
dit Odes s'en fuirent.

En cel an, environ Noel, vindrent à Paris devers le
roy de France, de par le pappe de Romme, ambaxadeurs offrans de par le dit pape Boniface que, s'il estoit trouvé par consille de bons clers tant de l'Université de Paris que d'autres qu'il ne fust vray pape,
il s'en vouloit demettre, et que celui d'Avignon aussi
se submeist ad ce. La dicte Université de Paris, c'est
assavoir les maistres et les docteurs, ourent leurs raisons qu'ilz tindrent à justes et leur obeissance bonne.
Ilz le monstrerent au roy qui bien se acorda que on
en feist concille. Et pour ce furent faictes par le roy et
ses oncles et son conseil et l'Université et les chappi-
tres de Paris processions, affin que l'eglise fust en
unité. Et aussi fit l'en par les autres citez et bonnes
villes du royaume de France.

Le mardi avant la Chandeleur en dit an, oult à
Paris unes neupces d'une des damoiselles de la royne

1. Othon de Brunswick.

de France. Si avint que, par druerie et sot esbatement, de jeunes chevaliers, par la promocion d'aucuns, firent ung esbatement de gens sauvaiges. Et avint que le roy s'i mist et se vesti semblablement et desguisa avec eulx. Et avoient vestemens de toille cyrée et empesée de noire pois, raisine. Et y avoit estouppez atachées à la dicte poix, tant que les diz vestemens en estoient couvers, et tous les membres et le corps du roy et des autres semblablement. Et si avoient visaiges deffigurés, affin qu'ilz ne fussent congnuz. Si avint d'aventure ou par aucun que le feu se prist par une torche sur ung des desguiséz. Et comme il senti le feu, il frea à ses compaingnons, et ainsi sailli le feu de l'un à l'autre. Aussi fit il au roy. Et se le roy n'eust esté promptement secouru, il eust esté mors et ars. Des autres y oult il de mors et deffigurés par le feu comme le conte de Jogni. Le bastart de Foiz, Aymart de Poitiers et Huguet de Guinsey furent si esprins de feu et hideusement embraséz et ars que tantost et, sans que remede y poult estre mis, moururent à grant douleur, angoisse et meschief. Et le roy et le mareschal de France Boussicaut et le sire de Nenteulet[1] furent sauvéz, et en espartirent et eschapperent.

Le roy vint l'andemain par grant devocion à Nostre Dame de Paris pour regracier Dieu et sa doulce mere de la tres grant grace qu'ilz luy avoient faicte qu'il ne fut peri et mort. Maiz la grace de Dieu le delivra de cest peril. Moult fut la feste amerement troublée, comme de veoir de si vile et horible mort mourir si

---

[1]. Nantouillet. Cf. Froissart, liv. IV, ch. xxxii, t. III, p. 176-179.

tres nobles hommes comme contes, chevaliers et escuiers. En cestui mauvaiz esbatement, moururent d'icellui feu monseigneur Charles de Poitiers, le conte de Jogny, le bastart de Fois.

En cest temps, ala monseigneur le duc de Bourbon en Ytalie au roy Louis. En cel an, fut fait connestable de France monseigneur Philippe d'Artois, conte d'Eu, et fut demis en son absence monseigneur de Clichon, et espousa le dit monseigneur Philippe d'Artois l'une des filles au duc de Berry, puis fut envoyé en frontiere en Guienne.

En l'an mil trois cens quatrevings et treize, fut le parlement du traictié de la paix des deux roys de France et d'Angleterre entre Callais et Boulloingne. Et y furent des seigneurs de France, le duc de Berry et le duc de Bourgoingne, le conte de Saint Pol, l'evesque de Bayeux, et autres du conseil du roy de France. Et, d'autre partie, vint le duc de Lencastre et le duc de Glocestre, et autres du conseil du roy d'Angleterre. Et sur esperance de paix furent les treves allongnies d'un an. En ce traictié, fut parlé de faire acord entre le duc de Bretaingne et monseigneur de Clichon et monseigneur Jehan de Bretaingne ou de Blois, conte de Paintievre, requerans avoir le chastel de Jugon[1] et appartenances que le duc de Bretaingne avoit eu du dit Clichon. Le proverbe dit : « Vieille rancune est pire que mauvais malon[2]. » Il est voir que le vieil sire de Clichon, pere de cestui, fut decapité à

---

1. Jugon, Côtes-du-Nord, arr. de Dinan, chef-lieu de canton.
2. Malon, ulcère, pourriture. Fait sur mal à l'imitation du cas régime des noms imparisyllabiques.

Paris pour le fait du vieil conte de Montfort, pere de cestui duc, comme devant est faicte mencion. Et cestui sire de Clichon, à tres grant nombre de gens d'armes, fut à aidier à conquerir la duchié de Bretaingne à cestui duc. Pour quoy, cestui duc luy donna le dit chastel de Jugon, comme dit est. Mais depuis, cestui sire de Clichon se tourna François, et guerroya ce duc, et fut en guerre contre lui. Par quoy, cestui duc prist le dit sire de Clichon en Bretaingne, lui estant connestable de France, et le mist à raençon, et si lui tolli Jugon. Dont l'en dit : « Qui a Bretaingne sans Brest et sans Jugon, il a chappe sans chapperon. »

Or diron comme ceste guerre couverte de Bretaingne est meue soudainement et de rechief. Monseigneur Pierres de Creon estoit moult avancié en la court du roy de France, et en especial estoit moult affin de monseigneur le duc de Bourgoingne. Car par monseigneur le duc de Bourgoingne, monseigneur Guy de La Tremoille, simple chevalier et petit terrien familier et especial affin du dit duc de Bourgoingne, du consentement de monseigneur Pierres de Creon, par le dit duc de Bourgoingne, espousa le dit chevalier de La Tremoille la noble heresse de Creon, qui tient bien trente mille livres de terre et plus. Laquelle noble heresse paravant avoit esté affiée au filz de monseigneur le duc de Berry, lequel mourut ainçois qu'il l'espousast. Or avint que monseigneur de Bourgoingne laisse le gouvernement de France au roy à qui il appartenoit. Le roy gouvernant le royaume, monseigneur de Clichon, connestable de France, monseigneur de La Riviere, qui estoient bien affins ensembles, et leur complices, gouvernoient le roy de France. De quoy fut blasmé le dit monseigneur Pierres de Creon et indigné du roy et debouté de la court du roy de France. Pour soy vengier, le dit monseigneur Pierres de Creon espia, comme devant est dit, comme le dit de Clichon, connestable de France, venoit de souper de la court du roy, et lui et les syens leur couru sus, et navra le dit de Clichon, comme dit est. Pour quoy, il s'en fuy en Bretaingne. Et le roy, pour vengier la honte qui avoit esté faicte à son connestable, s'esmut pour aler en Bretaingne. Le duc de Berry et le duc de Bourgoingne manderent et escriprent à monseigneur de La Riviere, au Besgue de Villaines et au conseil du roy de France que, se le roy entroit en Bretaingne pour faire guerre, que les treves seroient rompues et la guerre recommencie. Cil ne firent rien pour le mandement des diz ducs, dont ilz furent moult indignéz d'eulx.

Le vingt septiesme jour du moys de may jusquez au vingt sixiesme jour du moys de juing eu dit an, les devant diz ducs de France et ceulx d'Angleterre, et les conseulx des diz deux roys, par la voulenté de Dieu, parlementerent si qu'ilz furent à acord de paix entre le roy de France et cil d'Angleterre ainsi que le roy d'Angleterre devoit venir par deça la mer pour confermer le dit traictié ; maiz les Anglois ne vouldrent qu'il passast la mer, et pou s'en fallut que le traictié ne fut depecié.

La guerre meut fiere et aspre en Bretaingne entre le duc et le sire de Clichon, et coururent sus les ungz aux autres. Le conte de Paintievre et le sire de Beaumanoir rencontrerent bien six cens combatans des gens au duc. Ilz leur coururent sus, et là oult grosse bataille en laquelle perdirent place cil du parti au duc. Et se retraist de celle bataille monseigneur Pierres de Creon. En y oult prins de prisonniers bien soixante. Le duc fit sa semonce, avec lui le viconte de Rochen, monseigneur Pierres de Creon, le sire de Rochefort, le sire de Montauban en Bretaingne, et le cappitaine de Brest, et des gens des fortes villes en Bretaingne, et mit siege devant Chasteau[1] Jocelin. Dedens ce dit chastel estoit la femme au dit monseigneur Olivier de Clichon et sa fille, la femme du dit conte de Paintievre. Monseigneur de Beaumanoir tenoit les champs et vint à Dol. Aussi fit il à Renes, et les cuida escheler. Le duc de Bretaingne manda deniers à paier ses souldoiers. Monseigneur de Beaumanoir le sceut et le conte de Paintievre, et firent une embusche, et soupprindrent ceulx qui conduisoient l'argent, et en occistrent bien quarante et bien autant en prindrent prisonniers, et apporterent la finance au dit sire de Clichon. Comme on desarmoit les diz prisonniers devant monseigneur de Clichon, en furent trois congneus qui furent alé prendre avec le duc. Il les occist. Dont monseigneur de Beaumanoir le blasma, et luy dit qu'il ne devoit nul mettre à mort, puis qu'il estoit fiancé prisonnier; et s'il les mettoit à mort, ainsi feroit on de cil de son parti. Le demourant fit monseigneur de Beaumanoir delivrer par paiant raisonnable raençon.

Monseigneur de Beaumanoir, à bien deux cens glaives, vint pour adviser l'ost du siege. Le duc de Bretaingne le sceut, et prist mille glaives pour prendre

1. Josselin, Morbihan, arr. de Ploermel, chef-lieu de canton.

monseigneur de Beaumanoir, mais on lui fist scavoir, si se retray. Deux chevaliers de Bretaingne, dont l'un fut avec monseigneur Pierres de Creon, et l'autre estoit avec monseigneur de Clichon, quant le dit monseigneur Pierre de Creon assailli à Paris monseigneur de Clichon, s'entre deffierent, et chacun luy vingtiesme se vindrent combatre. Ces deux chevaliers brocherent devant les autres, et s'entre ferirent des glaives de si tres grant force et de si grant ayr qu'ilz s'entre occistrent, et cheirent ambedeux à terre tous mors.

Le roy de France envoia ses messages en Bretaingne, c'est assavoir l'evesque de Lengres, le cappitaine de la bastide Saint Anthoine de Paris, et autres de son hostel au duc de Bretaingne et au sire de Clichon. Et pour lors estoit monseigneur de Laval devers le duc pour traictier de paix. Les messagiers du roy distrent au duc de par le roy de France qu'il se cessast de guerroier. Et le duc dit que si feroit il, maiz qu'il eust seurté du sire de Clichon et du conte de Paintievre, et qu'il obeiroit au mandement du roy. Les messagiers du roy alerent au sire de Clichon et au conte de Paintievre, et distrent de par le roy qu'ilz laissassent à guerroier. Le sire de Clichon respondi moult yrés : « Comme laisserai je à moy vengier de mes mortieulx ennemis et du duc qui soustient mon ennemy mortel Pierres de Creon, qui me voult murdrir en traison comme je venoye de soupper d'avec le roy ! Je ne pourroye laissier que je ne m'en vengasse. » Et oultre luy tres fort meu d'ire dist : « Il a trois roys en France. Je ne scauroie au quel obeir. »

Les messagiers s'en retournerent à la court du roy de France et rapporterent ce qu'ilz avoient trouvé.

En Bretaingne, monseigneur de Beaumanoir et monseigneur de Tournemyne avoient guerre mortel. Jasoit ce que monseigneur de Beaumanoir fust le plus puissant de richesse, d'avoir, de terre et d'amis puissans, et non obstant ce que le dit monseigneur de Tournemyne fust de plus basse ligne et mains noble tant de soy que de sa femme, si avoit il es bonnes villes fortes grantment amis. Icestui monseigneur de Tournemyne fist trop puissant aide au duc de Bretaingne. Monseigneur de Beaumanoir vint à grosse gent devant Renes, et es fauboures oult grant bataille et fort estour. Le sire de Tournemyne estoit lors à Renes. Mais monseigneur de Beaumanoir oult la plus grant force de gens d'armes, si qu'ilz firent reculler cil de Renes mal gré leur dedens la forteresse, et en y oult moult de navrés.

A une autre chevaucie oult une fiere besoingne, et y oult moult de nobles hommes mors du costé au duc de Bretaingne, monseigneur de La Beliere, le frere au viconte de Rohen, monseigneur Jehan de Porcon et autres et moult de prins. Apres ce que les messagiers du roy furent partis de Bretaingne, les deux parties firent guerre mortele et ardirent sur le pais les ungz des autres.

En partie le traictié de la paix fut prolongé par entre les seigneurs de France, le duc de Berry, le duc de Bourgoingne et ceulx du grant conseil du roy de France d'une part, et le duc de Lencastre, le duc de Glocestre et le conseil du roy d'Angleterre, d'autre, pour cause de la guerre de Bretaingne qui estoit une tres perilleuse guerre, rachine de commocion de guerres par entre les plus grans et les plus puissans de

France. Et fut le traictié alongié jusques en septembre. Ce temps pendant, vint à Paris le filz au duc de Lencastre veoir la noble cité au conduit des diz ducs, oncles du roy de France.

En Bretaingne, les gens d'armes du costé au conte de Paintievre assaillirent Saint Briot des Vaulx et le prindrent. Le viconte de Pavau, qui estoit chief des diz gens d'armes du dit conte, y fut navré mortelment. Par quoy cil de la ville furent ars, occis et mis à l'espée et destruis. Dont ce fut grant douleur, car ceulx de Saint Briot avoient tousjours esté bons, vrais, loyaulx François.

En la court du roy de France, furent remués de son hostel la plus grant partie de ses officiers, et par les dis ducs ses oncles bailliés autres nouveaulx officiers, et par semblable les autres menuz officiers.

Environ le chief de l'an ou le bout de l'an que le roy de France oult esté malade à aler au Mans, refut le roy malade griefment : dont ce fut pitié et grief douleur.

En ce temps, en Bretaingne, par le commun acord des barons, oult treves jurées par entre le duc, le sire de Clichon et le conte de Paintievre jusques à la Saint Michiel.

En cel an mil trois cens quatrevings et treize, fut guerre de monseigneur Remond de Thouraine au pape Clement d'Avignon. Le conte de Valentinois et monseigneur Jehan de Vienne, amiral de France, rencontrerent le dit monseigneur Remond de Thouraine, et y oult pongneis et estour. Et se retray le dit monseigneur Remond en ung syen chastel. Là mistrent siege le dit conte et le dit amiral. Et dit le dit amiral au dit monseigneur Remond qu'il se rendist. Le dit monseigneur Remond lui demanda : « Me requerés vous comme amiral de France ou comme Jehan de Vienne? — Je le diz comme Jehan de Vienne et pour le pape Clement. — Ne au pape Clement ne à vous je ne rendroy le chastel. Mais se le roy de France me mandoit que je lui rendisse, je lui rendroye. » Aprez ce vindrent gens par ung bois à monseigneur Remond de Thouraine, et entrerent eu chastel par une poterne secretement. Et par ung point du jour le dit monseigneur Remond o ses gens vint soudainement abatant logeiz et tentez et desconfit cil qui l'avoient assiegé.

Le jour de la Nativité de la glorieuse Vierge Marie ou dit an, fut receu en l'eglise de Nostre Dame de Rouen monseigneur Guillaume de Vienne, frere de l'amiral de France, à archevesque de Rouen et noblement compaigné, c'est assavoir du conte de Harecourt, de monseigneur Jacquez de Bourbon et de moult grant chevalerie d'onneur, de prelas aussi et de grant nombre de bourgois, de peuple, et fist grant feste riche et solennel.

En cel an, le duc de Bourbon retourna d'Ytalie du roy Louis filz de monseigneur d'Angou, lequel luy aida en sa guerre. Et en retournant il amena de Lyon sur le Rhone ung fizicien ou medecin tres excellent, lequel medicina le roy et lui fit purgacion par la teste. Par quoy il assouaga. Dont tout son peuple oult merveilleusement grant joye.

FIN.

TABLE

DES NOMS DES PERSONNES.

A

Adrian (comte d'), 97.
Alençon (comtes d'), 5, 15, 16, 121, 149, 193, 321.
Alençon (comtesse d'), 28.
Alençon (Philippe d'), archevêque de Rouen, 98, 110, 114, 211, 221, 243, 249, 256, 272, 289, 292.
Allemagne (empereur d'), 66.
Alphonse d'Espagne et de Castille, 11, 12, 23.
Amiens (cardinal d'), 256, 259, 268, 269, 279, 282, 283.
Andrehen (maréchal d'), 22, 29, 30, 36, 41, 49, 51, 52, 56, 166, 173-175, 178, 180, 181, 194, 198.
Angerville (sire d'), 39.
Angle (Guichart d'), 232, 234.
Anjou (Louis, comte d'), 119, 121.
Anjou (duc d'), 129, 130, 134, 135, 142, 144, 149, 182, 193, 194, 198, 204, 213, 216, 222, 223, 241, 244, 246-248, 256, 259, 281, 284, 288, 289, 291-293, 295, 297, 304, 313, 315, 326, 336.
Ansellée (sire Jean d'), 24, 31, 83, 105, 171, 173, 180, 259, 260.

Anselée (Guillaume d'), 45, 49, 98.
Antioche (Jean, prince d'), 164, 165, 186, 191, 200, 261.
Aragon (roi d'), 20, 171, 174, 175, 177, 179, 180, 206.
Araines (sire d'), 26, 64.
Archiprêtre (l'), 80.
Arcy (d'), avocat, 68.
Armagnac (comte d'), 171, 172, 180, 193, 195, 317-319.
Armagnac (Jean d'), 195.
Arménie (roi d'), 296.
Arondel (comte d'), 4, 10, 263, 272, 273, 275.
Arteveld (Jacques d'), 5, 7.
Arthur, roi de la Grande-Bretagne, 106, 226-229.
Artois (Charles d'), 2, 40, 71.
Artois (comtesse d'), 206.
Artois (Jean d'), fils de Robert, comte d'Eu, 2, 31, 32, 36, 40, 50, 55, 56, 149, 230, 306.
Artois (Louis d'), fils de Robert, 2.
Artois (Philippe d'), 292, 329.
Artois (Robert d'), 2, 4, 5.
Atainville (Oudart d'), 243, 248, 256, 282.
Athènes (duc d'), 15, 40, 49, 50, 55.

Aubert, duc de Bavière, 43, 281, 286, 313.
Aubigny (sire d'), 29, 41, 56, 74, 80, 137, 138, 151.
Aubrecicourt (Eustache d'), 176.
Aubriot (Hugues), 184, 251, 288, 294, 295, 299.
Aufremont (sire d'), 15.
Aurichi (Ligier d'), 27, 97, 136.
Auseboc (sire d'), 272.
Autriche (duc d'), 4, 279..
Auvergne (dauphin d'), 121.
Auvillier (sire d'), 240.
Auvillier (Pierre d'), 240, 241.
Auxerre (comte d'), 5, 15, 18, 50, 56, 80, 137, 139, 140, 141, 145, 146, 159, 161.
Auxerre (jeune comte d'), 195.

B

Baillet (Jean), 68.
Baqueville (sire de), 13, 70, 71, 74, 118, 137, 141, 145, 150, 164, 186, 196, 272, 273.
Baquin ou Bakan, amiral, prince de Turquie, 319, 326.
Bar (duc du), 221, 253.
Bar (duchesse du), 242.
Bar (sénéchal du), 221.
Bascon (Roger), 9.
Bauce (sire de la), 91.
Baudrain de la Heuse (le), amiral de France, 37, 39, 41, 42, 45, 66, 67, 75, 78, 79, 87, 90, 93, 96, 98, 103, 107, 109, 137, 150, 206, 207, 240.
Baveux (Guy le), 186.
Bavière (Louis de), 1, 2, 4, 6, 9, 216.
Bayeux (évêque de), 15, 329.
Beaufort (cardinal de), 212.
Beaujeu (sire de), 21-23.
Beaumanoir (sire de), 159, 160, 193, 214, 215, 331-334.
Beaumesnil (sire de), 154, 293.
Beaumont (comte de) 121.
Beaumont (Jean de), 4.
Beaumont (Richard de), 183, 184.
Beaumont (vicomte de), 145, 146.

Beausaut (sire de), 273.
Beauvais (cardinal de), 224.
Beauvais (châtelain de), 138, 250, 262.
Beauvais (évêque de), 253.
Bec Crespin (fils de madame du), 145.
Bec Thomas (baron du), V. Tournebu.
Bec Thomas (sire du), 35.
Behaingne (Jean, roi de), 216. V. Bohême.
Belemarine (roi de), 11, 12, 23, 188, 198.
Beliere (sire de La), 334.
Bellengues (Guillaume de), 301.
Bellengues (Jean de), 74, 155.
Benoit XII, pape, 6, 9.
Berreville (sire de), 35, 41, 74, 80, 90, 118, 145.
Berry (duc de), 119, 129, 193, 195, 216, 230, 237, 238, 241, 244, 246, 252, 253, 264, 286, 289, 291, 292, 295, 297, 305, 308, 310, 314, 316-318, 325, 329-331, 334.
Berthelemieu, archevêque du Bar, 268, 270.
Bertran, maréchal de France, 8, 14, 15.
Bertran le Jeune (Robert), 23.
Betencourt (sire de), 137, 141, 145, 146.
Betin, 147.
Beuchet, 10, 11.
Bezine (Ode de), 24, 25, 327.
Biduere, duc de Neustrie, 227, 228.
Bigot (Guillaume le), 262.
Bigot (Jean le), 250, 251, 262.
Blainville (sire de), 35, 74, 80, 90, 92, 102, 104, 114, 131, 137, 145, 150, 169, 193, 196, 200, 203, 206, 211, 253, 272, 273, 276, 286, 289, 292, 299, 304, 306.
Blanche, seconde femme de Philippe de Valois, sœur du roi de Navarre, 10, 18, 88, 96, 98, 132, 133, 141, 143, 144, 206.
Blaru (sire de), 136, 137, 141.

DES NOMS DES PERSONNES. 339

Bliesmare (sire de), 324.
Blois (comte de), 16.
Blois (Charles de), 6, 7, 11, 24, 50, 59, 121, 150, 158-162, 178, 320.
Blois (H. de), 284, 327.
Blois (Jean de), fils de Charles, 320.
Bohême (roi de), 25, 264.
Boniface IX, pape, 314, 315, 317, 321, 327.
Bordeaux (capitaine de), 264.
Bordeaux (sénéchal de), 239.
Bordes (Guillaume de), 277.
Bose (Nichole du), évêque de Bayeux, 260, 277, 292.
Bouillon (Godefroi de), 189.
Bouillon (prévôt de), 217.
Boulainvilliers (sire de), 76.
Boulogne (cardinal de), 25, 29, 32, 133, 176, 177.
Boulogne (comte de), 29, 318.
Bourbon (ducs de), 5, 15, 31, 37, 40, 50, 55, 65, 121, 148, 203, 205, 230, 237, 244, 266, 291, 292, 308, 314, 318, 329, 336.
Bourbon (Jacques de), 32, 33, 43, 130, 217, 218, 220, 336.
Bourbon (Robert de), 217.
Bourgogne, (Philippe, duc de), 3, 5, 13.
Bourgogne (Philippe le Hardi, duc de). *V*. Philippe le Hardi.
Bourgogne (duchesse de), 213.
Bourgogne (Jeanne de), femme de Philippe de Valois, 3, 17, 18.
Boussicaut (sire), 115, 116, 151, 156, 315, 328.
Brabant (ducs de), 4, 80, 215-220, 286, 313.
Brabant (Jeanne, duchesse de), 216.
Brabant (sénéchal de), 220.
Braquemont (Regnault de), 26, 35, 64, 71, 74, 75, 87, 89, 95, 99, 103, 107-109, 137, 144, 169.
Brenchon (Jean et Guillaume de), 107.
Brene (comte de), 121.
Brest (capitaine de), 332.
Bretagne (Jean de), 158.

Bretagne (duc de). *V*. Montfort.
Briquet, 196, 197.
Brocas (sire de), 123.
Brouas (N. de), 186.
Bruce, 4
Buch (captal de), 45, 49, 52, 55, 56, 144-150, 163, 171, 172, 175, 177-180, 193, 194, 209, 238-242, 259.
Buiville (sire de), 35, 74.
Burgibus, portier d'enfer, 22.
Burgues (Bertran de Clacquin, comte de), 289.

C

Cahors (Raoul de), 12.
Cahors (Regnault de), 23.
Cambray (évêque de), 278.
Canolle (Robert), 39, 45, 83, 87, 152, 159, 207, 208, 245, 246, 263.
Cantorbiere (archevêque de), 117.
Capet (Hugue), 225.
Carbonnier ou Carbonnel (Guillaume), 27, 97, 136, 144.
Caroulet, 207.
Carvelley (Hue de), 45, 49, 52, 54, 83, 98, 152, 159, 163, 167, 173-175, 178, 179, 208.
Castille (Alphonse de), 168.
Caux (bailli de), 75.
Célestins, 265.
Cempui, 315.
Châlons (évêque de), 50.
Champagne (maréchal de), 68, 69.
Chandos (Jean de) 24, 45, 49, 52, 54, 152, 159, 161, 162, 171, 172, 175, 177-181, 207.
Chantemelle (sire de), 74.
Charles le Bel, 224, 225.
Charles de Bohême, empereur de Rome et d'Allemagne, 19, 216.
Charles d'Espagne, connétable de France, 20, 25-29.
Charles, duc de Normandie, fils aîné du roi Jean, 33-36, 40, 50, 53, 54, 56, 58-62, 64-66, 68, 69, 78-88, 90, 91, 96-100, 102,

108, 110, 114-119, 122, 128, 134-137, 142-144.
Charles V, roi de France, 144, 148-150, 156, 163, 164, 169, 172, 175, 176, 178, 181, 184, 192-195, 197, 198, 200-204, 206, 207, 210-216, 220, 222, 223, 225, 226, 230, 232, 236, 237, 241, 246, 248, 249, 251-260, 262, 264-267, 270-272, 274, 275, 277, 289, 298.
Charles VI, 200, 283, 290-293, 296, 297, 299-325, 327-331, 333-336.
Charles, dit le Mauvais, roi de Navarre, 1, 19, 25, 26, 28, 29, 31, 33, 35-37, 39, 44, 60, 61, 64, 65, 69-76, 80-84, 86-88, 95, 96, 99, 100, 104, 105, 107, 110, 122, 132, 140, 144, 150, 151, 154, 158, 163, 169, 171-174, 191, 203, 204, 210-213, 221, 223, 225, 226, 248, 265-268, 273, 274, 275, 278, 284, 323.
Charles (Guillaume), 71-76.
Charny (Geffroi de), 29, 30, 41, 49, 51, 55.
Charuel (Ivain), 137, 140, 145, 159.
Chastelle (sire de), 171.
Chatillon (Hue de) 41, 50, 74, 138, 151, 200, 249, 315.
Chavegny (sire de), 95.
Chenaye (Roulant de La), 137, 139, 145, 162.
Chief de Rue (Pierre du), 314.
Chrétien (Guy), 326.
Chypre (chevalier de), capitaine de Beauvais, 41.
Chypre (chancelier de), 260.
Chypre (Jean de), 251, 260.
Chypre (Pierre, roi de), 126-128, 144, 148, 149, 164-166, 185, 186, 188, 190, 191, 200, 251, 260, 261.
Clacquin (Bertrand de), 20, 137-142, 144-150, 159, 160, 162-164, 166, 167, 170-175, 177-181, 188, 193, 194, 198-200, 207-213, 215, 221, 223, 224, 226, 229, 230, 232, 237, 238, 240, 242, 244-246, 251-253, 255, 257, 266, 267, 273, 275, 277, 284, 285, 289,
Clacquin (Olivier de), 276, 278.
Clément VI, pape, 3, 18, 25.
Clément VII, antipape, 269, 270, 272, 278, 283-285, 287, 295, 296, 304, 314-316, 321, 335, 336.
Clerc (sire de), 26, 27, 35, 64, 74, 114, 138, 145, 150.
Clermont (Robert, maréchal de), 39, 41, 49, 51, 52, 62, 63, 66-69.
Clèves (comte de), 217.
Clisson (Olivier de), 7, 193, 203, 204, 214, 215, 223, 224, 226, 229, 230, 245, 246, 262, 264, 275, 277, 284, 287, 292, 306, 308, 320, 322, 329, 333, 335.
Cluny (abbé de), 116.
Cologne (archevêque de), 278.
Cologne (sénéchal de), 217.
Cordeliers, 265.
Coucy (baron de), 41, 64, 74, 121, 184, 279, 286, 306, 314.
Courourdain (Jean de), 38.
Coutances (évêque de), 253.
Craon (sire de), 50, 56.
Craon (Guillaume de), 121.
Craon (Pierre de), 322, 323, 330-333,
Craco ou Graco, (roi de), 4, 14.

D

Dagorne (Nicole), 49.
Dagure (Thomas), 11.
Dampmartin (comte de), 15, 41, 50, 56, 151, 155, 193, 200, 203, 211.
Dardevelle (Jacques), 306.
Dardevelle (Philippe), 305, 308.
Darque (Robert), 217, 218.
David, roi d'Ecosse, 4.
Davoir le Jeune (Pierre), 327.
Derval (sire de), 56.
Desmares (Jean), 310.
Despencier (Hue le), 159, 161, 173.

Dieu (Jean), 220.
Dormans (sire de), chancelier de France, 98.
Doublet (Colin), 27, 36, 65.
Doubler (Jean), 140.
Douglas (Guillaume), 22, 31, 32, 45, 50, 53, 284.
Dufour (Jacques), 6.
Dutertre (Pierre), 266, 273, 274.
Dyscondore (Charles), 13.

E

Ecosse (roi d'), 201.
Edouard, roi d'Angleterre, 2, 4-7, 9-11, 14-22, 24, 30, 31, 38, 45, 65, 97, 99, 100, 101, 105, 106, 114-117, 119-123, 125-129, 134, 135, 142, 143, 170, 175, 181, 184, 195, 197, 198, 200, 201, 202, 207, 208, 212, 214, 224-226, 236, 242, 244, 245, 254, 256, 257, 259, 261-263, 316.
Ennequin (sire d'), 30, 74, 138, 141, 145-147.
Esneval (sire d'), 118, 138, 145, 293, 314.
Espagne (amiral d'), 232-235, 262.
Espaules (Guillaume aux), 74.
Essarts (sire Pepin des), 83-85.
Estelant (Pierre d'), 10.
Estone (roi de l'), 14.
Estouteville (sire d'), 71, 80, 90, 103, 104, 118, 122, 211, 292.
Etampes (comte d'), 36, 149, 211, 226.
Eu (Raoul, comte d'), connétable de France, 8, 14, 19.
Eu (comte d'), 203.
Eu (sénéchal d'), 38, 42, 74, 107, 138, 145, 250, 313-315.
Evreux (comte d'), 1.
Evreux (Charles, fils du comte d'), 1. *V*. Charles le Mauvais.
Evreux (Louis, fils du comte d'), 1. *V*. Navarre (Louis de).

F

Fauquemont (sire de), 218.
Fayeul (le Besgue de), 174, 175, 229.
Ferrando, 274, 278.
Ferté (sire de La), 26, 35, 41, 74, 137, 140, 141, 145, 148, 150, 154, 156, 169, 196, 203, 206, 253, 262, 275, 293.
Fiennes (sire de), 29.
Fiennes (Moreau de), connétable de France, 41, 89 - 93, 111, 113, 203, 207.
Fiennes (Jacquemart de), 74.
Fieules (sire de), 121.
Filleul (Armaury), 131.
Flamand (Nicholas le), 309.
Flamencourt (Guillaume de), 229.
Flandres (comtes de), 5, 15, 16, 19, 42, 120, 127, 130, 197, 201, 204, 206, 213, 216, 256, 284, 289, 290, 294, 305, 307, 313.
Flandres (comtesse de), 195.
Flandres (Rifflart de), 115.
Flavencourt (Guillaume de), archevêque de Rouen, 98.
Foix (bâtard de), 328, 329.
Foix (comte de), 5, 69, 70, 80, 173, 284, 319.
Fondres (comte de), 272, 285.
Fontaines (sire de), 74.
Forez ou Feres (comte de), 121.
Foucarmont (Raoul de), comte d'Eu, 14.
France (chancelier de), 260.
France (reine de), 244, 265.
France (mère de la reine), 244.
Friquans (sire de), 26, 27, 35, 44, 69, 71, 74, 75, 89, 96, 99, 104, 137, 144, 150, 164, 169.

G

Gainville (sire de), 97.
Galéas de Milan, 183, 184, 317.
Galles (prince de), 4, 16, 24, 30-32, 38, 45, 46, 49, 51, 52, 54-56, 57, 65, 97, 99, 100, 105, 106, 116, 117, 119, 120, 123,

125, 145, 170-175, 177-182, 184, 192, 195, 198, 209, 210, 244, 257, 259, 261, 262.
Galles (Yvain de), 230-232, 234, 235, 237-242.
Gand (comte de), 4.
Gant (Lyon de), fils d'Édouard, roi d'Angleterre, 11, 22, 195, 196.
Garencières (sire de), 121, 151.
auville (sire de), 144.
enève (cardinal de), 269, 270, 272, 278, 279, 287, 295.
Giffart (Philippe), 70, 85.
Gilles (Pierre), 61, 70, 85.
Gisors (Pierre de), 74.
Glocestre (duc de), 329, 334.
Glocestre (comte de), 4, 10, 16.
Glos (comte de), 24.
Glos (Edmond de), 31.
Gollons (Raoul de), 116,
Gouvande (Charles de La), 10.
Granche (Étienne de La), 293.
Granche (de La), abbé de Fécamp, 202, 205, 211, 213, 256.
Grancy (Thomas de), 254.
Grande-Bretagne (roi de), 226, 227.
Grantson (Thomas de), 208.
Graville (Guillaume de), 64, 99, 104, 144.
Graville (Jean Mallet, sire de), 27.
Graville (Robert de), 64.
Graville (sire de), 8, 27, 35-38, 41, 65, 74, 211, 273, 314.
Grégoire XI, pape, 212, 214, 259, 265.
Grenade (roi de), 11, 12, 23, 170, 188.
Grimande (Reguier de), 235, 236.
Grimouart (Jean), 134.
Gueldres (duc de), 4, 215-220, 270, 313, 316.
Gueldres (comte de), 43.
Guerarville (sire de), 26, 104, 145.
Guieune (Jean de), 206.
Guillaume le Bastard, duc de Normandie, 114, 168.
Guillaume, fils de Louis de Bavière, 43.
Guillaume, comte, neveu de Philippe de Valois, 316.
Guinsey (Huguet de), 328.

H

Hacqueville (Lyon de), 193.
Hainaut (damoiseau de), 316.
Hainaut (comtes de), 4, 23, 42, 216, 316.
Hainaut (sénéchal de), 217, 218, 220, 276.
Haincourt (maître Jean de), 140.
Hambye (sire de), 293.
Hangest (sire de), 50, 55, 121.
Hantonne, (comte de), 10.
Harcourt (demoiselle d'), 155.
Harcourt (comtes d'), 5, 8, 15, 16, 26, 27, 31, 33, 35-37, 65, 70, 95, 103, 104, 118, 121, 203, 205, 222, 250, 292, 314, 336.
Harcourt (Godefroi d'), 8, 9, 14-17, 26, 28, 34-37, 39, 42, 66, 67.
Harcourt (Guillaume d'), 50, 183-185.
Harcourt (Jacques d'), 222, 250, 292.
Harcourt (Louis d'), 26, 39, 41, 62, 63, 74, 80, 96, 102-104, 107, 110, 113, 118, 119, 121, 171, 173, 244, 245.
Harcourt (jeune comte d'), 88, 89.
Harencviller (sire de), 107, 196.
Harmenville (sire de), 272.
Hélène, nièce du roi Arthur, 227-229.
Henri, fils de Jean duc de Bretagne, 6.
Henri, duc de Lencastre, V. Lencastre.
Heronnet, écuyer du sire de Beaujeu, 22.
Hesdin (Enguerran de), 41, 255.
Heuse (Martin de la), 42, 61, 107.
Hoel, duc d'Armorique, 227, 229.
Hollande (comtesse de), 123-125.
Hollande (N. de), 178.
Hollande (Thomas de), 20, 105, 123, 125.
Hongrie (roi de), 32, 183, 189, 190, 296, 319, 326.
Hondetot (Robert de), maître des arbalétriers, 35, 38, 41, 42, 45, 206.

DES NOMS DES PERSONNES.

Houssaye (Jacques de La), 137, 140, 145.
Houssaye (Yvain de La), 174.
Huet (Gautier), 239-241, 254.
Hurez (Thomas), 106.

I

Iles (sire des), 145.
Innocent VI, pape, 25, 46, 126, 133.
Isabelle d'Angleterre, 184, 224.
Ivry (sire d'), 74, 136, 137, 141, 142.

J

Jacobins, 2.
Jacques, 71-76.
Jean XXII, pape, 5, 6.
Jean sans Terre, roi d'Angleterre, 232.
Jean, roi de Bohême, 3, 5, 15.
Jean, duc de Bretagne, 5, 6.
Jean roi d'Espagne, fils de Henri de Transtamare, 296, 316, 321.
Jean, roi de France, 3, 5, 13, 18-20, 23, 25, 26, 28-33, 35-58, 65, 66, 69, 71, 83, 97, 111, 112, 115-117, 119-122, 125-135, 142-144, 148, 222, 226, 274, 287.
Jeanne, reine de Sicile, de Naples et de Jérusalem, 296, 297, 327.
Joigny (comte de), 328, 329.
Jouel (Jean), 49, 62, 81, 89, 95, 129, 131, 135, 137, 144, 147, 148.
Julliers (duc de), 4, 43, 215-218, 220, 279.
Julliers (maréchal de), 217.

K

Kain (Thomas), 81, 107.
Kair, duc d'Anjou, 227, 228.
Kerest (Hue), 10, 11, 13.

Kesnes (vicomte des), 64, 70, 73, 74, 89, 95, 104, 138, 151.
Krysoualle, 255.

L

La Barre, 137, 139, 145.
La Forêt (Pierre de), archevêque de Rouen et chancelier de France, 32, 50.
La Heruppe, 107.
La Marche (Thomas de), 30.
Lancastre (ducs de), 4, 12-14, 21, 24, 25, 38, 40, 42, 45, 58, 100, 105, 170-172, 177-180, 202-206, 208-210, 220, 221, 245-249, 254, 256, 259-262, 268, 274, 275, 286, 321, 327, 329, 334, 335.
Landuras (Jacques de), 153.
Landuras (Pierre de), 172.
Landuras (Simon de), 186.
Langres (évêque de), 333.
Larbret (sire de), 49, 53, 171, 172, 180, 193, 195, 314.
Larbret (enfants de), 45, 55, 195.
Laval (sire de), 214, 215, 333.
Le Bigot (Guillaume), 74.
Le Bigot (Jean), 61, 75, 107, 109.
Lecoq (Jean-Robert), évêque de Laon, 59, 61, 68.
Lehumbre (marquis de La), 4.
Le Lieur (Jacques), capitaine de Rouen, 77, 90.
Le Mercier (Jean), grand trésorier de France, 253, 263, 276, 278, 326.
Le Noir de Grainville (Robert et Guillaume), 26.
Lestrange (Guillaume de), 292.
Liège (évêque de), 217, 278.
Ligny (Jean de), 121.
Limoges (cardinal de), 279.
Linchole (comte de), 10, 16.
Lisle (le vieux comte de), 23.
Lisle (Jean de), 85.
Longueville (comte de), 50, 86.
Longueville (Bertrand de Clacquin, comte de), 289.
Lorraine (duc de), 16, 253.
Lorris (Robert de), 35.

Louis, dit Hutin, 225, 226.
Louis (saint), 3, 8, 9.
Louis, roi, fils du duc d'Anjou, 326, 327, 329, 330.
Louis, deuxième fils de Charles V, 226, 249.
Lousciere (comte de), 10.
Louvre (capitaine du), 85.
Lucas (Hoclequin), 154.
Luce (sire), 156.
Lusignan (N. de), 327.
Lusse (sire de), 45, 49.
Lyon (sire de), 160.

M

Macon (Joceran de), 70, 85.
Magny (sire de), 240.
Maillart (sire Jean), 83-85.
Maillart (Raoul), 213.
Malestrait (Henri de), 7.
Malogres (roi de), 5, 45, 171, 173.
Mandeville (Jean de), 22.
Mangart (Richard), 107.
Marcdargent (Nicole), 61, 107.
Marcel (Étienne), prévôt des marchands de Paris, 61, 68-70, 72, 81, 82, 84, 85.
Marche (comte de La), 237.
Marche (sire de La), 230.
Mareul (sire de), 239-241.
Mareul (le Bascon de), 27, 28, 96, 144, 147.
Marle (Jean de), 106.
Martel (Guillaume), 41, 75, 78-80, 107-109, 229.
Martel (sire Jean), 37, 41, 55.
Mauny (Alain de), 200.
Mauny (Olivier de), 137, 139, 145, 159, 171, 172, 191, 194, 230, 257, 276, 278.
Mayence (archevêque de), 278.
Melhedinch, 11, 12.
Melle (Guillaume du), 26, 64, 66, 74, 154, 169, 196, 197, 203.
Melun (Adam de), 50.
Melun (Guillaume de), archevêque de Sens, 50.
Melun (Jean de), 27, 151.
Menesmares (Maubuc de), 36, 65.

Meulan (Adam de), 41, 50.
Meulan (Amaury de), 41, 64, 89.
Meulan (Jean de), 107.
Mignac (Aymeri de), évêque de Paris, 278-280.
Milan (Barnabo de), 195, 196, 238.
Mommor (Morrelet de), 230, 231, 235, 239-242, 282.
Mons (comte de), 43, 80.
Montauban (sire de), 332.
Montfort (comte de), 5-7, 45, 49, 58, 330.
Montfort (Jean, comte de), 125, 150, 158-163, 178, 203, 204, 245, 246, 252-256, 262, 264, 275, 284, 287, 296, 311, 322, 323, 329-335.
Montmorency (Charles de), 200.
Montmorency (sire de), 41, 50, 74, 121.
Moulines (Bertrand de Clacquin, duc de), 289.
Moustier (Étienne du), capitaine de Harfleur, 293, 303.
Mouton de Blainville, 23, 306. V. Blainville.
Mustel (Jean), maire de Rouen, 35, 134.

N

Namur (comte de), 26.
Namur (Guillaume de), 217, 218, 220.
Namur (Guyon de), 217, 220.
Namur (Robert de), 217, 219.
Nantouillet (sire de), 328.
Naples (reine de), 183.
Narbonne (vicomte de), 203, 207.
Nassau (comte de), 4, 217, 218.
Navarre (chancelier de), 86.
Navarre (Charles de), fils aîné de Charles le Mauvais, 265-267, 274, 276.
Navarre (frères de), 32, 33.
Navarre (Jeanne de), 65, 98, 99, 133, 144, 145, 200, 221, 222, 224, 320.
Navarre (Louis de), 1, 33, 156-159, 175, 176.

DES NOMS DES PERSONNES.

Navarre (Martin de), dit Requis, 45, 83, 89, 156.
Navarre (Philippe, roi de), 3, 11.
Navarre (Philippe de), comte de Longueville. *V.* Philippe de Navarre.
Navarre (Pierre de), fils de Charles le Mauvais, 265.
Navarre (reine de), 244, 274.
Nesle (Gui de), 20, 23.
Neuville (Jean de), 111, 113.
Nevers (comte de), 313.
Nicolas V, antipape, 1, 2.
Normandie (duchesse de), 65.

O

Olenest (comte de), 4.
Orange (prince d'), 327.
Orléans (duc d'), 3, 19, 31, 50, 52, 54, 119-121, 129.

P

Paix (Charles de La), 296, 297, 304, 313-315, 327.
Panthelu (Gillet de), 27, 44.
Paris (doyen de), 224.
Paris (évêques de), 224, 295, 299.
Pastourel (Jean), 293.
Pavau (vicomte de), 335.
Paynel (Nicole), 74, 293.
Penembroc (comte de), 232-235, 255.
Penthièvre (comte de), 329-333, 335.
Perche (comte du), 196, 203, 205, 212, 213, 215, 221, 222, 237, 246.
Percy (Thomas de), 317.
Périgord (cardinal de), 46, 51, 133.
Petre, dit le Cruel, roi d'Espagne, 163, 164, 167, 168, 170-174, 181, 182, 198, 199.
Petrel (Jacques), 140.
Philippe Auguste, roi de France, 94, 232.

Philippe le Bel, 224-226.
Philippe, dit le Hardi, duc de Bourgogne, 50, 56, 143, 144, 149, 151, 153, 155, 158, 193, 195, 197, 201, 203, 206, 216, 241, 244, 246, 254, 256, 263, 264, 266, 286, 289, 291, 292, 295, 297, 299-302, 304, 305, 308, 310, 311, 313, 314, 316, 321, 323, 325, 329, 330, 334.
Philippe de Navarre, comte de Longueville, 1, 19, 25-28, 33, 37-40, 42, 44, 45, 60, 62, 64, 67, 69, 71, 81, 83, 84, 86-98, 119-121, 128-133, 149, 152, 242.
Philippe de Valois, 1-9, 13, 14, 15, 16, 17, 18, 19, 21, 126, 158, 206, 225, 316.
Philippot, 188-190.
Picart (Henri), 117-119.
Picquigny (Ferry de), 71, 74.
Picquigny (sire de), 61, 64, 70, 73, 74, 95, 104.
Picquigny (hoirs de), 89, 104.
Piedoue (Martin), 101.
Pippes (James), 81, 84, 159.
Pipes (Jean de), 45, 49, 62.
Plantin (Jacques), 81.
Plennes (sire de), 38.
Pommereul (sire de), 30, 61.
Poitiers (Aimart, Charles de), 328, 329.
Poitiers (Jean, comte de), 121.
Pommiers (sire de), 49, 63, 172.
Pommiers (Edmond de), 45, 49, 55, 264.
Pont de Croix (sire de), 327.
Ponthieu (comte de), 50, 56.
Porcien (comte de), 121.
Porquon ou Porcon (sire de), 139, 145, 334.
Porte (Robert), évêque d'Avranches, 66.
Portugal (roi de), 11.
Poulaine (roi de), 4.
Poulchay, 62.
Préaulx (Jean de), 26.
Préaulx (sire de), 26, 35, 64, 74, 90, 121, 130.
Provence (sénéchal de), 327.
Puchay (sire du), 164.

R

Radigo, 27, 28, 96, 144.
Rayneval (Raoul de), 41, 137, 138, 151, 218, 220, 243, 254.
Rennes (sire de), 272.
Renti (bastard de), 30.
Revel (Flacon de), 18.
Revel (sire de), 15.
Richard Cœur de lion, roi d'Angleterre. 94, 95, 125, 128, 231.
Richard II. roi d'Angleterre, 262, 266, 281, 284, 285, 297, 314-317, 323, 326, 329, 331, 334.
Richemont (comte de), 31, 105.
Rivière (Bureau de La), 80, 263, 276, 289, 326, 330, 331.
Rivière (Jean de La), 80, 130, 137, 141, 151, 152, 164.
Rochefort (sire de), 217, 218, 332.
Roche-Tesson (siré de La), 9.
Roche (sire de La), 122, 130, 276, 278.
Roger (Pierre), archevêque de Rouen, cardinal, 3, 9.
Rogny (comte de), 50, 56, 80.
Rohan (vicomte de), 215, 320, 332, 334.
Rome (empereur de), 183, 184, 264, 265, 278-280, 297.
Rony (Amaury sire de), 26, 31, 41, 64.
Rou, premier duc de Normandie, 114.
Roussi (comte de), 76, 80.
Roye (Mathieu de), 41, 74, 138, 151.
Roye (sire de), 29, 41, 74, 122.
Rue (Jacques de), 265, 273, 274.
Russes (sire des), 217, 218.

S

Saint-Antoine (capitaine de la Bastide), 333.
Saint-Eustache (cardinal de), 279.
Saint-Pol (comte de), 29, 40, 89-93, 111, 113, 121, 130, 193, 200, 203, 205, 217-220, 249, 250, 281, 286, 306, 315, 316, 329.
Saint-Venant (sire de), 121.
Sainte-Beuve (sire de), 35.
Saintonge (sénéchal de), 239-241.
Salbadine, 11, 94, 95.
Salle (N. de La), 285, 317, 318.
Sallebrusse (comte de), 43, 50, 56, 80, 197, 204, 211, 224, 260.
Sancerre (comte Louis de), 16, 50, 56, 193, 196, 203, 286, 306.
Sandon (Jacques), 81.
Saneuze (sire de), 47.
Santeuil (G. de), 240.
Saquanville ou Sauqueville (Pierre de), 26, 28, 64, 66, 74, 96, 144, 147-149.
Sarrazins, 5, 12, 23, 94, 127, 129, 165-167, 185-191, 198, 200, 274, 319, 320, 326.
Saut (Pierron du), 154, 155.
Savoye (comte de), 304, 321.
Scouet (Jean), 177.
Sens (archevêque de), 116, 211.
Sercot (Robert), 73-75, 87, 101, 103-105, 197.
Sevestre, 282.
Sicile (reine de), 175, 176.
Sonnain (sire Jean), 37, 42, 75, 77-79, 107, 109.
Strot (Gautier), 138, 139.

T

Taillanville (sire de), roi d'Yvetot, 164.
Taleville (Guillaume de), 273.
Tancarville (comte de), 14, 31, 32, 36, 41, 50, 55, 56, 115, 116, 149.
Tertre, voyez Dutertre.
Tesson (Raoul), 9.
Therouenne (cardinal de), 279.
Tonneville (sire de), capitaine de Rouen, 80.
Torchy (sire de), 145, 262, 263, 275.
Touraine (duc de), 317, 325.
Touraine (Remond de), 335, 336.
Tournebu (sire de), 35, 64, 74, 145, 154, 169, 275.

Tournebu, écuyer, 268.
Tournemyne (sire de), 334.
Toussac (Charles), 61, 68, 70, 85.
Transtamare (Henri de), dit le bastard d'Espagne, 163, 164, 167, 168, 170, 172-175, 178-182, 194, 198, 199, 232, 235, 247, 248, 254-256, 296, 316.
Tremoille (Guy de La), 330.
Trèves (archevêque de), 278.
Troyes (évêque de), 203.
Trye (Lohier de), 74.
Tulhay (Rifflart de), 212, 213.
Turcs, 127, 165, 166, 185, 186, 189, 274.
Tynory (Simon de), 166, 186.
Tyns (sire de), 218.

U

Université de Paris, 269-271, 280, 294-296, 316, 327.
Urbain V, pape, 134, 182, 183, 185, 192, 211, 212.
Urbain VI, pape, 268-272, 279, 280, 287, 296, 313, 314.
Urgel (cardinal d'), 46.

V

Valentinois (comte de), 121, 335.
Valois (comtesse de), 70, 76.
Vendemont (comte de), 43, 80, 101.
Vendôme (comte de), 50, 56.
Ventadour (comte de) 50, 56.
Vert Chevalier (le), 137, 140.
Vertus (comte de), 317, 318.
Vienne (Guillaume de), archevêque de Rouen, 336.
Vienne (Jean de), 209, 246, 250, 260, 263, 295, 296, 335, 336.
Vienne (dauphin de), 5.
Villaines (Le Besque de), 37, 80, 81, 138, 167, 173, 175, 177, 178, 180-182, 195, 198, 199, 233, 306, 331.
Ville (sire Jean de La), 153.
Villequier (sire de) 38, 145, 146.
Villers (Hue de), 74.
Vinceslas, duc de Brabant et de Luxembourg, 42, 43, 216.
Vinceslas, roi des Romains et de Bohême, 319, 326.
Vincestre (comte de), 4.
Vinemeur (Jean de), 209, 210.
Vitefaille ou Westphalie (sire de), 217.
Varvic (Emond de), 45, 49, 53.

W

Warwich (comte de), 10.

Z

Zil, juif, 168.
Zilles (sire), 81.

FIN DE LA TABLE DES NOMS DES PERSONNES.

TABLE

DES NOMS DE LIEUX.

A

Aast, 216.
Abbeville, 91, 103, 201, 203.
Acquigny, 151, 152.
Aiguillon, 13.
Alexandrie, 317, 318.
Alexandrie, 165, 166, 251.
Allemagne, 14. 185, 215, 264, 278, 279, 305, 313, 314, 316, 319, 320.
Amiénois ou Amiois, 76.
Amiens, 9, 17, 41, 61, 65, 91, 95, 96, 313, 321.
Andelle, 96.
Andelys (les), 37.
Anet, 176, 266.
Angleterre, 2, 30, 31, 38, 97, 98, 110-114, 117, 119, 122, 123, 125, 128-131, 134, 135, 142, 143, 159, 168, 179, 201, 202, 206, 207, 214, 220, 227, 231, 232, 233, 235, 236, 245 246, 248, 255, 257, 259-264, 276, 281, 284, 286, 296, 297, 313, 323, 329, 331, 334.
Angoulême (comté d'), 29.
Anjou (comté d'), 3, 101, 115.
Antioche, 186, 191.
Anvers, 43.
Aquitaine (duché d'), 115.
Ardenbourc, 259.

Ardre, 249, 264.
Arles (royaume d'), 182, 193, 194.
Arménie, 127.
Armorique, 227,
Arragon, 171.
Arras, 91, 122.
Artois, 303.
Aucefrite, 218.
Auch, 98, 256,
Aumale, 89.
Auvilliers (fort d'), 88, 107, 131.
Auxerre, 87.
Avignon, 125, 126, 176, 182, 198, 211, 212, 222, 248, 281-283, 296, 297, 304, 314, 327, 335.
Avranches, 144, 159, 191.

B

Babylone, 165, 166, 185-188, 190.
Bailleul, 307.
Barbarie, 315, 319.
Barfleur, 226, 227.
Bastide (la), 136.
Bayeux, 169, 215, 250.

Beauce, 151.
Beaumont le Roger (comté de), 29, 175, 176.
Beauté sur Marne, 287.
Beauvais, 76, 98, 122.
Beauvaisis, 71, 73, 75, 76.
Bécherel, 214, 215.
Bec (abbaye du), 150.
Bec Hellouin, 107.
Becoiseau, 88.
Bec Thomas (le), 131.
Bernay (ville et abbaye de), 88, 131, 150, 266.
Berry, 210.
Béziers, 297.
Bezinc, 22-31.
Blame, 13.
Blanche Taque, 16, 205, 206.
Blangy, 101, 103-105.
Bordeaux, 45, 49, 51, 58, 65, 125, 171, 181, 194, 208, 210, 247, 248, 252.
Boulogne, 21, 22, 24, 29, 91, 113, 315, 329.
Bourbourg, 311, 312.
Bourc, 13.
Bourges, 121, 210.
Bourgogne, 38, 87, 98, 101, 143, 192, 193, 195.
Boutancourt, 102, 103.
Braban, 9, 43, 216, 305.
Bray, 76.
Brest, 245, 246, 264, 322, 330, 332.
Bretagne, 7, 8, 11, 20, 23, 39, 58, 82, 83, 101, 125, 128, 150, 152, 158, 160, 162, 163, 178, 194, 214, 215, 227, 245-247, 252-256, 262, 264, 284, 286, 287, 294, 296, 305, 320, 322, 323, 329-335.
Breteuil, 42-44, 46, 211-213, 266.
Breval, 176, 266.
Bricquebec, 229.
Brie, 76, 98, 192.
Bruges, 254-256, 284, 286, 287, 289, 290, 291, 302, 303, 305, 307.
Buchy, 77.
Burgos, 167, 174, 177, 178, 181, 248.

C

Caen, 14, 15, 122, 169, 212, 215, 277, 278.
Cahors, 197.
Caire (le), 166, 188.
Calabre, 304.
Calais, 17, 18, 21, 23-25, 29-31, 52, 93, 100, 113, 116, 117, 121, 202, 207, 224, 246, 249, 263, 286, 315, 321, 329.
Cambray, 313.
Camerolles, 151-153.
Castille, 168.
Caux, 63, 71, 86, 88, 90-92, 96, 98, 100, 102, 103, 118, 131, 138, 145, 150, 202, 205, 206, 272, 273, 289.
Cayen, 92.
Césarbourg ou Cherbourg, 97, 203, 266-268, 275-278.
Chalons, 121.
Champagne, 46, 286.
Charenton (pont de), 81.
Charité sur Loire (la), 156, 157.
Chartrain, 114, 135.
Chartres (Notre-Dame de), 114, 115, 324.
Chartres, 46, 121, 152, 153, 324.
Chateau Gaillard, 2, 37.
Chateauneuf de Landon, 285.
Chateau Paon, 208.
Châtelet (le), 69, 258, 299, 309, 326.
Chaumont, 87.
Cherbourg, voy. Cesarbourg.
Chauvigny, 237.
Chevreuse, 84.
Chypre, 35, 164-166, 185-191, 251, 260.
Citeaulx, 6.
Clermont, 71, 73, 75.
Cleres (Pré aux), 25, 64.
Cocherel, 145, 149.
Cognac, 252, 253.
Compiègne, 122, 301.
Conches, 42, 211-213, 215.
Connoy, 153.
Conquet (le), 245.
Constantinople, 23, 32, 319.

DES NOMS DE LIEUX.

Cotentin, 28, 29, 33, 36, 37, 39, 42, 45, 46, 60, 66, 67, 82, 86, 92, 97, 150, 176, 191, 203, 226, 229, 236, 237, 250, 253.
Courtray, 307.
Coutances (évêché de), 231.
Crécy, 16, 17, 216.
Creil, 87, 324.
Crevecœur, 37, 60, 61.
Croix-Saint-Leufroy (la), 157.
Crotoy (le), 92.

D

Dan, 311, 312.
Danemarche, 114.
Dauphiné, 59.
Derval, 245, 246.
Dieppe, 13, 63, 92.
Dol, 159, 332.
Doullens, 91.
Dunquerque, 311.

E

Echauffour, 88, 107, 154, 156.
Écluse (l'), 10, 259, 312.
Écosse, 4, 22, 24, 31, 32, 45, 53, 284.
Égypte, 188, 190.
Elbeuf sur Seine, 106.
Enfer (quartier d'), à Naples, 271.
Épernay, 192.
Erre ou Ré, 252.
Espagne, 163, 164, 167, 168, 170, 172, 173, 175, 177, 182, 183, 192, 194, 195, 198, 199, 207, 232-235, 237, 248, 255, 256, 263, 289, 314.
Estonevergne, 13.
Étaples, 285.
Eure (l'), 13, 63, 64, 98, 99, 118, 145, 151.
Europe (cité d'), 49.
Évreux, 28, 35, 37-39, 133, 144, 152, 153, 155, 157, 211, 244, 266.

F

Famagouste, 260.
Faveril (le), 108.
Fécamp, 202, 205, 211, 213, 256, 300.
Ferté (la), 154.
Flandres, 4, 7, 8, 10, 108, 197, 243, 259, 260, 289, 290, 294, 305-308, 311, 313, 314.
Fondres, 272.
Fontaine-le-Bourg, 300, 301.
Foucarmont, 103.
Franc (le), 286, 287, 289.
Fresne, 70.
Frise, 216, 316.

G

Gaillefontaine, 72, 76.
Galice, 168, 174.
Galles, 112, 235.
Gamaches, 89, 103.
Gand, 284, 286, 287, 289, 290, 294, 302, 303, 307, 311, 312, 321.
Gascogne, 45, 52, 55, 156, 172, 195.
Gâtinais, 114.
Gavray, 266.
Gênes, 10, 313.
Genève (comté de), 211.
Gerberoy, 76.
Gironde, 45.
Goullet (le), 144.
Graville, 99.
Grèce, 32.
Grenate ou Grenade, 235.
Grève, 85.
Gueldres, 215-220.
Guernesey, 230, 231.
Guerzille (la) ou Algésiras, 11, 21, 23.
Guienne, 12, 13, 45, 101, 115, 116, 125, 173, 181, 182, 195, 197, 198, 206-209, 220, 229, 230, 237, 239, 242, 244, 246, 257, 286, 305, 329.
Guines (château de), 24, 29, 52.
Guines (comté de), 116.

H

Hainaut, 281, 286, 305.
Hantonne ou Southampton, 13, 263.
Harfleur, 63, 64, 99, 118, 205, 206, 206, 263, 272, 273, 281, 292, 303.
Hesdin, 91.
Hogue (la), 14.
Homme (le), 169.
Honfleur, 62-64, 98, 101, 106, 107, 199, 110.
Hongrie, 249, 319, 320, 326.
Hôpital (chevalerie de l'), 186.

I

Ile-Adam (l'), 104.
Irlande, 24, 97.
Italie, 269, 272, 336.

J

Japhé ou Jaffa, 188, 189, 190, 191.
Jersey ou Gerzié, 262.
Jérusalem, 94, 126, 185, 188, 214.
Josselin, 332.
Jouy-sous-Telle, 87.
Julliers, 215-220.
Jumièges, 222.

L

Labour (terre de), 177.
Laigle, 26, 42, 154.
Languedoc, 156, 314.
Lattainville, 87.
Liège, 216, 311.
Lille, 122, 197, 284.
Limoges, 209, 210.
Lincoln, 55.

Lo Grono, 172.
Loire, 46, 157, 247, 286.
Londres, 65, 112, 117, 129, 261-263, 315.
Longueville, 71, 73, 87, 194, 203.
Lorraine, 66, 250.
Louviers, 196.
Louvre (le), 70, 258, 259, 309, 315.
Lunel, 163.
Lyon, 121, 222, 297, 336.

M

Mâcon, 282.
Maine (comté du), 3, 101, 196.
Malines, 42, 43.
Malogres (royaume de) ou Majorque, 20.
Mans (le), 208, 323, 324, 335.
Mante, 36, 89, 93, 96, 105, 136, 138-142, 144, 163, 203, 222, 223.
Marbeuf, 88.
Marcelles ou Marseille, 134, 182, 212.
Marne (la), 207.
Martainville, 78, 301.
Maubuisson, 303.
Meaux, 69, 70, 163.
Melun, 88, 96-98, 302.
Metz, 66, 221.
Meulan, 96, 140-142, 144, 163, 203, 222, 223.
Meuse, 220.
Milan, 196.
Montauban, 23, 248.
Montcontour, 220, 221.
Montluçon, 221, 251.
Montivilliers, 63, 99, 206.
Montpellier, 163, 204, 222, 223, 281, 282.
Montreuil, 201.
Montreuil-Bonnin, 251, 252.
Mont Saint-Éloy (le), 93.
Morillon, 229.
Moulineaux, 155, 156.
Moulinez (duché de), 199.

N

Nantes, 294.
Naples, 271, 296, 297, 304, 314, 315.
Navarre, 9, 33, 156, 171, 172, 174, 194, 248.
Neaufles-Saint-Martin, 98.
Nesle, 200, 201.
Nesle (hôtel de), 19.
Neufchâtel, 98, 103.
Neustrie, 226, 227.
Nil (le), 165.
Nîmes, 127.
Nogent-le-Roi, 19.
Normandie (duché de), 3, 4, 8-10, 14, 23, 26, 33-35, 37, 39, 41, 44, 59, 62, 82, 83, 88, 90, 92, 98, 101-103, 106, 107, 109-112, 115, 123, 128, 129, 135-138, 144, 149, 150, 152-154, 158-160, 169, 175, 176, 182, 191, 193, 194, 196, 203, 207, 227, 231, 232, 248, 253, 254, 266, 268, 273, 275, 277, 283, 292, 293, 301, 303, 305, 314.
Notre-Dame de Paris, 288, 289, 328.
Notre-Dame de Rouen, 243, 283, 289, 298.
Nyorth, 259.

O

Oise, 87, 207, 247.
Orival, 106, 107, 110.
Orléans, 122, 151, 258, 325.
Orléans (commune d'), 13.
Oudenarde, 303, 307.

P

Paris, 14, 16, 19, 25, 28, 32, 37, 41, 44, 58, 59, 60, 61, 64-66, 68-70, 73, 80-88, 96, 97, 101, 105, 115-117, 121, 122, 125, 130, 131, 142, 144, 148-150, 184, 195-198, 201, 206-208, 210, 222-224, 231, 238, 242-246, 249, 251, 256-260, 264, 265, 269-271, 274, 275, 278-280, 283, 284, 286, 288, 289, 291-297, 299, 302-305, 308-311, 315, 316, 319, 321-324, 327, 328, 330, 333, 335.
Passi, 176, 266.
Perche, 40, 193.
Perse, 235.
Picardie, 8, 10, 16, 29, 41, 60, 71, 87, 89, 93, 100, 101, 103, 110-112, 137, 138, 145, 151, 152, 193, 200, 202, 205, 207, 285, 301, 305, 314.
Poissi (pont de), 15.
Poitiers, 45, 46, 49, 52, 56, 58, 229, 237, 238, 241.
Poitou, 20, 101, 115, 116, 232, 234, 237, 238, 244, 255.
Poix, 76, 87.
Pont (Petit), 309.
Pont-Audemer, 8, 38-40, 44, 45, 61, 62, 108, 221, 222, 266, 267.
Pont de l'Arche, 37, 148, 300.
Ponthieu ou Pontif (comté de), 116, 301.
Pontoise, 100, 142, 144, 303.
Portugal, 167.
Pouille, 304.
Poupelingues, 307.
Preaux (abbaye de), 108.
Provence, 177, 194, 200.
Prusse, 13, 23, 313.

Q

Quatremoustiers, 312.
Quigent, 259.

R

Regnierville, 266.
Reims, 1, 19, 100, 101, 105, 106, 114, 121, 144, 148, 192, 201.
Rennes, 11, 58, 59, 332, 334.
Rhodes, 164.

Rhone (le), 193, 194, 222, 336.
Ribedieu (comté de), 199.
Rochefort, 223.
Rochelle (la), 232, 234, 238, 241, 242, 252, 255.
Romanie, 182.
Rome, 1, 9, 18, 182-184, 211-213, 258, 265, 268-270, 278, 313-317, 321, 327.
Rosebeke, 306, 307.
Rosny, 140.
Rouen, 2, 15, 33-37, 39-41, 44, 62, 63, 65, 77-80, 87-92, 98, 102, 103, 106-108, 110, 113, 114, 118, 121, 123, 128, 131, 136, 141, 147-150, 155, 156, 201, 202, 220-222, 238, 243, 248, 249, 256, 260, 267, 272, 278, 288, 289, 292, 293, 298, 300-304, 308, 324, 336.
Rouen (Vieux-), 102.
Roulboise (château de), 135, 138, 140, 141.
Roye, 76.
Rye (la), 111, 263.

S

Saint-Ange (château), 183.
Saint-Antoine, 81, 85, 288, 309, 326, 333.
Saint-Brieu, 335.
Saint-Clément, 66.
Saint-Cloud (pont de), 82.
Saint-Dandier ou Saint-Ander, 234.
Saint-Denis, 19, 81, 83, 86, 122, 264, 265, 289.
Saint-Denis-le-Thiboult, 86.
Saint-Georges (fleuve du bras), 32.
Saint-Germain (pré de), 6.
Saint-Guillaume de Mortain, 263, 275.
Saint-Hilaire (porte), 79.
Saint-Jean-d'Angély, 12, 13, 20.
Saint-Julien du Mans, 324.
Saint-Lambert, 216.
Saint-Leu d'Esserens, 71.
Saint-Lo, 66, 169, 215, 250.
Saint-Mahieu, 254.
Saint-Malo, 20, 275.

Saint-Maur des Fossés, 265.
Saint-Merry, 68.
Saint-Omer, 21, 22, 29, 30, 122, 284.
Saint-Ouen, 23, 65, 298.
Saint Patrice (purgatoire), 22.
Saint-Pol de Léon, 254.
Saint-Sauveur le Vicomte, 67, 203, 226, 229-231, 236, 250, 253-255.
Saint-Sever, 78.
Saint-Taurin (abbaye de), 153.
Saint-Valery sur Somme, 87, 89-93.
Sainte-Catherine du Val des Écoliers, 85.
Sainte-Chapelle (la), 288.
Sainte Terre (la), 5, 126, 128.
Saintonge, 244.
Saluces, 315.
Savins, 236.
Seine, 62, 78, 83, 87, 88, 90, 96, 98, 100, 101, 106, 110, 114, 118, 136, 137, 141, 150, 192, 193, 202, 207, 230, 247, 286.
Senlis, 76, 193.
Sens, 193.
Sery, 103, 104.
Séville, 167, 174.
Sicile, 175-177, 296, 297, 304, 313.
Soissonnais, 98, 257, 286.
Somme, 89, 92, 100, 202.
Soubise, 238-241.
Steps (bataille de), 216.
Sur, 190, 191.
Syrie ou Surie, 190.

T

Tarascon, 193, 194.
Temple (le), 184, 309.
Thérouanne, 221, 286.
Thury, 212, 213.
Tibre, 268.
Tolède, 194, 198.
Tombelaine, 226, 229.
Toulouse, 121.
Touraine, 101, 320, 325.
Tournay, 4, 5, 91, 122, 308.
Tournehem, 204, 205.
Tours, 121.

Tripoli, 186.
Troyes, 121, 207, 246, 286.
Tubœuf, 41, 88, 107.
Tunis, 319, 320.
Turquie, 35, 186, 319.

Vincelze, 112, 113, 262.
Vincennes, 3, 265, 287, 299, 300.
Vire, 196.
Viterbe, 182, 183.

V

Vergues, 311.
Vermenton, 192.
Verneuil, 40.
Vernon, 98, 132, 141, 143-145, 211.
Vétheuil, 140, 142, 144.
Vexin, 87, 137, 139.
Vienne, 200, 268, 269.
Villeneuve, 126.

W

Westmonstier ou Westminster (abbaye de), 261, 262.
Wigth ou Wych, 262.
Windsor, 97.

Y

Ypres, 284, 286, 289, 308.

FIN.

ERRATA.

Page 10, ligne 17, et page 16, lignes 13 et 15, *au lieu de :* Genenois, *lisez :* Genevois.

Page 24, note 2, *au lieu de :* Berwick, *lisez :* Brunswick.

Page 83, ligne 12, *au lieu de :* est, *lisez :* les.

Page 226, ligne 2, *au lieu de :* Louis aînsné, *lisez :* Louis, aînsné.

PARIS. — IMPRIMERIE DE CH. LAHURE ET Cie
Rues de Fleurus, 9, et de l'Ouest, 21